赴任する知県

清代の地方行政官とその人間環境

山本英史著

研文出版

赴任する知県

清代の地方行政官とその人間環境

目次

近世の州県、離任の時に当たる毎《ごと》に、人の徳政を恭頌すること有らざるは無きも、其れ果たして政蹟の紀すべきは幾人有らんや。

――『点石斎画報』亥集九期、徳政何在

地方官僚にこびて扁額を贈って徳政を讃えることを強要される地域住民のさまを描いている。

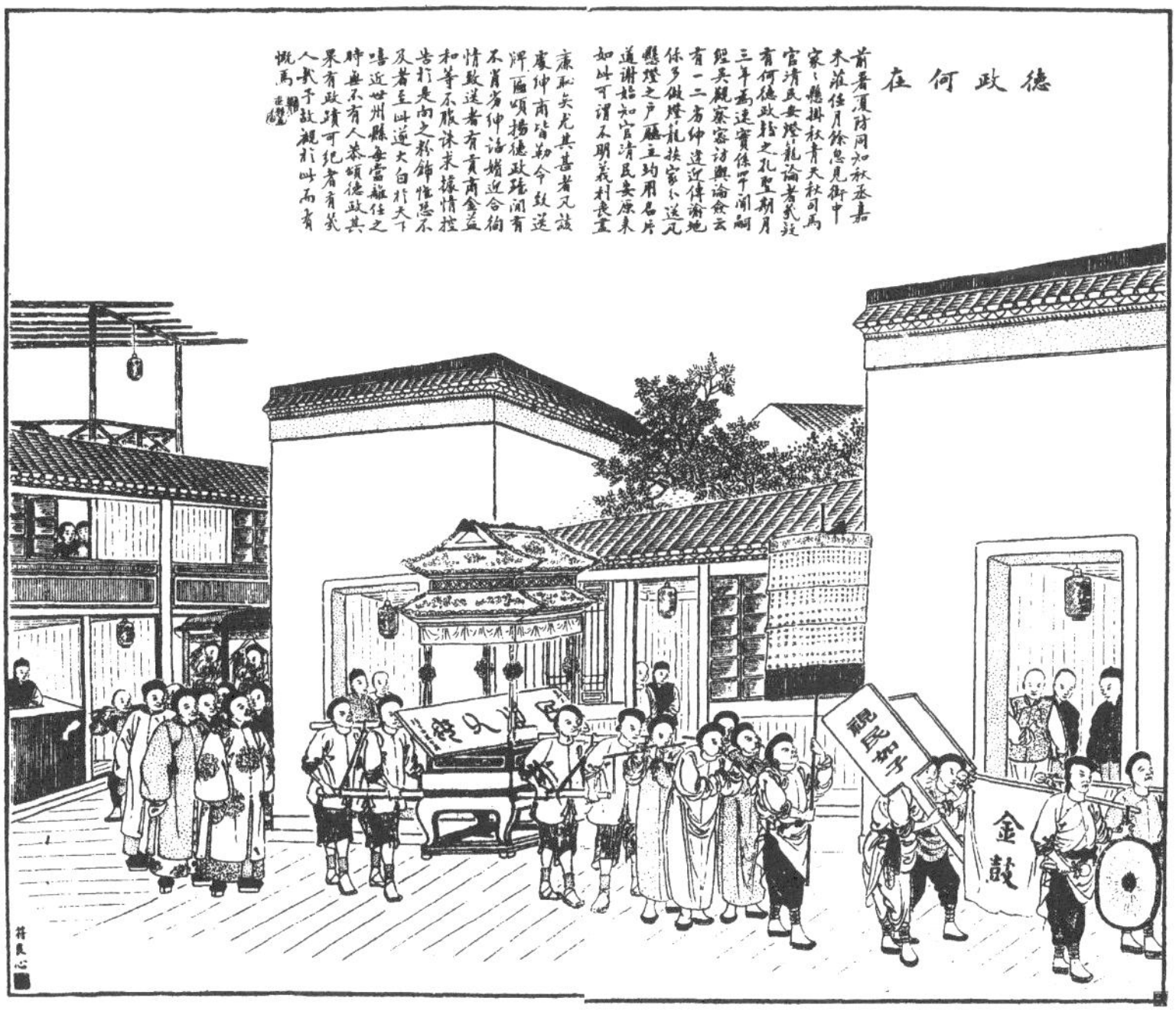

第一章　赴任する知県――官箴書に見る清代県衙の人間環境

第一章　赴任する知県

——官箴書に見る清代県衙の人間環境

知県は親民之官為《た》り。孰《いず》れか是《こ》れ肯《あ》へて糊塗《ふと》為《た》るを自認せんや。

——『点石斎画報』土集「糊塗知県」

某知県が祭りの余興として差役たちに「バカ知県」の行列を演じさせ、これにかりて自戒としたことを伝えている。

はじめに

本章は科挙に合格したばかりの儒者エリートたちがはじめて知県としての任務を帯び、見知らぬ土地に赴任する際に心得なければならない諸注意を要領よく書きまとめた官箴書という一群の史料により、その時代にあって彼らが赴任地先の人間たちといかなる関係を構築したか、ないしは構築すべきものと考えられていたかについて探ることを目的とする。そして、そこから垣間見られる人間環境の諸相を通して知県の地方衙門における立ち位置を明かにし、ひいてはそのような人間環境に大きな影響を受けた清朝の地域支配の構造についての理解を深めようとするものである。

本章でいう「清代」とは明朝の王朝支配を支えた里甲制体制が解体し、明清交替の変動期を経て、再び清朝による新たな王朝支配が確立・安定する十七世紀後半から十八世紀に至る約一五〇年間、朝代でいえば順治～乾隆を中心とする。その理由は、この時期がとりわけ清朝の地域支配にとって重要な意味を持つからにほかならない。

清朝の王朝国家としての特徴を挙げれば、それは北京に住む一人の皇帝に権力が集中した中央集権的構造を有することである。そして、そこには精緻に整備された官僚制の下に地方末端に至るまで王朝支配が行き届いた政治実態があったかのように見える。また、王朝支配が及ぶのは州県レベルまでであったとされるが、見方を変えれば、それは少なくとも全国一二〇〇～一三〇〇に及ぶ県という行政単位にまでは浸透していたことになる(1)。ならば、それはどのような仕組みの下において可能であったのか。

知県とは地方末端の最小行政単位である県において中央の皇帝に代わって王朝の地域支配の原理を体現する代官であり、「知県は政府の単位なり。総て官僚制度の脊骨なり。而して人民百中の九十に対しては知県は即ち政府なり」といわれる存在であった。(2) なお、県と同様に最小地方行政単位である州の長官を知州といい、知県と併せて州県官ともいったが、職掌に大きな違いはなく、その比率も知県が圧倒的に多かったため、(3) ここでは便宜上「知県」をもってそれを代表させる。彼らの任務は「銭穀」(＝徴税)と「刑名」(＝裁判)に象徴されるように、王朝による各地域の人民とその社会に対する〝統禦〟を意味した。

しかし、知県はとりわけ明代中期以降の社会の流動化の中で弛緩したその〝統禦〟を再び堅固なものにするには、知県が皇帝に代わって行う王朝支配の理念をそれぞれの地域で繰り広げられた現実社会の実態に適応させなければならなかった。換言すれば、知県がその使命を果たすためには、一方では上司などの地方官僚と良好な関係を保ちつつ、他方では地元に政治的影響力を持つ在地勢力と連携することで彼らの協力を得ないわけにはいかなかったのである。知県はみずからの郷里においては、攻守所を変えて地方政治に深く関与する在地勢力にほかならず、地元での発言力を獲得するためには知県の任を全うし、さらに官僚経験を積み重ねて儒者エリートの使命である「治国」を実践しなければならないという矛盾を背負っていた。しからば、そのためにはどの範囲の、どういった人間に主たる関心を払い、彼らといかにつきあうかが重要な課題であった。こうした微妙な感覚を伴う現場の指針獲得はいまだ実践経験の乏しい知県にとって緊要なものであったに違いない。ならば、それは具体的にいかなる内容であったのか。

以上の観点からする研究に豊富な情報を与えてくれる史料は明清時代の官箴書である。(4) 官箴書は科挙に合格して任官が決まり、実際に地方政治の現場にデビューしたばかりの知県にその職務に対する規範を伝え、かつその実践のための有益な忠告を供する実用書であり、それらの記事を通して当時の人間環境に基づく地方政治の実態を知ることができる貴重な史料でもある。それはまた当時の官僚経験者が何を考え、後輩にどんなことを伝えたかったのか、さらに読者である官僚未経験者は何をその書物から学び取りたかったのかという〝心情〟を知るのにきわめて有効な情報を提供している(5)。

官箴書は宋代以降、科挙官僚制の施行とともに普及したことが知られており、『作邑自箴』をはじめとする宋元時代の官箴書の中にも実用的な内容に言及した記事が少なくない。また、十九世紀の日本やその他の周辺諸国の中にはこれに類した地方官心得の存在することが知られている(6)。しかし、明清時代の官箴書は数量においてもそれらをはるかに凌いでいる。加えて十六世紀以降の官箴書の顕著な実態としていわゆる官僚道徳規範よりも実務行政や対人関係構築のための指南書としての比重が強まり、「〝心情〟を知るのにきわめて有効な」官箴書が目立って多くなるのもその特徴である(7)。官箴書も他の史料と同様にそれが著わされた時代と社会の所産であり、そこにはおのずと当時の「歴史」が投影されていると見るべきであろう。

ところで、清代地方政治制度史研究における先駆的業績として瞿同祖の研究を挙げないわけにはいかない(8)。その業績の第一は、従来定式的、表層的、無機的な分析に終始する傾向にあった中国地方政治制度史研究に〝息吹〟を与えたことである。そこでは州県官およびその補助集団である書吏、衙役、長随、幕友についてそれぞれ組織、機能、実態などの諸側面を整理し、州県政府がその責任においては州県官一人の〝ワンマン政府（one-man government）〟であるとの伝統的特徴を明らかにした。第二は、このような中国地方政治制度史研究において在地官僚エリートである郷紳および官僚予備軍である士人からなる紳衿集団、すなわち正規の官僚としての資格を持たない人間たちが地方行政に非公式的に参画し大きな影響を及ぼすといった制度には現れない存在実態を明らかにしたことである。第三は、従来中央編纂の法制史料を主に利用してきた中国地方政治制度史研究にはじめて地方官僚が著した大量かつ多種の政書、筆記、雑録などを用いて実証面から制度の実態に迫ったことである。そしてそれは地方行政における規定と実際の運営との違いを明確にした(9)。

本章はこの貴重な研究を基礎とし、さらにこれを一歩進めて瞿同祖のいう〝ワンマン政府〟の主要な担い手であった知県が自分の赴任地が決まって以来、どんな準備と態勢を整え、かつ赴任後の地方衙門においてどのような人間環境の下、とりわけ在地の諸勢力にいかに対処して自己に課せられた官僚としての使命を果たしたのかという問題を明らかにしたいと考える。制度を制定するのが人間なら、それを運用するのもまた人間である。それゆえ本章では瞿同祖の研究ではなお十分に展開されていない〝人間環境〟の要素を中心にして清代地方政治制度史に新たな視点を提供することに力点を置く(10)。

この分野における早期の先行研究で注目されるのは宮崎市定の数多くの雍正史研究のうちの一論考である(11)。それは清代雍正年間に広東潮州府の普寧・潮陽両県の知県を務めた藍鼎元から見た「県政の妨害者」——胥吏、土豪、訟師、窩主、上司という人間たちの群像が宮崎特有の筆致でいきいきと描かれ、瞿同祖の研究とは別な意味で清代地方政治制度史研究に〝息吹〟を与えている。ただこれは雍正年間の広東という特定の時代・地域と藍鼎元という個人に関わる個別事例研究であり、それを清代地方政治制度一般に普遍化させるにはなお多くの課題を残している。

その後、明清時代の州県行政に関する研究は注目すべきものが少なからず現れたが、大まかにいえば機構と制度、その運用に関する詳細な探求に主要な関心が注がれてきた(12)。このうち本章にとって重要なのは柏樺の一連の研究である。柏樺はまず明代知県のネットワークとして上中下の三階層があり、上は皇帝から中央官僚、地方官僚に至る上司、中は同僚、過客、郷紳、下は胥吏、里老、庶民の存在を指摘し、同時にそれらは州県官の施政を妨害する存在だったという。また、「郷里保甲組織の首領」「特権を享有する士紳」「地位はないが活動能力を有する胥吏」「大きな凝集力があり、また経済力を有する宗族、家族、豪民、富戸」「仲間を呼び寄せる市井の無頼」「秘密社会の首領」「土匪」など、州県内で政治・経済に影響力を発揮するものを〝地方核心分子〟として全体から見て州県官はこれらの人物に対し軟硬相合う手段を取ったとする。(13) いずれも明代の州県官の行動と心理に重点を置いた論考であり、本章が参考とするところは大きい。

官箴書を用いた地方官僚の研究として注目されるのは何朝暉の研究である。何は「明代官箴書の価値は、それらが決して空洞的な道徳説教ではなく、大量の基層従政実践の中から総括した実用経験であり、新任官員必備の官僚マニュアルとなって、明代後期の地方官員が具有する普遍的な施政理念、行動様式、規準を反映するだけでなく、同時に当時の彼らが施政する現実環境をプリズムにして映し出す」と官箴書の史料的価値を高く評価した上で、(14)「現存する官箴書は明代後期に多くなることから明代後期の「位卑職小」の知県が複雑な環境の中で懐いた微妙な心理を体験することができる」として、知県が多くの精力を割かねばならなかった主要な対象者に、「上司」「過客」「同僚」「吏胥」「士夫豪民」の五つの範疇を挙げる。(15) 何は明代後期の地方政治の不振の原因をこれに求めるが、官箴書に見られるこうした状況は明代に限ったことではなく、清代にはさらに展開していったものと思われる。

他方、郭成偉と関志国は、清代の官箴書の著者たちがみずからの体験を通してその対応に注意を喚起する対象に、地方衙門にあって行政の実施に深く係わる幕友、書吏、衙役、長随への対応、さらに外部にあって自己の利益のために行政を妨害する訟師、官親（官僚の親戚）、代書、紳士、佐雑官等の各社会集団を挙げている。(16) 瞿同祖が指摘した清代知県の周辺に存在した諸集団について官箴書を通してその実態究明をさらに一歩進めたものとして評価できるが、なお検討の余地があるように思われる。

本章は以上の研究史を参考にしながら、改めて清代の官箴書を読み直し、筆者独自の観点から清代知県とその周辺の人物との人間関係を洗い直そうとした試みである。

一　知県とは何か

1　行政機構としての県衙

行論の都合上、本論に先立ち清代の県衙門の機構の概要について整理しておきたい(17)。

秦は紀元前二二一年、統一した領土を三六郡に分け、郡をもって県を統べる郡県制を施行した。以後歴代王朝は基本的にこれを踏襲した。明は府をもって県を統べ、清はだいたい明代の旧制によった。全国は省に分かれ、省はいくつかの道に分かれ、道はさらにいくつかの府に分かれ、府はまたいくつかの最末端単位としての州・県に分かれた。十八世紀には州県のほかに庁が設けられた。その場合、州が最も大にして、県がこれに次ぎ、庁は最も小であるのが一般的であった。最末端単位の行政区としてはその大部分は県であった。また別に直隷州・直隷庁を設けて府と同じく省に直隷するものとした。直隷州の他に直隷庁を設けたのは清が最初である。

地方官僚としての最高権力は「督撫」と並称される総督・巡撫にあった。総督(正二品)は一省ないし二、三省ごとに一人置かれ、文武にわたり管轄地域の民政と司法を総覧した。右都御史を加えられ、弾劾上奏の権能を有した。また兵部尚書の肩書を兼有した。他方、巡撫(従二品)は省ごとに一人(福建、甘粛、四川の三省は総督)

置かれた。職権は総督と同じで、総督併置の際は主として民政を掌り、単置の時は文武の政を掌握した。左都御史を加えられ、弾劾上奏の権能を有した。また兵部侍郎の肩書を兼有した。明代永楽十九年（一四二一）に中央官を各地に巡行させ軍民を安撫したのを最初に、宣徳年間（一四二六～一四三五）に常設され、正統元年（一四三六）に軍務を兼務した。清代康熙年間に至って一省一巡撫が確立した。督撫は臨時のものだったものが発展、実際両者は同等で、その間に主従関係はなかった。

各省内の民政と司法の責任を直接負ったのは「布按」と並称される布政使・按察使であった。布政使（従二品）は各省に置かれた承宣布政使司（藩台）の長官であり、督撫の監督下に省の民政・財政の一切を担当した。按察使（正三品）は各省に置かれた提刑按察使司（臬台）の長官であり、督撫の監督下に省の刑獄（司法）の一切を担当した。

道台（正四品）は省内の地域を分け、または業務を分けて布按を補佐した。特別業務を除き、分守・分巡の両道は省内の数府を管轄地域として、一般行政事務を掌握した。統轄地域の固有の名称はなく、所轄府州の名を付加するのが一般的であった。

知府（従四品）は管轄内の一切の政務を統轄し、下級官庁である州、県、庁を指揮監督した。知府の主たる職掌はむしろ後者にあった。この業務は直隷州の知州（正五品）も同様であった。

最末端単位の行政区の州、県、庁の長官にはそれぞれ知州（従五品）、知県（正七品）、同知もしくは通判（正九品）であった。

知県の名称の由来は古く、かつて県ごとに一人置かれた長官を秦以来「県令」と称したが、唐末五代に軍閥に実権を奪われたため、宋は中央官を派遣して県治を掌握、「知県事」または「知県」と称し、明清では県の長官を「知県」の名称で統一することになった。

以上の地方行政区とその長官の配置は左のようになる。

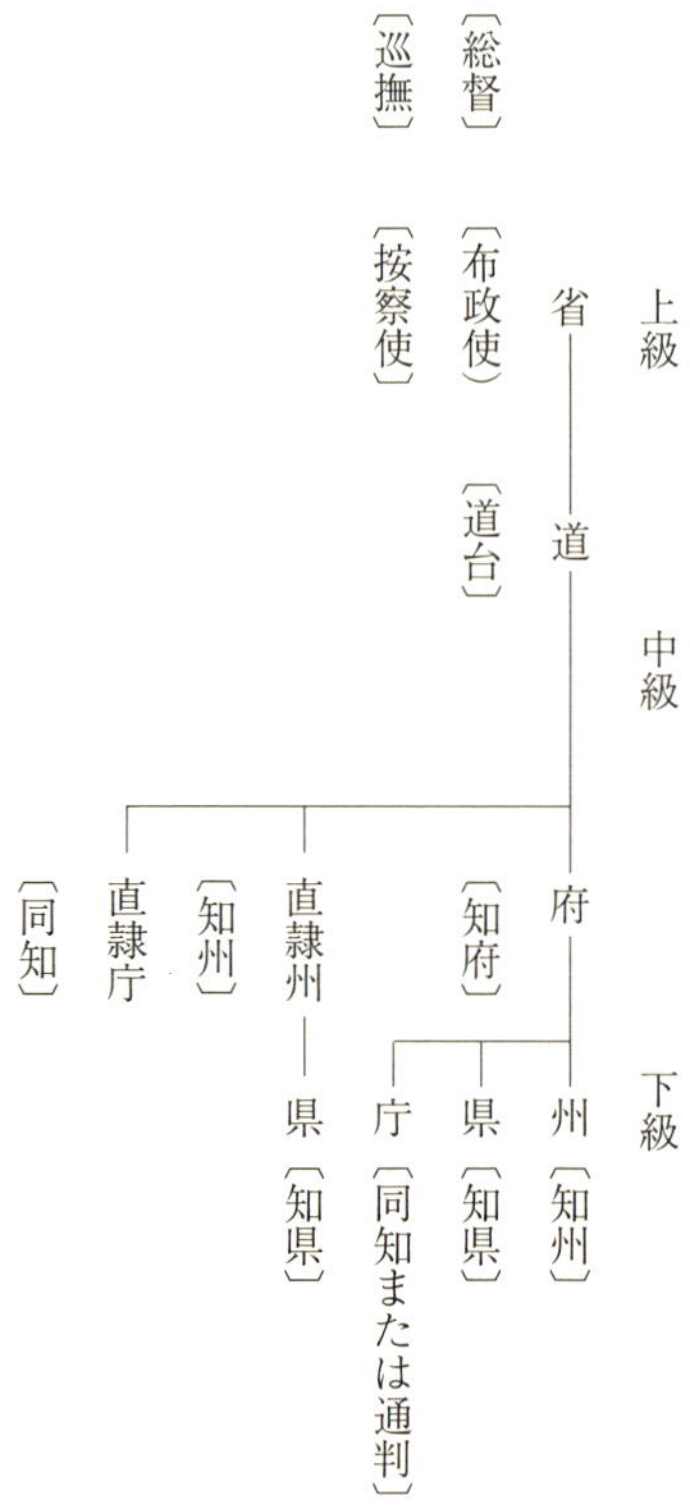

2　県衙の構成員

督撫以下知県に至るまで各自衙門を有し、自己の名で職務を執行する地方官僚を正印官と称した。それに対し司府以下には事務を分掌する多数の助理官や雑職官がおり、そうした属僚は「佐弐官」ないし「佐雑官」と称した。

県においては正印官としての知県の下に県丞（正八品）と主簿（正九品）が置かれた。前者は「二尹」「分県」「左堂」の別称があり、後者は「三尹」の別称があった。両者のうちいずれか一つが置かれる場合が多く、またその官署は時として県城の外に置かれることがあった。また典吏（未入流）と呼ばれる胥吏頭がおり、「右堂」「少尉」「廉捕」などの別称を持ち、後述のような一群の胥吏を統轄した。加えて雑職官として、県城から遠隔地の要地に駐在して捕盗などの治安維持をはかる巡検（従九品）や郵駅業務に携わる駅丞（未入流）などがいた。

県衙門の構成員には以上のような公的に認められた「官」のほかに胥吏(18)、衙役(19)、長随(20)、幕友(21)などがいて、彼らは非公式な存在ではあったが県政の円滑な運営に固有の役割を担った。

胥吏は書類の起案、令状の発行、徴税記録の作成、文書の保管などの業務を担い、地元の人間がなるのが一般的であった。県ごとに数十名程度の定員が決められていたが、実際には少なくとも一〇〇名から一〇〇〇名ほどがいた。任期は五年と定められているものの、実際は名義を変えて継続した。俸給はなく陋規という慣例化した制度外手数料と賄賂によって生活した。

衙役は連絡、護衛、守衛、警察、雑役などの業務を担った。地元の人間がなるのが一般的であった。任期は三年であったが、実際は名義を変えて継続した。胥吏よりも数が勝り、多い所では一五〇〇人もいる例があった。大体貧者の出身が多く、補役、検屍人、獄卒、門番などは賤民の扱いを受けた。年六両くらいの些少の俸給が支給された。

長随は家丁、家奴ともいわれ、知県が自分で雇う腹心の使用人で賤民の扱いを受けた。だいたい三〇名前後とされ、胥吏や衙役を牽制すると同時に知県と彼らとのパイプ役を務めた。門上（取次役）、司倉（倉庫番）、簽押（官印保管）、辦差（労力徴発）など、様々な役割があった。俸給は知県個人から支給されたが、門上には門包と呼ばれる慣例的な陋規があるなど、不正規収入も多かった。

幕友は知県が個人的に招聘した政治顧問であり、知県の場合は通常五、六名、少なくとも裁判を担当する「刑名師爺」と徴税を担当する「銭穀師爺」の二人は必須とされた。知県は彼らを賓客の礼で迎え、それゆえ俸給は相当高額だったが、これもすべて知県個人が支払った。多くは科挙受験を中途で断念した知識人であり、生員の資格を持つ者が多かった。幕友としての名声を得た者は再三の就任要請を受けた。知県が政治顧問を雇う目的は不慣れな実務行政の執行に当たり、常にその相談を彼らに求め、同時にそうすることで現場の胥役を監督し、彼らの独断専行を抑えることにあった。

3　知県の職務

『清史稿』には「知県は一県の政治を掌り、裁判を行い罪を処断し、農業を勧めて貧民を救い、悪人を懲らしめ、養育や教育を行う。試験、法令の伝達、養老、祭祀など、ありとあらゆるものをまとめて行わないものはない」とある。(22)

『清国行政法』は知県の職務として①裁判、②検屍、③租税の徴税、④警察および監獄、⑤公共建造物の営繕、⑥教育および試験、⑦賑恤の七項目を挙げている。(23) これらのうち知県の職務として最も重要なものは徴税と裁判であり、彼らのこの両方の実績が考成、すなわち勤務評定の根拠になったという。

瞿同祖は県衙門における知県の一日について次のように述べている。(24) 黎明前、内衙（知県の内宅）の合図により衙門大門が開く。この時、胥吏、衙役、長随はみな勤務に就かなければならない。夜が明けるとまた合図があり、胥吏に文書が配布され、衙門の職員は均しく業務を開始する。続いて知県が早堂（午前業務）を主宰し、書類を受け取り、部下に割り当て、衙門の職員たちが提出する書面や口頭の報告を受ける。また逮捕された容疑者ないしは別署に護送する囚人を訊問し、いかなる訴訟をも受理する。その後、知県は簽押房《せんおうぼう》（執務室）に戻り、そこで書類に目を通す。そこには当日審理する案件に係わる書類が含まれている。通常、午後はもっぱら訴訟の審理に当てられる。午後四時頃になると公堂が閉まる合図がある。その後、文書や書類はすべて胥吏たちから簽押房に戻される。もし午堂（午後の業務）の案件が多く審理が終わらない場合は、夜に再び開廷することがある。午後七時頃、胥吏、衙役、当直の獄卒や壮丁がみな集合して点呼を受け、衙門の正門と知県の内宅の大門は共に閉まる。

これによれば知県の業務の大半は文書行政であり、一日の相当な時間を訴訟・裁判の案件処理に割く、きわめて多忙な官僚生活を送っていたことが窺われる。

知県が一つの県で務める任期は一定ではなかった。明代の規定では九年を限度とされたが、時代が降るに連れて短くなり、明中期以後、任務が繁重となり長期の任務は困難であったため、平均三年になったとされる。清代の知県の任期もこれに準じた。

4　知県と県衙

清朝の規定によると、「各省の文武の官はみな衙署を設けている。その制度において政を行う場所を大堂、二堂といい、外を大門、儀門という。安息所を内室といい羣室という。胥吏の執務所を科房という。大きい所では規模形態が整っているが、小さい所ではその程度によっている」といわれる。(25)

中国古代の都市建設は大体『周礼』考工記の設計思想に基づいて配置され、それは同時に風水の影響を受けている。衙門は通常城市の中央、すなわち気が集まる中心である「正穴」に位置し、「居中而治」、すなわち中央において南に向かって統治する発想から、建物は南北線上に建てられる。南から北に照壁、大門、儀門、戒石亭が設けられる。戒石亭の左右は通常六房である。主建築は大堂、二堂、三堂などからなるという(26)。

試みに浙江慈谿《じけい》県衙門を例にとって具体的に確認してみよう。慈谿県衙門は寧波府属六県の一つでアヘン戦争や太平天国による破壊の後、光緒元年（一八七五）に重建された。現在の建物はその県署図(27)に基づいて南京大学建築規画設計院により新しく建て直されたものであり、基本的に清代の県衙門の形態を遵守している。南から牌坊、照壁、大門、儀門が配置され、儀門を入ると広場に出る。広場の左右には六科房がある。慈谿県では東の列曹に戸房および銭科、糧科が、西の列曹には吏、礼、兵、刑、工の各房、および庶務を担当する承発房がそれぞれ置かれた。広場の北側には衙門の正堂である大堂があり、公式行事がここで挙行される。その奥に宅門があり、これより内衙に入る。川堂と呼ばれる廊下に当たる場所を通ると二堂に着く。ここは知県の民事案件の処理所であり、その東廂房は知県の生活空間、西廂房は書斎や日常執務室として機能した。慈谿県衙門には三堂はなく、その代わり清清堂と呼ばれる建物があった。北宋の知県でその廉直ぶりが民から讃えられた張穎《ちょうえい》を記念して造られたものである。知県署の東西にはそれぞれ県丞署と吏典署が設けられているのも一定の特色を出している。

以上のように県衙門はその土地によってそれぞれの特徴があり、必ずしも全国統一の形式を備えたものではなかったにせよ、南面する正堂の左右には六科房が配置され、正堂の北側に内衙門を配置する基本様式は共通していた。馮友蘭は紫禁城の天安門と午門の間の東西には六部が配置されており、これらは県衙門の大堂の前の東西両側に置かれた六房に相当し、太和殿は大堂に、中和殿は二堂に、保和殿は三堂にそれぞれ相当するという（馮友蘭『三松堂自序』）。この意味では県衙門は皇宮を縮小した小皇宮であり、その主宰者である知県とはまさしく紫禁城の主宰者である皇帝に代わって王朝支配を執行する小皇帝であったといえよう(28)。

慈城県衙（復元）

知　県（慈城県衙）

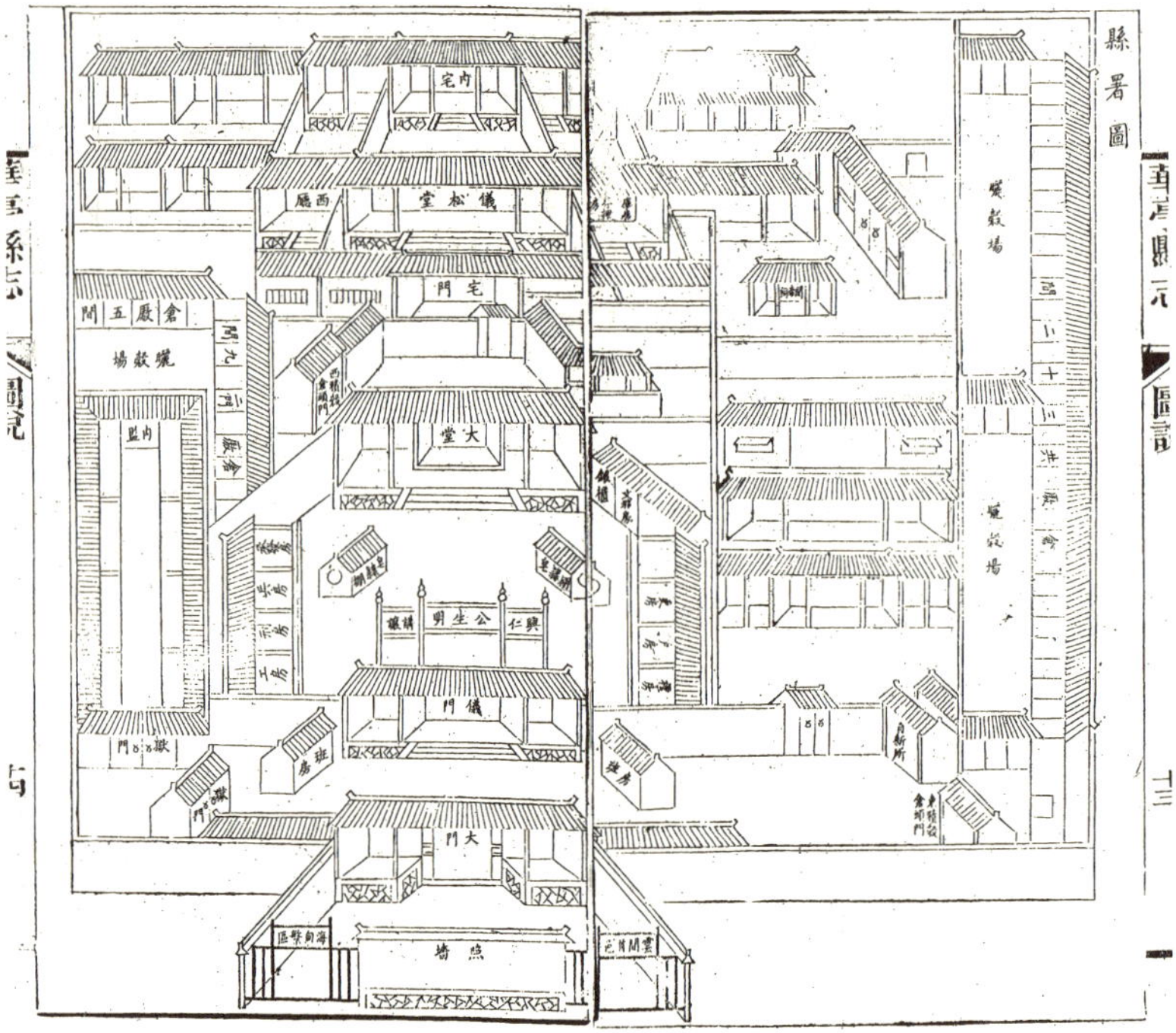

江蘇・華亭県衙（大県の衙門）（光緒『華亭県志』）

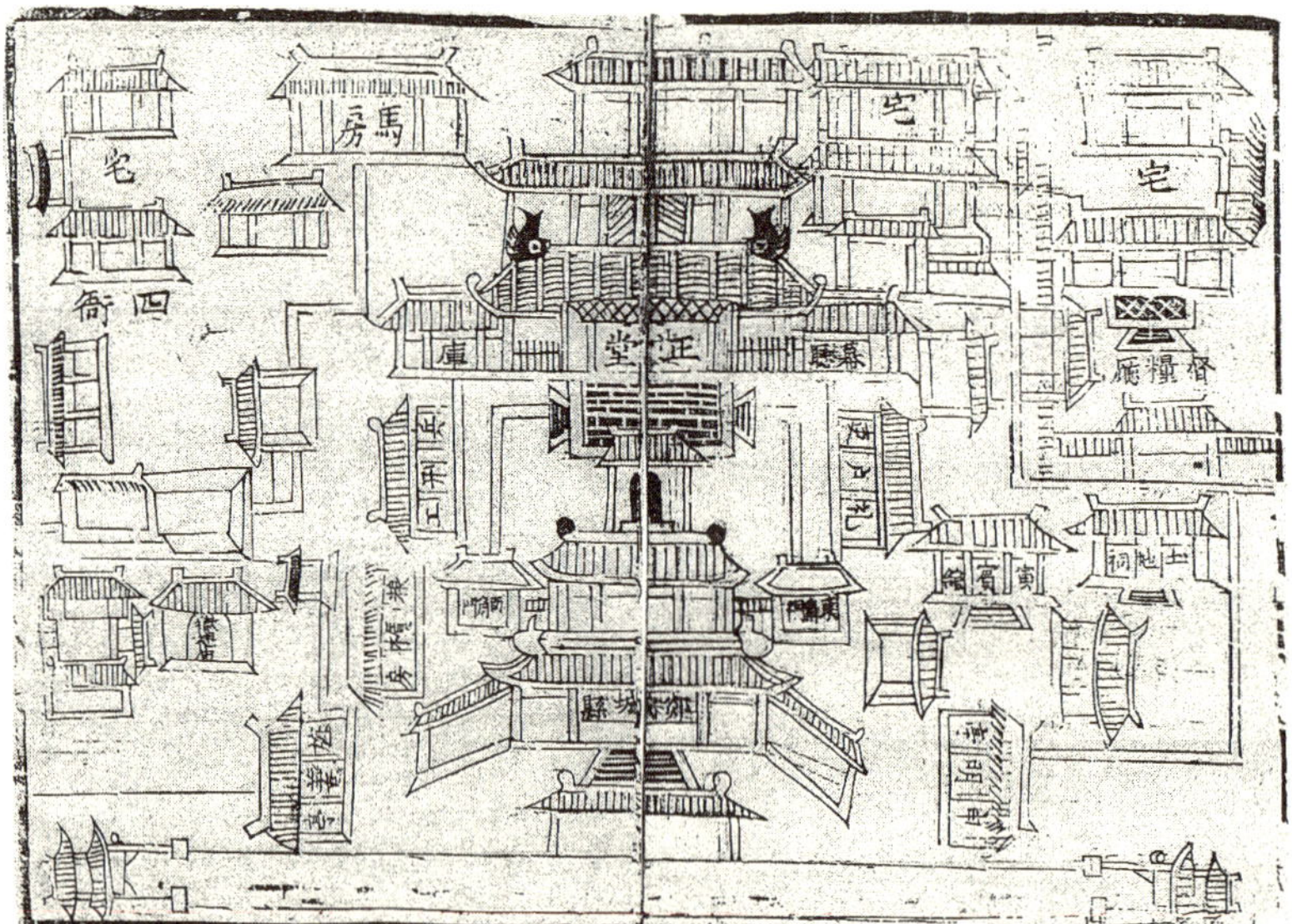

山東・郯城県衙（小県の衙門）（康熙『郯城県志』）

5　知県の規範

朝廷は知県をこのように皇帝の代理と見なしたのであれば、その使命を帯びた知県に対して儒教に則った原則的な規範を求めた。そこには君臣・父子・夫婦の三つの道と人の守るべき五つの基本道徳を説いた三綱五常の遵守、衙門の大堂前に建立を義務づけた戒石銘による汚職虐民に対する訓戒、清・慎・勤の三字に象徴される行動の推奨など多彩な内容が込められていたが、とりわけ注目されるのは知県に「民之父母」たることが求められた点である(28)。

雍正帝は雍正八年（一七三〇）に田文鏡らに命じて編纂させ、全国に頒布した官箴書である『欽頒州県事宜』に載せた上諭において次のように述べている。

地方官は「親民之官」である。一人の地方官の賢否は万民の禍福に関わる。それゆえ昔からその人選には慎重を期してきたが、広く人材を求め、彼らに善政を行い、我が人民に恵みを与えることを願うのも苦心するところである。地方の事務はみな州県から起こり、それらは内容が繁多で、それに伴う弊害も少なくない。政務を担うのはおおむねはじめて官僚となった者であり、平常業務にさえまだ慣れていないのに、特定の事柄に対処しようとするのだから、茫然自失になるのも無理はない。たとい地方の現状を調査して報告する地方官がいたとしても、そのすべてが語り尽されるわけではない(29)。

雍正帝は、地方官の資質は人民の禍福に大きな影響を与えるものであるが、官途に就いたばかりの経験の浅い者がその任務を遂行することは容易ではないと考え、皇帝の代役を果たす者たちにはそれなりの指針が必要との認識を示している。ここでいう「親民之官」とは、「民衆に直に接する官」を意味している。

このように知県は民衆に直接接することから「親民之官」といわれ、その任務遂行の良し悪しが人民の禍福、ひいては国家の安否に大きく関わることがしばしば強調されたが、彼らは同時に「父母之官」とも称された。「父母」とは、文字通り「両親」の意であるが、『孟子』に「民之父母と為りて政を行ふ」（梁恵王章句上）とあるように、「君主」を指す場合があった。これは『大学』の「民の好む所は、之れを好み、民の悪む所は、之れを悪む。此れをこれ、民之父母と謂ふ」（伝十章）という『大学』の一節に由来する表現であろうが(31)、人民を「赤子」と認める皇帝こそがまさしく「民之父母」だった。知県はその皇帝に代わって王朝国家の人民支配を実現する代官であったればこそ、彼らもまた「民之父母」でなければならなかった。「父母之官」は皇帝支配の現場での実現を期待された存在であり、多くの官箴書はまた知県に対しその点を大いに強調している。

于成龍(30)は「示親民官自省六戒」の一つとして次のように述べている。

州県官を父母と称し、民を子民と呼ぶ。名から意味を考えれば、古人に保赤の悟りがあったからだろう。そもそも保赤とは、赤子の飲食を世話し、その寒暖を思いやらねばならないことであり、すべてが至誠より発するものである。保民とはまた民の飢寒を思いやり、その教化に務めねばならないことであり、すべてが真心から発するものだ。真心とは誠実な心があることだ。たとい能力が及ばず実行に制約を受けたとしても、この心はおのずと備わっている。もし州県官がその点を万分中に一分でも体得していれば、人民は福を受けることになる(31)。

また袁守定(32)はその官箴書『図民録(33)』において州県官と民衆の近さを次のように強調する。

州県官はほかでもない。父母である。治めるのはほかでもない。我が子である。官の民との関係は何と近いものではないか。(34)

このように州県官が「父母之官」であるためには、実際の父母が子供に愛情を注ぐがごとく、赴任地の民に対して無上無窮の慈悲で治政に臨むことを共通して求めている。

時代は降るが、十九世紀前半の人、王鳳生(35)がその官箴書『学治体行録』において、

州県官を父母と称し、また親民之官という。「父母」とは何か。子孫との間が親密であり、呼べばすぐに応えられる人のことだ。「親」とは何か。小民と朝夕に相見え、絶縁不通にさせない人のことだ。(36)

と述べるように、州県官に対しては「父母之官」であることとともに、「親民之官」であることも同様にその要件とされたのである。

最後に、汪輝祖(37)がその官箴書『学治臆説』(38)において示した「父母之官」についての認識を紹介しておく。

余が佐治（政治の補佐）を語る場合でも誠意を尽くすことをもって基本とするのだから、ましてやみずからが統治を行うのであれば、それはなおさらである。誠意を尽くさなければ統治などありえない。しかし、その難しさは佐治に比べて一層はなはだしい。佐治の場合は、その場その場で物事を論じるのであり、処理すべき事案に対して誠意を尽くすだけでよく、それ以上の義務がない。他方、統治をみずから行う者は知県・知州といい、一県一州の事柄をあまねく知っていなければならない。少しでも未知のことがあれば、誠意を尽くそうとしても、民はその統治を受け入れることができない。州県官を父母之官という。州県官は民のこ

とに対し、父母がその児女に気をかけるのと同じようでなければ、それがいかに行き届こうとも、民はついに御上に叛き、信義に背くことになる。(39)

このような規範は当時においても実際の知県の職務に当たる官僚たちにとって建前上の要求にすぎなかったことは否定できないが、任官を待つ若い地方官候補者たちが官箴書の記載に政治の指針を求めたかぎり、それが何らかの影響を及ぼしたことは事実であろう。また、これに感化された者の中には、「父母之官」たることを目標にし、それを真摯に実行しようとした者がいたことも確かである。しかしながら、同じ官箴書はその一方でこれとは若干異なった方向から赴任地における人間関係の構築を説く。この実用的な教訓が知県候補者たちをして官箴書という書物の需要を高めたこともまた現実なのであった。

二　筮　仕──赴任前の心得

1　『福恵全書』筮仕部総論の垂訓

『福恵全書』三二巻、清黄六鴻撰、康熙三十三年(一六九四)序刊本。日本では小畑行簡が訓点を施して嘉永三年(一八五〇)に刊行した和刻本(影印本:汲古書院、一九七三年)が広く知られている。(40) 撰者は江西新昌県の人、順治八年(一六五一)の挙人、康熙九年(一六七〇)に山東郯城《たんじょう》県、康熙十四年(一六七五)に直隷東光県の知県を歴任し、礼科と工科の両給事中を最後に康熙三十二年(一六九三)、郷里に引退して翌年この書を著した。本書は個々の内容が具体的なことが特徴で、折に触れて紹介した体験談や例文に採用した報告書なども実際的であり、清代の代表的な官箴書として愛読され、知県マニュアルとして当時の士大夫層に大きな影響を与えた。篇別構成は次の通りである。巻一〈筮仕《ぜいし》部〉、巻二～五〈蒞任《りにん》部〉、巻六～八〈銭穀部〉、巻九〈編審部〉、巻一〇〈清丈部〉、巻一一～二〇〈刑名部〉、巻二一～二三〈保甲部〉、巻二四〈典礼部〉、巻二五～二六〈教養部〉、巻二七〈荒政部〉、巻二八～二九〈郵政部〉、巻三〇～三一〈庶政部〉、巻三二〈陞遷部〉。

その『福恵全書』巻一、筮仕部、総論において黄六鴻は任官が決まった知県候補者に対し赴任地が決まるまでの間の北京での過ごし方のあらましを次のように説いている。

万里の道のりも必ず最初の一歩より始まる。千仞の高さも必ず盛り土より始まる。近き所や低き所から始めなければ、遠き所や高き所には達することはない。さすれば牒（候補者たる資格の証明）を投じて銓（資格の有無を審査して官職を授けられること）を求めることや檄（任命書）を捧げて民を治めるのは官途の第一歩である。将来に栄達を極める者もまたこれがその出発ではないか(41)。

それゆえ君子たる者は任務を軽く考え、赴任地を甘く見てはならない。任官の順番を待つ時に必ず官僚となってからの志を固めておかねばならない。その後に政を行い民に臨むのであれば、仕事は順調に進み、見知らぬ土地で中傷に惑わされることもない(42)。

自身の生活では質素に甘んじ、なお貧乏書生の本来のままでなければならない。民を愛するには、務めて民の暮らしを豊かにし風俗を厚くして頽廃させないようにする。政を行うには、率先して日夜政務に励み、弱音をはかない。志が定まれば赴任地がどこであろうと問題ない。ただ必ず行いを正し、次第に学び取ってこれを堅く守るようにする。飲食は粗末なもので我慢し、衣服は質素に徹し、交際や日用品には節約に努める。さすれば、良い土地のポストを得たからといって喜ぶこともなく、悪い土地のポストしか得られなかったといって落胆することもない(43)。

さらに赴任地が決まったらただちに取るべき行動として次のことを挙げる。

赴任地決定後は整理すべきものは次第に整理し、すみやかに身支度を整えなければならない。限られた時間や有用な気力を浪費してはならず、また無駄な費用を多くしてはならない。賢明な士大夫に対しては素直な態度で教えを請い、自分の言動や風貌を目に止まらせ、自分が大きな志を備えた器であることを知らせる。これは結果として任官前に既仕の誉を受けることになる(44)。

豊かな暮らしだけが目的で知県となり、はじめて任官が決まると贅沢をもっぱらにし、盛り場で遊興にふけって務めを果たさない者は、その志がおのずと定まらないものである。その後を見るに、慣れない土地で中傷に遭わない者がどれだけいることか。将来の栄達は目先にあるわけがない(45)。

黄六鴻が説く赴任地に到るまでの心構えは次の点に集約される。まずは油断すると見知らぬ土地で中傷に遭うから、それを防ぐには質素・謙虚で、かつ精励な態度を維持することが大切であるという。宋元以来の多くの官箴書が強調する「己を正すこと」はこの一環である。また、任官は自己の利益が目的ではないので、赴任地の良し悪しについて不平をいわないことが肝要であるという。これらはみな儒者エリートの規範ともいうべきものであり、多くの官箴書もまたこの点を強調する。注目すべきは赴任地決定後には有益と判断される地元出身の士大夫との接触をはかり、率直に教えを請い、自己アピールに努めることを勧めている点である。規範にせよ実利にせよ、要は「最初が肝心」であることを説くのである。いずれにせよ、黄六鴻の知県候補者に対する老婆心（老爺心）はここまで徹底する。

2　赴任地決定前の留意点

清代の中国にあって知県になるには一般的に科挙の合格が大前提であった。三年に一度の科挙の最終試験である進士の合格者約三〇〇名のうち、そのまま中央官に止まる成績優秀者を除けば多くは知県になった。また挙人が進士の試験に三度不合格になった場合、挙人大挑といい、吏部に出頭して登録することで官途に就くことができた。このほか、蔭位（父祖の功績で官位を授かること）や捐納（金で官位を買うこと）による就任の道もなくはなかったが、時代が降るに連れて候補知県のままで任官しないで終わる場合が多くなった(46)。

殿試（紫禁城での最終試験）を無事終えた進士合格者たちはその姓名と成績順位とを中央北京の吏部文選司に登録すると、いったん原籍に戻り、知県の缺《ポスト》に欠員ができ中央の吏部から呼び出しがかかるのを待った。呼び出しを受けたならば、原籍の地方官の確認書や督撫の書状を携えて上京して点呼や面接に臨む。毎月二十四日に吏部で行われる面接が済むと、翌二十五日には「掣籤」（抽籤）が行われ、それによって一人ひとりの赴くべき缺が決定する。康熙三十五年（一六九六）からは、この掣籤のあと午門の前で面接試験が行われ、皇帝に引見された。正式に官僚として認められると、急遽その準備を整えて任地に赴くことになる(47)。

新任知県にとって最初の任官の成否が以後の官僚生活の将来を左右するものであったため、その準備には何をどう具体的に行えばよいかを知る必要があった。官箴書はその情報を提供するのに一定の役割を果たした。

赴任地決定を待つ間の無聊な首都での過ごし方を官箴書はどうアドバイスしているのか。黄六鴻は〈謁選〉〈投供験到〉〈掣籤〉の三項目を設けて赴任地が決定するまでの間の北京での生活態度一般に注意を与えている。「謁選」では以下のような内容をまとめる。

選考を吏部に求めることはまさに仕官の第一歩である。宿舎は静寂な仏寺か人気《ひとけ》のない建物がよい。女色を近づけて旅先の淋しい思いを掻き乱してはならない。郷紳や賢者の言論や風采を見て役立つと思われる者には親しく近づき、自堕落で心の隙につけこもうとする者は他日累を及ぼすことになるので遠ざけて関係を絶つようにせよ。赴任地の良し悪しや遠近についてはまだわからないので、衣食は概して倹約に努め、軽々しく京債を借りてはならない。高利で借りた金額が雪だるまのように膨れ上がり、赴任地に着くや否や、借金取りがそこに現れることになる。上司がその話を聞けばきわめてまずい。……大清律例や六部条例は政を行うための大切な書であり、よく読んで消閑の一助とせよ。俗書だとして嫌ってはならない。(48)

まずは待機中の誘惑の防止法—女色や邪人を避け、静寂な仏寺などを宿舎に選ぶことを説く。中国の古典小説には、勉強中の青年知識人を誘惑する美女や妖怪の話に事欠かない。(49)受験勉強というストイックな生活から解放された若者にとって北京の都会としての誘惑は抗いがたいものがあったに違いない。そこで悪への誘いに乗って、無駄遣いし、信用を傷つけてはならないと戒める。

次に借金の禁止を強調する。赴任旅費は支給されず、さらに家族以外に家奴・家丁やコックや幕友を雇う費用など、赴任に伴う経費は巨額のため、その多くは北京の銀号からの借金でまかなわれた。(50)

この他、勤勉を心掛けること、知県経験者からの忠告を受け入れること、法律などの実用学を習得することなど、有益と思われる助言が微に入り細に入り盛り込まれている。
〈投供驗到〉については次のようにいう。

過堂（点呼）の日には吏部大堂の左側階下に直立し、名が呼ばれるのを注意して聴く。名が呼ばれれば、ゆっくりはっきり返事をし、階段の中央に行き、顔を上げて立ち、籍貫を告げる。明瞭な声がよい。告げ終わるとまたゆっくりと右側階下から退出する。この時、堂上では注意深くその年齢や容貌、器量などを見ているから気を抜いてはならない[51]。

要するにこれは吏部における最後の面接試験の心得である。最後は〈掣籤〉であるが、これについては次のようにいう。

民の父母となろうとする者は必ず役得のある赴任地のポストに就きたいと思うが、その意図は果たして何にあるのか。官僚人生の出発においては正しい志を立てねばならない。官僚としての損得はその人にあるのであり、必ずしもすべてがその土地の美悪に関わるものではないようだ[52]。

赴任地には衝（要衝）、繁（事務繁忙）、疲（民情怠惰）、難（反抗的）の四つの「字缺」があるとされ、そのうち三つを含む場合は「要缺」、二つを含めば「中缺」、一つ以下なら「簡缺」と見なされた。狩野直喜は、「大概土地豊饒人民殷富なる所は、四字缺・三字缺の地方にて、事務煩劇なり。又一字缺・無字缺は事務簡なれども、又其れ丈所得の少なき故に、人皆争うて前者を営求するなり」と述べているように[53]、むしろ要缺に人気が集まった。その点で当事者の知県候補者にとってどの土地に赴任するかは重大な関心事であり、黄六鴻の訓戒は説得力を持たなかったといえるかもしれない。

知県のポストがその人物の能力や適性を勘案することなく、抽選によって決定されたことはきわめて特徴的であり、それは吏部の請託によって動かされる弊害を除こうとしたものといわれる。(54)とまれ知県の赴任地はこれによって決定したのであった。

3　赴任地決定後の留意点

黄六鴻は赴任地決定後から赴任地への出発までの準備とその際の心得について以下の一六項目を挙げて説明している。

①「査全書」…赴任地の賦役全書の調査　②「訪風俗」…赴任地の風俗慣行の調査　③「拝客宴会」…赴任地出身者や訪問客とのつきあい　④「発諭単」…赴任地への通知　⑤「郵稟帖」…上司への連絡　⑥「延幕友」…幕友の召募　⑦「募家丁」…家丁（長随）の召募　⑧「待接役」…赴任地の胥役の応対　⑨「立号簿」…覚え書き帳簿の作成　⑩「上任吉期」…赴任期日の決定　⑪「書憑領憑」…証明書の発行・受領　⑫「辞朝」…朝廷への挨拶　⑬「辞行」…知人への挨拶　⑭「薦托」…推薦書　⑮「治装」…身支度　⑯「起程」…出発

赴任地が決まると、彼らは赴任までの支度を整えるとともに、その土地についての情報を収集しなければならなかった。それはまず書物から得ることができた。皇帝に謁見したあと、吏部より任官証明書が渡され、同時に赴任地の徴収税額、雑収入額、親王領地の状況、土地概況などの事項を記した書類が併せて提供された。賦役全書から得る情報も重要なものであった。黄六鴻はまず書物からの情報収集活動を次のように説いている。

賦役全書とは州県の銭糧や丁口の数、および起解、存留、支給などの各支出項目がみな記載されているものである。全国の賦役全書はことごとく戸部に集められる。掣籤ののち、赴任地が決まれば戸部に赴き、その土地の賦役全書を調べた方がよい。そうすればその地の租税の多寡や軽重、肥瘠の状況が一目でわかる。また、前任者が栄転した場合には問題はないが、左遷や処分で離任した場合は、租税に関わる諸案件はまだ清算されておらず、引継ぎ者に累が及ぶことがあるので、吏部や戸部であらかじめ調査しておかねばならない。(55)

だが現地の人間の様子や現在何が問題になっているかなどの具体的で詳細な情報を書物から得るにはおのずと限界があった。そうした情報は実際のところ赴任地の事情をよく知る者に尋ねるのが有効的であった。黄六鴻はそれを次のようにアドバイスする。

地方に赴任するのであれば、その土地の政務の利弊、土俗や民情など、すべてあらかじめ探っておかねばならない。北京は全国から人が集まる所であり、赴任地の知県経験者や赴任地出身の官僚からその情報を詳しく得ることができる。事情を斟酌してどう対処すればよいかがわかれば、あらかじめ心の準備ができるだけでなく、土地の難易に合わせて幕友を召募する手掛かりともなる。その地の衙役や土豪で名うての積悪については、その姓名を把握しておき、赴任後に内密に調査する。もし事実であれば、彼らが何かさらにしでかした時に厳しい処罰を実施する。それによって新任知県の切れ味を示すのだ。(56)

新任知県にとって赴任地についての情報は着任後適切な措置を講ずるための心の準備をする点で重要であった

が、具体的な情報は口コミに頼らざるをえなかった。ただ、これはまた諸刃の剣でもあった。赴任地出身の官僚たちに面会することは、逆に自分の力量を相手に品定めさせることになり、その情報がすぐさま赴任地に伝わることを意味したからである。その点で赴任地出身の人間もまた新任知県がどんな人物であるかに重大関心を払った。それゆえ面会は丁重に、かつ慎重に応じなければならなかった。

黄六鴻は次のようにいう。

任官の辞令が下ると、その土地の郷紳たちは新しい知県の様子を探ってくる。美缺であれば、親しい者たちが順々に祝いに来る。名刺を出して面会を求める者には虚心にて教えを請わねばならない。老賢人で重望を担う者にもまた謁見すべきである。酒宴に招かれたならば、期日通りに礼を尽くして赴け。礼を述べる機会を得るだけでなく、それを利用して彼らに自分の才能や品性を知らしめるのである。その後一年内外にわたって書簡をやり取りして安否を伺えば、その心配りが行き届き、意気相通じることを示すようになる。エリートの中には物事にこだわり、頑なに客に会わず宴席にも出ないことでみずからの見識を示そうとする者がいるが、それはわずかな交際費を惜しみ、今後の謝礼を省こうとするだけにすぎない。(57)

新任知県は赴任地が決定すると、その土地の概況、とりわけ人間環境についての情報を入手する必要があったが、そのための方法として官箴書は赴任地出身の官僚や郷紳たちとの会見をむしろ積極的に奨励しており、そこには着任前における在地勢力との関係網《ネットワーク》の構築を重んじる構造が存在している。無論、そのための副作用は十分警戒を要するものであったが、新任知県にとって赴任前の最初に作られた郷紳との太いパイプはその後の県行政を円滑に遂行するためには必要なステップとなった。(58)

この他、赴任前の準備として重要なことに赴任地において安心してみずからの仕事を分けあい、協力が求められる補助員たちの選考があった。その主なものは幕友と長随（家丁）であった。

黄六鴻は幕友を雇うに当たって次のような注意を述べる。

州県の事務は繁忙であり、徴税、裁判、文書作成などはおのずから補佐の人が必要になる。赴任地が衝劇の地であれば、租税の点検、訴訟の審理、往来迎送の手配などの業務に関してはいかなることにも対応できる才能を持った者でなければ、あちこちに心配りするのは困難だ。幕友についてもまた業務の程度を酌量して人数を増減しなければならない。しかし適任者を得るのは容易ではない。才に優れた者であれば、工夫に満ち、いわゆる冗闒（賤しく無力）の患いがない。識に敏なる者（頭の回転の速い者）であれば、にわかに対応ができ、躊躇による誤りがない。品の端《ただ》しい者（品行方正な者）であれば腹心の協力者として、予測しがたい疑いを持たなくて済む。三つのうちでは品がとりわけ大切だ。幕友とは常に相談して仕事を進め、またきわめて近い関係にある。いやしくも品が端しくなければ、雇い主が少しでも失意の念を起こすと、その長短を操って恐喝し、金を巻き上げることをしばしば起こす。それゆえ長たる者は先に品のある者を採用することに苦労する。識はその次、才もまたその次である。才や識が十分でなくても協力して助けあえば何とかなるが、品が少しでも端しくないと、いくら才や識があっても重んじるに足りない。そもそも幕友を雇うのは忙時に業務を代行させるためにすぎない。少しでも時間があれば、大小となくすべて自分で点検すべきである。問題があれば互いに相談し、考えがまとまったらみずからが裁決しなければならない。権限が幕友の手に帰することがなければ、弊害も生じない。たいてい親しい親戚・友人で常に信用のおける者であれば仕事を共にすることができる。さもなくば、その人物の老成熟練ぶりを本来知っているか、または推薦者がみな知りあいであれば雇っても構わない。情実で頼んでくる者についてはみな婉曲に断るがよい。(59)

さらに黄六鴻は家丁を雇うに当たって次のような注意を述べる。

赴任地が決まると、知りあいの中には家丁を推薦してくる者がいる。あるいはみずからが家丁の差配人に頼んで直接売り込んでくる者がいる。ただこの輩は金が目的であり、その地方に行って衙役たちと結託して不正を行い、賄賂を分けあう。ひどい場合には、うわべは忠勤を繕い、内心では悪さをたくらみ、信頼をよいことに私利をはかる。知県がそれを察せねば、術中に堕ち、害を遺すことが少なくない。知県が明察して厳重に取り締まれば、彼らはわずかな給料でもって故郷を離れ妻子を捨ててまで仕えることをしなくなる。(60)

幕友と長随については一度人選に失敗すると厄介になるので、このような注意は必要な情報であったに違いない。しかし、彼らを採用するかどうかは、ひとえに知県の判断に委ねられており、その点ではみずからがある程度コントロールできるものであったともいえよう。問題はみずからがコントロールできない人間たちとの関係構築がより重要なものであった。

さて、以上のような忠告に従って準備が整えば、いよいよ赴任地に向けての出発である。出発に当たっては赴任先の上司への連絡を怠らないこと、(61) 出迎える胥吏への配慮も周到にすること、(62) 関係各方面への挨拶を忘れないこと、(63) など官箴書は詳細な行動を指示していく。しかし、これらの教えに忠実に従った知県であってさえ、赴任地ではなお未知なる試練が待ち構えていたのである。

三　蒞任――赴任時の心得

1　『福恵全書』蒞任部総論の垂訓

黄六鴻は『福恵全書』巻二、蒞任部、総論において新任知県が赴任地に赴き、そこで実際に政治を行うようになった際の心構えのあらましを次のように説いている。

諺に、「新婦は進門に看、新官は到任に看る（新婦は嫁先の門をくぐる時、新官は任地に至った時、その人となりが明らかになる）」という。また別の諺には「官の吏を看ること一七なるも、吏の官を看ること三日なり（官が吏を見るには一週間かかるが、吏が官を見るには三日とかからない）」という。なぜならば、彼らの最初の行動を見れば、即座にその後がすべておおむねわかるからである。(64)

知県の性格には「寛」と「厳」とがあり、その政務にも「精」と「忽」とがある。「寛」であれば属吏は彼に近づきやすく、そのうち彼を手玉に取るようになる。だが、「厳」であれば犯しがたく、あえて違法をしようとはしない。「精」であれば管理は必ず厳しく属吏は不正ができない。だが、「忽」であれば手抜かりが多く、弊害を起こしやすい。それゆえ実力を秘めた知県はいつも他人から見透かされず、喜怒の感情の一端をも垣間見せることがない。またよくその任務を遂行する知県は、騙しにくくつけいる弱点もない印象を常に他人に与える。そうすれば、奸胥・猾吏と地元の豪悪の徒はキッパリ悔い改め、あえて知県をなめて法を犯そうとはしなくなる(65)。

しかし、大切なことは着任の時にすぐこれを示すことである。そしてそれは任務を終え官を去るまで一貫して守らねばならない。時に応じて適宜処理し、事に応じて適宜処置を施す。かくて知県の居る所みなその厳を憚らず、行く所みなその精を示すことになる(66)。

着任時にやらなければならないことはすべて前例に基づくか、あるいは新たな決まりによるか、そのどちらかであるが、必ず筋の通った分別あるものでなければならない。そうすれば、それが新しく政を行う際の試みであったとしても久しく守るべき良法となる(67)。

黄六鴻は総じて赴任地において実際に知県の仕事を始めた時の心得を説いており、胥役や「豪悪之徒」と称する在地勢力に対してつけいる隙を与えないことの大切さを強調する。また、その方針は着任後も一貫して守らなければならず、新しいやり方は「筋の通った分別あるもの」でなくてはならないという。しかし、この「最初が肝心」を効果的に実践することは果たして容易であったか。また、それをやるにはどういうことに注意せねばならなかったのか。

2 着任時の留意点

黄六鴻は『福恵全書』巻二～五、蒞任部において以下の諸項目を掲げている。

①「投到任稟」…上司への着任通知　②「発到任示」…着任告示　③「入境」…到着　④「斎宿」…到着時

の斎戒　⑤「受印」…官印の受領　⑥「到衙門」…役所への初見え　⑦「出堂規」…役所規定の発布　⑧「看須知」…注意事項の点検　⑨「繳憑」…着任命令証書の提出　⑩「謁廟行香」…文廟と城隍廟への参拝　⑪「発各告示」…各告示の発布　⑫「設内外号簿」…内外の帳簿の作成　⑬「定買辦」…出入業者の選定（以上巻二）

①「馭衙役」…衙役の統制　②「謹関防」…家丁に対する警戒　③「親査閲」…倉庫等の立ち入り調査　④「覧志書」…地方文献の閲覧　⑤「査交代」…引継ぎ　⑥「考経承」…胥吏頭の試験　⑦「考代書」…代書人の資格試験　⑧「革陋規」…賄賂の改革　⑨「禁私謁」…紳衿との私的な面会の禁止　⑩「申繳門簿」…生員の官署への出入記録簿の提出（以上巻三）

①「謹操守」…身持ちをよくすること　②「忍性気」…我慢すること　③「戒躁怒」…短気にならないこと　④「遠博飲」…博打や飲酒の戒め　⑤「承事上司」…上司とのつきあい方　⑥「待紳士」…紳士への対応　⑦「交接寅僚」…同僚との交際　⑧「謹僉押」…署名の際の注意　⑨「清号件」…案件の点検　⑩「酬答書札」…応答書簡の書き方　⑪「待遊客」…旅客への対応　⑫「文移諸式」…公文書書式（以上巻四）

①「詳文贅説附詳文」…上申書の書き方　②「稟帖贅説附稟帖」…要望書の書き方（以上巻五）

黄六鴻が重視する着任時の注意事項は大きく三つに分かれる。一つは、着任時に理解しておくべき所定の手続きと諸行動の内訳を解説したものであり、巻二の全項目および巻三の③④⑤、巻四の⑧⑨などは、ほとんどその解説に充てている。

もう一つは、発行文書のフォーマットを提示したものであり、巻四の⑩⑫、巻五の①②がそれに当たる。赴任地での最初の振る舞いがその土地の人間たちの注目を浴びざるをえなかった新任知県にとって、これらの情報は貴重な指針となったはずである。

最後は、新任知県を取り巻く人間たちに対して取るべき行動規範であり、巻三の①②⑧⑨⑩、巻四の①②③④⑤⑥⑦⑧⑪等はその顕著なものである。また、巻三の⑥⑦は採用時の諸注意を述べたものであるが、同時に彼らの性格にも言及している。

このうち知県の赴任地とのネットワークの構築のあり方が窺われる目ぼしい記事を以下順番に掲げ、黄六鴻が新任知県に対してどんな行動を求めたかを見ることにしよう。

黄六鴻は赴任に当たってまずやるべきこととして上司への通知を挙げる。すなわち、

省府附郭の県では赴任する数日前に稟帖《ひんちょう》（上申書）で本府および軍糧関係等の官庁に通知する。その通知には着任日のみを書く。言葉は簡略が大切で、冗長であってはいけない[68]。

といい、まずは省城や府城と城郭を同じくする附郭の県では着任後上司とすぐに顔を合わせることになるので事前に赴任地への着任通知を出すことを怠ってはならないと忠告する。また、文面は「冗長であってはいけない」といいながらも、稟帖の書式として、「卑職《わたくし》は一介の凡庸な者でございますが、過分にも大任を受け、間もなくに着任いたします。かたじけなくもご庇護を被り真心を尽くす所存でございます[69]」などといった意味になる懇懃な言辞を盛り込むことが必要とされた。赴任地に対してはとりあえず形式を省いてはならないといったところであろうか。

さて、新任知県はいよいよ赴任地に足を踏み入れることになる。彼らにとっては最初に緊張を強いられる場面

であるが、それはまた県衙の職員のみならず地元住民にとっても新任知県がどのような人物であるのか、自分の利害に密接に関わる者であればあるほど重大な関心をもって迎える場面でもあった。そこで「入境」では以下のように説かれている。

新任知県の着任はその土地の士民の注意を引く最初である。すべての行動はその利弊の緊急度によってはからねばならない。その地方が疲痟している場合は救恤を優先する。民風が狡猾・野蛮であれば厳格な法の適用を優先する。士風が軽薄であれば礼教による教化を優先する。胥役が不正を行うようであれば刑罰を科すことを優先する。人心を喜ばせ人々を深く心服させて、廃れた風潮を改めることを大切にする。そうすれば新任知県が聡明であるという名声は着任の日にたちまち広がる。(70)

しかし、政の才覚がもとより備わり成算のある者でなければ、これを実行するのは難しい。新任知県はこの点を心に留めて緩急寛厳を巧みに使い分け、着任時に状況に応じて厳しい人間であることの一面を示す。これが一番である。ただ、もし心に何かしら迷いがあれば、実行に移す前に心を落ち着けてよく考えよ。さもなければ「剛」が求められる時に「柔」になりすぎ、「柔」が求められる時に「剛」になりすぎて非難されることになる。(71)

着任時には同伴家族はしばらく別の館に留め、着任業務が終わってから官署に入居させるのがよい。着任の一日ないし三日前に城隍廟に赴き斎戒のための宿を取る。これを「宿三」という。着任の式次第を担当職員に書き出させ、到着時に提出させ、それを熟読してその通りに行え。従来のやり方から少し外れるような場合が急にあってもそのまま行うのがよい。左右は変更を熟知しているわけではないので、かえって混乱してしまう。もし執行職員にたまたま軽いミスがあっても、杖責を加えてはならない。これは新任知県が性急で不寛容な度量であるのを示してしまうことになる(72)。

黄六鴻はここでも総論と似たような心構えを説き、緩急、寛厳、柔剛のバランス感覚を伝授しようとする。そしてまず「斎宿」という着任前にその県の城隍廟で物忌みの儀式を執行する際の注意を述べる。それが終わると、いよいよ県衙に出向くことになる。定められた時間に朝服を着て衙門大門に到る。輿を降り儀門の土地廟に参拝、入署して公座につき下僚、吏役、紳衿等、県衙で待ち受ける各人より挨拶を受ける。

新任知県の最初の行動は「堂規」と呼ばれる新たに設定する職員規定を発行することと「須知」と呼ばれるその県の業務内容を記した記録帖を閲覧することであった。「堂規とは公堂で政務に臨み、各房科の職員が日々勤務することについて規定を定め、遵守することを知らしめるものである(73)」として、「本県は新たにこの地に赴任したが、痩せ衰えた民を育て養い、悪弊を改め除くことを務めとしている。悪弊の源を絶たんとすれば、それは必ず近場から始めねばならない。すべての件について別途通達するが、一切の堂規をまず爾ら各役に知らしめるので、みな謹んで守り、軽々に法に触れぬようにしなければならない(74)」の書き出しから始まり、「本県は諸事すべて自分で決裁し、左右の手をかりない。もし吏役で理由なく勝手に宅門に近づき、名義を騙って民をたぶらかす者がいれば、ただちに重く懲らしめる。宅門の人役で報告を怠る者は併せて処分する(75)」など、一五条からなる規則サンプルを掲げている。また「須知とは一州県の政務大綱の諸項目が備に載っているものであり、一覧すればその概要がわかる(76)」とされ、これもまた六房に関する細かな説明が施されている。

知県が最初に出す告示は、いわば新任者の所信表明ともいうべきものであったため、「最初が肝心」という意味からも重要なものであった。黄六鴻は、

> 新任知県の行動はすべての県民が観望するものであり、その大旨は多く告示によってわかる。これは県城から遠い場所の住民が新しい父母官に直接会えなくてもその言を知って喜びを感じるようにするものだ。役所で執務する者たちが遵守するところを知るだけのものではない。それゆえ一切の方針内容は最初に定めるのが大切である。はじめにやり方が定まり、ほどあいを見て仕事を割り与えれば、事を処理するのに余裕が持てる。暁諭は簡明で要を得たものにし、凝った文章でてらってはならない。いわゆる婦女子にもみなわかるものにせよ。[77]

といい、「頭門告示」(大門の皁隷に対する告示)、「二門告示」(儀門の皁隷に対する告示)、「宅門告示」(内衙の宅門の皁隷に対する告示)、「賓館告示」(招待所の陰陽生に対する告示)、「関防告示」(一般住民への警告)と五つの告示のサンプルをそれぞれ細かく分けて掲載している。ちなみに「関防告示」には、

> 詐害を防止し、法規を粛正にすること。本県《わたくし》の家は代々学問に携わり、慎み深く振る舞うようにとの家訓があり、これまで親族の子弟を外に遊ばせたことはない。本県がこの地に赴任したからには、本来性格は廉直剛直であって、わずかな情実も容れず、苦節を守る志を立て、一銭の賄賂も求めない。このことは旧知の者がみなよく知っている。したがって何人も見舞いや寄付行為に来てはならない。無頼の棍徒が本県の親戚や友人を騙って県内に潜入し、公然とたぶらかしを働くことがある。それは郷愚がその術中にはまる恐れがあ

るため、暁諭の上、厳しい対応を取らねばならない。以上のことを全県の軍民に申しつけて周知させる。もし前項のような奸棍がいれば、ただちに通報を許し、逮捕に供する。奸棍を寺観や旅館で留め置き、地保が知っていながら検挙しない場合には、調べ出して同様に容赦なく処罰する。右、詐害を防止することまで。(78)

とあり、地元住民に伝える知県の心構えの雛形が具体的に示されている。

以上のように、黄六鴻は新任知県の着任時に取るべき行動を細部にわたって丁寧に解説し、その時々に発する文書のサンプルを併せて掲載することで、その具体的な形式を通して彼らを水先案内する。もっとも新任知県がみな『福恵全書』を座右の書とし、そこに示されたサンプルの文章を『文章の書き方』よろしく実際においてもそのまま模倣したとすれば、その陳腐な行動に接し、同じような決まり文句を読まされる県衙職員や地元住民はそれを特別注目する意味のない「いつものこと」としか受け取らなかったに違いない。それでも新任知県は一挙手一投足においてそれを墨守しなければ、「最初が肝心」を示したことにはならなかった。新任知県にまず求められたものはいわゆる「形式の美学」ともいうべきものであった。

ところで、こうした内容は『福恵全書』に止まらず、他の多くの官箴書に指摘されたものとも共通する。しかし、黄六鴻は着任早々の知県にとって衆人環視の中で取るべき行動や形式についての情報もさることながら、今後の知県業務を円滑に果たすためにはその土地における人間環境を快適にすることの必要性をとりわけ重視した。それゆえに『福恵全書』ではみずからの直接の体験に具体的に触れながら新任知県を取り巻く人間たちへの対応、すなわち〝待人〟の方法に少なからず言及したのである。

3　人間環境の留意点

黄六鴻はまず「上司」への対応に次のような綿密な注意を与えている。

部下が上司にうまく仕える方法は敬と勤とにあるのみだ。敬の気持ちを持てば傲慢さは芽生えず、参見の時はいつも慎み深く、儀礼の際もよく行き届く。勤の気持ちを持てば怠け心が芽生えず、命令に従う際にはいつも詳らかで、かつ速かに実行できる。意見を求められた時は常に謙虚で、かつ誠実に応えられる。参見というのは、州県官が着任する時に必ず上司に目通りすることであり、赴任途中の省都において、あるいは城内で着任の翌日において、または県境の省都から少し距離のある場所と様々であるが、いずれにせよ遅きに失してはならない。上司が部下に好んで会うのは、その才品を窺い知るためであり、部下もまたその性情を把握するためである(79)。

ただ参見の作法については、これを礼房にはかり、同僚に尋ねよ。状況を見て、おもねりすぎても駄目で、ほどほどでなければならない。時候の挨拶は前後の順番がある。上申する場合、詳らかで要領を得たものが必要だ。詰問されたり心の内を見られたりする場合には、我慢して応対せよ。同僚と一緒に上司に面会する際、上司が同僚に話しているのに側から口を挟んではならない。立ち居振る舞いについては普段から習熟しておくのがよい(80)。

上司に申し上げることがあれば、これを書付にしたため、時々振り返って忘れないようにする。これがつまり慎み深いということだ。贈り物についてはすべてこれまでのしきたり通りにせよ。あらかじめ自分で点検することに努め、けち臭さを示してはならない。贈り物を返されるようではいわゆる「時にして周し」とはいえない。部下の中には常にうわべを質素にして超俗を誇り、一切の慣例を粗略にする者が常にいるものだ。だが、もし本当に清廉でなければ、上司は察し、偽りの態度を嫌ってその欠点を暴露されてしまう。(81)

上申書を送る場合には、軽重を勘案し、記録して事の次第を詳かにしなければならない。即答を要する場合はとりわけ自分で確認し、絶対に曖昧草率なもので疎略さを示してはならない。重要な事柄で上申しなければならない場合は一層洗いざらいを申し上げ、決して偽りの言葉で取り繕ってはならない。……これはみな下の者が上の者に仕える正当な筋道である。だが謹んで務める気持ちがなければ、これを語るに足りない。(82)

他方、下僚や隣県の知県に対しては次のようなつきあいを勧めている。

下僚は朝夕仕事を共にするので知県の挙動については周知している。それゆえ知県が自分の職務に励もうとすれば、己の身を正しくしなければならない。知県が正しくあれば、下僚は凛として従わざるをえない。しかし下僚は官位が低く禄も少ないにもかかわらず、ひとえに知県に頼らなくてはならないからには、その勤労ぶりを思いやり、その貧しいことを憐むべきである。彼に功績があれば推挙し、火急の用があれば恩情を示してやる。能力に欠けるとしたら、いろいろ教えてやり、責めてはならない。たまたま些細なミスがあったとしても穏やかに指導して、その改善を待つのである。その点を少しも留意せず、思うにまかせて非難すれば、仲違いがそこから生まれる。(83)

隣県の知県に対しても同じく同僚の誼を結ばねばならない。時々消息を尋ねるのがよい。意気投合する者で

> あれば、もとより深く親交を結ぶべきだが、気心が合わない者もまた枉げて上手につきあえ。公務に関わることはすべて必ず示しあわせよ。こちらから先に手を差し延べれば、向こうもあとからこれに報いてくるものだ。さもなければ気持ちが合わず、業務でも連携できない。逃亡者が突然住家を引き払い、彼が起こした隣県での事件を盗賊仲間が供述し、ひとたびその訴えが上に報告されたら、取り繕うのにおおわらわとなる。[84]

「最初が肝心」であるのを心掛ける対象とすべき人間としてまず重要なのは官僚機構において自身の人事に大きな影響を与える上司であった。それゆえ黄六鴻は上司への対応をことのほか詳しく説明する。ただその要領とは、上司に対しては傲慢な気持ちを控え、尊敬と勤勉の気概で接し、礼を失する行動を取らぬよう注意し、彼らから高い評価を得ることであったといえる。

下僚に対しては、県政業務の協力者ゆえに、まずみずからが模範を示し、恩情をもって接し、わだかまりを懐いてはならないように勧める。同僚としての隣県の知県とはたとい気が合わない相手であっても日頃から連絡を密にし、事件が起こった時の協力態勢を整えておくことが大切と述べる。これらはみな知県経験者でないと気づきにくい対処ノウハウと読者は感じたに違いない。それもまた、ひいては上司から高い評価を受ける布石だったといえよう。

黄六鴻はさらに駐屯軍への配慮も怠らず、次のようにいう。

> 州県にはみな営弁という駐屯軍が防備に当たっている。たいてい守備でなければ千総・把総と呼ばれる営官が指揮している。従来科挙出身の地方官は営官を軽視することを免れず、営官もまた配下の兵を恃んで州県官に対して憤りを懐くものである。兵と民とが衝突し、知県と営官がそれぞれを守ろうとすれば、民は往々

にして兵からいじめられる。その地方に警戒態勢が生じると、軍がまず誤った情報を流すために地元住民は往々にして軍から不安を掻き立てられる。これはみな文武が不和であるためだ。それゆえ営官に対しては階級の大小にかかわらず礼を厚くして待さなければならない。(85)

ここでは士大夫官僚の盲点ともいえる軍への配慮を促しており、それは『福恵全書』の真骨頂ともいうべき内容である。総じて上司、同僚、下僚に対しては自己の感情や主張を抑え、協調的な態度で接することで協力態勢を獲得し、その結果、自己の政務を円滑に遂行できることを基軸にしている。

他方、黄六鴻は同じ県衙において共に仕事を行う職員である胥吏・衙役に対してはどのような態度で臨むのが最良と考えたのであろうか。彼はその対処法として次のようにいう。

吏書と皂快は経制（正規職員）を除けばおおむねその手下の非正規職員である。業務が煩雑な県では、その数を厳しく制限すれば職員不足になり、濫用すれば悪い人間の不正がふえることになる。父子や親戚でそのポストに居座り続けて久しい者がいる。大物やくざや勢力者が結託して手先を潜入させることもある。彼らは弊害の元に馴れあい、大胆かつ悪辣である。知県がおとなしく欺きやすいと見れば、彼らはほしいままに不法行為に及ぶ。他方、厳しすぎれば、あらゆる手段を講じて悪だくみをし、不良生員と結託して彼らの爪牙になり、内丁と通じて情報を集める。知県に少しでもやましいことがあれば、それを証拠に訴え出て、いろいろなやり方で脅迫し、無実の者を陥れる。そこで気の弱い知県は彼らに脅かされてどうにもならなくなり、どんな厳しい知県も身の危険を感じて馬鹿を装って彼らを罰するのを憚る。その結果、租税は侵蝕され、無力の良民は虐待され、官と民とは共にその毒を被ることになる。それは口にするに堪えないものである。(86)

ならば手の施しようがないのだろうか。思うに、上に立つ者は聡明さによって察し、法制によって防ぎ、必罰によって戒め、信賞によって勧め、慈悲でもって遇し、至誠でもって動かすのだ。しかし、その大要は公正な心を保ち、微塵も悪習に染まらないことにある。才識に優れ冷静に物事を処理すれば、自身の身持ちはまず安泰である。諸事ことごとくうまくいき、たちどころにその対立意識を改めることができれば、上司は知県の清廉で才能あることをほめ、民はその功徳を讃える。そうなれば先の一班の魑魅といえども自分が思うように用いることも難しくない。昔日の害官擾民の輩がいまはみな公のために力を尽くし、法を守るようになる。だが、それは本来の良心が四方に発せられたせいであるはずがない。おそらくこれらの輩は知県の持ち前の手際を窺い知り、悪事を働けば必ず罰せられて益にならないのなら行いを改め法度に遵った方がむしろ得策だと一転して即断したためだけにすぎない(87)。

黄六鴻は、以上の意見が決して空論ではないとして、みずからが山東郯城県に新任知県として赴任した際の具体的な様子を克明に書き留めている。以下、それをたどることにしよう。

黄六鴻は康熙九年（一六七〇）二月に赴任した。しかしこの県は長年の租税滞納や郵駅の業務破綻が続いており、そのため前任知県四名がみな処分された名うての「難治」の県であった。そこには「豪衿」・「土棍」と呼ばれるならず者たちがみずからを「金剛天王羅刹」と称し、二四名の仲間を四郷に配置させるとともに、県署における胥役はすべてその一味であり、内宅への取り次ぎ人役はみなその内通者であったという。また上級官庁から派遣される「上差」という吏役が金銭を強要するなどの横暴ぶりははなはだしく、知県はその勢いを虎狼のように恐れ、彼らを接待する無駄な出費を重ねねばならなかった。その結果、民情風俗は衰え、かつ荒れ果ててしまっていた。当時北京にいた知りあいたちはそんな場所に赴任する黄六鴻に同情したが、黄六鴻は諸葛亮が蜀に入る時、乱国を治めるには厳しい法を用いねばならないと述べたことや韓信の背水の陣は死地に活路を求めるものであったことを静かに思い起こした。(88)

そこで彼は、「私はいま郯城を治めるに当たり、そのしきたりに遵えば決断のつかないことが多くなり、いきおい他人から愚弄され、少しの工夫も発揮することができなくなります。これまた前任知県の二の舞です。必ず思い切って逆の指示を出し、事ごとに前任知県と相反することをしなければなりません。おおむねそこに活路があるでしょう」と語った。

黄六鴻は北京を出発する前に衙蠹・土豪の誰それのことを調べていた。郯城出身の明経（貢生）の某が挨拶に来たが、彼も「金剛天王羅刹」の仲間であり、話をすることで黄六鴻の腹を探ろうとした。黄六鴻は挨拶だけで、県の政務について言及しようとはしなかった。明経は帰郷してこの一件を地元の人間に、「今度の父母（知県）は与しやすくありません」と告げた。これより先、吏役たちが先を争って北京に黄六鴻を迎えにきていたが、この話を聞くと畏縮し、代わりに純朴な者を派遣してきた。積悪ぶりを先に知られるのはまずいと思ったからである。そのため新たに純朴な者をその任務に充てれば、彼らは日頃あごで使っている者たちなので、あえて過去の悪行を述べることはするまいと考えたのであろう。黄六鴻は接見するに及んで彼らを順番にねぎらい、即日に帰らせ、一役も留めることをせず、また一言も政務に触れることはなかった。(89)

五月、北京を出発し、彭城に到り、そこより南下して宿遷に達した。六月十八日、郯城の紅花埠に到った。そこには南は宿遷に、北は郯城に繋がる駅站があり、使者はみなここで馬を乗り換えた。この日は人役が出迎え、公館に行くよう案内された。黄六鴻は手綱を離さないまま「先に駅站に行きたい」といった。すると駅站の管理者は大変驚いて色を失い、黄六鴻の前に跪いて、「着任三日ののち、吉日を選んで視察されるのが通例でございます」と述べた。黄六鴻は「郵駅業務は徴税とともに重要なものだ。通例であれ何であれ、いま駅を通過して中に入らないわけにはいかない」と叱りつけ、ついに馬に鞭打って駅に到った。その馬小屋を見れば風雨にさらされ、その飼料庫を調べれば一粒も残っておらず、汚物が堆積して臭気はなはだしく、蝿や蚊が雲のように飛び集まる。残っている数頭の馬は痩せこけ、首や背中がただれて烏がそこを啄んでいる。前任知県の馮《ふう》可《か》参《さん》が解任されたため、道台は道快（道台衙門の吏役）を差し向けて代理させたが、駅吏と結託して経費を横領し、さらにまぐさの量を減らしていた。二つの駅で定められた馬一二四頭中、わずかに一八頭が残っているだけだった。黄六鴻はこれを見て激怒し、駅吏や馬番らを鎖に繋いでそれぞれ三十叩きにした。すると道快が大声で叫んで叩頭し、「俺は道快の王某というものだ」と告げてきた。黄六鴻は彼を叱りつけて「本道はお前に馬を養うよう命じたのであって、馬を損なうよう命じたのではないぞ。ましてやお前はいまでは県駅の責任者だ」と述べ、彼を二十叩きにし、翌日このことを道台に報告し、かつ詫びを入れ、自分は上差が悪事を働いたからといって朝廷の法に背くつもりは毛頭ないことを告げた。ここにおいて多くの吏役は噂を聞いてみな恐れたのであった[90]。

　十九日城隍廟にて斎宿、二十日廟に参拝した後に入署する。黄六鴻は皂隷の頭に仕置に慣れた皂隷八名を選び一〇枚の大竹板を用意するよう命じた。各役はいぶかり、何のためか理解できなかった。三日後、再び廟に参拝し、執務を開始する。翌日の午後、各役は大堂に集められ点呼を受ける。黄六鴻は点呼簿にはその年格好、籍貫、住所および就任時期、任務内容を姓名の下に書き留め、点呼時には東西二つの通用門を閉じるように命じた。各役は順番に階下に到り、年格好、籍貫、住所を口頭で述べ、点呼簿との照合を受けた。彼らはもともと不法の輩であったため、言語は畏縮し、挙止も常態を失い、顔色は真っ青だった。各役の点呼が終わると彼らに出頭させ、その罪を挙げて「爾らはあることで不正を働いた。ある官は爾らのために解任され、ある民は爾らのために食い物にされた。爾らは死罪を免れない。ただいましばらく責打の上、解雇し、昔に害を受けた者たちの鬱憤を晴らすことにしよう」と述べ、選んだ刑吏に命じ、その罪状の重軽に応じて大竹板で打ち据え、杖刑を受ける者は二十人余になった。十日を過ぎて死んだ者一名、罷免された者五名、これらはいわゆる積年各部署で務めていた吏役頭であり、豪棍の仲間であった。そこでさらに残りの者たちを呼び出して幾重にも注意した。みな降参して地にひれ伏し、汗を滝のように流した。県中の紳民たちは歓呼して快哉を叫び、黄六鴻の処分はきわめてバランスが取れていると述べた(91)。

このような直接体験を持つ黄六鴻は知県の吏役に対して取る行動を次のように提唱する。

徴税と裁判の業務一切は既定の法に厳しく従い、弊害の余地を残さないようにする。懲すべき罪については必ず罰して容赦しない。ほめるべき功については必ず賞して惜しまない。銭糧は早めに解送し、重案は早めに解決し、決して経承に力を発揮させないようにする。上差が県に来た時には、公費から食費や旅費を出し、絶対に県の胥吏たちを鎖に繋いで勝手に強要させないようにする。上差がひとたび来れば、勢いはすごいが、一切の接待や夫馬は知県自身が処理し、衙役や馬牌を殴らせないようにする。これもまた吏役を思いやる一つの道である。もちろん賞罰はひとえに公正に出されるものであり、賞すべき功の場合は罪があっても賞は施さねばならないし、科すべき罪の場合は功があっても刑は必ず行わねばならない。賞する際には常にそれだけで十分でないと考え、罰する際にはいつもそれを施すに忍びがたいとの心を懐く。このように、賞すること小さくなければ、それを受ける者は十分感謝し、罰すること大きくなければ、それを受ける者は恨むこ

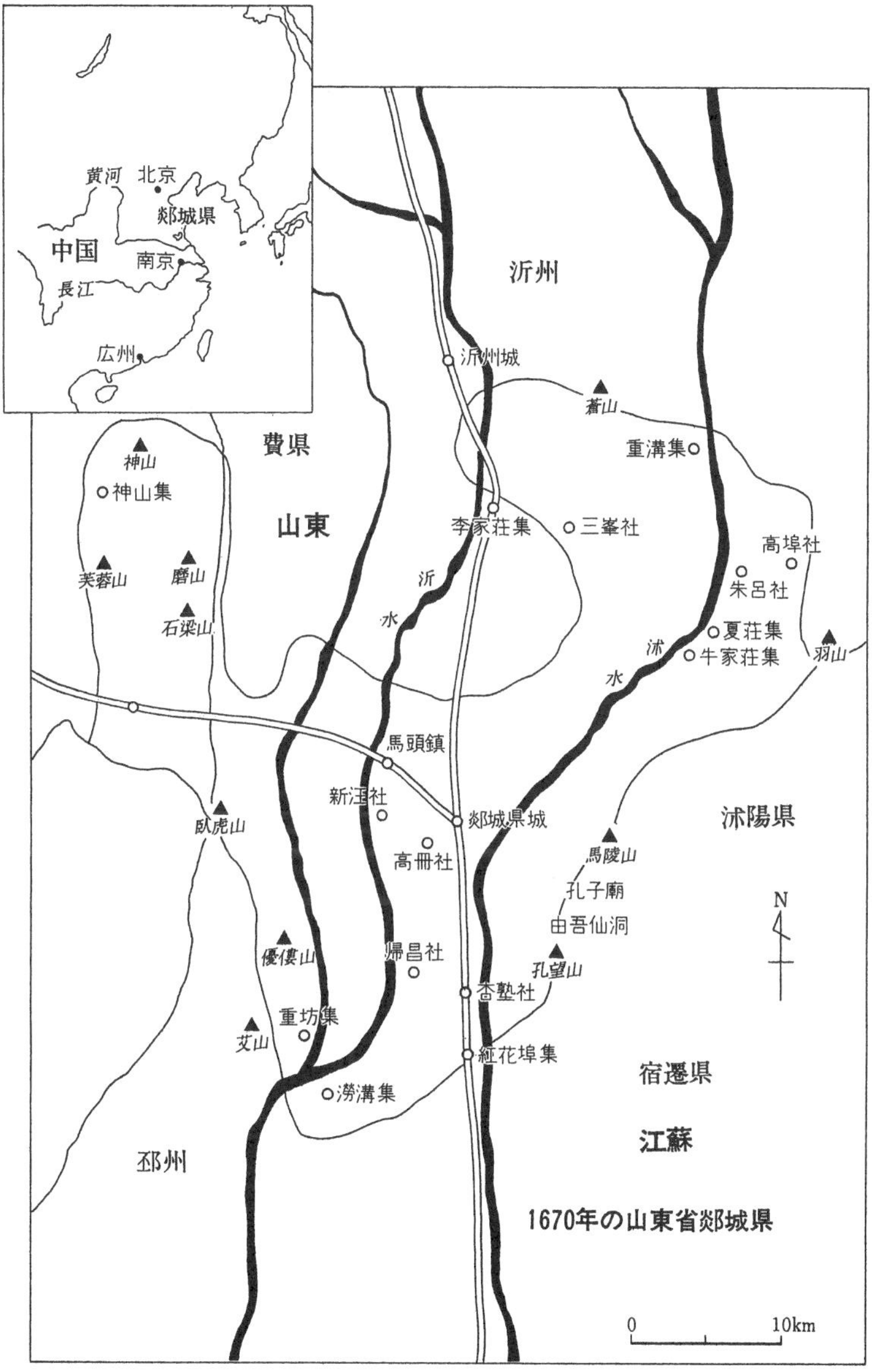

郯城県図

（J.D. スペンス〔山本英史訳〕『ある農婦の死―十七世紀中国の現実と夢幻世界』平凡社、1990 年、26 頁より再録）

とがない。至誠がそうさせるといえる[92]。

以上は外廷の胥役や上級官庁の吏役に対する心構えを説いたものだが、黄六鴻はさらに知県の私生活にも関与する吏役に対する注意も怠らない。

宅門の内外にいる職員はみな知県を騙そうとする者たちであり、徴税や裁判の仕事には必ず不正が伴う。知県が少しでも英明でなかったり、防止をないがしろにしたりすれば、内外の職員は必ず馴れあって利を得るようになる。衙役や家丁が労を尽くすのは、その地位にかりて身を肥やし、満ち足りた生活するためにすぎない。そうでなければどうして妻子を捨ててまで卑屈な態度で駆けずり回ることがあろうか。それゆえ欲望はきわめて切なるものがあり、弊害の除去をいよいよ厳しくしなければならない[93]。

知県は上記のように赴任地において絶えず周囲の目を気にしなければならず、常に身を律する緊張を強いられた。胥吏、衙役、家丁に対しても油断ができなかった。こういう状況で地方政治を円滑の営もうとすれば、いきおい地元の有力者である郷紳（紳衿）に協力を仰がねばならず、彼らとの協力態勢の下、諸勢力の批判をも抑えることができたのである。しかし、その反面、彼らとの癒着や結託も官僚の不正を取り締まる監察官からは問題視された。

黄六鴻は紳衿一般に対して次のような対処を勧める。

知県は紳衿に対してもとより手厚く接しなければならない。公務で来てもらうのであれば、賓館に迎え入れて意見を拝聴しなければならない。季節の挨拶の訪問であれば、門番に名刺を受け取らせ、相手の気持ちを受け入れる。私宅にひそかに訪ね、暮れて面会を求める場合は、それを許せば要求が絶え間なくなるだけでなく、あらぬ疑いをかけられることになる。規則を後堂に掲げ、婉曲な言葉で認めないことが肝要である(94)。

地方政治に意見を述べることの許された者たちを無下に扱っては政治そのものが円滑にいかなかった。しかし、最初から彼らの要求に無条件で応じれば「父母之官」としての理想を全うすることはできなかった。黄六鴻は彼らに対しても「最初が肝心」の姿勢を貫く。

新任知県は着任後一日ないし三日後には城隍廟と文廟に赴くのが通例であった。文廟では当地の諸生と対面することになるが、黄六鴻はその際の注意点を次のように挙げている。

悪くすさんだ地域の諸生で講義後に訴状を出す者が常にいる。あるいはその土地の利弊について陳述し、あるいは衙役の罪を指摘し、その間、公にかりて私怨を晴らし、報復をたくらむ者が多い。知県はただ左右に命じてこれを受け取るだけで、そこでは取り上げるかどうかを述べる必要はなく、なおその氏名や訴状の枚数を書き留めて左右の役人の差し替え行為がないようにしておく。その後、内衙に持ち帰って訴状をよく読み、事情を察知する。理にかなっている場合は訴人の行動にこれまで民を害する事実がないかどうかを調べ、おもむろに斟酌して処理する。私怨を晴らそうとする者は取り上げなくてよい。ともに公示や命令を出す必要はない。訴状に指摘された衙役で、調べた結果、やはり奸蠹の事実があれば別件で究問して罷免し、必ずしも訴えで処分したことにせず、学校の騒々しい気風を煽らないようにする。もし訴状が「斯文（士人）を侮辱する」もので、事が切実であるのにいまだ処罰がないものであれば、公示して害を受けた学生に異議申し立てを許す。このようにすれば弱い諸生の不平不満を解き、公にかりる者もまたすぐには思うままにできなくなる(95)。

諸生（生員）の一部には訴訟に通じた者がおり、そのため本人の案件だけでなく他人の訴訟をも請け負い、訴状を代筆する場合が少なくなく、地元住民の彼らに対する需要もまた健訟、すなわち訴訟の頻繁化の風潮を助長した。生員にしてみれば、これまでの事情を了解していない新任知県に訴えて、前任知県が退けた旧案を復活させて私怨を再び晴らすべく、新たに訴状を提出することで、よしんば受理されれば僥倖を得るものであったため、手段を選ばないこともままあった。かといって、知県はそれらを一概に斥けることは軽々にはできなかった。なぜならば、そうした訴えがこれまで隠蔽されてきた真実を暴くものであることもたまにあったからである。また、知県にとってそれは一生員への対処に止まるものではなく、結果として「斯文を侮辱する」ことは地元の生員の集団反発を招きかねず、さらにそのバックにある勢力者たちの存在を軽視できず、いきおい慎重な行動を取らねばならなかったのである。

黄六鴻はこれに関する具体的な体験談を二例紹介している。その一つは郯城県でのものである。郯城県の「劣衿某」は徴税の請け負いをやり、一年に民糧一〇〇両余を横領、二〇年にわたって摘発されなかった。黄六鴻は学校に生員身分の剝奪を申請し、杖刑にかけ、上司に報告した。巡撫はこの件で生員身分の剝奪は学政使の決定に任せるべきことを命じてきた。生員某の父親も悪い生員であった。当時新任の巡撫(96)が着任しようとしていた。そこで父親は黄六鴻の悪行を書き連ねた息子の訴えを黄六鴻に示して、息子には寛大な措置をし、租税を請け負わせた納税戸を処罰するように脅した。黄六鴻は笑って斥け、「本県《わたくし》がもしこの土地の怒りに触れたとすれば、それを上訴すればよい。本県が法を枉げ、罪ある者を見逃し、罪なき者を罪するのを強要するのであれば、それによって出世したところで何になる。ましてや任務を放棄して身を辱めるのであれば、なおさらであろう」と告げた。巡撫が着任すると父親は黄六鴻の腐敗ぶりと残忍性を挙げた訴えを提出した。巡撫は変に思ったが、まだ動かなかった。着任して三日後、下僚たちの謁見の際、配下の知県たちの賢否を尋ねた。布政使施天裔は即墨県知県と黄六鴻を挙げて山東で最良の知県であると評した。按察使何毓秀らもまた口をそろえて黄六鴻をほめ称え、知る所の治績を列挙した。翌日施天裔が御目通りすると、巡撫は某生の訴状を施天裔に示した。施天裔は笑って「実に悪い奴らでございますな、その某父子どもは。以前息子が悪辣な徴税請け負いで税の未納を犯したことの本県からの報告案件があります。いままた誣告をして仕返しをはかろうとしているだけです」といった。巡撫は判牘を調べ、訴状に「切責不准（厳しく処分し認めない）」と書き入れた。その結果、息子はついに流罪になった。黄六鴻は、「当時、施公らが私を深く信頼し、弁明を極めていただけなければ、悪辣な誣告の禍を受けること、どれだけであったことか」と嘆息した。(97)

もう一つは直隷東光県での体験談である。東光県の「劣衿某」は平日は衙門を把持し、租税納入を請け負う状況は郯城県の「劣衿某」と同じだった。そこで徴税責任者の催頭に彼を任命したところ、ある日某が県衙にやってきて催頭を別人にするよう求めたが、黄六鴻は認めなかった。某は論駁すること大変長く言葉遣いも頗る不遜だったため、黄六鴻は怒り心頭に発するようになり、机をはねのけて鞭打とうとした。だが、昔郯城の某生のことで傷ついたことがあったため、何度も気持ちを抑え、優しい言葉で慰め、ついに催頭の任命を撤回しなかった。(98)

以上、『福恵全書』の筮仕・蒞任の両部の記事を中心にして知県として赴任する者はその赴任の前後にあってどんな事柄に心掛けねばならなかったか、またどのような人物と関係を結び、彼らに対していかなる対応を取ることが良策とされたかという問題について概観した。

その結果、『福恵全書』が唱える「知県を取り巻く人間たち」とは、大別すると次の三種になることが判明した。すなわち、第一は〈官〉である。彼らは外地より当地に赴任している上司・同僚・下僚からなる役人たちであり、基本的に儒学を修め価値判断をそこに求めて行動する知識人たちであり、かつ地元の人間と直接の利害関係を持たないという点においては知県と立場を同じくしているといえよう。第二は〈吏〉である。彼らは胥吏や衙役などの衙門に勤める下級吏員であり、知県とともに県政の一翼を担う役目を担っていたが、専門技能に習熟した実務職員や肉体労働を提供する役夫であって、知県とは必ずしも価値観を共有せず、さらに地元の出身ゆえに地元の利害に大きく関わる存在でもあった。第三は〈士〉である。彼らは郷紳から生員に及ぶ在地の知識人層を指し、知県とは知識人としての立場を同じくするも、地元の利害に大きく関わり、地方政治に隠然たる影響力を行使する存在であった。『福恵全書』はそれぞれ性質を異にする三種の者たちへの対応の仕方を経験的かつ具体的に説いたものであり、それはこの書が実用マニュアルとして人気を博した理由でもあった。

清代の官箴書にあっては、それぞれ力点の置き方に濃淡の差があったとはいえ、出版当時に名を馳せたものは多かれ少なかれこの三者への対応を具体的に伝えているという点は共通している。そこで、次節では『福恵全書』以外の官箴書に枠を広げ、これら三者への対応をさらに具体的に検討してみたい。

なお、他の研究が挙げるように、「幕友」と「家丁」もまた「知県を取り巻く人間たち」であることは変わりがなく、三者同様に気が抜けない存在であり、知県にとってその対応も侮りがたいものであったに違いない。とはいえ、彼らの人事権はひとえに雇い主である知県が握っており、いざとなれば彼自身の手で解雇ができるといういみからいえば、知県は彼らに対し原則的にはなお一定の制御が可能だったといえる。それに対し、〈官〉

〈吏〉〈士〉のいずれもは知県がその存在そのものを排除できないという点で対応のあり方が幕友や家丁とは基本的に異なるものであり、それは多くの官箴書の記載にも反映していると思われる。

四　待　人──人間関係構築の心得

1　知県と〈官〉

知県にとって〈官〉の中でもとりわけ知府以上督撫に至るまでの上司が重要な存在であったことは言をまたない。知県は常に考成と呼ばれる勤務評定を上司から受け、その評価の良し悪しは吏部のみならず、場合によっては皇帝の直接知るところとなり、知県の今後の官僚人生に大きな影響を及ぼした。それゆえ知県は赴任に当たって上司と接する機会があった時は失敗が許されず、『福恵全書』のみならず他の官箴書も上司への対処法に多くの頁を割いている。そのいくつかを見てみよう。

まず、黄六鴻とほぼ同時代の潘杓燦(99)はその官箴書『未信編』において、赴任当初における上司に対する接し方について次のようにいう。

直属の上司は官界の祖父や伯叔のようなものである。速かに面会を求めなくて何としよう。官署が城郭を同じくする上司なら、到任三日以内に挨拶に伺うのが通例である。もし官署が城郭を別にするのであれば、知府や道台の場合、三日後に続いて面会も求めなければならない。巡撫や布政使・按察使のように省会に駐在し距離がある場合は三ヶ月以内に必ず赴いて拝謁すればよい。その際には費用を惜しんで躊躇してはならない。知県がはじめて赴任する時は、上司においてもまたその才覚や品性を観察しようとするものだ。かりそめにもタイミングを失えば、上司はその怠慢ぶりに怒り、そうでなければその軟弱さを疑い、嫌悪感を生むことになる。面会の作法は礼房に書き送らせ通例に従って行え。その挙止応対は務めて悠然としてよく行き届くことや品格を大切にすることに心掛け、人真似やへつらいはともによろしくない。以後不時の面会では銭糧刑獄ならびに緊要のことをノートに書き止め、携帯して眺め、陳述問答に供しなければならない。(100)

彼はまた上司との日常の交際については次のようにいう。

交際の礼は、官僚であれば欠かしてはならない。祝いごとなどには上下同僚は通例として贈り物をする。城郭を同じくする者には挨拶文を書いて送り届けるだけでよい。遠方ならば上司には大啓を、同僚には小啓を用い、差役に送り届けさせる。その祝詞や礼状においては、必ず心配りして親睦をはかるようにせよ。費用を惜しめばたいてい仲が悪くなる。(101)

このように潘杓燦はとくに形式的な儀礼も無視できないことを強調する。また黄六鴻より遅れること約一〇〇年の汪輝祖は上司への対応について比較的多くの記事を書き遺している。

上司に可愛がられることは治民の第一義であり、それはこびへつらうことを意味しない。下の者は分をわきまえるのがよく、才を恃めば傲慢になるし、寵愛を保とうとすればおもねることになり、いずれも咎めを受ける。上官たる者は性情や才幹が必ずしも同じではない。しかし、だいたいは能力が高く、経験も長く、人を多く見てきており、こちらが朴実をもって自任すれば、必ず理解を得ることができる。真心で相通じ、互いに信頼を得れば、問題が起こり困難が伴う時に従容として婉曲に伝えることも激越な口調で意見を述べることも難しくなく、おおむね親民を実行し、職務を全うすることができるのである。(102)

世の中には騙されるのを受け入れる者はいない。ましてや上官にあっては一言の嘘も疑われるところとなり、ともすれば咎められて少しもよいことがない。それゆえ困難な問題に遭い、案件に支障を来すことが多い場合には、誠心誠意でもって上官に報告すべきであり、さすれば、おのずと行き届いた指示を得るのである。もしでたらめでお茶を濁すのであれば譴責を免かれない。蒼猾の汚名は官途において大いに忌むべきものである。(103)

自分の志を満たさないことがあれば、上官でも穏やかに自分の意見を述べるのを妨げないし、同僚であれば直言しても構わない。もしそれが理にかなっていれば、彼らは傾聴するはずだ。面と向かって意見せず、後から良し悪しを批判するのであれば、それは同僚のつきあいにおいてさえ許されず、ましてや上司に対してはなおさらである。またいろいろ取りざたする人間の言葉には脚色がないわけではないので、少しでも嘘があれば、それを耳にした者の怒りをさらに増すことになる。口は禍の元、畏るべしである。(104)

上司に対する接し方については、すでに『福恵全書』において、傲慢な気持ちを抑え、尊敬と忠勤の気概で接し、礼を欠く行動を取らぬように心掛けることが彼らから高評価を得る秘訣であると説いているのを見てきたが、このような注意事項は清代の多くの官箴書において大同小異に示されており、とくに上司に対して信頼を得ることの重要さを説く点においては共通する点が多い。逆に上司から信頼を得なければ、地方官は地方行政を実行できないことを意味した。

ただ官箴書が示す「上司」とは、汪輝祖が「上官たるものは性情や才幹が必ずしも同じではない」とはしながらも、相対的には〃まっとうな〃上司であり、そこには分け隔てがあったり、無責任で自分の失敗を部下のせいにしたり、何かにつけて金品を強要したりする者はほとんど登場することはない。さらにはパワハラ上司についてもその存在には触れていない。このような悪い上司がいないことを前提として、それゆえに、そうした〃まっとうな〃上司に対して仕える正攻法を説くのが官箴書であり、そのかぎりにおいて上司への〃待人法〃は官僚道徳規範の延長上で対応することを教えるものだったといえよう。しかし、実際に赴任して官僚社会を体験する場に己が身を置くことになった知県にとっては、いくら官箴書が上司に対して「尊敬と忠勤の気概で接し」「おもねりすぎてはいけない」と説いても、それはまだ綺麗事の世界だったのかもしれない。

2 知県と〈吏〉

「吏」について語らない官箴書はないといえるほど、ほとんどの官箴書は胥吏や衙役といった衙門の下級役人の対処法に言及している。それは宮崎市定が「もしも士大夫が誠実に責任ある政治を行はうとすれば、胥吏政治の実際に通暁する必要があった。このために現はれたのが諸の官箴書であると云へる」[105]というほどに、官箴書とは胥役対処法を語る書物であったからである。『福恵全書』ではそのような「吏」に対しては信賞必罰を基本とし、微塵だに妥協を許さない断固たる態度で臨むことを説いた。ならば、他の官箴書はいかに説いているのであろうか。ここでは特徴的なものだけを挙例したい。

潘杓燦は次のようにいう。

吏書の弊害は古今を通じて憂慮するものである。吏書の存在は欠かせないので、関係はどうしても緊密になる。ただ関係が緊密になれば、吏書は久しくして知県を恐れなくなる。その存在が欠かせないため、久しくして必ずよこしまな欲望を懐くようになる。彼らが知県を恐れ弊害を生み出さないためには彼らが厳しく自律するに越したことはない。常に監察し、彼らに業務を仕切らせることなく賄賂を仲介させてはならない。門子には真面目な者を選んで一月ごとに交替させ、大堂に上がらせるのであれば知県の座る場所から遠く隔たった所に立たせ、機密事項を窺い知らせることなく、情報の漏洩を防ぐ。皂快と民壮は両脇に分けて立たせ、混じることを許さない。また本人以外の報告を認めない。無駄に多い役は淘汰すべきである。そうした胥役が一人でも減れば、それだけ民の消耗が少なくなる。

次に孫鋐はその官箴書『為政第一編』(107)において次のようにいう。

官僚社会に蠹役がいることは本に蟫《しみ》が、木に蛀《きくいむし》がいるようなものである。長く蝕みが続けば、本や木はスカスカになる。官僚も群蠹に遭えば、その官僚としての規範はすぐさま壊れてしまう。書役の弊害については本書に詳しいが、その素はみなその蠹なることにある。弊害のあり方を理解して法によって防げば、弊害は起こることはなく、蠹もまた入りようがない。しかし、奸胥や猾吏が我が国を蠹《むしば》み、我が民を蠹むも、我々が平時その欺瞞を受けていることに気づかないのを恐れる。いったん上司の耳に達したり告発されたりすれば、元も子もなくなってしまう。蠹の罪は万死に値し惜しむに足りない。とはいえ、大きければ累は本官に及び、小さくてもまた必ず上司から戒飭を受けることになる。いろいろ弁解しても失察の過ちは免れない。それゆえ平日のこの輩たちの扱いについては、誰が老成するも謹直であるか、誰が少壮なるも誠実であるか、誰が信頼できそうだが実は奸であるのか、誰が大悪人であるのかを見極めなければならない。公務を損なうものはもちろん必ず排除すべきである。もしその悪行がまだ表に出ていない場合には、自分で確かめるなり他所から聞くなりして、必ず先に言葉で戒め、しかるのちに解任すべきである。上からの捜査や士民の越訴を待たずに先人が示したやり方を用い、そうすれば事後の嘆きを免れる。なにとぞ将来禍になるのをそのままにしてみずからを損なうことがないようにせよ。注意すべきである。(108)

また汪輝祖は次のようにいう。

民に対するには寛、吏役を馭するには厳であるのが世の政の大略である。しかし、厳とは単に刑責を加えるだけではなく、賞する場合も道理をもってするのであって、また厳でなければならない。その吏役の能力がなお役立つからといって、罰すべき者を大目に見るのは、法律軽視の風潮を生む。彼らに功があれば必ず報い、過の穴埋めにすべきではない。反対に過があれば功があるからといって許してはならない。時に処罰し、時に奨励して、彼らに自助努力させ、刑賞はともにみずからが取るものだということを知らしめれば、官にその気がなくても、人々は法を畏れて公事に急となり、事がうまくいかないわけがない。寛大さで悪人をはびこらせるのは吏役を統御する者の切に戒めるべき行為である。(109)

さらに田文鏡は『欽頒州県事宜』(110)の中で次のようにいう。

官署に胥吏を置くことは本来書類を作成することや派遣に備えるためである。そのうちには勤慎なる者も少なくないが、衙門の習慣で私利を営み不正を行う者があまたいる。知県が厳しく調査し、うまく管理するならば、奸滑の者もまたみな法を畏れておとなしくなるが、そうでなければ、勝手気ままを許すことになる。勤慎なる者といえどもまた相次いで悪事をまねる。これが胥吏の悪弊を防がねばならない理由である。(111)

知県の赴任当初、胥吏が出迎えに来るのはみな探りを入れる計略があってのことだ。着任の日に前後左右にいるのはすべて様子を窺う者たちである。家人や親戚・友人など、知県の腹心の者を選んでは、先に彼らの機嫌を取る。立ち居振る舞いは知県の喜ぶものに合わせて巧みに迎合する。知県が金銭を好めば、うまく取る手段で誘って、そこから手を付ける。知県が気ままに振る舞う性格であれば、激しく憤りの言葉を用いて権力を振り回す。知県に才覚がなければ、脇から策を献じ、公然とその権柄を操る。知県が疑り深い性格ならば、事に応じて讒言で陥れ、暗に謀略を用いる。知県が一方のいい分だけを聴くならば、他人の私事をひそかに暴き、恨みに思う者を陥れて私忿を晴らす。知県が情け深い性格であれば、他人の無実の罪を負う苦しみを高言し、彼の請託を取りなして重賄を受け取ろうとする。知県が賄賂を受け取り法を犯すことを嫌えば、法を守り公のために尽力して知県の信頼を得ることを優先する。知県が公事第一を好むなら、わずかな忠義や信義でもって知県の心を繋ぐ。知県が有能であれば、官勢に頼って他人を虐げる。知県が軟弱であれば、法を弄んで私利をはかる。知県が家人を任用すれば、家人に賄賂を贈って内通させる。知県が郷紳を信用すれば、郷紳と結託して外側から応援させる。文筆を弄して弊害をなせば一時的な手落ちといい、出票に手数料を求めれば、それは歴年の旧例という。これすべて厳しく防止しなくてはならないものである。(112)

文書の取り扱いについては胥吏に管理させないようにし、銭糧についてはその横領を防止する。捕役が盗賊を捕まえる場合は、私的な拷問で良民に罪を着せることを防ぐ。検屍役人が死体を調べる場合は、傷を隠してごまかして報告するのを防ぐ。一役ごとに一役ごとの弊害があり、一事ごとに一事ごとの弊害がある。胥吏にあってはただ不正をすることだけを思うので、一つとして知県を騙そうとしないものはない。しかし、知県はまず不正を取り除くことを考えるので、一つとして胥吏の行動を防がないわけにはいかない。胥吏が悪事を働き、法を犯すのは知県の気性が尊ぶところに現れる。感情を表わさなければ彼らに詮索されることはなく、表情を変えなければ彼らにすがる術を持たせない。しかし最も重要なのは廉にて自分を律し、厳にて法を執行し、明にて邪悪を見抜き、勤にて弊害を察することにある。(113)

経承や櫃書を選ぶ場合、絶対に陋規を踏襲してビタ一文も受け取ってはならない。頭役の交替や差票の発行は家人の勝手にさせてわずかな金をも索取させてはならない。そうでなければ、ただ意志があっても強く出られず、その不正を禁じえないだけでなく、正しい振る舞いができない。それではどの面提げてこの輩に相対せよう。いやしくもこれに遵って行動すれば、知県には不正を容認する監督不行き届きの罪がなく、民には恐喝搾取される苦しみがなくなる。そしてこれらの輩の知力や才能もすべて公務において用い、欺かれないようにするなら、胥吏もまた知県の助力になるのである。(114)

これらはみな知県が執政するに当たって手足となるべき衙門の実務を担う下級役人への対処法であり、官箴書には必ずといってよいほど多く書き遺された注意事項である。そしてこれらの官箴書に共通することは、すべからく彼らに対しては猜疑的であり、いかにして彼らにつけこまれず、彼らを抑えつけて不正を行わせないようにし、ひいてはみずからの監督不行き届きの責任をどう免れるかといった内容に終始している点である。〈吏〉に対しては明らかに上司や同僚といった〈官〉に対するものとは異なる対応が求められており、そこには同じ職場で業務を共にする者に対して仕事仲間の連帯を求めるのではなく、あくまでも緊張と警戒をもって距離を置くことを勧めており、〈吏〉とは知県として赴任する知識人とは住む世界の異なる存在であることを強調する。したがって、このような住む世界の異なる集団に対して応接を誤れば、知県の主導する県政業務を果たしえないことを意味したのである。それゆえにこそ多くの官箴書には彼らへの対処法を念入りに説き、新任知県もそのノウハウを最も知りたいと思ったのであり、そのかぎりで官箴書は有用な情報源として機能した。官箴書が一面で胥役対策の書であると見られるゆえんもこの一点にあったといえる。

3　知県と〈士〉

最後は〈士〉に関するものである。十七世紀の官箴書について特筆すべきは、その待人法であり、とりわけ〈士〉に関して多くの紙幅を費やしてその対応の方法を解説していることである。知県が政を行う上で、さらに重視しなければならなかったのは官僚機構の役人や胥役だけではなく在地に固有の発言力を持つ現職官僚および官僚経験者としての郷紳やそれに繋がる生員といった在地知識人（〈士〉）であった。彼らは良くも悪くも地方行政に影響力を持つことから、一方では知県を輔けて政治を助言する協力的存在であったが、利害の一致しない状況が生じた場合には知県の抵抗勢力に容易に転化する存在でもあった。そこで以下、その具体的な対応策の内容を改めて検討してみる。

孫鋐はこれについて次のようにいう。

士は四民の首であり、彼らにはもとより刮目して接せねばならない。重んずべき者は貢生、監生、生員〔といった身分を持った者〕だけでなく、受験生である儒童や隠世の文人も含まれる。平時の接見の時、あるいは訴訟に関係する時はともに寛容な態度で〔彼らを〕保護育成しなければならず、一概に卑しい者を侮る態度でもって接してはならない。さらにまた礼儀正しく接し、ただ交際を求める。紳士の銭糧については適切な徴収を行う。貧乏書生に対してはあまねく救済し、定期試験や風紀検査で好成績であった者には賞与を惜しまない。服喪の事情があれば無理をさせない。およそ振興できるところは情理を尽くす。お蔭を被った者は大いなる恩恵を感じ、噂を耳にした者もまたその厚情を心に懐く。(116)

日頃の隆盛ぶりをみな知るも、納税を拒んで法を軽んじたり官府を把持して訴訟を起滅したりする一切の不肖の行為がひとたびあれば、法を尽して究明し、決して大目に見てはならない。これまでの恩沢を捨ててこのたびの激怒を表わすのである。それゆえに彼らは刑罰で辱めを受けたとしてもなお恩情を懐く。一、二の豪紳や劣士のためについに「こやつらはしつけに耐えられない」といって、彼らに怨みを懐かせ、誇りの声が沸き起こるようなことは万に一つもやってはならない。学校の口というものは文字を識らない民衆よりひどいものである。根も葉もないことが伝わり、少なからず官の戒めの妨げとなる。ましてや文運の盛衰はその土地の興廃と関わる。斯文を重んじることはまさに国運を培うためである。どうでもよいこととして注意を払わないことがありえようか。(117)

また、汪輝祖は次のようにいう。

官と民との関係は疎遠であるが、士と民との関係は緊密である。民が官を信じる度合いは、士を信じる度合いに適わない。朝廷の法紀をことごとく民に知らせることはできないが、士はそれを理解しやすく、またそれを士に教え、転じて民に教えさせることで、道を明らかにし教え導くのを容易にする。地域に良士がいるのは官を輔けて徳治を行うゆえんである。さらに各郷の環境や風俗は異なり、地回りや盗賊の有無など、吏役の言葉は頼りにならない。広く情報を集めるには士に頼ることになり、それゆえに士を礼遇することは行政の要務となる。(118)

彼は「士」が官と民とを繋ぎ、行政が民に浸透する役割を果たすことから、彼らに協力を仰ぐため、「士」を礼遇する必要性を説く。しかし、彼は他方では次のようにいう。

ただ士の賢否はみな同じではないので、一概に優遇すると、悪事が隠蔽されて騙されやすくなる。自重の士とは面会を求めて軽率に進言することにあくせくせず、親しくなればなるほど足跡が遠くなる者であり、こうした者に対しては尊敬し、その言葉を信じなければならない。理由なく面会を求め、指図にただ従うだけの者は心に定見がなく、しきりに頼みごとを求める輩である。ひどい場合には官署の家僕や胥吏と関係を結び、知県の動静を窺って、人目をひきつけてペテンにかけることがあり、その弊害は枚挙に難い。これは士の中の賊であり、また軽率にその言葉遣いや顔色に騙されて術中に堕ちるようなことは絶対にあってはならない。それゆえ人を知ることの聡明さを深めてはじめて賢者を尊ぶことの益を得ることができるのである。(119)

郷紳やそれに繋がる生員を地方行政の協力者として我が方に取りこむか、あるいは地方行政の抵抗勢力として抑圧の対象とするかは知県にとって大きな課題であったが、後者の選択はあまりにも犠牲が大きく、合理的でないことを官僚経験者たちは熟知していた。それゆえ、非協力的な「士」に対しても、特別な配慮をもって臨むことを良策としたのである。

以上のように、官箴書が説く待人法とは、自分の体験を通してそうした方法を会得した知県経験者がそれを文章化して、とかく観念的な正義を振りかざし、結果として人間関係に失敗しがちな若い未経験知県に伝授した実用的な忠告であったと評価できる。

とはいうものの、現実に赴任する官僚にとって、本音でもって知りたかったのはどういったことであったのだろうか。『儒林外史』にはこれに関連して、南昌知府として赴任した王恵が前任知府である蘧《きょ》太守の息子景玉に当地の様子を尋ねる場面が次のように描かれている。

やがて酒の用意ができたので、席に着いた。王太守はおもむろにたずねた。「この地方の人情は？　やはりなにか特別な収益のようなものがあることでしょうな？　訴訟にも融通のきくところが少しはありましょう？」「南昌の人情は、すこぶる野暮《やぼ》に過ぎ、ずるさが欠けております。ここの特別な収益のようなものとか訴訟とかについて話せと言われましても、父がこの地で取りあつかったもめごとは至って少なく、人倫綱常に関する大事は別として、他の戸籍や結婚や田畑などの民事に関することは、すべて県にまわしてしまい、ひたすら民の安寧と休養とにつとめてきました。あちこちの儲《もう》け口なぞ、父には煩わしくてさがし出してはいられなかったのです。あったのかなかったのか、さっぱりわかりません。ですから、私におたずねになっても、盲人《めくら》に道を問うようなものでございます」王太守が笑って、「してみると、『三年清廉の府知事、十万銀の雪の花』〔清廉な府知事でも三年間の任期を終えれば十万銀の金がたまる〕なんていう諺《ことわざ》は今ではあてになりませんな！」かくして、杯《はい》が幾度かくみかわされた。蘧景玉は、相手のたずねることが下卑《げび》た話ばかりなので、わざとこんなおしゃべりをした。「父がここに勤めておりました間、ほかにはなんの取柄《とりえ》もなかったのですが、ただ、訴訟は簡潔、刑罰は公明でございました。それで幕賓の先生方は、役所内でのんびり吟嘯《ぎんしょう》しておられたものでして、前任の按察司《あんさつし》閣下が、父に、貴殿の役所には三つの声がある、と申されたのをおぼえております」「三つの声？」「詩を吟ずる声、棋《き》を打つ声、曲を唱《うた》う声」王太守は大笑いして、「その三つの声、なかなかもって面白い」すると蘧景玉が、「しかしそのうちに、太守様が腕をふるわれて、恐らく別の三つの音に変わってしまうことでございましょう」「別の三つの音といいますと？」「秤《はかり》の音、算盤《そろばん》の音、杖《むち》の音」(120)。

これから見れば官箴書の説く世界はまだ建前の域を脱するものでなかったのかもしれない。

4　官箴書が明かす待民観

以上、官箴書の説く〈官〉〈吏〉〈士〉の三種の「知県を取り巻く人間」への対応のあり方について見てきたが、ならば官箴書はこれら三種の人間とは性質を異にする〈民〉すなわち一般の民衆に対してどのような具体的で有用な方法でもって臨むことを教示したのであろうか。知県が「親民之官」であり、「父母之官」であることを標榜するかぎり、官箴書の待人法においてその言及があっても不思議ではない。しかしながら、結論からいえば、民衆については、先に示した〈官〉〈吏〉〈士〉への対応記事が微に入り細に入るのに比べて、なお抽象的・観念的なものに終始し、その意味では実用に供するほどの具体性を欠く傾向があったと見なければならない。その理由は何か。

第一に、官箴書においては民衆への対応を、いわゆる「待人」の範疇で捉えていない傾向があるのではないかと思われる点である。筆者の知るかぎり、〈待人〉や〈接人〉など、待人法に特別な項目を設けてそれを論じた清代の官箴書の多くは現場の人間たちへの対処法を説いているが、それらは上司、同僚、下僚、胥吏、衙役、長随、幕友、郷紳、生員に対する事柄に終始し、民衆に対する言及がほとんどない。唯一の例外である『図民録』には民への対応を説く項目があるが、その記載は聖人の言説を引用した官僚道徳規範であり、観念的な域を出ていない。(121)『福恵全書』に至っては、民衆に対する項目が全く設けられていない。

第二に、とはいえ官箴書に民衆への対応に関して全く触れていないのかといえば、そうとも限らない。しかし、その民衆は特定の範疇にしぼられると思われる点である。たとえば、汪輝祖は次のようにいう。

剽悍《ひょうかん》（動作が素早く性質が荒い）の徒は問題を起こして人を害する者であり、この種は「莠民」である。知県が処罰しなければそれまでだが、処罰するのであれば、必ず法を畏れさせ、その胆をつぶし、その志を失わせるべきである。もし厳しく処罰しないのであれば、それは処罰しないほうがましである。つまり処罰しなければ、若輩たちはそのうち処罰されることをまだ恐れる。しかし処罰した結果、その中身が処罰されないこととさほど違いがないとすれば、彼らは法を軽んじてますます横暴になり、処刑されるまで民に禍をもたらし続けることになる。(122)

ここでいう「莠民」とは、いわゆる「良民」の対極にあって、秩序を乱し、「良民」に害を与えるものとしてすべからく「治」、すなわち処罰の対象となった存在を意味した。こうした範疇の民衆は、このほかに「奸民」

「刁民」「猾民」「黠民」などと呼ばれ、そのうち特定者においては「棍徒」や「地棍」の名が与えられた。しかし、官箴書にこれらの民衆が登場する場合はほとんど例外なく知県の行政を妨害する者であり、それゆえに官箴書は彼らに対して厳重に管理統制して、違反者に対しては容赦のない処分を励行しなければならないことを知県に求めたのである。ただ、彼らもまた〝民〟であり、万民に対する普遍的な仁愛を施すことを謳う官箴書の教えとは矛盾を来したのであった。

以上の諸点は、官箴書がいわゆる「良民」に対してさほど強い関心がなかったことを示す証拠ではないだろうか。通例わずか三年間を限度に他所に転勤することを義務づけられていた知県にとって大切にすべき人間は、まず監督官としての上司をはじめとする〈官〉であり、行政の実務に協力する〈吏〉であり、さらにはそうした地方行政を本質的に支える〈士〉であって、短期間の任務は彼らの協力と支援のもとではじめて無難に遂行できたのである。それゆえ知県がこの間にあえて彼らに不利益になる行動を取り、彼らを敵に回してまでも「親民」を貫く必要性はどこにもなかったといえよう。知県が〈民〉に関心があるとすれば、それは彼らの統治と安寧な官僚生活を脅かす「莠民」であったが、彼らに対しては徹底した管理技術を習得すればそれでよかった。こうした心情は知県を経験してはじめて銘々が抱くものであったが、それを先取りして官僚未経験者に伝授したのが官箴書であった。一般民衆に対する具体的な言及が少ないという官箴書の特徴もこうした事情に大きな影響を受けているのではなかろうか。

このような官箴書の特徴は、官箴書という書物全体において共通するものと考える。したがって、それは宋元時代に刊行された官箴書にも当てはまる。ただ、宋元時代の官箴書の場合は、「潔己」、「正己」、「尽己」、「省己」など、地方官の儒者エリートとしての自己修練と道徳実践が強調されるとともに、その一環として「愛民」や

「親民」が観念的であったとしても比較的前面に出されているかのような印象がある。[123] それに対し、明清時代の官箴書は時代とともに道徳規範よりもむしろ実践的・具体的な執務心得的な方向を示し、とりわけ『福恵全書』や『学治臆説』など、評判を得て広く読まれたものには一層その傾向を強くしたと思われる。方大湜は光緒十六年（一八九〇）に刊行した官箴書『平平言』において、[124] これから地方官として赴任する者たちが読むべき書を列挙しているが、その中には官箴書として『実政録』『五種遺規』『福恵全書』『図民録』『牧令書』『佐治薬言』『学治臆説』『夢痕録節鈔』『庸吏庸言』『蜀僚問答』の一〇種が示されている。[125] いずれも実践を重視した実用書であり、そこには宋元の官箴書が一切含まれていないことが興味深い。それは清末の知県にとって官箴書に求めたものが何であったかを如実に示しているものといえよう。

さて、以上の考察から、官箴書とはどんな書物であるかがおぼろげながら明らかになってくる。それは一面では儒者エリートが知県として「修身、斉家、治国、平天下」を実践する際の戒めを示したものであり、そこにはいわば〝建前〟としての道徳論が展開されている。他方、別の一面では儒者エリートが知県として「地方統治」を実践する際の戒めを示したものであり、そこにはいわば〝本音〟としての待人法が展開されている。官箴書にはその特徴として本来この二つの面が共に備わっていた。その中で知県に対して「親民之官」や「父母之官」であることが求められたのは前者の面が強調されたためにほかならない。しかし、官箴書に対する需要はむしろ後者の面にあった。清代に評判を得た官箴書はすべからくこの〝本音〟を巧みに伝授したものであった。

ところで、乾隆年間の江蘇松江府の人朱椿は次のようにいう。

州県官の職分は親民にある。担当地域は広大で、人民は散居している。しかし官は衙門に住み、裁判と徴税以外には民と相見えることができない。それならどうして民と相親しくできようか。さらには裁判においては案件を解決するだけであり、徴税においては未納を督促するだけである。一語として郷民を教訓することがあるのだろうか。しばしば上諭を奉じ、州県に郷村を巡歴することを訓飭されるのは、親民の職守を尽し親民の実政を行わせようとするためである。土地調査や殺人捜査においてはどこに行くのも妨げない。少しでも士民や耆老を招集して諮詢慰問するのがよく、辺鄙な場所でいつも通過する所でなくても赴くのを妨げない。着任後数ヶ月ないし半年もすれば、必ずすべての場所に赴くことができ、すべての場所の民がみな官長と相見え、話を聴くことができるようになるのであり、それは巡歴を行う以上に親民の職を尽すことになる。在任が数年になっても四境に足を踏み入れたことがない地方官をよく見かけるが、彼らが「親民」といってもその実際は遠くで監督しているだけにすぎない。こんなことで善政善教を実現できるはずがない。(126)

朱椿の意見は地方官の規範としては〝正論〟であったのかもしれない。しかし、こうした意見を改めてことさらに述べなくてはならないほど、大方の知県は〈民〉との接触をはかろうとせず、したがって彼らは到底「親民之官」ではありえなかったのが現実だったのである。(127)

前述のように、雍正帝は上諭によって知県たちが「親民之官」であることを期待し、王朝国家の理想とする人民支配の各地方末端における執行を彼らに委託した。しかし、「親民之官」が現実には〝建前〟でしかありえなかったのだとすれば、その皇帝支配そのものもまた建前の所産にすぎなかったことになる。

おわりに

本章は、官箴書という限られた覗き窓から地方官僚社会の一端を垣間見たものである。だが、こうした書物を通して当時の知県経験者の心情を探るかぎり、清代の地方政治の構造は皇帝支配への一元化というよりも、現存する在地の様々な勢力を尊重し、それらを事実上の権威として認知する方向に収斂されていったことに特徴づけられる感を強くする。

官箴書はすべからく知県が「清官酷吏」的な態度を取ることを厳しく諫めている。在地勢力からの反発を招き掣肘を受けることは必至で、逆効果をもたらすことを指摘する。そして、その結果が招く事態については「これはみな知県が我慢できず、対応が真面目すぎ、正義感が強すぎるための誤りから来るものである」と論断する。(128)ところで、藍鼎元は雍正五年（一七二七）十月に広東普寧県知県、翌月に潮陽県知県代理を命じられ、その地を二年間治め、雍正帝の寵愛の下、地方末端において雍正独裁政治を執行した人物として知られる。宮崎市定は「藍鼎元を能吏という理由は、近世の官僚が凡てそうであるように一面に循吏であるとともに、一面には酷吏的な性質をも具えているからである」と評している。(129)

しかしながら、酷吏たる藍鼎元は果たして地方政治において能吏たりえたか。在地勢力との連携をはからずに中央の意向を在地に貫徹させることは果たして可能であったか。藍鼎元の政治は上記の官箴書が示す方向とは異なるところを向いていたと思わざるをえない。現実の能吏とは、いかにうまく「陽奉陰違」を行ったかが大切であり、それゆえにこそ監察官の弾劾を受けることなく、また在地勢力側からの陰謀の被害に遭うこともなく、銭穀と刑名に象徴される州県政治を無難に実行できたのである。一時とはいえ藍鼎元が能吏たりえたのは王朝国家の理念を強力に遂行しようとした雍正帝という絶大な後ろ盾があったからにほかならない。

註

（1）光緒『大清会典』巻四、吏部、尚書侍郎職掌一、には、一三〇三の県名を挙げ、同数の知県がいたことを記している。なお、この数は漢代以来明清に至るまで人口増とは無関係にほぼ固定しているという（佐竹靖彦「作邑自箴—官箴と近世中国の地方行政制度」滋賀秀三編『中国法制史—基本資料の研究』東京大学出版会、一九九三年所収）。

（2）Byron Brenan, "The Office of District Magistrate in China", *Journal of the China Branch of the R.A.S.*1897-98 vol. XXXII. 臨時台湾旧慣調査会編『清国行政法』（初版：一九〇五年、復刻版：汲古書院、一九七二年）第一巻下、五四頁。

（3）光緒『大清会典』巻四、吏部、尚書侍郎職掌一、には一四五の州名を挙げ、同数の知州がいたことを記している。したがって知州と知県の比は一四五対一三〇三となり、州県官中に知州の占める割合は一割程度であることが判明する。

（4）官箴書については、仁井田陞「大木文庫私記—とくに官箴・公牘と民衆とのかかわり—」（『東京大学東洋文化研究所紀要』一三冊、一九五七年、のち大木幹一編『東京大学東洋文化研究所大木文庫分類目録』東京大学東洋文化研究所、一九五九年所収）、高成元「官箴的研究」（『天津社会科学』一九八五年六期）、劉俊文「開発歴史文化宝蔵—官箴書」（『中国典籍与文化』一九九二年二期）、葛荃「官箴論略」（『華僑大学学報』一九九八年一期）、魏丕信 Pierre-Etienne Will（李伯重訳）「明清時期的官箴書与中国行政文化」（『清史研究』一九九九年一期）、裴伝承「〝箴〟的流変与歴代官箴書創作—兼及官箴書中的従政道徳思想」（『理論学刊』一九九九年二期）、龔汝富「略論中国古代官箴的政治智慧」（『中国人民大学学報』二〇〇六年一期）などの研究がある。また、陳生璽輯『政書集成』全一〇輯（鄭州、中州古籍出版社、一九九六年）には『作邑自箴』をはじめとする十数種の官箴書が収録されている。官箴書集成編纂委員会編『官箴書集成』全一〇冊（合肥、黄山書社、一九九七年）には一〇一種の政書が収録されていて、ほとんどの官箴書はこれによって見られる。主な官箴書に評点を施したものに、徐梓主編『官箴―做官的門道』（北京、中央民族大学出版社、一九九六年）、郭成偉主編『官箴書点評与官箴文化研究』（北京、中国法制出版社、二〇〇〇年）がある。索引には、京大東洋史研究室編『官箴目次総合索引』（京都、京都大学東洋史研究室、一九五〇年）および赤城隆治・佐竹靖彦編『宋元官箴総合索引』（汲古書院、一九八七年）がある。解題には、張偉仁主編『中国法制史書目』三冊（台北、中央研究院歴史語言研究所、一九七六年）、Pierre-Étienne Will, *Official Handbooks and Anthologies of Imperial China: A Descriptive and Critical Bibliography*（Work in Progress）がある。

（5）仁井田前掲「大木文庫私記」（前掲『東京大学東洋文化研究所大木文庫分類目録』一五八頁）。

（6）東アジアの官箴書については、山本英史「東アジアにおける官箴書の普及について」（『史学』八五巻一―三合併号、二〇一五年）、参照。

（7）山本英史「伝統中国の官僚道徳規範とその変容」（山本正身編『アジアにおける「知の伝達」の伝統と系譜』（慶應義塾大学言語文化研究所、二〇一二年）八四～九五頁。

（8）Ch'ü T'ung-tsu, 瞿同祖 *Local Government in China under the Ch'ing*, Harvard University Press, Cambridge, Massachusetts, 1962（瞿同祖〔范忠信・何鵬・晏鋒訳〕『清代地方政治』北京、法律出版社、二〇〇三年、修訂版：二〇一一年）。

（9）坂野正高や范忠信は他の点をも含めて瞿同祖の研究を高く評価している（坂野正高『近代中国政治外交史』（東京大学出版会、一九七三年、五五八頁。范忠信「瞿同祖先生与中国地方政府伝統研究」前掲『清代地方政府』所収一～二一頁）。

（10）なお、近年清代の佐弐官の役割を重視する研究が多く公表され、〝ワンマン政府〟という表現が必ずしも適切ではないと理解する傾向が見られるが、州県官一人の権力が集中する構造は基本的に不変であり、その枠組みで地方政府を理解することはなお有効と思われる。

（11）宮崎市定「雍正時代地方政治の実状―硃批諭旨と鹿州公案―」（『東洋史研究』一八巻三号、一九五九年、のち同『宮崎市定全集』一四巻《雍正帝》、岩波書店、一九九一年所収）。

（12）明清時代の州県行政一般に関する研究として、英語圏では、Charles O. Hucker, ed., *Chinese Government in Ming Times: Seven Studies*, Columbia University Press, New York,1969. John R.Watt, *The District Magistrate in Late Imperial China*, Columbia University Press, New York,1972. Wakeman F. Jr. and Grant C.,eds., *Conflict and Control in Late Imperial China*, University of California, Berkeley, 1975. などが、中国語圏では、徐炳憲『清代知県職掌之研究』（台北、東呉大学中国学術著作奨助委員会、一九七四年）、鄭天挺「清代的幕府」（『中国社会科学』一九八〇年六期）、鄭天挺「清代幕府制的変遷」（『学術研究』一九八〇年六期）、呉智和「明代的県令」（『明史研究専刊』七期、宜蘭、明史研究会、一九八四年）、呉仁安「清代的州県官」（『歴史教学』一九八六年五期）、李林「清代的県官職掌与作用」（『遼寧大学学報』〔哲学社会科学版〕一九八六年五期）、劉子揚編著『清代地方官制考』（北京、紫禁城出版社、一九八八年）、劉秀生「清代県級政権機関中的人事管理」（『理論探討』一九九〇年二期）、顔広文「明代県制述論」（『華南師範大学学報』〔社会科学版〕一九九〇年四期）、畢建宏「清代州県行政研究」（『中国史研究』一九九一年三期）、趙秀玲「論清代知府制度」（『清史研究』一九九三年二期）、秦富平「清朝的県級政権」（『晋陽学刊』一九九四年五期）、劉鵬九・王家恒・余諾奇「清代県官制度述論」（『清史研究』一九九五年三期）、鄭秦「清代県制研究」（『清史研究』一九九六年四期）、劉文瑞「試論明代的州県吏治」（『西北大学学報』〔哲学社会科学版〕二〇〇一年二期）などが挙げられる。

（13）柏樺『明代州県政治体制研究』（北京、中国社会科学出版社、二〇〇三年）および同『明清州県官群体』（天津、天津人民出版社、二〇〇三年）。なお、これらの著書の収められた論考は、柏樺「明代知県的関係網」（『史学集刊』一九九三年三期）、同「明代州県官的施政及障害」（『東北師大学報』〔哲学社会科学版〕一九九八年一期）、同「明代州県官的施政心理及其特点」（朱誠如・王天有主編『明清論叢』第三輯、北京、紫禁城出版社、二〇〇二年）、同「明代州県官的政治権術和手段」（朱誠如・王天有主編『明清論叢』第四輯、北京、紫禁城出版社、二〇〇三年）などが

元になっている。柏樺にはこのほか「試論明代州県官吏」（『史学集刊』一九九二年二期）、「明代州県衙署的建制与州県政治体制」（『史学集刊』一九九五年四期）、「従《令梅治状》看康熙年間的県政」（『史学集刊』一九九七年一期）、「明代州県官吏設置与州県政治体制」（『史学集刊』二〇〇二年三期）などの論考がある。

(14) 何朝暉『明代県政研究』（北京、北京大学出版社、二〇〇六年）六〜七頁。

(15) 何朝暉「従官箴書看明代知県的為官心理」（『明清論叢』第三輯、二〇〇二年）。

(16) 郭成偉・関志国『清代官箴理念対州県司法的影響』（北京、中国人民大学出版社、二〇〇九年）一一七〜一八一頁。

(17) 本項は『大清会典』ならびに瞿同祖の研究を下敷きにし、さらに同時代の情報として二十世紀初頭に清代の地方官制を様々な形で概説した日本語による旧文献を参照しながら、本章に必要な内容を独自の観点で簡潔にまとめたものである。清代の地方政治機構一般について概説した日本語による旧文献には次のものが挙げられる。井上陳政『禹域通纂』（初版：一八八八年、復刻版：汲古書院、一九九四年）、服部宇之吉『清国通考』（初版：一九〇五年、復刻版：大安、一九六六年）、服部宇之吉「清国官制及選叙」（清国駐屯軍司令部編『北京誌』第一一章、一九一六年、復刻版『清国通考』付録一〜三二頁所収）、服部宇之吉「支那地方官の職務」（『支那研究』上編二、博文館、一九〇八年、復刻版『清国通考』付録五五〜九四頁所収）、狩野直喜『清朝の制度と文学』（みすず書房、一九八四年）、前掲『清国行政法』第一巻下「官吏法」（狩野直喜執筆）。このほか坂野正高「清代中国の政治機構」（同前掲『近代中国政治外交史』一六〜七三頁）は清代の地方政治機構を簡潔に知るのに便利である。

(18) 清代の胥吏については、Ch'ü, *op.cit*, 36-55 のほか、細井昌治「清初の胥吏—社会史的一考察—」（『社会経済史学』一四巻六号、一九四四年）、宮崎市定「清代の胥吏と幕友—特に雍正朝を中心として—」（『東洋史研究』一六巻四号、一九五八年、のち宮崎前掲『宮崎市定全集』一四巻《雍正帝》所収）、藤岡次郎「清朝における地方官、幕友、胥吏、及び家人—清朝地方行政研究のためのノオトⅡ」（『北海道学芸大学紀要』第一部B〔社会科学編〕一二巻一号、一九六一年）、劉敏「清代胥吏与官僚政治」（『厦門大学学報』〔哲学社会科学版〕一九八三年三期）、佐伯有一「明清交替期の胥吏像一班」（『中村治兵衛先生古稀記念東洋史論叢』刀江書房、一九八六年）、倪道善「清代書吏考略」

（『社会科学研究』一九八八年二期）、李栄忠「清代巴県衙門書吏与差役」（『歴史檔案』一九八九年一期）、王廷元・魏鑑勲「論清代蠹吏」（『遼寧大学学報』〔哲学社会科学版〕一九八九年五期）、周学軍「論明末清初的吏胥専権」（『学術月刊』一九八九年九期）、呉吉遠「試論清代吏・役的作用和地位」（『清史研究』一九九三年三期）、李国栄「論雍正帝対官衙書吏的整飭」（『社会科学輯刊』一九九五年三期）、朱金甫「清代胥吏制度略論」（《清史論叢》編委会編『清史論叢』瀋陽、遼寧古籍出版社、一九九四年）、Bradly W. Reed. *Talons and Teeth: County Clerks and Runners in the Qing Dynasty*. Stanford University Press, Stanford, California.2000. 王雪華「従吏胥制度看清代社会対新政治形態的訴求」（『江漢論壇』二〇〇三年一一期）、周保明「清代県衙吏役的内部管理」（『北方論叢』二〇〇六年一期）などがある。

（19）清代の衙役については、Chü. *op.cit*, 54-73 のほか、宮崎前掲「清代の胥吏と幕友」、李栄忠前掲論文、呉吉遠前掲論文、周保明前掲論文、および Reed, *op.cit.* など、胥吏と併せて論じた上記の諸論文がある。

（20）清代の長随については、Chü. *op.cit*, 74-92 のほか、宮崎前掲「清代の胥吏と幕友」、佐伯富「清代における坐省の家人」（『田村博士頌寿東洋史論叢』田村博士退官記念事業会、一九六八年）、郭潤濤「長随行政述論」（『清史研究』一九九二年四期）、郭潤濤「清代的〝家人〟」（朱誠如・王天有主編『明清論叢』第一輯、北京、紫禁城出版社、一九九九年所収）、佐伯有一「『長随論』攷―長随に関する一史料をめぐって―」（『東アジア史における国家と農民』山川出版社、一九八四年）、周保明「清代州県長随考論」（『華東師範大学学報』〔哲学社会科学版〕二〇〇八年五期）、参照。

（21）清代の幕友については、Chü. *op.cit*, 93-115 のほか、James H. Cole, *Shaohsing: Competition and Cooperation in Nineteenth-Century, China*, The University of Arizona Press, Tucson, Arizona.1986. 蘇位智「清代幕吏心態探析」（『山東社会科学』一九九二年六期）、呉愛明・夏宏図「清代幕友制度与文書檔案工作」（『歴史檔案』一九九三年四期）、中島楽章「明末清初の紹興の幕友」（『山根幸夫教授退休記念明代史論叢』下、汲古書院、一九九〇年）、郭潤濤『官府、幕友与書生―〝紹興師爺〟研究』（北京、中国科学出版社、一九九六年）、呉愛明・夏宏図「清代地方行政与幕友人事

制度的形成」（『清史研究』一九九七年三期）。幕友と胥吏とを併せて論じたものに服部宇之吉「吏ト幕友」（服部前掲復刻版『清国通考』付録所収）、宮崎前掲「清代の胥吏と幕友」、藤岡前掲論文、劉徳鴻「清代官府中的幕客和書吏」（『社会科学戦線』一九八〇年二期）、毛健予「清代的吏胥和幕賓」（『殷都学刊』〔哲学社会科学版〕一九八四年四期）、陸平舟「官僚、幕友、胥吏：清代地方政府的三維体系」（『南開学報』〔哲学社会科学版〕二〇〇五年五期）などがある。

(22)『清史稿』巻一一六、志九一、職官三「知県掌一県治理、決訟断辟、勧農賑貧、討猾除姦、興養立教。凡貢士、読法、養老、祀神、靡所不綜」。

(23)『清国行政法』巻一下、五四～五七頁。

(24) *Ch'ü, op.cit*, 16-17.

(25)光緒『大清会典』巻五八、工部一、尚書侍郎職掌「各省文武官皆設衙署。其制、治事之所為大堂・二堂。外為大門・儀門。大門之外為轅門。宴息之所為内室、為羣室。吏攢辦事之所為科房。大者規制具備、官小者以次而減」。

(26)林乾『清代衙門図説』（北京、中華書局、二〇〇六年）一〇～一一頁。

(27)光緒『慈谿県志』巻二、建置一、公署。

(28)李喬『清代官場図記』（北京、中華書局、二〇〇五年）二〇二～二〇九頁には「做官的守則」として官員が遵守すべき官箴書が説かれている。

(29)『欽頒州県事宜』「牧令為親民之官。一人之賢否、関係万姓之休戚。故自古以来、慎重其選。而朕之広攬旁求訓勉告誡、冀其奏循良之績、以恵我烝黎者、亦備極苦心矣。惟是地方事務皆発端於州県。頭緒紛繁、情偽百出。而膺斯任者類皆初登仕籍之人、未練習於平時、而欲措施於一旦、無怪乎徬徨瞻顧、心志茫然。即採訪咨詢、而告之者、未必其尽言」。

(30)于成龍は清初の山西永寧の人。順治十八年（一六六一）副榜貢生から広西羅城県知県になり、両江総督に至る。著書に『于山奏牘』と『于山政書』がある。『清史列伝』巻八、大臣画一伝檔正編五、于成龍、参照。

（31）『于清端公政書』巻七、両江書、示、親民官自省六戒「州県之官、称為父母、而百姓呼為子民。顧名思義、古人所以有保赤之喩也。夫保赤者、必時其飲食、体其寒煖、事事発於至誠。保民者、亦当規其飢寒、勤其勧化、事事出於無偽。蓋無偽、則有実心。縦力有不及、与事有掣肘、然此心自在。即於万分中体認一分、亦百姓受福処也」。

（32）袁守定は江西豊城県の人。雍正八年（一七三〇）の進士。湖南洪江県知県、湖南桂陽州知州、直隷曲周県知県などを歴任した。『国朝耆献類徴初編』巻一四四、郎署六、袁守定、参照。

（33）『図民録』は全四巻、清袁守定撰　清乾隆二十一年（一七五六）自序。篇別構成を取らず、全二五七条からなる訓戒を無作為に並べている。

（34）『図民録』巻一、官称父母「州県非他、父母也。所涖非他、吾子也。官之与民、何等親切」。『図民録』は全四巻、清袁守定撰　清乾隆二十一年（一七五六）自序刊本。篇別を設けず、全二五七条からなる訓戒を無作為に並べている。

（35）王鳳生は嘉慶・道光の安徽婺源県の人、嘉慶中に入貲で浙江通判となり、江南・浙江の多くの地方官僚を経験した。『清史稿』巻三八四、列伝一七一、王鳳生、参照。

（36）『学治体行録』巻上、親民在勤「州県官名父母、又曰親民之官。父母云何。謂与子孫痛癢相関、得以随呼輒応也。親者云何。謂与小民朝夕相見、勿使隔絶不通也」。

（37）汪輝祖は浙江蕭山県の人、江蘇・浙江の各地で三四年間の幕友経験を経て乾隆四十年（一七七五）に四六歳ではじめて進士となり、その後、湖南寧遠県知県を経験した。地方行政に精通した人物であった。『清史列伝』巻七五、循吏伝二、汪輝祖、参照。

（38）『学治臆説』は全二巻、清汪輝祖撰、清乾隆五十八年（一七九三）自序刊本。『学治続説』は翌年に成立。これらは『佐治薬言』とともに地方官の必読書とされ、同じく『宦海指南』に収められ、清代を通じて広く読まれた。

（39）『学治臆説』巻上、尽心「余言佐治、以尽心為本、況身親為治乎。心之不尽、治於何有。第其難、視佐治尤甚。蓋佐治者、就事論事、尽心於応辦之事即可、無負所司。為治者、名為知県知州、須周一県一州而知之。有一未知、雖欲尽心、而不能受其治者。称曰父母官。其於百姓之事、非如父母之計児女、曲折周到、終為負官、終為負心」。

(40)『福恵全書』の解題は、山根幸夫「『福恵全書』解題」(『和刻本福恵全書』汲古書院、一九七三年)、参照。また、黄六鴻と『福恵全書』を扱った専論として、柏樺「清代州県司法与行政—黄六鴻与《福恵全書》」(『北方法学』二〇〇七年三期)、龔汝富・劉江華「従黄六鴻《福恵全書》看清代州県吏治的経験智慧」(『江西財経大学学報』二〇一一年二期)、孫嘉悦「従黄六鴻《福恵全書》窺見清代州県司法制度」(『蘭台世界』二〇一三年三三期)などがある。なお、陳丹「《福恵全書》研究」と題する修士論文が二〇一三年に華東師範大学に提出されているとのことだが内容は未見である。その目次を見るかぎり第一章「《福恵全書》概述」、第二章「上任—州県銓選制度」、第三章「離任—清代州県交代」、第四章「任上—清代州県的漕項交当」とあり、本書の構成に重なるところが少なくないようだが、『福恵全書』を主史料にして清代州県の銓選と漕運について論じているものと見受けられる。

(41)『福恵全書』巻一、筮仕部、総論「夫万里之程、必始于跬歩。千仭之峻、必積于培塿。蓋非近無以致其遠、非卑無以成其高也。然則投牒需銓、乃宦途之跬歩、捧檄司牧、乃入仕之培塿。将来之宏偉業登極品者、非此其発軔乎」。

(42)『福恵全書』巻一、筮仕部、総論「故士君子服古入官、毋以一命為微員、百里為易治。方其待次之時、必先有以定其志。而後敷政臨民、皆有所従事、而不為境遇邪説所惑」。

(43)『福恵全書』巻一、筮仕部、総論「其于自奉也、須拚咬断菜根。仍是窮酸本色。其于愛民也、務令家豊俗厚、不為荒陋頽風。其于政事也、率身為之先、而夙興夜寐、不敢云瘁。如是而志既定、則筮仕之地、無論其衝僻瘠饒、何往而不可安、何事而不可治哉。然而尤必持其行、漸習而堅之。其飲食則甘于粗糲、衣服則躭于樸素、応酬日用、則敦于節倹。于是獲善地、而不為加喜、獲悪地而不為増戚」。

(44)『福恵全書』巻一、筮仕部、総論「与夫選後応行料理者、須漸次料理、早為束装。勿曠有限之光陰、勿疲有用之精神、勿多無益之冗費。至于賢士大夫、虚心而請教之、且使得覩吾之言論丰采、而知為遠大之器。是未任之前、而已収既仕之誉矣」。

(45)『福恵全書』巻一、筮仕部、総論「若夫指一官以求温飽、甫就選、以事奢靡、流連于酣宴之場、而不恤蒞官之務者、是其志不先自定矣。求其後、不為境遇邪説所惑、幾何乎。吾知其宏偉業而登極品、不在此而在彼矣」。

(46) 宮崎市定『科挙史』（初版：一九四四年、改訂版：平凡社、一九八七年、のち同『宮崎市定全集』一五巻《科挙》、岩波書店、一九九三年所収、一四二～一六三頁）。

(47) 科挙合格から任地決定までの過程についての詳細は、近藤秀樹「清代の銓選―外補制の成立―」（『東洋史研究』一七巻二号、一九五八年）三六～三九頁、参照。

(48) 『福恵全書』巻一、筮仕部、謁選「需次銓曹、正士君子仕進之始。居停宜清静梵宇、或独院間房。毋近閙声以撩旅思。縉紳賢者言論丰采均有裨益、親近之、浪遊狎客引誘問情、且為他日累、遠絶之。奉檄之美悪・遠近、尚未可知、食飲服御、槩従簡約、勿軽借京債。苛折重息逾期畳滚、朝抵任而債主夕至地方。上司聞之甚非。……大清律・六部条例為政治之要書、親加点閲、亦消間之一助。未可以俗為嫌云」。

(49) たとえば『聊斎志異』巻五、緑衣女には、「于生名璟、字小宋、益都人。読書醴泉寺。夜方披誦、忽一女子在窗外賛曰「于相公勤読哉」。因念深山何処得女子。方疑思間、女已推扉笑入、曰「勤読哉」。于驚起視之、緑衣長裙、婉妙無比。于知非人、固詰里居。女曰「君視妾当非能咋噬、何労窮問」。于心好之、遂与寝処」（「于璟《うえい》は字《あざな》を小宋《しょうそう》といい、益都《えきと》（山東省）の人であった。醴泉寺《れいせんじ》という寺に泊まって勉強していたが、ある夜、本を読んでいると、ふと一人の女が窓の外から、「于先生たいそうご勉強ですわね」といった。于は、こんな深い山の中に女なんかいるはずはないがと不審に思っていると、女はもう扉《とびら》をおしあけてにこにこしながらはいって来て、「ずいぶんご勉強ですわね！」といった。于がびっくりして立ち上がってみると、緑色の着物をきて、長い裙《はかま》をはいた、目のさめるような美人であった。于は物の怪《け》だろうと思って、どこに住んでいるかを、しつこくきいたら、女が、「ご覧のとおりのもので何も取って食おうというのではありませんし、やかましくおたずねにならなくともいいでしょう」といった。于はその女が好きになって、とうとう臥所《ふしど》をともにすることになった」増田渉・松枝茂夫・常石茂訳『中国古典文学大系』四〇、平凡社、一九七三年、四四二頁）といった話がある。

(50) 京債についてはは顧炎武『日知録』巻二八、京債、参照。狩野直喜は「資なきものは、勢ひ借金せざる可からず。かくの如くして、所謂「京債」を起すなり。此れも親戚とか友人よりの融資を受くるならば宜敷けれども、大抵は高利貸より借るの外なし。之れを沢山こしらへたら最後困難なり。聞く所によれば、高利貸にて、北京又各省省城に於て、此れ等官吏の旅費の立替をなす事を専業とするものある由にて、之れを帯肚といふ。此れは高利貸の事にて、利息も高きが、支那人の話によれば、立替を受けたる官吏が赴任するときは、其の高利貸が手代の如きを官吏につけてやる。然るときは、其の手代は其の官吏と共に至るや、其の会計方をなし、毎年該官吏の収入中より、借金の元利を取りつくすなり」（狩野前掲書三六八頁）。また服部宇之吉は「知県などが赴任するにも多くの人を連れて行く。……其の中には料理人も居ると云ふ様な風である。……それであるから各地方で公費を以て支辨される宿泊の賄では足りない、其の外の用意がなければならぬ。然るに初め候補知県になるまでには相当の金を使ひ候補から愈実の知県になるまでには亦相当の金を使つて居つて、金の余裕のない人が多い、それで旅費を給されぬと云ふ事が困難の一つである。さうなると已むを得ず支那人が開いて居る銀号と云ふ所へ行つて金を借りる、是は銀行のやうなものである、銀号は大抵山西省の人がやつて居る。それで赴任前に役人が銀号へ行つて相談する、さうすると銀号では平生各地方の財力を調べて居て何省何県の貧富の度如何と云ふ事を知つて居るから、此の地方なら此だけの金を貸しても取れると云ふ見込をつけて知県へ貸す。そこで其の金を以て赴任する、所が金を借放しにされると困るから銀号から一人監督を附けて行く之を帯途子と云ふ。此の者は元金及び十分の利金を取り終る迄其の地に留つて居る」といい、これが地方官の赴任地に行って人民の膏血を絞りとる一因になることを指摘している（服部前掲「支那地方官の職務」前掲復刻版『清国通考』付録六五～六六頁）。

(51) 『福恵全書』巻一、筮仕部、投供験到「是日過大堂、左堦下站立、詳聴呼名。従容朗応、至簷前向上中立、念大郷貫。宜声音清楚。念畢従容由右堦下出。此時堂上亦留心観人年貌材品、不可不慎」。

(52) 『福恵全書』巻一、筮仕部、掣籤「夫為民父母而必膏腴以処、其意果何居乎。発軔之初、立心宜正。居官得失、存乎其人、似未必尽関地方之美悪也」。

(53) 狩野前掲書三五〇頁。

(54) 坂野前掲書五九頁。

(55)『福恵全書』巻一、筮仕部、査全書「全書者州邑銭糧丁口之数以及起解存留支給各款、倶備載者也。天下全書悉達戸部。掣籤後、須覓来査閲。則銭糧之多寡軽重、地方大小肥瘠、可一覧而知。又前任官如陞遷、則銭糧盗案無有未完、如参処離任、則銭糧諸案多有不清、便為接管之累。須于吏部査其出缺、縁由于戸部査其任内歴年銭糧完欠及本年応徴項下起解完欠若干」。

(56)『福恵全書』巻一、筮仕部、訪風俗「身将受事地方、則地方之政事利弊、土俗民情、皆宜咨訪。京師四方所聚、或宦遊斯地、或彼処士紳、倶可詳詢。酌其情事、応如何料理、不但可以預為準備、亦可因其難易、以延助理之人。至于衙役土豪積悪著聞者、得其姓氏、俟至地方、潜加体察。果有実跡、須待其更犯、小則懲処、大則申詳。亦以見新硎之利」。

(57)『福恵全書』巻一、筮仕部、拝客宴会「徐書既下、其本地郷紳想見父母丰采。或所得美缺、親知代為欣幸。到門投刺、欲面晤者、宜即倒屣虚心請教。地方大老、負重望者、亦須謁見。或有招飲、如期恭赴。不特藉申欵接、亦使之得瞻才品。一年内外酌交情厚薄、致函候謝、方見精神周到、声気流通。毎見拘牽之士、以不会客不赴席自標高異、其意不過惜小費、幷省将来酬答耳」。

(58)宮崎市定「鹿州公案　発端―実際にあってもいい話―」(同『鹿州公案―清朝地方裁判官の記録』平凡社、一九六七年、のち同『宮崎市定全集』別巻《政治論集》、岩波書店、一九九三年所収、一七頁)には「藍鼎元が潮陽県の県知事に任命されたことが、廷抄という官報に載ると、彼の下宿は急に賑やかになった。……千客万来だ。それらの中で一番応対に面倒なのが、新任地出身の紳士や商人が挨拶にやってくることだ。今まで何の関係もなかったところへ、急に密接な利害関係が生じてきたので、お互いに相手の心中を模索しかねて戸惑っているのだ」という話を載せている。

(59)『福恵全書』巻一、筮仕部、延幕友「州邑事繁、銭穀・刑名・書啓自須助理之人。若地当衝劇、銭糧比較、詞訟審理、与夫往来迎送、非才長肆応、勢難兼顧。幕友又須酌量事之煩簡、而増減其人。然其人最不易得。優于才、則擘画裕如、無冗闒之患。敏于識、則倉卒能応、無疑緩之誤。端于品、則腹心与共、無叵測之嫌。三者之中而品為尤要。蓋事経商酌、又耳目至近。苟不立品端正、賓主少有失意、輒操其短長、恐嚇詐騙、往往有之。故兼長為難先取品、識次之、才又次之。才識不充、猶可羣力相輔、品一不正、雖有才識、安足貴乎。夫相延幕友、不過忙時代労。若或稍暇事、無論巨細、俱須親加検点。偶有疑難、彼此互相参酌、至于一定主意、須親自裁決。庶事権不致旁落而弊竇亦無従生矣。大抵至親密友生平相信者堪与同事。否則素識其人老成熟練、或薦引者皆属知愛、亦可訂交。凡以情面泛托、宜婉詞謝之」。

(60)『福恵全書』巻一、筮仕部、募家丁「選官之後、親知遂有送家丁伺候者。或自央属長班管家、至本官前、慫恿収録者。但此輩原従覓利起見、意到地方、串通管家衙役作弊取銭、幷分常例小包。甚有外飾忠勤、内懐奸詐、希図信任、藉以行私。倘本官不察、輒堕其術中、貽害非浅。即遇精明聡察、防閒過厳、彼又安肯以区区工食、離郷井、棄妻子、以供使令乎」。

(61)『福恵全書』巻一、筮仕部、郵稟帖。

(62)『福恵全書』巻一、筮仕部、待接役。

(63)『福恵全書』巻一、筮仕部、辞朝および辞行。

(64)『福恵全書』巻二、蒞任部、総論「諺云「新婦看進門、新官看到任」。又云「官看吏一七、吏看官三日」。何也、蓋観其始、即可以槩其終也」。

(65)『福恵全書』巻二、蒞任部、総論「夫官之性情有寛有厳、政事有精有忽。寛則易親、而可以漸行其術。厳則難犯、而不敢軽干其法。精則経営必密、而奸無可施。忽則計慮多疎、而弊因従入。故善蔵其用者、恒示人以不可測、而喜怒不得窺其端。善謀其務者、恒予人以不可欺、而事為無所投其隙。然後奸胥・猾吏与地方豪悪之徒、戢然改行回心、而不敢恃親而行術、軽犯而干法」。

(66)『福恵全書』巻二、蒞任部、総論「然此要皆于下車之始、而有以徴之。至其用其謀、雖守之終任去官、而有如一日。于是因時制事、因事制宜。無在而不憚其厳、無往而不見其精矣」。

(67)『福恵全書』巻二、蒞任部、総論「然蒞任之初、所有応行事宜、或因其成例、或更出新規、務須咸理曲当振飭無遺。雖為新政之一班、実即良法之可久」。

(68)『福恵全書』巻二、莅任部、投到任稟「如省郡附郭県邑、将到任数日前、用稟帖、稟知本府及軍糧等庁。其稟只報明到任日期、詞貴簡要、無事浮冗」。

(69)『福恵全書』巻二、莅任部、投到任稟、稟帖式「卑職一介庸材、謬叨劇任、星馳載道、戢羽非遥。幸帡幪之可托、冀弘宇庇之恩、喜雲日之方依、弥切葵傾之愫」。

(70)『福恵全書』巻二、莅任部、入境「新官到任、乃士民観聴之始。凡所挙動須因其利弊緩急而張弛之。地方疲瘠、先之以撫恤、民俗刁悍、先之以法令。士風澆漓、先之以礼教、胥役作奸、先之以刑罰。貴有以快人心而孚衆望、使刓敝之習、渙然更始。而精明誉聞、已著于下車之日矣」。

(71)『福恵全書』巻二、莅任部、入境「然非経綸素具、胸有成竹、其何以立中肯綮乎。夫心知其故、競緑寛猛、方其入境時、亦可因事而畧露一班。然此蓋為上乗説法。倘見有未到、尤宜潜心熟察。然後措諸施行。庶不致有剛柔倒置之譏」。

(72)『福恵全書』巻二、莅任部、入境「既入境、相随家属暫停別館、俟上任事畢、方伝入署。於上任前一日或前三日、至城隍廟斎宿。謂之宿三。該房開具上任儀注、呈送詳閲、照以挙行。或礼有未当、莫遽改易。恐左右未嫺、反致臨時錯乱。倘執事人役、偶有小失、未可輙加杖責。示人以褊急無寛容之度也」。

(73)『福恵全書』巻二、莅任部、出堂規「堂規者、秖就公堂臨政幷各房科人役逐日承辦之事、而立規程、使知遵守」。

(74)『福恵全書』巻二、莅任部、堂規式「本県新莅兹土、惟孜孜以培養凋残、釐剔奸虮為務。欲求清絶弊源、尤必法行自邇。除一応事宜另行通飭外、所有堂規合先暁諭爾各役知悉、共宜恪守、毋軽蹈三尺」。

(75)『福恵全書』巻二、莅任部、堂規式「本県諸事俱係親裁、並不仮手左右。如有吏役無故擅近宅門、影射作弊、哄騙愚民者、立究重懲。把門人役不行扭稟、並究」。

(76)『福恵全書』巻二、莅任部、看須知「須知乃一州県政事大綱節目、無不備載、以其開巻可一覧而得其槩也」。

(77)『福恵全書』巻二、莅任部、発各告示「新官行事為闔境所観仰、而其大旨亦多見之文告。此遠郷百姓、不得見新父母、而得見新父母之言、以為欣幸。寧独執事在公者知所遵守哉。故一切因革事宜、貴定之于始。始法既定、而按程課効、則游刃有余矣。凡諸暁諭、宜明白簡切、勿以詞華是炫。所謂婦人童豎皆可知之者也」。

(78)『福恵全書』巻二、蒞任部、発各告示、関防告示「為関防詐偽以粛法紀事。照得。本県世業詩書、家訓純謹、従無親族子弟在外遊学。即本県捧檄茲土、素性狷介、不聴一情、矢志氷蘗、不愛一銭。諒為朋旧所稔知。其見訪抽豊、自応絶跡。或有無籍棍徒、指称本県親友宗支、潜蔵境内、招揺誆騙。誠恐郷愚堕其術中、理合暁諭、幷厳行禁緝。為此示、仰合邑軍民人等知悉。如有前項奸棍、許即首報、以憑拿究。倘寺観旅店容留、郷地知而不挙、査出一体治罪不貸。須至関防者」。

(79)『福恵全書』巻四、蒞任部、承事上司「属吏之所以事上官、惟在敬与勤而已。敬則傲慢不敢生、而参見之必恭必慎、儀節之必時必週。勤則怠忽不敢萌、而奉行之必詳必速。諮請之必婉必誠。所云参見、州県到任必謁上司、或途次先由省会、或同城抵治次日、或治境距省稍遠、皆不宜遅緩。上司楽見属員、覘其才品、属員亦楽見上司、識其性情」。

(80)『福恵全書』巻四、蒞任部、承事上司「惟相見之儀、詢之礼房、訪之寮宷。揣之時勢、毋過諂、毋不中度。語寒暄、則先後有序。稟公事、則詳切有要。或蒙詰問、観喜怒、而委曲致対。或同寅共見、上司向他語、勿攙雑而更置己詞。容止跪拝、進退疾徐、宜嫻之于平日」。

(81)『福恵全書』巻四、蒞任部、承事上司「凡有啓事、書之袖褶、臨時省覧、免致遺忘。此則恭慎之謂也。其餽送土宜悉照旧規。務於先期躬親簡点、勿露吝形。致見揮斥、所謂時而周者非乎。毎有下僚、外飾貧倹、自炫孤高、一切儀文、出之淡薄。若非真正清廉、上司見諒、未有不悪其嬌詐而披摘瑕疵者矣」。

(82)『福恵全書』巻四、蒞任部、承事上司「至于奉到上行、審度軽重、登号発房、宜詳始末。立即申覆、尤加親閲、切勿朦混草率以示疎。或因要務応修稟牘、更須悉白情事、切勿虚詞巧飾以示欺。……此皆以卑奉尊、以下事上之正軌也。然非敬勤居心、又烏足以語此耶」。

(83)『福恵全書』巻四、蒞任部、交接寅僚「僚佐朝夕共事、凡印官挙動、無不周知。欲其恪供乃職、必須持己以正。己既正、而寮属無不凜承矣。然秩卑禄微、諸惟仰頼堂尊、宜恤彼勤労、憫其貧乏。有功則挙之以示勧、有急則周之以示恩。才不称事、多方指示、而毋為苛責。守或偶渝、和顔開導、而俟其改図。若稍不留意、徑情以行、則怨隙従此生矣」。

(84)『福恵全書』巻四、莅任部、交接寅僚「至于隣封、均属寅誼。尤宜聘問以時。意気相投者、固合深相結納、凌厲自異者、亦為折節周旋。凡属公事関連、務必互為照応。我克施之于先、彼自報之于後。否則情非素洽、事莫通聞。倘有逃人、忽扳住址、盗夥別供隣案、一経依詞解部、拠招詳憲、則料理弥縫、尚遺余力乎」。

(85)『福恵全書』巻四、交接寅僚「凡州邑倶有営弁駐防。大約非守備、則千把総也。従科目出身者未免軽覷営官、而営官亦恃管兵未免銜憤州邑。毎遇兵民相閧、各自護持、而民往往為兵所欺凌。或値地方偶警、弁先混報、而地方往往為弁所騒擾。此皆文武不和之故也。故営官無論大小、倶宜優礼相待」。

(86)『福恵全書』巻三、莅任部、馭衙役「吏書・皂快、除経制外、類多幇身白役。県務殷繁之処、過汰則不足供役、濫用則匪類滋奸。毎有父子媚親、盤踞年久者。有巨棍勢豪串党鼠入者。弊竇熟滑、胆大手辣。本官長厚可欺、則恣為不法。厳刻過甚、則朋謀暗算、結劣衿為爪牙、通内丁為線索。本官稍有瑕疵、輒指為把鼻、講呈説告、恐嚇多端、売訪勾窩、陥害無罪。于是長厚者受其挟制、莫敢伊何、厳刻者化作痴呆、憚于用罰。而侵蝕銭糧、凌虐良儒、官民均被其毒。有不可勝言者矣」。

(87)『福恵全書』巻三、莅任部、馭衙役「然則計将無所施乎。惟在上者精明以燭之、法制以防之、必罰以懲之、信賞以勧之、矜卹以礼之、至誠以動之。而大要尤在秉心公正、一塵不染。才識超敏、処事裕如、則自家操守、先立于無過之地。諸務畢挙、頓改其壁塁之観、上司称其廉能、百姓騰其歌頌。前此一班魍魎何難為我之用神。昔日害官擾民、今皆自奉公守法。然而豈真天良渙発哉。蓋此輩窺伺素工、転移最捷、知作悪之必懲而無済莫若改行遵度之反為見用耳」。

(88)『福恵全書』巻三、莅任部、馭衙役「殆鴻康熙九年二月製選兹土、随査本県逋賦、十有三年、両駅馬匹、久経倒缺、革職前任四員、尚留候代、豪衿土棍、号称金剛天王羅刹、二十四人分布四郷、三班頭役与各房科有執掌者皆党羽、門子在内宅、出入伺候者皆其耳目。一票出、非其使令、不敢差。一詞興、非其主持、不敢告。尤可恨者、花戸銭糧年年聴其包攬、里社呑声賠納。官吏少有払意、挑唆無頼叩閽、動輒拖累多人。然此猶本邑諸奸之為害也。至于上司号件未完、差舎守催、経承毎日供給肥肉大酒、喚唱包娼。及其臨行需索差銭路費、非五十金百金不止。苟不満慾、則鎖墩下処、閉之幽室。或帯赴道府、収禁舗厫、断絶飲食、妻子匍匐、哀求打点、方纔釈放。上差因而視為奇貨、遂厚費鑽営、絡繹而至。執票登堂、与県令分庭抗糧、封鎖捉吏、回話立要本官。彼為宰者、畏其勢如狼虎。不得已而拆封倒櫃、遣発起程。以故庫銀運解正項之数少、料理雑費之数多。吏胥幹辦公事之時少、支応上差之時多。如此而官安得不壊、役安得不逃、民情風俗安得不底于澆且横哉。当時輦下諸公莫不為鴻嗟惜。而鴻則静言思之、諸葛武侯入蜀、云治乱国用重典、韓淮陰之背水陣、置之死地而後生。余今治郯、仍復循其縄墨、多所瞻顧、勢必調弄由人寸籌莫展。是又前官之続矣。務須放膽作翻案文字、事事与前官相反、庶其有瘳乎」。

(89)『福恵全書』巻二、蒞任部、馭衙役「未出京之先、廉得衙蠹土豪某某者。及本邑明経某、適来見顧、亦金剛之流亜。数以言餂鴻、鴻略叙套語、絶不談及県事。明経帰而告諸邑人、曰「新父母非易与者」。先是蠹役争領頭批来迎、至是畏縮、更易新充蠹朴者。以其積悪著聞。恐先識己。而新充蠹朴之人皆其平日所頤指使、諒不敢挙陳其過跡也。及叩見、以次犒之、即日令回、不留一役。亦絶口不言及県事」。

(90)『福恵全書』巻三、蒞任部、馭衙役「五月出京。由中道至彭城、而南達宿遷。六月十八日抵邑之紅花埠。埠有駅局。南自宿至北自邑至。各差皆在此換馬。是日人役迎接、導至公館。鴻勒轡不入、曰「詣駅局」。時管駅兵書大驚失色、遂跪稟曰「到任三日後、択吉遣牌視駅。此旧例也」。鴻叱之曰「郵駅与正供並重。今過而不入、安問例乎」。遂策馬至駅。観其棚廠、則風雨不蔽也。験其蒭菽、則顆束無有也。汚穢堆積、臭気熏蒸、則蠅蚋聚飛如霧。数馬骨立、領脊潰裂、則烏鴉啄食成纍。噫馮令被参卸事、本道撥役代理。勾通駅書、侵剋工料、夫牌飼秣、又減芟芻。以故両駅額馬一百二十四、僅剰残疲十八騎。鴻見之大怒、遂鎖兵書馬牌等、各責三十。道快大呼、叩頭曰「某乃道快王某也」。鴻叱之曰「本道令爾養馬、不令爾賊馬也。況爾既司県駅。応受県罰」。亦重責二十。次日申詳本道、且修稟謝罪、不敢以憲役作奸扞朝廷法。于是衆役聞風恐怖」。

(91)『福恵全書』巻三、蒞任部、馭衙役「十九日城隍廟斎宿、二十日謁神焚誓畢、上任入署、遂命皂頭選慣行刑皂隷八名、並毛頭大板十片進験。各役互相駭視、不知所為。及三日行香視事出示。次日午堂、各役過堂、点卯卯簿、詳註年貌・籍貫・住址及着役日期、経管某事、于姓名之下、点時令閉東西両角門。各役挨班逐名至階下、向上跪命念年貌・籍貫、与卯簿同否、并相其面貌之良悪、而黙記之。彼素為不法者、則言語恇怯、挙止失措、面色宛若死灰也。各役点畢、乃令某某至前、数其罪曰「爾某事作弊。某官為爾壊、某民為爾魚肉。爾実逋罪、不容於死。吾今姑示責革、為昔受害者洩憤也」。遂命所選行刑、用大板、因其罪之軽重而酌責之。計受杖共二十余人。逾旬而斃者一、其杖而黜革者五、是所謂積昔年頭役、執掌科書為豪棍之党羽者也。乃更進其余而申儆之、衆皆角崩稽首、汗如雨下。于是闔邑紳民歓呼称快。謂鴻之罰与罪恊、不爽銖黍」。

(92)『福恵全書』巻三、蒞任部、馭衙役「銭穀・刑名所司一切、厳為法制、使無弊竇之可乗。至于罪所当懲、必罰無宥。功所当勧、必賞無慳。若銭糧早解、上件早結、必不令提摂経承。憲役下県、官給飯食、起程、官給路費、必不令鎖帯該胥、恣意揹勒。凡大差一至、勢若雷霆、一切供張夫馬俱鴻親身料理、必不令鞭殴衙役、弔打馬牌。是亦矜恤之一道也。無論刑威賞勧、一出于公、功之可賞、雖有罪而賞必施、罪之応加、雖有功而刑必及。于其賞也、而常如其不足、于其罰也、而嘗懐其不忍。如是賞無小、受者固足以興感、罰無大、受者亦無以生怨。非至誠有以動之乎」。

(93)『福恵全書』巻三、蒞任部、謹関防「宅門内外、俱是瞞官之人、銭穀・刑名無非作弊之事。官府稍不精明、或疎防範、未有不通同攫利者。蓋衙役跟官、家丁効用、不過藉以肥身、優于温飽。不然胡為而抛妻棄子、奴顔婢膝、以趨蹌于左右乎。故垂涎甚切、塞竇弥厳」。

(94)『福恵全書』巻三、蒞任部、禁私謁「当事之待紳衿固宜優礼。然因公事而恵臨、則賓館相迎、可拝昌言之賜。値歳時而入賀、則閽人領刺、容申答謝之誠。若其私宅曳裾、入幕謀面、匪惟簿書無間、亦属瓜李為嫌。懸約後堂、婉詞先致」。

(95)『福恵全書』巻二、蒞任部、謁廟行香「毎有刁僡之区、諸生于講書後、遂遞呈詞者。或条陳地方利弊、或指摘衙役過犯、其間仮公濟私、希図報復者多。官惟命左右収之、不必更置可否、仍記明姓名張数、以防左右抽換。帯進内衙、観其詞而察其情。近理者訪其所事従前有無病民、徐為斟酌行止。為私者存而勿論、可也。俱不必掛牌批示。如所指衙役、訪其果有奸蠹実跡、須另事究革、不必拠呈施行以長学校囂競之気。如係有侮辱斯文、事干切己、未経断懲者、応掛牌示、許被害本生于告期呈控。如此、儒衿之屈忿当伸、而仮公者亦不得遽逞其志矣」。

(96)銭実甫編『清代職官年表』(北京、中華書局、一九八〇年)によれば、康熙九年(一六七〇)四月六日に山東巡撫劉芳躅は憂免のため離任し、後任として同年四月二十九日に袁懋功が就任している。

(97) 『福恵全書』巻四、莅任部、忍性気「鴻在郯、有劣衿某者、以本社民糧百余金、悉為包攬飽之谿壑者二十余年、歴任不敢過問。里社徒受追比。迨鴻至令里長開報欠戸、拘訊之、唯叩頭号泣而不敢言。欲責之、乃言悪衿劣状、幷所以包攬拖欠之故。鴻聞之不勝眥裂髪指、立命補牘公挙、与諸欠戸対簿。彼憤衆遽敢攖鋒乃起而批挙首之頰。鴻遂大怒、立請教官、褫其衣、杖之于庭、而通申各憲。時大中丞厳批本県、究擬学使者仰学除名招報。而某之父亦儇衿也。曰「撫軍某公新任」、将至彼乃列鴻多款、令伊親某生示鴻、欲為其子求寛而坐誣衆戸。鴻笑而却之曰「鴻果獲罪地方、控之宜也。若使挟余枉法、舎有罪以誣無罪、雖増官益秩、吾不為也。況棄職而辱身乎」。比撫軍入境、乃父遂以奇貨異酷一詞致控矣。撫軍心疑之、而未有以発也。到任三日後看司道、因従容詢及有司賢否。方伯泰瞻施公乃首挙即墨令朱君及鴻為山左循良冠、而臬憲何公、各道銭公等復交口称鴻、幷歴挙治行之所知者。次日方伯施公進見、撫軍以某生状示之。施公笑曰「儇哉、某氏父子也。因挙其子積悪攬戸抗糧為本県所申前案具在。今復揑詞誣控、以図反噬耳」。撫軍遂検牘視之、乃大批「切責不准」。而其子竟坐流。嗚呼、当時非施公等相信之深、極為称説、其不中于奸誣者幾何矣」。

(98) 『福恵全書』巻四、莅任部、忍性気「鴻継補東光。有劣衿某、平日把持衙門、包攬賦税、無異彼生。其本邑更名地糧花戸半帰劣手。而劣之更名糧独多。鴻乃僉劣性為催頭。劣一日登堂面求更僉他姓、鴻不許。劣争弁良久、詞色頗不遜。鴻怒塡胸臆、輒欲掀案撻之、因創疇昔彼生之事、屢遏而止、乃好言慰之出、而催頭卒不更」。

(99) 潘杓燦は浙江銭塘の人。その著『未信編』六巻は康熙二十三年（一六八四）刊本。康熙十四年（一六七三）に自己の体験を鑑みて口述した内容を、のちにその門弟たちが整理したもの。

(100) 『未信編』巻五、幾務上、参謁「親管上司乃係仕途中祖父伯叔。安得不速請見。同城者、到任三日、例俱稟参。即不同城、如本府本道、三日亦応次第晋謁。院司駐節省会、与本治相遠者、三月之内、定須往謁。断不可惜費逡巡。蓋一官初至、在上司亦欲観其才品。苟或愆期、不怒其怠慢、則疑其偎懦。難前而厭心生矣。其相見儀注、着礼房開送、依例遵行。其挙止応対務必舒徐周到、敬慎大雅、倣謟倶非所宜。嗣後不時相見、応将銭糧刑獄以及緊要之事、開一小帖、携帯観覧、以便陳白答問」。

(101)『未信編』巻五、幾務上、交際「交際之礼、居官必可缺。凡慶令節、上下同寮、例用餽送。同城者、只開掲帖親送。遠者上司宜大啓、同寮宜小啓、差役呈送。其献新祝賀謝候等事、必周旋以図和好優事。惜費者多致参商也」。

(102)『学治臆説』巻上、事上「獲上是治民第一義、非奉承詭随之謂也。為下有分、恃才則傲、固寵則諂、皆取咎之道。既為上官、則性情才幹不必尽同。大約天分必高、歴事必久、閲人必多。我以樸実自居、必能為所鑒諒。相浹以誠、相孚以信、遇事有難処之時、不難従容婉達、慷慨立陳、庶幾可以親民、可以尽職」。

(103)『学治続説』巻一、上官必不可欺「天下無受欺者。矧在上官、一言不実、為上官所疑、動輒得咎、無一而可。故遇事有難為及案多牽窒、且積誠瀝悃陳稟上官、自獲周行之示。若誑語支吾、未有不獲譴者。蒼猾之名、官途大忌」。

(104)『学治続説』巻一、勿臧否上官寮友「事有未愜於志者、上官不妨婉諍、寮友自可昌言。如果理明詞達、必荷聴従。若不敢面陳而退有臧否、交友不可、況事上乎。且伝述之人、詞気不無増減、稍失其真、更益聞者之怒。惟口興戎、可畏也」。

(105) 宮崎市定「官箴目次総合索引序」(京大東洋史研究室編『官箴目次総合索引』京都、京都大学東洋史研究室、一九五〇年)。

(106)『未信編』巻五、幾務上、筮仕、防吏役「吏書之弊、古今通患。其人不可缺而其勢最親。惟其最親、故久而必至無所畏。唯其不可缺、故久而必至於奸欲。其畏而無弊莫若厳於自律。而常加稽察、勿使主持事務、説事過銭。門子須択慎実者、一月換班、上堂令遠立丈許、機密事情、勿使覘知、以防漏泄。皂快・民壮両傍分立、不許雑乱擁擠。凡事不許代稟、以防誰騙。冗役宜汰。蓋少一人、即少一民耗」。

(107) 孫鋐と『為政第一編』については本書一二三〜一二四頁、参照。

(108)『為政第一編』巻二、時宜下、立政、処衙蠹「官有蠹役、如書之有蟫、木之有蛀。残触既久、書破木空。一官而遭羣蠹、其官箴有不速壊者乎。書役之弊、巻内諸条言之極詳。其弊也、皆其蠹也。知其弊而馭之以法、弊無由而生、蠹亦何由而入。誠恐奸胥滑吏或蠹我国、或蠹我民、平時不覚受其欺瞞。設一旦上台風聞、或被告発、則投鼠而砕其器、批枝而動其根。蠹雖万死、何足為惜。大之連累本官、小之亦必受上台之戒飭。百口謝通、難罵失察之愆。故平日之待此輩於趨承奔走之下、孰為老成而謹飭、孰為少壮而殷勤、孰為似信実奸、孰為大憝積滑。其敗乃公事者、固必鋤而去之。即有悪貫未盈、蠹形未著、或親有所試、或別有所聞、亦必先之以戒飭、継之以革役。不待上憲訪拿、士民越控、以幾先之哲、而免事後之嗟。幸毋明知故縦養虎以自害也。慎之、慎之」。

(109)『学治臆説』巻下、馭吏役在刑賞必行「寛以待百姓、厳以馭吏役、治体之大凡也。然厳非刑責而已、賞之以道、亦厳也。以其才尚可用、宜罰而姑貸之、即玩法所自来矣。有功必録、不須抵過。有過必罰、不准議功。随罰随用、使之有以自効、知刑賞皆所自取、而官無成心、則人人畏法急公、事無不辦。姑息養姦、馭吏役者、所当切戒」。

(110)田文鏡は漢軍正黄旗人。康熙二十二年(一六八三)に監生から福建長楽県県丞を最初に、山西寧郷県知県等を経て、河南山東総督に昇進した。『清史列伝』巻一三、大臣画一伝檔正編一〇、田文鏡、参照。

(111)『欽頒州県事宜』防胥吏「官有胥吏、原以供書写而備差遣。其中雖不乏勤慎之人。然衙門習気、営私舞弊者居多。苟本官厳於稽査、善於駕馭、則奸猾者亦皆畏法而斂跡、否則縦恣無忌。雖勤慎者亦且相率而效尤。此胥吏之不可不防也」。

(112)『欽頒州県事宜』防胥吏「赴任之初、迎接跟随、皆是窺探之計。即任之日、左右前後、無非伺察之人。家人親友、択官之所親信者、而先致慇勤。挙止動静、就官之所喜好者、而巧為迎合。官而愛財、彼則誘以巧取之方、而於中染指。官而任性、彼則激以動怒之語、而自作威福。官而無才、彼則従旁献策、而明操其権柄。官而多疑、彼則因事浸潤、而暗用其機謀。官喜偏聴、彼則密訐人之陰私、以傾陥其所讐、而快其私忿。官好慈祥、彼則揚言人之冤苦、以周全其所托、而図其重賄。官悪受贓犯法、彼則先以守法奉公取官之信。官喜急公辦事、彼則先以小忠小信結官之心。官如強幹、彼則倚官勢以凌人。官如軟弱、彼則売官法以狥己。官如任用家人、彼則賄通家人以為内応。官如聴信郷紳、彼則聯結郷紳以為外援。舞文作弊、則云一時疎忽、出票催規、則曰歴年旧例。凡此皆不可不厳防者也」。

(113)『欽頒州県事宜』防胥吏「至於辦理文案、則防其抽換按捺、経管銭糧、則防其侵収呑蝕。捕役緝盗、則防其私拷誣良、仵作験屍、則防其匿傷混報。一役有一役之弊、一事有一事之弊。在胥吏惟思作弊、故無一事不欲瞞官。而官首在除弊、故無一事不可不防胥吏。蓋胥吏之作奸犯科、全視乎官之性情所貴。喜怒不形、使彼無所揣摩、嚬笑不仮、使彼無所倚恃。而最要者廉以律己、厳以執法、明以燭奸、勤以察弊」。

(114)『欽頒州県事宜』防胥吏「如点経承、点櫃書、断不可因仍陋規、収受分文。換頭役、出差票、断不可縦令家人、索取絲毫。否則不但有慾無剛、不能禁其作弊、亦且立身不正。何顔与此輩相対。苟能遵而行之、則官無縦容失察之愆、民無恐赫索詐之累。而此輩之心思才力、亦皆用之於辦理公事之中、為我所用、而不為其所欺、則胥吏亦可収臂指之助矣」。

(115)服部宇之吉は「地方官が赴任した当初には其の県に居る紳士董士と云ふものを訪問する例になつて居る。紳士は秀才以上の人を云ひ、董士はその土地に永く住して其土地の人情風俗を知つて居り相当の財産名望を有するものを云ふ、此の二類の人は其の地方では最も重んずべきものである、夫故に赴任の初め知県が自ら行つて名刺を出して帰る、さうすると其の翌日紳士董士が知県の所へ礼に来てそこで始めて面会することになつて居る。兎に角紳士董士と云ふ者は知県と往来して、民間の事情政治の得失を談じ、又知県は政治上に就て人々の意見が在ればそれを聞くと云ふ事になつて居る」と、清末における知県の紳士たちへの表敬の状況を語っている（服部前掲復刻版『清国通考』付録、七二頁）。

(116)『為政第一編』巻一、時宜上、立政、重斯文「士為四民之首、原宜刮目相看。重之者非独貢監青衿、即赴考儒童、潜修墨士。凡平時接見、或訟案干連、皆須寛容培護、勿得槩以凌賤加之。優之以礼貌、徒施要結之文。或紳士銭糧、催徴得体。或屢空学究、周済無虚、季考観風、花紅不吝。丁憂事故、勒指無加。凡可作興之処、無不尽情当理。身受者、既感隆恩、聞風者亦啣雅意」。

(117)『為政第一編』巻一、時宜上、立政、重斯文「平時隆重、門色咸知、一旦有抗糧玩法、及把持官府、起滅訟詞等一切不肖劣行、尽法申究、絶不容情、以向来之雨露為此際之雷霆。雖遭僇辱、猶戴恩勤矣。万勿因一二豪紳劣士遂謂此輩不堪作養、令其怨望、騰作謗声。学校之口甚於没字之碑。伝聞不実、有碍官箴不浅。況文運盛衰、関係地方隆替。重斯文、正所以培国運。又烏得視同末節而不急為留意乎」。

(118)『学治臆説』巻上、礼士「官与民疏、士与民近。民之信官、不若信士。朝廷之法紀不能尽喩於民、而士易解析、諭之於士、使転諭於民、則道易明、而教易行。境有良士、所以輔官宣化也。且各郷樹芸異宜、旱潦異勢、淳漓異習、某郷有無地匪、某郷有無盗賊、吏役之言、不足為拠。博採周諮、惟士是頼、故礼士為行政要務」。

(119)『学治臆説』巻上、宜辨士品「第士之賢否、正自難斉、概従優礼、易受欺蔽。自重之士、必不肯僕僕請見、冒昧陳言、愈親之、而踪跡愈遠者、宜敬而信之。若無故晋謁、指揮唯命、非中無定見、即意有千求。甚或交結僕胥、伺探動静、招揺指撞、弊難枚挙。是士之賊也、又断断不可軽仮詞色、堕其術中。故能濬知人之明、始可得尊賢之益」。

(120)『儒林外史』第八回、王観察窮途逢世好、婁公子故里遇貧交「須臾、擺上酒来、奉席坐下。王太守慢慢問道「地方人情、可還有甚麼出産。詞訟裏可也略有些甚麼通融」。蘧公子道「南昌人情、鄙野有余、巧詐不足。若説地方出産及詞訟之事、家君在此、准的詞訟甚少。若非綱常倫紀大事、其余戸婚田土、都批到県裏去、務在安輯、与民休息。至於処処利藪、也絶不耐煩去捜剔他。或者有、也不可知。但只問着晩生、便是「問道於盲了」。王太守笑道「可見「三年清知府、十万雪花銀」的話、而今也不甚確了」。当下酒過数巡、蘧公子見他問的都是些鄙陋不過的話、因又説起、「家君在這裏無他好処、只落得個訟簡刑清、所以這些幕賓先生、在衙門裏、都也吟嘯自若。還記得前任臬司向家君説道「聞得貴府衙門裏有三様声息」。王太守説「是那三様」。蘧公子道「是吟詩声、下碁声、唱曲声」。王太守大笑道「這三様声息却也有趣的緊」。蘧公子道「将来老先生一番振作、只怕要換三様声息」。王太守道「是那三様」。蘧公子道「是戥子声、算盤声、板子声」」。稲田孝訳『中国古典文学大系』四三（平凡社、一九六八年）八〇〜八一頁。

(121)『図民録』巻四、「敬民畏民」および「民有鄙心可敬不可慢」。

(122)『学治続説』巻一、治莠民宜厳「剽悍之徒、生事害人、此莠民也。不治則已、治則必宜使之畏法、可以破其胆、可以鎩其翼。如不厳治不如且不治。蓋不遽治、若輩猶懼有治之者。治与不治等、将法可翫、而気愈横、不至殃民罹辟不止」。

(123)張勇「官箴清廉思想評析」（前掲『官箴書点評与官箴文化研究』所収）。

(124)『平平言』四巻、光緒十三年（一八八七）序刊本。撰者の方大湜は咸豊五年（一八五五）巡撫胡林翼の軍中に入る。同治八年（一八六九）宜昌府知府、同治十年（一八七一）武昌府知府を経て直隷按察使、山西布政使に至る。前掲

『中国法制書目』第一冊、一五二頁、参照。

(125)『平平言』巻一、候補宜読書。『五種遺規』は一五巻、陳弘謀輯、道光二年（一八二二）刊、「従政遺規」「養正遺規」「教女遺規」「訓俗遺規」「在官法戒録」の五書を収める。『牧令書』は二三巻、徐棟輯、道光十八年（一八三八）序刊本、二〇〇年にわたる地方官の行政指針を収める。『佐治薬言』は一巻、汪輝祖撰、乾隆五十年（一七八五）序、乾隆五十一（一七八六）年刊本。『夢痕録節鈔』は咸豊九年（一八五九）刊本、汪輝祖の著作から何士祁が抄録したもの。『庸吏庸言』は二巻、劉衡撰、道光十年（一八三〇）序。『蜀僚問答』は二巻、劉衡撰、道光十年（一八三〇）序。

(126)『作吏管見』（『牧令書』巻二、政畧、所収）「州県官職在親民。境地寛広、人民散処。官住衙門、除審事比較外、不能与民相見。焉能与民相親。甚有審事則惟了結本案、比較則惟按欠責比。何曾有一語教訓郷民。屢奉上諭、訓飭州県巡歴郷村、所以尽親民之職守、行親民之実政也。凡踏勘田山、相験人命、所到之処、不妨停驂。稍坐招集士民耆老諮詢慰問、僻地不常経過者不妨迂道。一行到任、数月半載之後、必須処処皆到、処処之民皆得与官長相見聴話、乃不負巡歴之行、克尽親民之職。常見有在任数年而足跡未歴四境者、曰親民、実同遥制。如此那有善政善教」。朱椿は乾隆十二年（一七四七）に浙江金華府知府から兵部右侍郎に至り、乾隆四十九年（一七八四）に死去した。『国朝耆献類徴初編』巻八九、卿弐四九、参照。

(127)服部前掲復刻版『清国通考』付録五六～五七頁には「地方に行くと知県以上の役人は総て仰山な行列をして行く、其の行列の中には必ず銅鑼とか太鼓とか提灯とか傘とか云ふやうなものがある、其の外に始終見るのは二つの碑である、「粛静」と云ふのと「廻避」と云ふのと二つの碑が各一対づゝある、是れは日本の立札のやうなもので木で造り赤漆を塗つて字を黒書した者である。此の粛静廻避の碑は必ず行列の先頭にある、是は役人が今通るから人民は粛静にし又廻避せよと云ふ意味である、さう云ふものを持つて行く。然るに知州及び知県は人民に直接に接する役人であるから民の利害休戚に関はることは何事でも心得て居らなければならぬと云ふ所から、知州知県の行列には粛静の碑は用ひるが廻避の碑は用ひぬ。人民をして廻避せしめずして常に民情を知るの機会を失はぬやうにすると云ふ意味である」とある。

（128）『福恵全書』巻四、蒞任部、忍性気。
（129）宮崎前掲『宮崎市定全集』一四巻《雍正帝》二三一～二三二頁。

第二章　待士法の展開

——在地有力者とのつきあい方

紳官は四民の望為《た》り。郷曲の中、苟《いやしく》も紛争の事有らば、まさに其の片言に藉《か》りて折断して以て人心を服すべし。

——『点石斎画報』竹集一期「官紳用武」

郷紳は「四民の望」の文官であるにもかかわらず、互いに武をもって争う様子を伝えている。

はじめに

筆者は十七～二十世紀初の中国において、中央政府の統治理念と末端でそれを実現させる使命を帯びた地方政府の現実的対応との関係を重視し、ひいてはそこから清朝国家の支配構造の一端が垣間見られると考える。

本章ではこの問題関心の一環として、明末清初に刊行された官箴書、なかでも明代極末期の『治譜』およびその記載を踏襲し清代康熙年間に刊行された二種の官箴書を中心に、見知らぬ土地に赴任し、その土地における人民支配の実現を目指した地方官と彼らを取り巻く人間環境について論じる。

ここで明末清初とはどういう時代であったかを振り返ってみよう。王朝国家の伝統的支配理念は自然経済の下に均質な農民の生産力を基礎にして一人の皇帝がその徳によって大多数の民に恩恵を施すことを理想とするものであった。そしてそれは現実の明代にあっては里甲制体制に求められた。しかし明代中期以降の貨幣経済や商品生産の展開を背景として里甲制は解体し、社会全体が流動化していく。その中から有力士大夫層をはじめとする在地の諸集団が形成され、それらはしばしば王朝国家を支える勢力にも、反対に王朝国家に対抗する勢力にもなりうる存在となった。明朝はそのような新しく生まれた社会集団の台頭に有効な管理対応を取れぬまま滅亡する。その後、明朝に替わる新たな王朝として中国を支配した清朝は明末以来混沌状態にあった中国社会に秩序と安定を取り戻す責務があったが、そこには伝統的な支配の理念を社会の実態に適合させねばならないという難問が待ち受けていた。清朝にとって両者の統合は中国における支配の正当性を確立する上で避けられない課題であったが、同時にまた当初より矛盾を含むものでもあった。このような時代、直接の地方行政においてその矛盾を一身に担ったのが州県官を主とするいわゆる地方官であった。

地方官の赴任地は、本籍を含む省内に赴任することを禁じた廻避の制と呼ばれる規定により彼の出身の省以外の場所でなければならなかった。(1) それゆえ地方官は赴任地が決まるとその土地と人間に関する情報を改めて集める必要が生じた。また政治顧問である幕友を個人的に雇って不慣れな土地での不測の事態に備えねばならなかった。州県においてはごく少数の補佐官が設けられていたが、彼ら官僚だけではまかないきれない煩雑な実務行政は地元で採用した胥吏や衙役に頼らざるをえなかった。そこで地方官は彼らをいかに使いこなすかにその力量が問われた。こうした状況の下、とりわけ科挙の試験に合格したばかりの新任地方官に対して州県行政のノウハウを書物の形で解き明かしたのが官箴書であった。本章で取り上げる『治譜』はそうした多くの官箴書の中にあってもことのほか〝待人〟、すなわち人間環境への対処を詳細に論じていることに特徴がある。

本章では、この『治譜』を中心史料として、これらに収録された待人法と他の官箴書のそれとの比較検討をも踏まえつつ、明末清初における地方官の赴任に伴う人間環境を通じて王朝国家の人民支配とはいかなる条件の下に実現しえたのかという問題を明らかにしたい。

一　『治譜』について

はじめに『治譜』についての解題を行う。本書は全一〇巻続集一巻、明佘自強《しゃじきょう》の撰による。明崇禎十年（一六三七）の刊本で中国社会科学院歴史研究所図書館に収められている。その蔵書には一九五三年春に長春の大陸書局という書肆でこの書を入手した蘇興なる人物の次のようなメモが残されている。

『治譜』一〇巻。明末刻本。『明史』芸文志にはその名が見当たらない。海内の諸蔵書家および公私の図書館にはみなその著録がない。おそらく居官の秘訣を教えるような類の本は当時においてはつまらないものとされ、あるいはかなり広く流伝していたにしても文人雅士は一向に重視しなかったのであろう。蔵書家の文庫にそれぞれ入って年月を経、かえって稀覯書になってしまったのである。

中国全土の善本所蔵状況を調査してその所在を示した『中国古籍善本書目』によるかぎりでは中国にはこのほか崇禎十二年（一六三九）の刊本が中国国家図書館をはじめとして三ヶ所に、また明崇禎呈祥館刊本が一ヶ所に、それぞれ現存する。[2] 日本では国立国会図書館が収蔵しているが、その目録には「治譜十巻、続集一巻、附慎刑説一巻、明余健吾撰、明李長徳輯、附明王肯堂撰、明刊、六冊（合二冊）」とある。[3] また、『官箴書集成』には崇禎十二年の吏部験封司郎中胡璇の序を附した呈祥館本が収められている。

撰者の余自強は、字を健吾といい、四川銅梁県の人で、万暦二十年（一五九二）の進士、官は天啓二年（一六二二）に山西布政使から延綏巡撫に至った。序文を書いた胡璇のほか、李長徳、蔡懋徳、李模、范志完、陳龍正などが編集に携わっている。[4]

本書は〈初撰〉〈到任〉〈堂事〉〈詞訟〉〈銭糧〉〈人命〉〈賊盗〉〈獄囚〉〈待人〉〈雑事〉の一〇門を一巻ごとに排しており、内容・形式ともに明清時代の官箴書の典型といえる。とりわけ注目されるのは巻九、待人門に見る以下の諸項目である。

①「上司」一〇款 ②「待二府三府」一款 ③「待州県同寅」一款 ④「附郭待各州県」一款 ⑤「各州県会問事」一款 ⑥「州県於附郭」 ⑦「同寅」六款 ⑧「属州之県」一款 ⑨「待前官」四款 ⑩「待佐弐」五款 ⑪「待巡簡」一款 ⑫「倉官税課官」一款 ⑬「駅官」一款 ⑭「待学博」二款 ⑮「処人」三款 ⑯「士夫」一〇款 ⑰「待学較」一〇款 ⑱「上司衙役」一款 ⑲「過往中火」一款 ⑳「徒用下馬飯之非」一款 ㉑「撫按公署預備」一款 ㉒「上司住劄衙門」一款 ㉓「過往賓客」一款 ㉔「辦下程」一款 ㉕「夫馬等項批廻」一款 ㉖「山人諸色人等」一款 ㉗「上司差人」一款 ㉘「禁上司別処差人」一款 ㉙「断別境訟」一款

これらの表題からもわかるように、この書は赴任地に着任したばかりの地方官が誰のどういったことに注意を払うべきかについてきわめて具体的であり、当時の末端地方官署における複雑な人間関係についてのそれぞれ異なる対応を懇切に説くものとして、往々にして抽象的で簡略な記載に止まる他の多くの官箴書にはない特徴がある。それゆえ以下節を改めてこれらの記事を逐次紹介していきたい。

二 『治譜』が伝える「待人法」

1 〈官〉の対処法

『治譜』巻九、待人門の二九項目の内容は二つに大別することができる。一つは地方行政機構内部の官僚およびそれに付属する差人への対処法であり、もう一つは地方行政機構とは直接の関係を持たない地元の人間への対処法である。それぞれの款数からも明らかなように官僚にあっては〈上司〉が、地元の人間にあっては〈士夫〉、すなわち郷紳と〈学較〉、すなわち学校に属する生員（諸生）がそれぞれ一〇款を配しており、『治譜』が誰の対処に力点を置いているかがおのずと知られる。

そこでまず〈上司〉の一〇款を紹介する。

一、上司に目通りする時は、それぞれが決裁してきた訴状案件等について逐一了解しておかねばならない。そうすれば上司がそれについて尋ねても随時受け答えできる。処理の難しいものがあれば、委曲を尽くして上司と相談せよ。何事にも気を配ることなく、上司が尋ねても上の空であれば、いくら公平で寛大な上司であって、たとい失策がないにせよ、もはやちゃんとした人物だとは見なしてくれない。厳しい上司に遇えば賢否の評価はこれによって一発で決まってしまう。(5)

一、上司と対座する時は、上司の言葉遣いが謙虚であっても決してこれで気を抜いてはいけない。もし調子に乗って自分の意見を主張し、思いのたけをすべて吐露して他人を論ずれば、上司は言葉に出さなくても内心その軽躁ぶりを変に思う。また応対の時に知らないことがあっても弁解してはならない。間違いがあれば隠し立てしてはならない。上司はすべてお見通しだ。いい加減にごまかして一時凌ぎしたところで、しばらくすれば見破られ、一文の値打ちもなくなってしまう。用心すべきである。(6)

一、上司が引き止める時には、その言葉を察し顔色を窺わなければならない。あるいは機嫌が悪く言葉も整わない時は、特別の事情がないとしたら、心中は反対なのである。茶一杯で退席し、長居は無用である。もしその時に話をするのがふさわしくなければ、しばらく控え、上司の心にゆとりがある時をとらえてすればよい。果てしなくしゃべり続ければ事柄は明らかでも差し障りが生じる。(7)

一、上司が何かいいつけた時、はっきり聴き取れなければもう一度確かめるのを妨げない。意味がわからないのに軽々に答えてはならない。上司が去った後に他人に尋ねても、その人は自分に無関係なことなのでいい加減に答えることがある。もう一度上司に尋ねるか、それともそのままにしておくか。影響は小さくない。注意せよ。(8)

一、上司が親戚や友人の場合には絶対になれあってはいけない。衙門の大堂は衆目のある場所なので、そこではもとより慎むべきである。たといプライベートな場所でも勝手に振る舞うことは避けよ。いまの世の人の感情はひとえに自分だけが崇高であり、礼法によって人をただそうとする。平素の気心の知れた交情も官界の些細なわだかまりで大きな不和が生じることが多いが、それはひとえにこのためである。(9)

一、上司が食事をしていけと誘った場合は、酒に飲まれてはならない。たくさん飲むのはよいとしても、度を過ごしてはならない。また多言もいけない。粗食であっても十分満足すべきである。躊躇すれば、そのわがままで贅沢な態度が間近に現れ、見識ある上司であれば、その窺い知るところとなる。(10)

一、上司が同年で親しい場合は、衆人の前ではそのことを決して口にしてはならない。人によってはあらかじめ紹介話を持ってくる者がいるので、それには従容としてねんごろに断り、絶対軽々しく承諾してはならない。むしろそんなことなら知らさないのがよい。得意満面で請託にすぐ応じるようであれば、一つひとつ

に効用がないばかりか、あとになって上司が不快に思うようになり、間違いなく自分を謗っていると受け取られてしまう。(11)

一、上司に人心と合わないところがあったとしても、進言すべきであれば、我らは委曲を尽くして導き諭すのを妨げない。絶対に他人に対してその欠点を挙げ連ねてはならない。このことが上司に知られて自分に損になるだけでなく、衆人が上司に機嫌を取ろうとする際、まさに自分の言葉が利用される恐れがある。官僚たる者の第一の戒めである。(12)

一、上司が自分と顔見知りの場合、すべてのことに嫌疑を避けねばならない。それは衆人とは異なり、ひそかに会うものではない。もし頼みごとがあれば、頻繁に上司のもとに赴いてはならない。終日会って一緒に相談すれば、衆人は自分を非常に恐れる。中傷が至るところに及ぶ。(13)

一、上司が同僚の賢否を尋ねることがある。もし隣県に不肖の者がいても、ただありきたりのことを書き出せばよい。再び尋ねられてもうかつに他人の悪口をいってはならない。上司がその人と旧知の仲で、悪口をその人に漏らせば、痛手を被ることが少なくない。ましてや賢否の評価は人の耳目によって得られるのであり、必ずしも事実とは限らない。賢なのに謗られたら、その気持ちはどうであろうか。(14)

以下、②〈待二府三府〉から⑮〈処人〉までは、上司、同僚、下僚の別はあるものの、いわば外地より統治に赴任しているそれぞれの官僚への接し方が各々の状況に応じて具体的に述べられている。しかし、これらの基調も上司への接し方と大同小異である。すなわち、いずれもみな官僚社会における立ち居振る舞いのあり方を説くものであり、それらの中には極言すれば現代の日本社会の人間関係に対しても応用の利く官僚処世術が数多く含まれている。その意味でこれらの内容には時代と場所を超えた普遍性があるといえる。

2 〈吏〉の対処法

次に〈吏〉についてである。『治譜』待人門には⑱〈上司衙役〉以下㉙〈断別唆訟〉までは上司の衙役など、その他各種の官僚社会に雑居する人間で、特別の配慮を要する者たちへの対応について書かれている。その記載はいずれも簡単なものに止まる。ただし、胥吏・衙役一般については、〈待人門〉とは別に、巻二〈到任門〉に詳しい記載が施されている。

その「房科事体条約」には、

衙門の胥吏以下においては一事として金儲けを考えない者はなく、一人として不正を働こうと思わない者はない。しかし経験を積んだ地方官は状況を明白に理解できる。たとえば吏房の胥吏が上納人等の選別を引き延ばしたり、推薦すべきでない者を推薦したりすることなどは不正行為である。これを禁じてやらせなければ弊害は改まる。もし各項の状況が明らかでないならば、ただむなしく弊害撲滅を唱えるばかりで、胥吏に嘲笑されることになるだけだ。(15)

昔すこぶる厳しい地方官がおり、六房の胥吏たちは彼を畏れた。ある日地方官は理由もなく胥吏たちを集め、彼らを責めて、「お前らの不正はひどい」と述べた。胥吏たちは叩首して、「私どもは具体的にどんな不正をやったのかがわかりません。一言を得て死にとうございます」と抗弁した。地方官はそれに答えることができなかった。それからというもの、胥吏たちはかえって地方官の善悪を窺い知るようになり、不正を行う者が多くなった。[16]

それゆえ地方官に必要なのは房科の状況を知ることである。状況にはきわめて細かい事柄があるが、少しも知らないようでは欺かれる。彼らが犯すのを待って対処するのも遅すぎる。各房の状況を規約や告示にして遵守するところを知らしめるに越したことはない。それがすなわち衙門の秩序なのだ。[17]

とあり、以下「吏房之弊」「戸糧房之弊」「礼房之弊」「兵房之弊」「刑房之弊」「工房之弊」「取供房之弊」「庫吏書之弊」「承発房」「架閣庫」「舗長司吏書」「馬科吏書」「各房通弊」「待各役事」の項目を並べ、同様にその対処法を述べている。〈吏〉への対応が待人門に入れられていないのは、それだけこの問題について特別に詳しく述べなくてはならないという意識が働いたものと見られるが、注意を払うべき一方の人間が引き起こす諸弊害を項目別・部署別に解説しており、それへの対応はまさしく〝待吏〟なのである。

3 〈士〉の対処法

佘自強もまた胥役に対する制御の確立が重要であると見たのは他の官箴書と同じであった。しかしながら、これらの記事に見られる官僚機構の役人たちに対する諸注意は従来の官箴書において一般に論じられてきたものであり、その意味では通常の官箴書が示す範疇に止まっていると見てよい。これに対し、『治譜』という官箴書に特異性を与えているのはやはり何といっても以下の地元に勢力を張る有力士大夫層の対処法であろう。地方官が地方統治を行う上で、さらに重視しなければならなかったのは官僚機構の役人や胥役だけではなく地元に固有の発言力を持つ、現職官僚および官僚経験者としての郷紳やそれに繋がる生員といった在地知識人、すなわち〈士〉であった。(18)彼らは良くも悪くも地方行政に影響力を持つことから、一方では地方官を輔けて政治を助言する協力的存在であったが、利害の一致しない状況が生じた場合には抵抗勢力に容易に転化する存在でもあった。

まず、⑯〈士夫〉では「士夫」と表現される郷紳への対処法一〇款を掲げている。それは以下のようである。

一、士夫に対するにはおのずと一定の礼節があるものだ。それゆえ士夫への対応は傲慢であっても卑屈すぎてもいけない。かといっておもねりすぎるのは駄目、思いのままにすぎるのもまた駄目である。おおむね委曲を尽くして謙虚に対応し、感情を表わしてはならない。これを「内に己を失はず、外に人を失はず」という。(19)

一、士夫の中には要職にある者がいる。そんな大物たちに対して傲慢な心で清官の名声を高めようとすれば、それは災いを招くだけでなく、そもそも無礼である。しかし、その門宅に奔走し、彼らの意のままになったり、いろいろなことで便宜をはかってもらうために賄賂に駆けずり回ったりするのは男子たる者の恥ずべき姿である。ましてや世間のあり方は瞬く間に変化し、士夫の力も不変ではない。その点を十分注意しなければならない。(20)

一、士夫に大小の違いがあっても、我らの精神はそれぞれ一人ひとりにあまねく貫かねばならない。もし大物士夫のみに迎合し、他をないがしろにすれば、それは大いに体面を汚すことになる。知県に対する批判や嫌隙はここから始まるので注意せよ。(21)

一、知県が赴任地において行うことは、ひとえに士夫の行動を抑制し、小民に恐れることなく頼らせることである。士夫のいうことを何でも聞いていると、彼らは勝手なことをやり、民はその食い物になる。しかし、これを抑える手立ては、ただ不偏不党のみにして、毅然とした公平な対応あるのみである。至誠を心掛ければ士夫からは信頼され、「むしろ刑罰の加ふる所と為《な》るも陳君の短《そ》しる所と為る無かれ」（『後漢書』陳寔伝）に至る。これが最上である。次善は何事にも斟酌し、時間をかけて事前に互いを理解することである。決して先に強い者を畏れない心を持ってはならない。ひとたびこの心を持てば、士夫を抑圧することを正義と思い、事ごとに公平さを欠くことになる。それは地位ある士夫を心服させるものではない(22)。

一、権勢のある士夫には門生（弟子）・故吏（昔の部下）が山ほどいる。位は高くなくても世の中に広く交友人脈を持つ者がいる。彼らがもし州県に何か要求してきたら、彼らは必ずしも賢人とは限らないので、その対策を講じないわけにはいかない。たいしたことでなければ曲げて堪えればよい。一時の小忿で、これにかりて何かしようとすればおそらく後悔することになる(23)。

一、士夫は小民と訴訟を起こすことがある。それが重要なものでなければ、士夫もさほど道理に外れることはない。むしろ士夫に幾分か便宜を与えても、小民は分に安んじて納得するものだ。しかし、ひとたび知県が小民の意向を偏重すると、士夫は不安になる。対応がひどいと反発し、もはや士夫の心は離れてしまう(24)。

一、士夫とは頼まれることを喜ぶ自尊心の高い人種であり、この点では対処に難しくない。ただ知県が横暴で自分の非を顧みず、小民を食い物にする士夫を取り締まろうとすると、彼らは知県を誹謗中傷する。それは理で諭しても無駄、法で罰しても無駄である。前任知県で彼らの餌食になったのは一人に止まらない。この点がすなわち対処しにくいのである。ただ、それは我が方の問題でもある。我が方の対応が正しくなかったり、当を得ていなかったりした場合は、弱点をさらけ出してしまう。それでどうして彼らに制せられないことがあろうか。もし趙抃《ちょうべん》（北宋神宗期の御史）の清廉さや包拯《ほうじょう》（北宋仁宗期の名官）の毅然さがあれば、士夫は甘い巧言や毒々しい讒言を用いることができない。また彼らには道理でもって対処しなければならない。士夫が他人と是非を争う時は、ひとえに公正に基づき、さらに意を曲げて折り合いをつける。しばらくすれば士夫は自然と知県に畏れ従うようになる。士夫の素行が正しくないといって一事にかりて法を示そうとすれば、それはさらに物事の是非を察しないことになる。その結果、彼らは我らを訴える。小人を相手にしていることを知るべきである。(25)

一、士夫の家にはしばしば投献（脱税目的の土地寄託）の事実がある。その状況は各地で異なり、弊害をいちいち挙げることはできない。もっとも一〇歩ほどの狭い土地にも綺麗な花が咲いているように、至るところに優れた人材はいるものだ。小民の狡猾な訴えで清濁の別を明らかにしえないと賢者を怒らせることになる。移風易俗は時間をかけねばならない。一時の感情に任せてすぐさま清なるものまで逐一退けたならば、悪い風潮があちこちで生じ、清濁が区別されず、益なくして損あるのみとなる。(26)

一、士夫が巻き添えで訴えられた場合は、家僕の代理出頭を許し、召喚状には士夫の姓名を書き出してはならない。上司の訴状であれば姓名を書き出したとしても点検はしない。士夫を平民と同じ扱いで出頭させたならば、同郷の士夫たちが同類相憐れむだけで収まらない。我らもまた立場を変えて士夫の身になって考えるべきである。士夫にもし大きな罪があれば、尋問で明らかになったあと、おのずと法で裁かれる。その時においても必ず常にやむを得ない気持ちで委曲を尽くして処置せよ。これが仁人君子の心であり、忠厚長者の道なのである(27)。

一、挙人はその対処において士夫と等しくする。その中にやや年を取り気性に穏健さを欠く者がいたとしても対処に無礼があってはならない。物事は予想しがたく、誰が天下を取るかはわからない。少しでも不当なことがあれば、いたずらに敵をふやすことになる。もし誠実な頼みごとをしてくるのであれば委曲を尽くしてこれに対処しなければならないが、それは民を苦しめるものであってはならない。監生（捐納で資格を得た学生）に対する礼は諸生と同じ場合と若干異なる場合とがある。小さな県ではときたま挙人と肩を並べる者もいる。知県がいつも思うに任せて抑えつけるのはよくない。監生に対する礼は情として疎かにできず、理として妨げるものではない。ひとえに衣冠の士に対してみなその体面を全うすべきである。ただ白丁や市井の無頼といった庶民に甘くしすぎると、好き勝手になるので、分に安んじさせないわけにはいかない。礼法はその地方に従って行い、傲慢さがあってはいけない(28)。

士夫への以上の対処法を先に掲げた上司へのそれと比較してみると、その論調に若干の違いがあることに気がつく。すなわち、上司に対してはひたすら部下として仕えるための心構えが列挙されており、文字通りの官箴書として地方官の一方的な官僚道徳規範を説くものであって、上司の一般的な態様に対する評価や批判は見られない。他方、士夫に対しては上司と同様に非礼があってはならないとしながらも、その行動に対する注意と警戒を少なからず求めている。ここでは士夫が階層的には同じ知識人層であっても官僚機構内部の上司との区別が意識されている。加えて挙人が地方官にとっては士夫と同列に置かれている点も注意される。対処法はそのような者たちに対して「傲慢はよくないが、また卑屈すぎるのもよくない」とし、〝委曲〟、すなわち現状には不満があっても折りあいをつけて丸く収めることが良法と説く。また地方官には厳正さが求められ、明らかに横暴な士夫に対しても体面を傷つけないよう繰り返し注意している。士夫と小民とが争った場合は「むしろ士夫に幾分か便宜を与えても、小民は分に安んじて納得する」として、小民の意向に偏重しないように論じている。全体としては地方官の士夫への自己抑制を基調としているのが特徴であるといえよう。

次に生員を中心とする官僚予備軍としての士人の対処法は⑰〈待学較〉において同じく一〇款に分けて以下のように説かれている。

一、州県官がその地方を治めるのは、その地方の民風士俗を一新することにある。そうしてはじめて環境が改善され学問が役立つことになる。ならば学校を興すことがどうして二の次のことであろうか。往時の州県官を見るにつけ、彼らはただ諸生による紛擾を恐れただけである。無賢不肖の者たちとは朔望の廟への参拝ののち、一応にうわべだけの体裁でつきあえばよい。口先による丸め込み、甘い対応、拒絶などはどれもみな駄目だ。我らは士民の父母であるからには、子弟の中から不肖が出るのもみな父母の責任である。ひたすら誠意を尽くすことだけを心掛け、「斯文を興起すること」をもって自分の任務と考えよ。彼らの育成訓練は逐一父兄が子弟にするように行え。諸生の中で教導に値しない者がいても、それは自分が至らないためだと思えば、この一念が岩をも通すのである。時間をかければ本物が輩出され、州県官には士を養った報が与えられる。諸生が教化を拒むのもまた心配無用だ。わかる者にはちゃんとわかっている。(29)

一、諸生に対して州県で四季ごとに行われる期末試験や月例試験は定例である。着任して三ヶ月内にただちに実施しなければならない。採点には融通をきかせねばならないが、他人任せであってはならない。諸生は力を尽くすことに心を砕いている。どうして己を知ってもらおうとする思いがないであろうか。もし白紙答案提出者と同列に扱われたら心にわだかまりが生じよう。月例試験は州県から出されるので、州県官は答案を細かく検討し、その優れたものを抜き出して上司のもとに送る。これは諸生を引き立てる大切な務めである。諸生で遊学する者については、その自便に任せ、期末・月例の試験の外、月三度の会合出席についても強制せず、自主性に委ねる。会合の日には本県が出題する。作成された文章は県に送って子細に検討して成績をつける。よいものがあれば刊行して奨励する(30)。

一、学田は苦学生を救済するものだ。学田がある地方についてはすべてその額を調べ出し、租米を徴収して貧生を救済する。学田のない地方については各里長に逃亡して耕作者のいない土地を調べて県に報告させ、それを学田にして諸生の窮状を救うものとする。貧しくとも立派な行いをする者、あるいは若くして学問を好むも生活できない者を儒学に報告させ、本県に転送させて極力支援しなければならない。ただ無頼の者には行き渡らせることはできないので、混同は避けねばならない(31)。

一、諸生に接するには最初が肝心である。彼らが礼節を極めても親しげな態度で接しないのがよい。彼らの行状が大目に見てもいいものでも法を執行する手綱を緩めてはならない。諸生には我らが親しくはなれても犯すことができないのを知らしめよ。それぞれが礼・法を守れば自然に上下が相安んじることになる。着任したばかりの時は、甘くしすぎると諸生は与しやすしと思ってしまう。諸生には心の内にあるものを思う存

分やらせ、その後厳しく礼と法とで収拾すれば、必ずしも調和を損ねて怨を集めることにはならない。(32)

一、諸生の陳情を一概に取り上げないのはよくない。ただ一つひとつ取り上げていては若いものめごとを好む者どもが終日政務を攪乱することになるので、これもまたよくない。士風をただすに儒学と連絡を密にしなければならないのはこのためである。諸生自身に関わることであれば、陳情書を儒学に送り、認められるものを選んで県に送らせて受理する。引っ込めることができるものならば諸生に直に諭し、礼によって自愛するようにさせる。むやみに騒がしてはならない。(33)

一、諸生の中に一、二の不肖の者がいたとしても、衆人からはその体面を重んじられなければならない。過度の辱めを受け、父兄妻子にまで波及するようなことはあってはならない。これは「斯文」の体面を全うして、一時の人心を収斂するだけに止まらず、我らの思いと行いをそこに示すことになる。彼らが……、あるいは言動・進退の間において州県官に無礼なことをしても、一笑に付せばよい。(34)

一、諸生が他人のために陳情することは恥ずべき行為ではない。父兄や子弟のことであれば、これまた至情より出たものである。州県官はまた委曲を尽くさねばならない。事はすべて寛大に行え。もし諸生が父兄や子弟の権勢にかりて他人を凌辱するのであれば、必ず法を知らしめねばならない。ただし諸生の父親に対しては大罪でないならことさら刑を加えてはならない。これもまた「斯文」を養う一事である。(35)

一、生員がその土地で悪事をなすことはすでに長年の習慣となり、勢力もすでにできあがっているのでおとなしく法に従うようなことは断じてない。それゆえ我らがこれに対処するには方法がないわけにはいかない。

平時の士人への対処には決まったやり方がある。学問と行動にともに優れた者を選んで上賓として礼遇すれば、人々は感謝し、無頼はおのずと徒党を組まなくなる。諸生に何かあれば、その身になって考え、少しく優遇する。これにかりて諸生だけを特別視しないといった公正さを示してはならない。たとい彼らが許されない罪を犯したとしても、学政使による身分剝奪を経なければ、刑を加えてはならない。我らが礼によって周到に対処し、その後時機を見て誤りを責めれば、彼らはやっと弁解できなくなる。どこまでも過度に抑えつければ、きっと告訴の嵐になる。それはただ体面において不都合なだけでなく、我らが逆に彼らに弁解できなくなる(36)。

一、諸生で若くして進取の望を懐く者は必ず自分を大切にするものだ。官署に出入りし権勢を傘に地方に武断し、知県を脅かす者は、年老いてなお目的が遂げられない劣等生でなければ、不良で無学な輩である。もはや学問に従事せず、進取の気概もない。ただ群れを作って街角でゴロをまき、人を誹謗する歌を作るのが習い性になっている。この風潮が止まないのであれば、面前で試験を課すのがよい。文脈が通らないのであれば、その一部始終を答案とともに学政使に申告する(37)。

一、地方の習俗として、分に安んぜず、みずからをてらう青衿（生員）で州県官の門生になりたいと頼み込む者が多い。はじめは野菜や果物、土地の物産を持ってくるだけだが、次第に一緒に賞味するようになり、あとになると賄賂を贈って取りなしを求め、詐騙を引き起こすようになる。またひどい時には隣県を往来し、争いをけしかけ、それが元で同僚や上司に隙間を生じさせる者がいる。我らがこの土地の父母であれば、子衿はすべて門生であることがわからない。どうしてこの輩だけを門生にすることがあろうか。こんな輩に遇えば一切謝絶しなければならない。またへつらう輩の中には衙役と気脈を通じ、州県官の業績や嗜好を調べ、徳政録（官僚の徳政を称揚した本）や輿誦歌（ほめ称え歌集）を刊行する者がいる。まだ刊行されていなければ調べて止めさせ、刊行済みであれば代金を払って焼却せよ。そもそも士人で人を誉めることができる者はとりもなおさず人を謗ることができる者である。このカラクリを見抜けず、礼遇を求めるのであれば、それはただ佞風があちこちで起こり、過ちがあっても耳に入らないばかりか、郷紳や上司の有識者たちからきっとその軽佻浮薄さを笑われ、君子の器でないと判断されてしまうことになる。この輩による詐騙の害のひどさは言葉では表せない。(38)

ここでは諸生と称する生員の対処法が「待士夫」と範疇を分けて開陳されており、同じ地元の士大夫層であっても地方官の対応においてその区別が明らかに意識されている。内容はきわめて具体的な提言に富むが、それらはどこそこの誰それのといった個別事例ではなく、汎論として語られている点が注目される。これは生員に対する当時の一般的な認識であったと考えられる。

総じて生員に対して露骨とも思われるほどに批判的であり、彼らに対する注意と警戒は士夫に比べてもなお強いものがあったといえよう。ただその半面、彼らへの対処には「ひたすら真心を尽くすことを思い、斯文を興起すること」が強調され、現状に対する譲歩が見られる。また、士夫に対するのと同様に、地方官側の厳正さが強く求められ、それが生員につけいる隙を与えなくすると論じる。「生員の在地での極悪ぶりはすでに長年の習慣となり、勢力もすでにできあがっているので、おとなしく法に従うようなことは断じてない」というような明らかにマイナス評価の生員に対しても地方官側の道徳的な対応によって反省を促すべきであり、強硬な対応をして体面を損なってはならないことを強調する。

『治譜』巻九、待人門において「上司」「士夫」「生員」の三範疇に対してそれぞれ最多の一〇款もの項目が用意されたのは、地方官の職場環境に彼らが占める影響の大きさを物語っている。地方官はひたすら自己抑制と道徳修練を実践することによって彼らに接し、「委曲を尽くすこと」を武器に問題の解決を目指すことを基調とした。そして、それは上司や士夫の対応のみならず生員に対しても共通する認識であった。

こうした問題の背景にはおよそ次のようなことが考えられる。地方官は王朝国家の人民支配を州県において実現する使命を帯びた代官であったが、地方政治を円滑に営もうとすれば、いきおい地元の有力者である〈士〉に協力を仰がねばならず、彼らとの協力関係の下で諸勢力の批判をも抑えることができた。しかし、〈士〉は常に官─民の媒介者としての役割を忠実に守って官僚制を補完したわけではなく、地方官の対応いかんによっては一転して地方政治を阻害する抵抗勢力になりうるものだった。それゆえ、協力的な〈士〉には礼を尽くして対処しなければならなかったのはいうまでもないが、非協力的な〈士〉に対しても一方的な抑制で彼らの体面を傷つけるのを避けることが良策とされた。他方、〈士〉もまた常に抵抗勢力に終始したわけではなく、地域社会において安定した地位を保とうとすれば、むしろ地方官と積極的に関係網《ネットワーク》を築き、みずからの権威の増幅をはかることを得策とした。その場合、〈士〉は地方政治に協力する同盟勢力となりうるものだった。結果として、地方官は〈士〉に対して特別な配慮をもって臨むことを最善としたのである。地方官のこうした態度は、中央や官僚の不正を取り締まる監察官の眼には、しばしば「徇庇《じゅんひ》」（情実にとらわれて庇い立てする）と映り、弾劾の対象となった。この状況の下において、賢明なる地方官が地方統治を実施するには、中央の意向に即して強硬に対処する原則的対応と地方の意向に即して柔軟に対処する現実的対応とを巧みに使い分け、その上でなお基本的には地方の権益を損なわぬよう在地勢力と連携を取ることが肝要とされた。それを無難にこなした者のみが地方官としての任務を果たすことに成功し、結果「名官」の栄誉に浴することができたのである。官箴書が説く「待士法」は、みずからの体験を通してそうした阿吽《あうん》の呼吸を会得した官僚経験者がそれを文章化・マニュアル化して、とかく観念的に正義を振りかざし、結果として地方統治に失敗しがちな若い未経験の地方官に伝授したものだった。

三　待士法の系譜

ならば、このような「待士法」は官箴書という書物においていつの頃から現れるのか。実は官箴書にこうした対人関係を重視する記載が多く盛り込まれるのは、宋代に官箴書という書物が普及した時からの固有の特徴であった。宋代以来刊行されてきた官箴書の紙数は少なからざる部分が対人関係で占められてきたといえる。

もっとも中国で厳密な意味での官箴書が誕生した当初、すなわち宋代においては上司に対するものをはじめとする官僚社会の行動規範が主要関心であり、『作邑自箴』(39)や『州県提綱』(40)などはおのずからそれに力点を置く傾向があった。また、「官箴書が宋代に多く編纂されたのは宋代に多数の胥吏が発生してその弊害が激しくなり、心ある政治家の関心を呼ぶようになったために外ならない(41)」というように、この時代の副産物としての官署の下級吏員への対処法もまた無視できないものがあった。したがって官箴書が説く人間関係は、第一に上司、同僚、下僚のそれぞれ区別された官僚群であり、第二は胥吏・衙役であって、衙門に直接関わらない地元有力者については「豪強」という表現で部分的には触れられることはあっても、その対処法が個別の項目を設けて論じられることはあまりなかった。

ところが、その傾向は十六世紀、明代嘉靖年間頃から変化してくる。嘉靖十四年（一五三五）に刊行された『官箴集要』巻上の接人篇には、「各守涯分」「事上」「処同僚」「択交」「以礼下人」「処患難」「処軍職」「待左右」「待小人」「待人已」「分謗」の各項目を、また、馭下篇には「吏曹」「六房」「約束吏典」「号令」「威厳」「省事」「戒独任」「関防吏典家人」「縦吏下郷」「革弊」「老人」「陰陽医生教読」「祇候」の各項目を設けてそれぞれの対人関係について論じている(42)。これらは官僚社会の人間に対する諸注意であり、その点はこれまでの官箴書の記載と基本的に変わらない。しかし、宣化篇の「抑強」には、

州県には権豪勢要の家が多くある。前朝の官僚であったり、地元の覇戸《ボス》であったりするが、彼らは勢力を恃んで官吏と結託し、小民を痛めつける。ある場合には民をしぼりあげて自分の家を肥やし、多くの利息を取り立てる。また、ある場合には良民を抑えつけて凶暴に振る舞う。公にすべきことを内々で済ませたり、他人の田土を騙し取ったり、墳墓への埋葬を強要したり、孤児や寡婦を欺いたり、他人の妻妾を奪ったりと、その風俗を害して御上を欺き、法をないがしろにする悪事はどれ一つとして行わないものはない。地方官が赴任したばかりの時にはこの輩は巧みにつてを求めて面会を求めに来るが、彼らと少しでも関われば、小民はこの輩に抑えられて伸びられなくなってしまう。為政者たるものは強きを挫き弱きを扶けることをまず考えなければならない(43)。

と、「権豪勢要」と表現する地元の勢力者の横暴をいかに抑制するかが地方統治の要件の一つとして項目を立てて明言しており、従来の官箴書とは大きな違いを示している。

また、嘉靖十二年（一五三三）の自序のある『牧鑑』は、既製の経史百家の言から編纂した書で、巻八〈接人〉

には「士夫」「僚属」「吏卒」「小民」などの項目を並べている。(44) さらに嘉靖三十三年（一五五四）の序を持つ『初仕録』は、〈崇本篇〉〈立治篇〉〈無弊〉〈吏属〉〈戸属〉〈礼属〉〈兵属〉〈刑属〉〈工属〉の諸篇があり、待人法は〈無弊〉の「承上司」「処僚属」「防吏書」「馭門隷」とともに〈礼属〉の「励学校」「礼士夫」の項に見られる。(45) これらはいずれも簡単な記載に止まるが、待人法の中に「士夫」という項目が多くなったことが確認できる。

このほか『国子先生璞山蔣公政訓』には、「謹始」「治己」「処人」「御下」「治体」の五類を設けられ、〈処人〉類の「処同僚」「応士夫」「処生儒」「慎事使」「豫細事」「勤小物」の諸項目や〈御下〉類の「御吏皀」や「清吏役」の中で待人法が語られている。(46) また巻頭の〈莅官総要〉では、「廉潔にして自己を守り、謙和にして士夫に対処し、忠厚にして寮友に対処し、慈祥にして人民を撫育し、勤慎にして上司に仕え……」といった要点を記している。(47)

やや時代が下った万暦二十六年（一五九八）に刊行された『実政録』は山西大同県知県など華北の地方官僚を歴任した呂坤が在職中に頒布した文章を編集し、下僚に対する吏治の要点を説いた書としてつとに知られているが、(48) その巻一、明職、科甲出身において郷紳の行動を次のように表現している。

居郷の郷紳もまた罪が深い。宅田を強引に買い上げ、あるいは債息を責めたてる。さらに官府を恃みとし、あるいは市場を把持する。子弟や僕隷が近隣を横行するのに任せ、衙門の旧知の者を恃んで仇敵に恨みを晴らす。銭糧を納付することを拒み、あるいは税の優免をむやみに求める。多くの人夫を労役に用い、あるいは自分の都合のみを考える。州県官はその勢いを畏れてあえて問いたださない。監司（州県の監督官庁）は馬鹿にされたことを恥じ入るも逆らうことができない。昔の人は「士君子は朝に在りては政を美しくし、郷に居りては俗を善くす」といい、また「出でて名宦となり、入りて郷賢となる」と述べている。このような衣冠の名器がどうして悪の手助けをするのであろうか。国に背き民を害する罪については科挙出身者の場合が他者に比べて断然多い。(49)

ここでは、これら地元の有力者層は地方官にとって彼らと同じ士大夫ではあっても、官署における上司や同僚とは異なる「抑えるべき対象」として意識されている点が注目されよう。

地元の有力者層、とりわけ郷紳については良きにつけ悪しきにつけ同時期の公牘や奏議といった実際に発行された文書にはその具体的な名が頻繁に現われ、また一部の地方志や文集にも詳細に記録されている。官箴書の中にもこのような記事が現われてくるのは、地方官の対人関係についての関心が従来の官僚機構内部の人間から十六世紀に出現した新たな社会層へと広がったことの一つの証左として受け止められる。地方官はこのような新興勢力への対応をも含めて、まさに暗中模索の状態で地方政治に臨まねばならなかった。

『治譜』の記載の出現もこの文脈でとらえることができる。ただし、その詳細さと具体さとは群を抜く。その意味では当代の官箴書の中でももっと高い評価が与えられ、かつ多くの読者を獲得してしかるべきであった。そうならなかったのは、おそらく明極末期に刊行されたことも手伝い、その価値が十分顧みられる余裕のないまま、混乱のうちにいつしか埋もれてしまったためであろう。

待人法を説く宋～明の主たる官箴書を通観した時、次のような大雑把な流れが読み取れる。まず、待人法中の〈官〉と〈吏〉の記述は各官箴書間に大きな相違はない。また、清代の官箴書とも顕著な相違はない。〈吏〉は待人法の一方の中心であり、在地社会の構造に規定されるかぎり、宋元から明清にかけて地方官の対応にも何らかの変化があることは推測できるが、少なくとも官箴書の記述からはそれを見出すことは難しい。他方、在地勢力への対応の記述には顕著な相違が見られる。まず宋元の官箴書では在地勢力を「豪強」と表現し、「抑制すべき」対象と見なしている。反面、士人への対応の記述はほとんどない。宋代地方行政にあっても在地有力者との協力の必要性がつとに指摘されている。(50) だが、少なくとも官箴書が説く待人法においては士人が大きな比重を占めていない。「豪強」に士人が含まれることがあったとしても、彼らは「抑制すべき」対象であり、県政の協力者との認識がなされていない。

明代、とりわけ嘉靖（十六世紀）以降に刊行された官箴書においては「抑制すべき」対象として郷紳が登場する。また、同時に「士夫」を独立して論じる傾向が生じ、総じて「問題があってもなお協力すべき」対象として描かれるようになる。郷紳とは明代中期以降の社会の流動化において新しく形成された社会層と見なされており、官箴書の待人法における変化は、その出現と符合しているように受け取れる。十七世紀の官箴書の待人法は明代のそうした傾向を受け継ぎ、郷紳に対してはさらにより詳細でかつ慎重な対応を説くようになる。これはまた清初の地方社会において郷紳の影響力がなお大きく、知県の彼らへの対応の難しさゆえに、そのノウハウを改めて官箴書という書物に求める需要が高まったためであろう。

四　清代官箴書における待士法の継承

雍正帝が雍正八年（一七三〇）に田文鏡らに命じて作らせ、全国に配布した官箴書『欽頒州県事宜』において次のような待士法が展開されている。

紳は一邑の望であり、士は四民の首である。紳士は州県官に対して農工商賈と違って地位に大きな差があるため、往来をあえてしない。州県官は紳士に対して上司たちと違って体面を重んじるため、軽々しく応対しない。しかし、紳士の中の優劣は一様でない。善悪が異なるところであれば、対処にはもとよりそのやり方がある。それはほかでもない。礼と法とによってただすだけである。家柄を盾にし、護符を恃んで銭糧の代納、訴訟の起滅を行い、官署に出入りし、権勢を笠に地方に武断する者がいれば、調査して確かめる。事実であれば必ず弾劾して身分を剝奪する旨を申請し、厳しい処分を施す。頑紳・劣士に挙動を慎むことをわからせ、本分を守らず、勝手なことができないようにせよ。雑草を除かなければ、よい実りは期待できない。残虐行為を止めさせなければ、善良を安んじることはできない(51)。

果たしてその位が尊く、高齢で徳が高く、品行方正、学識豊かな者であれば、知県がこの地方を治めるに当たって彼らと交際することはおのずから多くなければならない。地方の利弊について尋ねることができ、政務の得失について問いただすことができる。歳時の祭祀における講射読法の余暇に正しい人物と親しみ、正しい言を聴くことができる。それは吏治に裨益があり、さらに自分の心身にも有益である。いわゆる賢明な人物と交際する理由はここにある。面会を謝絶することが必ずしも優れているわけではない。ただ紳士の家人や子弟には必ず預め告誡しておき、犯したらただちに懲らすようにする(52)。

紳士からの贈答は婉曲に断り、一切受け取ってはならない。自分に密接な問題でなければ関わりあって弊害を増してはならない。法が許さないのであれば、庇いだてして奸を増してはいけない。要するに対応は丁寧でなければならないが、密すぎる必要はない。これが体面を重んずるも相手が運動に奔走するのを防ぐ方法である。弟子になることや交際をすることを頼み、金銭や日用品を借りることはすべて大いに官僚規範に支障を来すことになり、その行為は法令を犯すよりもはなはだしい。知県は己を正して人の模範となる者だ。慎んでこんなことをやってはならない。このように軽重に宜を得、礼と法とがともに備われば、紳士に対処する道は近い。(53)

すなわち一方では「一邑の望」「四民の首」と持ち上げることで郷紳に皇帝の一元的支配の実現の一翼を担う国政の協力者としての役割を期待しつつ、他方では地方統治を阻害すると考えられる彼らの行動、とりわけ生員クラスの不法行為に対しては、「抑えるべき対象」として、厳しく法的規制をはかろうとするのが王朝国家の原則的な姿勢であったといえる。そしてこれは清朝においては入関以来一貫した方針であり、地方督撫もまた同様の趣旨による通達を出し続けた。

しかし、明極末期の動乱期を経て社会の安定を再び取り戻した康熙年間において刊行が再開された官箴書にあっては王朝国家のそうした方向を基本的に守りつつ、若干のニュアンスを異にする議論が展開されるようになる。なかでも最も代表的な官箴書は『福恵全書』であった。その待士法では、明らかな不法行為を働く地元の士大夫層に対しては一方的に処断するのではなく、地方官による道徳的感化とその結果としての在地勢力の反省において問題を円満に解決しようとする姿勢が示され、強硬策によって生じる事態の悪化を回避しようとする気持ちが表明されている。(54)それはまた『治譜』が示した路線と基本的に一致するものであった。

ところで、この『福恵全書』とほぼ同時期に刊行されたと思われる二つの官箴書に注目したい。一つは鄭端『政学録』五巻である。本書は現存では道光十二年(一八三二)の刊本が中国社会科学院法学研究所図書館に所蔵されていることが知られるが、一九三六年刊行の『畿輔叢書』所収本が一般に普及している。(55)撰者は直隷棗強県の人で、順治十六年（一六五九）に進士となり、翰林院庶吉士を振り出しに中央官僚コースを歩み、その後転じて湖南按察使、安徽布政使、偏沅巡撫、江蘇巡撫を歴任した大物官僚であり、康熙三十一年（一六九二）に江蘇巡撫在職のまま五四歳で病没した。(56)巻一では中央官僚について、巻二では地方官僚について、巻三では地方官の執務心得について、巻四では吏治一般について述べられており、清代の行政実施過程で生じる諸弊害に詳しい解説がなされている。官箴書に相当する巻三には、「初任事宜」「日行規則」「居官立政」「四事箴」「戒石銘」「事上接下」「清均地土」「改復過割」「編審均徭」「徴収銭糧」「兌量漕米」「查盤倉庫」の一三項目が並んでいる。興味深いのはこのうち「事上接下」における記載の多くが『治譜』の記事と重なることである。すなわち『治譜』巻九、待人門の①中の七款、⑥⑦中の一款、⑨中の二款、⑩中の二款、⑭中の一款、⑮⑯中の六款、㉖㉗㉘がそれぞれ収められている。さらに「初任事宜」「日行規則」にも『治譜』巻二、到任門の「待各役事」中の一部が載せられている。鄭端は『政学録』を著わすに当たって工部に在職した時に集めた時務冊数巻を基にし、『実政録』とともに『治譜』をも参考にしたことを自序で明らかにしており、巻三が『治譜』をベースにしたことは確実である。(57)

もう一つは孫鋐『為政第一編』八巻である。康熙四十一年（一七〇二）の欽天左監邵泰衢の序を載せる。筆者の知るかぎり唯一の完全刊本は中国社会科学院法学研究所図書館に所蔵されている。(58)本書は〈時宜〉〈刑名〉〈銭穀〉〈文治〉の四項目を上下に分けてそれぞれ二巻ずつにまとめている。その巻二、時宜下、待人に見る次の諸項目、すなわち「承上司」「待二府三府」「属州之県」「附郭待各州県」「州県於附郭」「待同寅」「各州県会問事」「待前官」「待佐弍」「待学博」「待郷紳」「待学校」の大半は『治譜』巻九、待人門の記事をそのまま載せている。

また、後半の胥吏対策も『治譜』巻二、到任門の記事を基礎にしている。撰者の経歴についての詳細は明らかでないが、『四庫全書総目提要』には本書の簡単な説明がある。それによれば、「字は可庵、銭塘の人」とあり、(59)浙江銭塘県の出身であることが知られる。ただし、その地方の主だった地方志には該当する人物名はない。(60)邵泰衡の序には、「経世済民の才を持ち、経世済民の書を読み、経世済民のことを論じ、博く考え、遍く問いかけ、隅々にまで注意を払って二〇年余、北京に赴いて名声はますます高まった。山東、山西、福建、河南の各地で任に当たった時には上賓として招かれないことはなかった(61)」とあることから、地方政治に精通した当時としてはかなり有名な幕友として活躍した人物の一人であったと判断される。彼は記事の典拠を明らかにしていないが、少なくとも「待人」は『治譜』によったことは疑いない。

このように『治譜』を下敷きにした記事を載せた官箴書が同時期に複数刊行された理由をどう考えればよいのだろうか。結論からいえば、明清交替の動乱期の中で埋もれていた処世術が康熙時代になって再び役立つものとして見直されたからにほかならない。『福恵全書』を挙げるまでもなく、『政学録』や『為政第一編』に載せられた記事内容は単にこれらの書に止まるものではなかった。一人の人間が特定の経験を基にして著した官箴書がそれと環境を異にする他の地域においても応用できることを前提として刊行され購読されたことを考えると、そこには無論なにがしかの限定を考慮しなければならないにしても、赴任地のいずこを問わず当時の中国における地域社会全体に共通する処方箋がそこに用意されていたと見ることができる。

では、何がその処方箋であったのか。明末清初の地方官がつつがなく地方統治を行うに当たり、実際のところ、とりわけ対応に苦慮したのはほかでもない「道徳による感化」が当初から到底期待できそうもない、いわば確信犯的な〝極悪士大夫層〟であった。なかにはみずからの権力の大きさを信じ、理想に燃えて正義を貫こうとするいわゆる「清官」を演じて彼らの一掃を断行するような地方官がいたかもしれない。しかし、黄六鴻はそのような清官的地方統治の非有効性を断固主張する。(62)とはいえ、反対に容認すれば地方官自身が上司や監察官から弾劾の対象となり、その職分を全うできなくなる。地方官はこのような現実をいかに理解して地方統治のコツを体得しえたのであろうか。『治譜』およびその記載を踏襲した清初の官箴書はそれに一つのヒントを提供するものであった。

それは相手がどうあれ自分に厳しくせよということに尽きるものだった。『治譜』をはじめとする多くの官箴書は地方官に対して盛んに「士民の父母たれ」を唱える。皇帝が赤子としての万民に対して仁愛による感化を信条とする「父母」であるのと同様に、その皇帝の代理たる地方官もまたその管轄地域の住民に対して「父母」たることが求められた。この文脈でいえば、地方官は民の「父母」であると同時に、士に対しても同様に「父母」であった。そして「我らは士民の父母であるからには、子弟の中の不肖はみな父母の責任である」とあるように、子が子としての本分を果たさない場合でも地方官はなお「父母」でなければならなかった。しかし、この場合の「父母」とはあたかもいうことを聞かない子供を叱る親に似て、彼らの反社会的行動に対して厳酷な制裁は本気で考えないものの、原則的な訓告だけは繰り返すことによって何とか親の面子を保とうとするのに近いものを意味した。相手に期待できない以上、自己を正しくするよりほかなく、それによって辛うじて「父母」の名目だけは全うできたのである。

清代康熙年間の地域社会においては全国的に見てなお明代後期以来の自立的勢力が一貫して存続していた。中国を支配した清朝にとってかかる自立的勢力をいかにして自己の支配機構の中に取り込むかが大きな課題であったが、右はその解答の一つを地方統治の現場から提示したものであったといえよう。そして、これらの官箴書が説く現実路線は以後も清代地方統治原理において〝薬言〟として生き続けていったのである。

おわりに

本章では『治譜』およびその記事を継承した清代官箴書に見られる待人論の内容を具体的に紹介し、併せて明末清初の地方統治の構造について言及した。

これらの作業を通して指摘できるのは、地方官の在地社会における位置とその性格である。たしかに地方官は皇帝による「専制支配」を州県の現場において実現することを使命とした〝代官〟であった。だが、地方官の協力者たることが期待された地元の有力者層は常に官―民の媒介者としての役割を忠実に守って官僚制を補完する存在であったわけではなく、少なくとも現場を預かる地方官の目には対応いかんによっては地方統治に阻害的な作用を及ぼす厄介者として映った。それゆえ地方官は彼らに対して特別の配慮をもって臨むことを余儀なくされたのであり、彼が担う王朝権力のあり方は中央のそれとは若干位相を異にした。しかしながら、かといって地方官が地域社会において行使する力はさほど小さかったわけではない。たしかに地域社会において地方官は民間団体や地方有力者などと併存する様々な権威の一つだったかもしれない。だが、その地方行政を管理運営することができるという政治権力の大きさは他の権威を圧倒していたといわざるをえない。地方官の対抗者と目された地元の有力者層は常に反抗的な態度に終始したわけではなく、地域社会に安定した地位を保とうとすれば、むしろ地方官と積極的に関係を取り結ぶことでその権力の分与を被り、みずからの権威の増強をはからねばならなかった。また、「百戒」はまずありえないまでも、地方官がその気になりさえすれば執行できる「一罰」を決して軽く見ることはできなかった。その場合、彼らは地方官の目には対応いかんによっては地方統治に対して協力的な作用を及ぼす同盟者と映った。結果として、地方官は彼らに対して特別の配慮をもって臨むことを得策としたのである。

かかる地域社会にあっては皇帝の手足となってその意志を頑なに実行する原則的世界と地元勢力の意向に即して柔軟に対処する現実的世界とを巧みに使い分け、地方の権益を損なわぬまま中央の命令を曲がりなりにも実行することが地方官に課せられた要件であり、それをそつなくこなした者のみが「名官」の栄誉に浴したのである。ところで、以上のような官箴書が説く待人法は、当時これらを読んだ新任地方官にとって実際のところ、どれだけ役に立ったのだろうか。これは官箴書という書物の本質的な問題であるだけに、最後にこの問題について考えてみたい。

確認したいのは官箴書が説く待人法が新任地方官に対しすべて有益な情報を提供したわけではないことである。官箴書の多くは簡略で陳腐な、文字通り「資するに以て治を為すに足らざる書」であったことから、新任地方官たちがこのようなものを片っ端から進んで読んだとは到底思われない。その中で特定の官箴書、すなわち自己体験をふんだんに盛り込み、具体的な対処法を説いた『福恵全書』、他の官箴書とは一味違うユニークな対処法を説いた『学治臆説』、微に入り細に入るきわめて具体的な対処法を説いた『治譜』などは評判を得ただけの理由があったといえる。ただ、これらの官箴書にしても新任地方官たちがそれらに全面的に頼るなら、個々の州県行政の実践においてはなお隔靴掻痒の感があったことを否めない。待〈官〉法に登場する上司は基本的には分別ある、清廉で常識的な官僚であり、現実に存在したはずの彼らとは真逆の「とんでもない上司」への本当に知りたい対処法はここではほとんど触れられていない。待〈吏〉法に登場する胥役は反対に「ずるがしこくて悪辣な吏員」ばかりであり、その対処法は胥役の不正を厳しく取り締まる一点にのみ終始する。だが、現実の政務において地方官は彼らの協力が不可欠であったのであれば厳しい対処のみが有効であったとは限らない。官箴書が胥役を頭から「悪人」と決めつけているのにはある種の士大夫の胥役に対する差別的な感覚が看取される。たしかに「悪人」がいたことは事実であろうが、それと同じ数だけ官に従順な「善人」の胥役がいたことも事実である。にもかかわらずほとんどの官箴書はその対処について記すところがない。対処する必要を感じなかったということなのだろうか。待〈士〉法に登場する在地有力者は赴任する地方によってその態様に差があったはずである。綺羅星のごとく進士を輩出する地方、諸生が地方政治に大きな役割を果たしている地方、宗族が影響力を強く残す地方など、その対処法にも多様さの必要が想定されたが、官箴書はそのような地域差についてはほとんど言及していない。その点では官箴書の待人法には実用マニュアルとしても限界があったといわざるをえない。

それゆえ地方官がそれぞれ個々の州県を統治するに当たって依拠した情報源は官箴書が唯一であったわけではない。むしろ『治譜』に「選ばれた後、前任官とか赴任地の郷紳、ならびに隣県の赴任経験者にあえば、当地の民情や吏弊について細かく尋ね、……いちいち書き留めなければならない。それはつまり自分の師となるものである」[63]といみじくも述べられているように、主要でかつ有益な情報は事情通の人間からの聴き取りであった。彼らは地方によって異なる諸状況に基づく人間環境の実情をそこから入手し、状況によって柔軟に対処するのをベストとしたことは疑いない。

にもかかわらず、官箴書になお情報を求めたのはなぜか。一般論であるにせよ、困難な地方統治を体験した者のみが知る阿吽の呼吸をその行間から読み取ろうとしたためだったのではなかろうか。そのかぎりにおいて官箴書は地方官を「名官」へといざなう指南書として当時の社会にあって一定の需要を保ち続けたのであり、それが保存され、かつ継承されて、今日においては史料としての固有の特性を有するに至ったのである。

註

（1）廻避の制については、魏秀梅『清代之廻避制度』（台北、中央研究院近代史研究所、一九九二年）、参照。

（2）中国古籍善本書目編輯委員会編『中国古籍善本書目』史部（上海、上海古籍出版社、一九九一年）巻一二、職官類、官箴、一一〇一頁。

（3）国立国会図書館図書部編『国立国会図書館漢籍目録』（国立国会図書館、一九八七年）史部、職官類、官箴之属、二七一頁。

（4）呉廷燮『明督撫年表』（北京、中華書局、一九八二年）巻三、延綏。また光緒『銅梁県志』巻八、人物志上、名賢には、「著治譜一書、仕者奉為律令」とある。蔡懋徳、范志完、陳龍正の三名は『明史』巻二六三、巻二五九、巻二五八にそれぞれ立伝されている。なお、陳龍正については浙江嘉善県の郷紳で均田均役法の推進論者であったことがつとに知られている（濱島敦俊『明代江南農村社会の研究』東京大学出版会、一九八二年、参照）。

（5）『治譜』巻九、待人門、上司、第一款「一、見上司須将各批来詞状等項、一一理会過。或上司問及、便随事問答。其事体有難処者、便委曲商量。若一槩事体、都不経心、問事如夢、使平恕上司、或不過計、然亦已念非老成。若遇操切者、賢否従此定矣」。

（6）『治譜』巻九、待人門、上司、第二款「一、上司待座時、上司雖極謙抑仮之詞色、我輩切不可因而豪放。即抵掌論事、傾懐論人、上司雖不言、已窃異其為軽躁矣。又応対時、凡事体有不知、不可強弁。有差誤、不可遮飾。上人自能見諒。若鑿空湊合、取便一時久久、為人識破、不値打一文。戒之」。

（7）『治譜』巻九、待人門、上司、第三款「一、上司留坐、須察言観色。或情思不快、語言無次、如有別事、則有払意在懐也。一茶便退、恐久坐。□□若論事不合、宜姑置勿論。従容乗間言之。若強弁不已、事体雖明、恐生荊棘」。

（8）『治譜』巻九、待人門、上司、第四款「一、上司吩咐事体、如聴不明、不妨再問。不可草草答応。待出後問人、恐人以事不干己忽之。将復問乎、抑置其事不行乎、関係不小。慎之」。

(9)『治譜』巻九、待人門、上司、第五款「一、上司即係親友、切不可狎恩恃愛。大堂衆目所在、固当収斂。即在私衙、亦忌放恣。蓋末世人情、一自崇高、便欲以礼法縄人。多有生平莫逆、仕路芥蒂、搆成大釁者、職此故也」。

(10)『治譜』巻九、待人門、上司、第六款「一、上司留酒飯、力能勝酒。多飲不妨。然不可過。亦不可多言。蔬食菜羹、便須尽飽。若揀択去取、驕貴豪侈之態、見之眉睫、恐為識者所窺」。

(11)『治譜』巻九、待人門、上司、第七款「一、上司係同年親識、在衆中切不可掛之歯牙。人有托為先容者、亦従容謝去、切不可鹵莽応承。寧可極力為彼游揚不使知也。若揚揚自任、凡托則応之如響、不惟不能一一皆効、後来有為上司不喜者、必以為我実謗之」。

(12)『治譜』巻九、待人門、上司、第八款「一、上司雖有甚不協人心処、我輩若可進言、不妨委曲開導。切不可対人便数其短。此不惟上司知之、於我有損、恐衆人欲結上司之歓、且以吾言為奇貨。此当官第一戒也」。

(13)『治譜』巻九、待人門、上司、第九款「一、上司既与我親識、凡事要避嫌疑。非同衆人不私見。即有請、不可頻赴。若終日聚談、衆人畏我如虎。凡可中我処、無所不至矣」。

(14)『治譜』巻九、待人門、上司、第一〇款「一、上司託訪賢否。如隣封有不肖者、直以常套開去。即再問、亦不可草草説人之短。恐上司与其人有旧、或漏言為害不小。況賢否得自耳目、未必一一皆実。或賢而被謗。如此心何」。

(15)『治譜』巻二、到任門、房科事体条約「衙門自吏書而下、無一事不欲得銭、無一人不欲作弊者。老成者見得事体明白。如吏房吏書稽遅聴選上納人等、及不応起送者起送、此便是弊。禁之使不得行、便是革弊。若各項事体、通不明白、空空只言革弊、徒恐為吏書咲耳」。

(16)『治譜』巻二、到任門、房科事体条約「昔一令頗厳、六房畏之。一日無故、喚吏書至責之云「爾等作弊可悪」。吏書叩首曰「不知所作何弊。願得一言而死」。令無以応比。後反窺其浅深而作弊者衆矣」。

(17)『治譜』巻二、到任門、房科事体条約「故有司要緊在識房科事体。事体有極瑣者、一毫不知便為所売。待其犯而治之、亦已晩矣。不若将各房事体、或刻作条約、或刻作告示、令人人知所遵守甚便。即此便是堂規」。

（18）本書六一～六四頁参照。

（19）『治譜』巻九、待人門、士夫、第一款「一、士夫自有定礼。傲慢不可、亦不可過於卑遜。足恭不可、亦不可過於直遂。大都委曲謙恭、嚬笑倶不可者。謂之「内不失己、外不失人」」。

（20）『治譜』巻九、待人門、士夫、第二款「一、士夫有扼要津者。若有心傲慢、以博名高、不但賈禍、抑亦非礼。然奔走門墻、聴其指使、或殺人媚人、奔走納賄、丈夫能無愧乎。況時事転盼不常。尤宜切忌」。

（21）『治譜』巻九、待人門、士夫、第三款「一、士夫雖有大小、我輩精神、要一一貫洽。若一坐中、惟択顕奕者奉承之、畧不及於衆人、大無顔色。議論嫌隙、或従此始。慎之」。

（22）『治譜』巻九、待人門、士夫、第四款「一、有司之在地方、全在節制士夫、使小民有所恃而無恐。若唯唯諾諾、惟士夫是聴、赤子其漁肉矣。然所以節制之者、只在無偏無党、端毅廉平。使一念至誠、為士夫所信服、至「寧為刑罰所加、無為陳君所短」。此為最上。其次則随事斟酌、久久自然相諒。切不可先横一不畏強禦之心。一有此心、便以裁抑士夫為公道、事事必不得其平、非所以服薦紳之心也」。

（23）『治譜』巻九、待人門、士夫、第五款「一、通顕士夫、有門生故吏満天下者。有位雖不尊、而交游偏海内者。如有求於州県、即人未必賢、待之不可無術。果事体無大関係、須曲処含忍。若因一時小忿、欲借此以為名、恐有後悔」。

（24）『治譜』巻九、待人門、士夫、第六款「一、士夫与小民訟。其中果無大関係、士夫無大失理。寧使士夫得幾分便宜、小民乃能安分。一有偏重小民之心、士夫将不得安枕。待已甚而反之、已失士夫之心矣」。

（25）『治譜』巻九、待人門、士夫、第七款「一、士夫喜囑託、自尊大者、此不難処。惟横行不顧、魚肉小民、官司畧以三尺縄之、便誹謗訐害。理不可諭、法不可行。前官被其媒孽不止一人。此便難処。然亦吾儕之疚疾也。吾儕自守一不正、処事一不当、便示人以短。安得不制於人乎。若有趙清献之清操、包孝粛之厳毅、彼雖巧言如簧、讒言如毒。将安用之。又須処之有道。凡彼与人角是非曲直、一秉至公、又稍加曲全。久之、自然畏服。若因其素行之不端、欲借一事以示法、更不察其是非。彼且有詞於我。待小人者、不可不知」。

（26）『治譜』巻九、待人門、士夫、第八款「一、士夫之家、往往有投献之事。各処不同、其害不可縷挙。然十歩之内、必有豊草。恐小民刁告、切不可涇渭不分、使賢者含忿。且移風易俗、必以其漸。若任一時意気、即将以前者、一一退出、恐刁風四起、清濁不分、無益有損」。

(27)『治譜』巻九、待人門、士夫、第九款「一、士夫或被人牽告、止許家人代理、票中不得開士夫姓名。若係上司詞状、開而不点。倘令士夫褻衣小帽、出入衙門、豈独同郷士夫有狐兎之恨。即我輩亦当設身処地也。蓋士夫即有罪大悪極、問明後自有三尺在。又必於其中常存不得已之心、委曲処置。此仁人君子之心、忠厚長者之道也」。

(28)『治譜』巻九、待人門、士夫、第一〇款「一、孝廉与士夫等。其中即有年歯稍長、性気欠中和者、待之倶不可無礼。事難遥度、知得鹿者誰乎。少有不当、未免徒増一敵。若有至情相托、須委曲処之、但不可病民。上舎之礼、有与諸生同者、有与諸生稍不同者。簡僻小方、間有与孝廉雁行者。有司毎過情裁抑、非也。情不可恝、理無所妨者。但有衣冠皆宜全其体面。惟白丁市井、太寛則縦、不可不使之安分耳。礼貌照地方行、不可傲慢」。

(29)『治譜』巻九、待人門、学較、第一款「一、守令在一方、須是使一方民風士俗煥然聿新。纔是化行俗美、纔是有用学問。然則興起学較、□□視学第二義乎。毎見往時州県、惟恐諸生之紛擾也。無賢不肖、自朔望行香後、一槩以虚文。籠絡之、寛仮之、或拒絶之、皆非也。我輩既為士民父母、則子弟之不肖皆父母之責。誠一念惓惓、以興起斯文為己任。培養教訓、一一如父兄之為子弟。凡諸生中有不若於訓者、只責備自己工夫未到、則即此一念金石可貫。久久将有真材輩出、使守令受養士之報。諸生梗化、又何足慮乎。識者詳之」。

(30)『治譜』巻九、待人門、学較、第二款「諸生州県季考、儒学月考、此定例也。到任三月、須即為之。閲文不可執一、又不可聴人嘱託。蓋諸生苦心極力。豈無知己之思。若使与曳白者雁行、於彼私心、能無剌謬乎。儒学月考、供給出自州県、亦解巻細閲、抜其尤者解合于上司。此作興諸生之首務也。至於諸生遊学者、聴其自便、除季考・月考外、毎月三会不択不強、聴其自至。凡作会之日、本県送題、量送供給。作過会文、送県細閲品第、知有佳文、刊刻示勧」。

(31)『治譜』巻九、待人門、学較、第三款「学田以済貧生。有学田地方、須尽数査出、収租□□□□之。無学田地方、令各里長査有逃□□地無人承種者、尽報本県、以充学田為諸生周□□地。若貧而有行、或年少好学、不能為生者、具呈儒学、転送本県、当勉強賑助。其無頼者不能遍及、免行混擾」。

(32)『治譜』巻九、待人門、学較、第四款「待諸生須是謹之於始。礼貌極恭、然不以言笑仮人。事体極寛、然不以三尺仮人。使諸生知我輩之可親而不可犯也。各以礼法留守、自然上下相安。若初下車時、仮借太過、則諸生未免以我輩之易与也。各欲行其胸臆、待其已肆、而後痛以礼法収拾之、未必不傷和歛怨也」。

(33)『治譜』巻九、待人門、学較、第五款「諸生事一槩不理、非也。一一准確、則少年喜事者、終日纏擾、亦非。所以正士風須敦牒儒学。凡諸生有切己事、状送儒学、択其可准者差□送県准行。如事情可已、面諭諸生、令其以礼自愛。毋得混擾」。

(34)『治譜』巻九、待人門、学較、第六款「諸生即有一二不肖、須為衆人惜体面。切不可窘辱太過、波及父兄妻子。此不惟全斯文之体面、収一時之人心、亦可観我輩心行。如少年使気□□、或以言語進退之間得罪州県、此可付之一笑也」。

(35)『治譜』巻九、待人門、学較、第七款「諸生為他人言事、此是無恥。若父兄子弟之□亦是至情。州県亦須委曲。凡事従寛。若仮父兄子弟之勢以凌人、必不可不使知法。但諸生之父、非大故不可加刑。亦培植斯文之一事也」。

(36)『治譜』巻九、待人門、学較、第八款「生員刁悪地方、積習已久、羽翼已成、断不肯俛首守三尺。我輩処之、不可無術。須平時待士有体。択其文行倶優、礼之為上賓、則人人知感、無頼者自無与為党。凡諸生有事、須設身処地、畧加優異。不可借此示公。即犯不赦之条、未経学道黜革者、便未可加刑。我之待以礼者、無所不至、而後有時督過、彼始無辞。若一味裁抑太過、其勢必至上告下訴。不惟体面不便、且我反無辞於彼」。

(37)『治譜』巻九、待人門、学較、第九款「諸生少有進取之望者、必自愛惜。其出入衙門、武断郷曲、脅制有司者、非日暮途遠之人、則悪少不知一字者。既不事詩書、無心進取。但三五成群、打街罵巷、揑造歌謡、習以成風。此風不止、宜当堂面試。如文理不通、将始末事情、同元作申詳学道」。

(38)『治譜』巻九、待人門、学較、第一〇款「地方習俗、多有躍冶青衿拝認門生者。其始不過持菜果土物、以漸相嘗、而後遂至於夤縁関説、以滋詐騙。又甚有往来隣邑、搬挍是非、以致開釁同寅上司者。不知我為一方父母、則一方子衿皆門生也。何故独私此輩。凡遇此等、宜一切謝絶。又諛佞之輩、多有串通衙役、抄訪州県行過好事、歛刻徳政録或輿誦歌者。未刻則訪而寝之、已刻則酬而火之。蓋凡士之能誉人者、即其能毀人者也。若不透此情弊、輒為礼遇作興、不但佞風四起、有過不聞、且大夫上司有識者、必笑我之孟浪軽浮、非黄鍾器。而此輩詐騙之害、亦不可言矣」。

(39)『作邑自箴』は全一〇巻、宋李元弼撰、刊年不詳、政和七年（一一一七）、撰者が揚州長官の時に「郷老先生」との談によってなったという。「正己」「治家」「処事」からなる「為政之要」一三〇余節とそれを敷衍した「規矩」および「勧戒」を内容とする。現存する宋代官箴書の中では最古である。本書については、佐竹靖彦「『作邑自箴』の研究―その基礎的再構成―」（『東京都立大学人文学部人文学報』二三八号、一九九三年）および同「作邑自箴―官箴と近世中国の地方行政制度」（滋賀秀三編『中国法制史―基本資料の研究』東京大学出版会、一九九三年所収）、参照。

(40)『州県提綱』は全四巻、撰者不詳、南宋刊（刊年不詳）、県政の仕組みに通じた南宋士大夫の手による。知県の心得が一一六条にわたって列挙されており、主として巻一に着任の際の心得が記されている。本書については、古林森廣「南宋の官箴書『州県提綱』について」（『兵庫教育大学研究紀要』一〇巻第二分冊、一九九〇年、のち同『中国宋代の社会と経済』国書刊行会、一九九五年所収）、参照。

(41) 佐伯富「宋元官箴総合索引序」（赤城隆治・佐竹靖彦編『宋元官箴総合索引』汲古書院、一九八七年所収）。

(42)『官箴集要』は全二巻、明汪天錫撰。徐階の序によれば、撰者は浙江仁和県教諭であったとされるが、詳細は不明である。

(43)『官箴集要』巻上、宣化篇、抑強「凡州県多有権豪勢要之家。或前朝官吏、或当処覇戸、倚勢結搆官吏、凌虐細民。或刻衆肥家、多取利息。或抑良為強、或私和重事、或騙人田土、或強葬墳墓、或欺人孤寡、或奪人妻妾、傷風敗俗、欺公罔法之事、靡所不為。官員到任之初、此輩巧尋門路、以求一見、稍与交接、則小民受抑無伸。為政者当抑強扶弱為先」。

(44)『牧鑑』は全一〇巻、明楊昱撰。撰者は山東朝城県と江西都昌県の両知県を経験した。張緯仁主編『中国法制書目』第一冊（台北、中央研究院歴史語言研究所、一九七六年）一四五頁、および陳生璽輯『政書集成』第六輯（鄭州、中州古籍出版社、一九九六年）提要、参照。

(45)『初仕録』は全一巻、明呉遵撰。撰者は浙江海寧県の人、嘉靖二十六年（一五四七）の進士。官は湖北長楽県知県を経て河南道監察御史に至った。
(46)『国子先生璞山蔣公政訓』は全一巻、明蔣廷璧撰、明刊本。撰者は貴州普安県の人、嘉靖初に四川青神県の教諭であった。
(47)『国子先生璞山蔣公政訓』蒞官総要「廉潔以守自己、謙和以待士夫、忠厚以待寮友、慈祥以撫百姓、勤慎以事上司、……」。
(48)『実政録』は全七巻、明呂坤撰、明万暦二十六年（一五九八）序刊本。撰者は河南寧陵県の人、万暦二年（一五七四）の進士、官は襄垣県、大同県の知県から山西巡撫、刑部侍郎に至った。
(49)『実政録』巻一、明職、科甲出身「居郷又復多罪。或強買田宅、或凌逼債息。或嘱托官府、或把持市行。或縦子弟僕隷横於郷隣、或恃知旧衙門快心讐敵。或阻抗銭糧、或濫希優免。或多役人夫、或討占便宜。州県畏其憑社、莫敢誰何。監司恥其負塗、無能払逆。昔人云「士君子在朝美政、居郷善俗」。又云「出為名宦、入為郷賢」。彼衣冠名器、豈為悪之資耶。負国殃民之罪、科甲人独百於諸曹矣」。
(50)大澤正昭『主張する〈愚民〉たち―伝統中国の紛争と解決法―』（角川書店、一九九六年）、岡元司「南宋期温州の地方行政をめぐる人的結合―永嘉学派との関連を中心に―」（『史学研究』二一二号、一九九六年、のち同『宋代沿海地域社会史研究―ネットワークと地域文化―』汲古書院、二〇一二年所収）、今泉牧子「宋代の県令の一側面―南宋の判語を手がかりに―」（『東洋学報』八七巻一号、二〇〇五年）など。
(51)『欽頒州県事宜』巻一、待紳士「紳為一邑之望、士為四民之首。在紳士与州県、既不若農工商賈、勢分懸殊、不敢往来。而州県与紳士、亦不若院道司府、体統尊厳、不軽晋接。然其中優劣不等。淑慝攸異、則待之固自有道也。待之之道無他。曰以礼法縄之而已。有等憑藉門第、倚恃護符、包攬銭糧、起滅詞訟、出入衙門、武断郷曲者、廉訪確実。是必具詳参革、厳加懲処。使頑紳劣士、知所斂跡、不敢妄為。蓋稂莠不除、非所以植嘉穀也。残暴不去、非所以安良善也」。

(52)『欽頒州県事宜』巻一、待紳士「果其爵尊望重、徳卲年高、品行端方、学問宏博者、有司臨莅是邦、則交際自不可少。地方利弊、可以採訪、政事得失、可以諮詢。歳時伏臘講射読法之余、可以親正人而聞正言。上之有裨於吏治、次之有益於身心。所謂事賢友仁、端在乎是。正不必以謝客為高也。惟是紳士家人子弟、必預為告誡。而有犯即懲」。

(53)『欽頒州県事宜』巻一、待紳士「紳士之餽送礼遺、当婉為謝絶而一物不受。事非切己、毋令干預以滋弊。法不容情、毋為袒護以長奸。総之、款接不可不恭、酬酢無庸太密。此其所以敦体統而杜奔競也。若夫拝門生、講世誼、貸銀銭、仮什物、則皆大礙官箴、甚于功令。有司正己率人。慎勿蹈之。如此則軽重得宜、礼法兼備。而於待紳士之道、其庶幾矣」。

(54)『福恵全書』巻四、莅任部、待紳士。

(55)前掲『中国法制書目』第一冊、一六七頁には、『政学録』の「初版」の説明として、「五冊・五巻。巻頭に著者の序があるが、その年分は不詳である。清刊本。発行者および刊行年は不詳」とある。『幾輔叢書』所収本が『政書集成』および『官箴書集成』にともに収録されている。なお、徐梓主編『官箴―做官的門道』(北京、中央民族大学出版社、一九九六年)には、『政学録』の一部が収録されている。

(56)鄭端『日知堂文集』巻六、履歴。

(57)『四庫全書総目提要』巻八〇、史部三六、職官類には「国朝鄭端撰。端字司直、棗強人。順治己亥進士、官至江南巡撫。是編原本呂坤・余自強両家之書、而参酌之。内而閣・部・科・道、外而督・撫・司・道・守・令、応行事宜、咸載利弊」とある。

(58)本書は筆者が確認するかぎり法学研究所本のほか、①国立公文書館内閣文庫、②コロムビア大学C・V・スター東アジア図書館 Columbia University, C.V.Starr East Asian Library、③北京大学図書館の三ヶ所に収蔵されている。このうち我々が最も容易に閲覧できるのは①であるが、巻二を欠く。②は『為政第一四巻』とあり、五巻以下を欠く。③は『為政第一八巻』とあり欠巻はないが、〈時宜〉と〈刑名〉はあとから抄写されたもので、誤記も多い。なお、本書の封面に、「西湖の孫可庵みずからが編輯した二編は間もなく出版される。翻刻は必ず本府蔵版で行う」とあり、彼自身の手による続編の出版が予定されており、『為政第一編』はそれを前提とした書名であったことが判明する。ただし、続編は未刊に終わっており、稿本の所在も明らかでない。

(59)『四庫全書総目提要』巻八〇、史部三六、職官類には「国朝孫鋐撰。鋐字可庵、銭塘人。其書所載皆州県職事。分時宜・刑名・銭穀・文治四類。条目瑣砕、議論亦鄙。蓋幕客之兎園冊、不足資以為治也」とある。

(60)康熙二十五年（一六八六）および乾隆四十九年（一七八四）刊の『杭州府志』、さらに康熙五十七年（一七一八）刊の『銭塘県志』など。

(61)『為政第一編』邵泰衢序「孫子可庵、負経済才、読経済書、論経済事、博攷泛問、目窮手詣、寒暑不間者二十余季矣。遊京都、名日益起。魯晋閩豫之当事、無不延為上賓」。

(62)『福恵全書』巻四、莅任部、忍性気。

(63)『治譜』巻一、初選門、訪地方事「選後、或遇前官、或遇本処士夫、及隣封遊宦者、須細問民情吏弊、……一一記之紙筆。即我師也」。

第三章　「衙蠹」のいみするもの

――清初の地方統治と胥役

凡そ衙門《がもん》中に均しく陋規《ろうき》有り。今届《こんかい》の蒲節、若輩例に照らして往収するも、楊は則ち一銭命の如く靳《おし》み、予《あた》ふるを肯《がえ》んぜず、以て怨恨を積成し機に乗じて陥するに罪を以てせんと欲するを致す。

――『点石斎画報』貞集一〇期、蠹役驚人

鎮江の骨董商楊某が胥役に賄賂を与えなかったことから、いいがかりをつけられるさまを描いている。

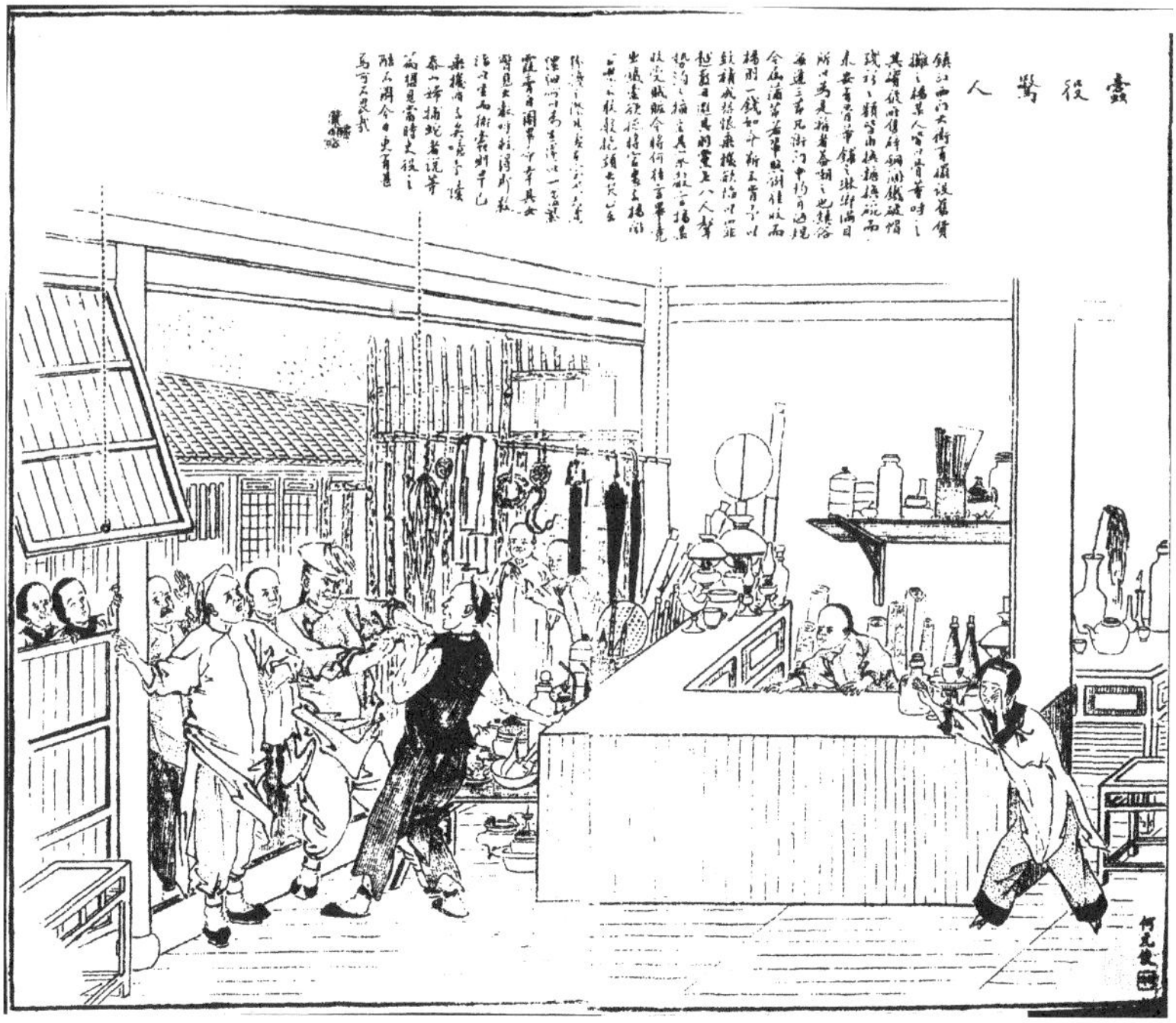

はじめに

筆者は前章において地方行政の実態的な運営のあり方、換言すれば地方官の在地勢力への対応のあり方を通して、清朝国家による中国地方社会への支配の浸透とその構造を考えることに主要な関心を示した。本章では、これまで部分的に触れた「衙蠹《がと》」とその称呼が意味する背景についてさらなる検討を目指す。

「衙蠹」とは、中央・地方の役所の各部局に配置された下級吏員であり、行政事務を担当する胥吏（書吏、吏胥、吏書などの異称がある）と雑役を担当する衙役を含む胥役の別称である。

胥役については、これまでの研究では一般的に二つのイメージで捉えられてきた。一つは役目上の権力を笠に着て貪汚・害悪を招くイメージであり、『清国行政法』の「吏胥ハ殆ト一種ノ階級ヲ組成シ其実際行政上ニ及ホス所ノ害毒少ナカラス(1)」や服部宇之吉の「書吏は無論役所に長く居るから随分悪い事をし、悪い事をする方法を能く知つて居る(2)」はその先駆けである。もう一つは小山正明に代表される、郷紳の「爪牙耳目」ないしは「鷹犬」といった在地勢力の手下として悪行に走るイメージである(3)。いずれにせよ、彼らは史料上では本体を表わす「胥」「吏」「書」「役」などに「刁」「猾」「奸」「悪」などの形容詞を組み合わせた「刁胥」「刁吏」「刁書」「刁役」「猾胥」「猾吏」「猾書」「猾役」「奸胥」「奸吏」「奸書」「奸役」「悪胥」「悪吏」「悪書」「悪役」などの用語が飛び交わされた結果、研究上においても負のイメージで理解されてきたといえる(4)。

では、「衙蠹」の「蠹」にはどのような意味があるのだろうか。『康熙字典』では「蠹に作る。略して蠧《と》に作る。

蚰《こん》の木中に在る形を象《あら》わす」とあり、本来は知らぬ間に木や書籍に穴をあけてしまう害虫を意味する。また、「蠹国」「蠹民」「蠹政」など、動詞でこの字が用いられる場合は対象を「蝕み損なう」の意味となる。したがって「衙蠹」とは「衙門内にあって、国家に寄生し、その屋台骨を蝕む害虫のごとき胥役」ということになる。これはまた「蠹胥」「蠹吏」「蠹書」「蠹役」などとともに清代の行政文書には頻度の高い用語として現れるが、先に挙げた「刁」「猾」「奸」「悪」などの単なる一般的な〝邪悪表現〟とは異なり、そこにはある種の特別な意味を含んでいるように感じる。

ならばなぜ胥役がことさらに「衙蠹」ないしは「蠹」を付した名称で呼ばれたのか。本章はこの問題を手掛りとして清朝の地方統治構造の一端を明らかにしたいと考える。

一　順治題本と「衙蠹」

「衙蠹」という語彙が行政文書に現れるのは、「胥役の歴史とともに古い」とは必ずしもいえない。筆者はそれが早くとも明末に始まり、清代、とりわけ順治年間から康熙前半にかけて顕著になると考える。すなわち「衙蠹」とは十七世紀の胥役のあり方をとりわけ特徴的に言い表した語句であったと判断する。(5)

試みに台湾の中央研究院歴史語言研究所に収蔵されている清代内閣大庫原蔵の明清檔案において「蠹」の語が檔案中にどれだけ見られるかを調べてみよう。周知のように、同研究所所蔵の檔案は一九四九年に台湾に移管されたうちの三一万件からなる。その一部は『明清檔案』として影印で出版されているが、(6)近年、研究所のデジタルアーカイヴ化が進んだ結果、整理された題本については所内での全文検索が可能になった。それによると、

「蠹」の字を表題もしくは本文中に含むものは四六三件あり、うち崇禎朝（八件）、康熙朝（二件）、雍正朝（二件）、乾隆朝（三〇件）、嘉慶朝（一二件）、道光朝（五件）の合計五九件を除く四〇四件はすべて順治朝のものであること、そしてその内容が胥役自身もしくは胥役と結託する官僚の貪汚に関するものが多いことがまず特徴的である。また、題奏者は総督・巡撫（一六三件）と刑部尚書（八七件）のほか、巡按御史（一三一件）がかなりの数になることが注目される。なお、胥役を表す語句としては「衙蠹」が「蠹役」とほぼ同数の一六〇件近くを占めている。

他方、北京の中国第一歴史檔案館には『順治朝題本』と称する檔案が収蔵されている。これもまた内閣大庫原蔵の題本の一部として北京に留め置かれ、北京大学文科研究所に保管されたものが、あとになって故宮博物院に移管された順治、康熙、雍正の三朝題本の一つであり、五一二巻八四〇三件にのぼる。北京の方はまだデジタルアーカイヴ化はされていないものの、この題本についての目録が作られており、貪汚、刑罰、糾参など、四三の分類で各題奏者、表題、題奏年月日が明記されている。この目録に基き、表題に「蠹」がつくものがどれだけあるかを調べてみると、それは一七六件になる。そして、うち一一五件が貪汚類に属していることがまず特徴的である。また、題奏者は総督・巡撫（三二件）と刑部尚書（七四件）の他、巡按御史（五四件）がかなりの数にのぼることが注目される。なお、胥役を表す語句としては「衙蠹」が八四件と圧倒的に多数を占める。

以上はきわめて大雑把な情報整理であるが、ここから少なくとも次の三点を指摘することは可能である。すなわち順治年間の題本には「衙蠹」や「蠹役」という表現で胥役を糾弾したものが相当数あったこと、内容の多くが「貪汚」に関するものであったこと、さらに題奏者には地方行政の最高責任者としての総督・巡撫と地方からの報告を受けて答申する刑部尚書のほかに地方を巡察する巡按御史が多く含まれていたことである。

これは清朝の順治年間における〝吏治粛正〟の政策に大きく関係していると見るのが妥当である。順治八年

(一六五一)に順治帝が親政を開始すると、明制を継承した巡按御史の権限を強化し、監察御史を全国各地に派遣することでそれぞれの地域における「貪官汚吏」の一掃をはかったことについてはすでに触れたが[7]、その際、「御史は朕の耳目の役割をし、それゆえに人民の疾苦や役人の賢否を把握するのである。派遣に当たっては必ず謁見しなければならない。朕は地方の利益を興し、弊害を除く事柄を直接諭した上で赴任させたい。彼らは直接戒諭を受けて、はじめてその職を修めることができるのである」と順治帝が語るように[8]、その決定には若い皇帝の〝吏治粛正〟に対する熱い思いが窺われる。

順治年間の題本に「衙蠹」の語句がことのほか多く登場する背景には、このような皇帝の意向にそってみずからの業務を遂行しなければならなかった官僚たちの一定の思惑があったことは確かである。

二　為政者にとっての「衙蠹」

では、当時の為政者たちは胥役のことを実際どのように評価していたのであろうか。十七世紀後半における胥役全般に関する評価に関しては『皇朝経世文編』巻二四、吏政一〇、吏胥、に収められたいくつかの意見が参考になる。そこには胥吏に関する専論一三篇が収められており、うち八篇が十七世紀後半のものであることもまた示唆的である。たとえば顧炎武が「いま百官の権限を奪って、一切これを吏胥に帰している。すなわちいわゆる百官とは虚名であり、一国を牛耳る者は吏胥だけである」[9]といい、侯方域が「いま天下の吏胥の横暴さはなんとひどいことか」[10]といい、儲方慶が「いま天下の患いはひとり胥吏にある。胥吏の驕横ぶりは官長に等しい」[11]といい、さらに張惟赤が「従来小民を搾取することの悪辣さは衙蠹よりひどいものはない」[12]というように、それぞれがそれぞれの立場で現状を分析しているが、総じて胥吏とは弊害をもたらすものであるという認識があり、大方その「弊害」の実情と対応について議論が展開されている。

そうした中、刑科給事中魏象枢は順治四年（一六四七）に「衙蠹」なる表現を意識的に用いて胥役に対する諸問題を次のように指摘する。

思いますに、我が国の威徳が広く行き渡り、天下は大いに定まりました。たとい雹《ひょう》や蝗《いなご》の害が地域によって報告されたとしても、すでに聖恩を蒙り、官員が派遣されて調査し救済がはかられ、間もなく皇仁に浴することを知っております。ただ、なお地方に害が残っているのは明末の大弊がまだ厳しく改められていないためです。それは総督、巡撫、巡按御史たちが用いる官倉庫の役人や道府州県の胥隷がひどすぎるからです。そうした人間は微力な衙蠹にすぎませんが、その被害は実際民生に大きく影響します。地方官が身を謹んで指導するとすれば、この衙蠹を整理することを最優先課題にしなければなりません。奸悪を除去してはじめて善良な民を安心させることができます。民間が〔衙蠹の〕併呑の災いを受けなければ、その地方はまた予想外の心配をすることもなくなります。市棍や賊党が衙門に紛れ込むと、物資調達や雑務などの名目が多くなり、巡捕などの役人の数が無制限にふえることになってしまいます。この輩は凶猾です。役所の事情に精通し、官長を抑えて、郷曲に武断しています。官長はそれを知りえず、民衆もあえて報告しません。どうして民間にいるあまたの虎狼と異なりましょうか。州県の衙役の数に至っては、多ければ千を、少なくとも数百を下らず、一名分に数人の仲間で担当しています。これを副差といいます。法を犯さなくても巣窟で身を隠す者で、間違いなく棍徒にして勢力を笠に着てゆすりたかりを行う輩です。たとえば河南の李省や淮安の徐人傑は、悪だくみを懐き、頑冥にして憚るところがありません。また楽安の王応吉・燕永蛟のような輩は、平日であれば官を笠に着て民を騙し、変事には官長を殺して賊に応じます。すべては胥役の雇用を疎かにし、弊害を一方に広めたためです。いずれも法で処分するとはいえ、私はこれ以外にも似た輩が少なからずいることを心配します。そもそも使い走りには正規の人員がおり、書写や捕縛の役にもまた定員があります。もし行政が簡明で公正な政治をというのであれば、積悪生事の徒を採用するはずがありません。陛下には巡撫や巡按御史に命じ、所属の道府州県に対し、それぞれの衙門の吏役を詳細に審査し、定員を斟酌した上、その身元を厳査して、さらに前科のない者であれば、はじめて採用を認めるよう仕向けていただきたく存じます。(13)

魏象枢の認識では、「衙蠹」の問題は明末の弊害がまだ廃絶されていないことによるものだとし、棍徒が胥役となり権力を笠に着て地方に弊害をもたらすことも、それが原因となっているという。そして各地方衙門における胥役の採用条件や定員数を厳しくすることでこの弊害を防げると提言する。当時すでに「悪名」が中央にまで知れ渡っていた「衙蠹」がいたことは興味深い。魏象枢の認識は「衙蠹」に対して本格的に対処を講じなければならないと感じ始めた当時の為政者一般に共通するものだったと思われる。

その「衙蠹」の対処を直接担った代表に秦世禎がいる。彼は漢軍正藍旗の出身で、順治四年(一六四七)に浙江巡按御史として赴任、「剔蠹《てきと》」、すなわち「衙蠹」の除去の実績が評価されたことで順治八年(一六五一)に江南巡按御史に転任、さらに順治十一年(一六五四)には浙江巡撫に昇任した。順治年間の江蘇・浙江における吏治粛正に努め、その一環として「衙蠹」に対しても厳しい姿勢で臨んだことで知られる。(14)

秦世禎は「衙蠹の害はどこにもあるが、江蘇ほどひどい所はない」とし、「蠹役一人を除去すれば、公金はその分だけ使い込まれることが少なくなり、人民の膏血もその分だけ吸い取られることが少なくなる。それは民生・吏治においていくらかでも役に立つ」(15)と見て、巡按御史として管轄地域の巡歴が完了するとそこでの徹底した「衙蠹」の粛正に乗り出した。さらに浙江巡撫に昇任した秦世禎は浙江においても「衙蠹」の取り締まりの徹底化をはかった。そこでは、

衙蠹の官・民を害することは昔からあったが、いまはひどいものである。本院《わたくし》が呉越地方を巡按した時は除去に心掛けた。司道から府州県に至るまで訪拿（捜査と逮捕）を行い、処罰はきわめて厳格だった。近頃督撫が責任もって毎年一回訪拿せよとの厳しい勅命を受けた。いま浙江巡撫となって半年、以来衙蠹の弊害が少しも減っていないことがわかる。おそらくこの輩が鬼蜮《きいき》（ひそかに人を害する動物）の姿で虎狼の残忍ぶりをほしいままにするからである。民血を吸い取っても姿を現さず、国権を操っても悟られない。居座りが長くなるほど、拠って立つ所が深まり、身を寄せる場所が高くなるほど、取り繕いの行動が強固になる。彼らは次第に権力を握り、匪賊仲間の悪評を問いただすことがなくなる。それゆえ訪拿を行って民生を安定させなければならないのである。(16)

と通達し、下僚に対しては訪拏、すなわち捜索して逮捕することの励行を命じた。また、

思いますに、苗を養うには必ず先に莠《ゆう》を除かねばならないように、暴を懲らしてはじめて良民を安んじることになります。従来吏治がよくならないのはおおむね猾吏や蠹胥が奸に群がり虐をほしいままにして、つい

に官を害し民を病《へい》するからです。それゆえ私は浙江巡撫に着任するとすぐ遵守条項を頒布し、務めて蠹悪を除き地方を靖んじることを期しました。再び厳しい勅令を受け、ますます恐縮する次第です。そこで司道府庁に通達し、察訪に留意し、必ず「一奸を除いて一方が安息し、一蠹を剪《き》って万姓が安穏になる」ようにさせ、衙蠹の奸をなす者については担当巡撫が毎年一回厳しく取り締まれとの諭旨にそうようにいたしました。(17)

と報告し、上に対しても同様の方針で臨むことを約束した。

総じて、時の為政者である官僚・知識人にとって「衙蠹」とは、各衙門に居座り、官と民とに弊害をもたらす悪人であるが、その弊害は官側の取り締まり強化という力による方法で解決できると見ていたことが理解できる。

三 「衙蠹」の具体像

「衙蠹」とは具体的にどのようなものであったのか。これについて遺された順治朝の題本によって「衙蠹」の具体的な行状を見てみよう。

江寧巡撫土国宝は順治七年(一六五〇)八月の題本で蘇州の状況を次のように報告している。

思いますに、大奸大悪の半ば以上が衙門を巣窟とし、その結果、官僚道徳規範は尽く喪われています。それは長洲県でとりわけひどい状況です。蠹胥の周弘訓、虎皂の高龍山等は私が厳しく処分し、以前に弾劾された知県趙瑾についての上疏中に名を書き連ねました。……思いがけず、その悪跡はいよいよ現れ、〔長洲県〕知県郭経邦の権威が失墜するのに乗じて善悪が逆になり、たちまち巨悪の王仲章等が相継いで現れるようになりました。虎口を開け毒をほしいままにする状況は激しさを増しています。[18]

そして土国宝は「衙蠹」のうち「堂上に招揺する者」には《二閣老》、「堂下に盤踞する者」には《四庭柱》、「官の柄を窺い、官の聡を塞ぎ、奸を上下の間に弄する者」には《十知県》という称号が民間でつけられていると証言する。[19] 以下、土国宝はそれぞれについて詳細な説明を施しているので、いまそれをしばらく概観してみたい。

《二閣老》とは粮書の王仲章と許惟恒をいう。王仲章は順治六年（一六四九）分の漕務を担当し、計一四扇の地区から扇ごとに常例銀三両を求めた。また扇ごとに銀五両を求めた。少しでも要求がかなえられなければ、官を盾に枷刑を科したという。[20] 許惟恒は順治六年分の櫃総《きそう》（櫃書頭）に当たり、櫃書《きしょ》たちに支給する工食銀から常例銀を差し引き、銀八〇両を得た。戸房の書手一四〇名は彼の権力を畏れたため、彼は毎名銀二両を脅し取り、計二八〇両を得た。虎の威をかること益々ひどくなり、鯨呑しても満足しなかった。そこで「派兌科斂《はだかれん》（税を割当て取り立てる）の王閣老」、「掌握銭粮《しょうあくせんりょう》（銭粮を掌握する）の許閣老」とそれぞれ称されたという。[21]

《四庭柱》とは朱孝、陳卿、張仁甫、高龍山の四名の皂快《そうかい》（捕役）である。朱孝は先に罷免されたが、再び県衙門に潜入した。各役は任を得ると気勢をほしいままにした。比較《ひかく》（納税事実の照合）の際には杖刑一回ごとに銀一銭を求めた。彼は満足しないと勇を恃んでひどく殴るので、郷民は蛇蝎のように恐れた。同じ皂快の陸寿は過失を暴かれて逮捕され、銀五〇両を脅し取られた。陳卿は令状を手にしてひそかに経催の陸成吾の兄裕吾を逮捕し、銀四〇両を脅し取った。また令状により粮書の顧肇先を縛り上げ、銀二〇両を脅し取った。張仁甫は令状を出すことをもくろみ預備倉の責任者顧言から銀二〇両を脅し取った。また令状で歇家《けつか》（訴訟宿）の張君甫と朱阿周らを連行し、銀五〇両を脅し取った。高龍山は七都の民夫を逮捕し、郷民から銀一〇〇両を脅し取った。彼の積悪ぶりは多年にわたり、朱孝や陳卿等と共謀して虐を煽り、杖刑にて加減を加えることを恃んで小民の皮肉を剝ぎ取った。四虎が横行し、そのため四庭柱の悪評判があちこちに広がった。(22)

《十知県》の第一は劉治国である。諸役の謁見の際に賄賂を求めた。六房の胥吏顧慎守等一七名から毎名二両ずつ、また櫃書四八名から毎名銀一両ずつ、計銀八二両を取り立てた。そこで民衆は彼を「代観需索《だいかんじゅさく》(謁見を代行して金銭を無心する)の劉知県」と呼んだ。

第二は蕭允和である。知県の意向に迎合し、知県の権限を盗み取った。現総(村役)に充当するはずの徐君球からは七両を貪った。また袁仁台が家屋を顔懐に売与した際、顔懐から銀三〇両を貪り、袁仁台に対しては責十板を科すと脅かした。また書手の袁玉書は大兵の馬槽を担当したが、辞めることを許さず、責十板を科すといって銀四両余と白綾紬二疋を詐取した。また元来個人的に恨みのある郷民銭近湖に対しては、彼が比較のために県城内に行ったのに乗じて責二十板と枷号を科すと脅して銀三〇両を得た。また周洪が回贖《かいしょく》(不動産の買い戻し)の件で訴訟を起こしたが、蕭は回贖を許さず、彼に責十五板を科すと恫喝して紬二疋・酒二甕・銀一〇両を貪った。李四が姦情のことで訴訟を起こしたが、蕭はそれを誣告だと怪しみ、銀四両を脅し取った。さらに朱伯奇が熟田を荒田と書き換えたことから銀五〇両を得た。そこで民衆は彼を「伝打喝罵《でんだかつば》(責打を科すと恫喝罵倒する)の蕭知県」と呼んだ。

第三は柬書《かんしょ》(文書係)の王聖生である。訴状を受理し、法を売り、官を欺く者で、顔徳生から銀二五〇両を貪った。県の書札の往来については一手に掌握し、手数料として計銀二〇両を得た。そこで民衆は彼を「投文放告《とうぶんほうこく》(訴訟を受理する)王知県」と呼んだ。

第四は胥吏の李郁である。訴訟を請け負い、受理するか否かを県堂で堂々と伝え、曲がったことを正しいとした。張筠増が家人の周元強を訴えた際、張から銀四〇両を詐取した。唐際之が土地争いで王善を訴えた際、王から銀三〇両を詐取した。そこで民衆は彼を「審理《しんり》詞訟《ししょう》（訴訟を受理する）の李知県」と呼んだ。

第五は胥吏の高俊明である。青丘倉の順治六、七年（一六四九、一六五〇）分の条銀を管理したが、官法に従わず、勝手にハカリを用いて毎両火耗《かこう》（付加税）三分とし、銀四七〇〇両につき一四一両を強要した。そこで民衆は彼を「加贈《かぞう》収銀《しゅうぎん》（割増しなければ受領しない）の高知県」と呼んだ。

第六は胥吏の徐汝選である。舗行に供給を割り当て、行価（卸値）の銀四〇両を横領した。また呉順楼から紬の卸値銀二〇両、張繡から銀五両、呉伯玉から銀一〇両、方天然から銀一〇両を受け取った。小民のわずかな利益が半ば搾取に帰した。そこで民衆は彼を「喫尽《きつじん》舗行《ほこう》（店を食い潰す）の徐知県」と呼んだ。

第七は胥吏の兪士英である。順治六年（一六四九）分の庫務を担当し、府の胥吏孫永華と結託して銀二五〇〇両を横領した。そこで民衆は彼を「秤兌《ひょうだ》拆封《たくふう》（税銀を計量し封を開く）の兪知県」と呼んだ。

第八は胥吏の唐臣である。納税を請け負って官府を騙した。兪士英が比較に赴いたのに乗じて、納税者が金銭を納めれば許し、納めなければ逮捕し、納税者それぞれから銀二、三〇両を詐取した。そこで民衆は彼を「雑行《ざっこう》比較《ひかく》（雑役や比較を担当する）の唐知県」と呼んだ。

第九はすでに罷免された胥吏の周弘訓である。官・民に害を与え、久しく獄にいたが、また項目を設けて人を害し、官府を把持した。新しい胥役が県に来ると金銭を要求したが、金額が十分でないと必ず多くの後患を招いた。楊景西ら四名からは各々銀四〇両を詐取した。監獄に居ながら県役を挟制したのであり、その手段はますます悪辣であった。そこで民衆は彼を「已出《きしゅつ》衙門《がもん》（衙門を追い出された）の総知県（元締め知県）」と呼んだ。

これら九名に加えて、第十は本物の知県の郭経邦である。彼は速やかに悪人を除去しようとせず、ひとえに悠長であった。そこで民衆は彼を「後堂間座《こうどうかんざ》（何もしないで奥に座っている）の郭知県」と呼んだ(23)。

以上の土国宝の説明から、「衙蠹」とはおよそ次のようなものであったことが理解できる。まず、彼らはそれぞれの部局において様々な職権を濫用して、金銭を受領していることである。部局は税役業務関係と警察訴訟業務関係の二つに大きく分かれる。胥吏は書算業務を通じて、皂快等の衙役は捜査や刑の執行を通じて手数料や賄賂を要求し、また業務上の横領を行っている。徴税と裁判は県政の二大業務といわれるが、「衙蠹」の活動する部局もそれと照応していることは興味深い。次に《十知県》と呼ばれた胥吏たちの行動が注目される。役の割当てや訴訟の受理、杖刑の執行など、その行動の多くは本来知県の専権事項であるにもかかわらず、彼らが大きく関与し、事実上代行しているのであり、それが《十知県》と呼ばれるゆえんでもあった。さらに民間ではこうした行動を取る「衙蠹」たちを「閣老」「庭柱」「知県」などと称して、若干揶揄を含んではいるものの、その権力の大きさを是認していることも重要である。とりわけ九名の胥吏を実行力のない本物の知県と同列に扱っていることは、当時の「衙蠹」の存在の大きさを如実に示している。

こうした「衙蠹」の具体像は他の官僚による題本の中にも頻繁に現れる。この問題がとりわけ尖鋭化していたと思われる江蘇・浙江地方の事例を以下にいくつか紹介しよう。

龔宝は松江府上海県の胥役であり、「測りがたき奸を為し、狼藉の慾をほしいままにする」「真に衙蠹の尤《ゆう》」と称せられる者である。その行状としては、殺人を犯した康三から銀三〇〇両布三〇疋を得たこと、戴念川や沙王五の商人に冤罪をかけて棉や米の物資を没収したこと、無辜の民李宝から銀五〇両を騙し取ったこと、陳光や儲太が領収した税銀八〇〇両の半ばを横領したことなどが挙げられている。一人で三役を兼ねていたといわれるが、

その内容は不明である。ただ、行状から税糧と司法の二つの役を兼ねていたことが推測できる。(24)

張君甫は松江府華亭県の人であった。華亭県の倉場において収糧業務を担当し、納税の請け負いにより横領を重ねた。「欲望に身を任せ、蠹をなすこと多年」であることから「衙蠹」と称された。(25)

陳奉は蘇州府嘉定県の捕快であった。裕福な県民を見つけると冤罪をかけて金銭を騙し取る行状が列挙されている。(26)

張焕は杭州府海寧県の庫吏であった。「銭糧の出入を司り、ついに機に乗じて姦をなす」とされ、業務上の横領を行った。(27)

陳文は湖州府の刑庁の壮快であった。任にあること数十年、退役してもなお勢力を維持し、諸蠹を指図し、爪牙（手下）をあちこちに配して人を餌食にした。また、范徳は同府烏程県の捕役、劉升は湖州府の刑庁の民壮であった。ともに貪欲悪辣なことがきわめて多く、民衆は恨み骨髄であった。彼らは「大蠹」として湖州府にその名が轟いていた。(28)

朱公彝は嘉興府嘉興県の柬房の書手で、本来は書写を担当していた。様々な書類手続きや脚価、草束、工食等の項目において合計銀二〇〇両以上の賄賂を得た「巨蠹」であった。(29)

ここでもまた土国宝の報告と同様、王朝の「銭穀」と「刑名」という地方行政の基本業務に胥役がつけいり、職権を濫用し、収賄する姿が少なからず紹介されている。国権が犯され、知らぬ間に地方行政の屋台骨が蝕まれていく状況は、為政者がそれを実行する者たちを「衙蠹」と呼ぶにふさわしかった。順治年間に摘発された「衙蠹」はたしかに多かった。しかし、摘発されず処分もないまま「職権濫用」を享受した「衙蠹」はそれ以上にいたのである。

四　剔蠹と縦蠹

為政者にとって衙蠹の不正を摘発し、その弊害を防ぐことは大原則であり、それを「剔蠹」と表現するとすれば、現実にはそれと対極の行動として「縦蠹《しょうと》」、すなわち現場を与る地方官たちは「衙蠹」の不正行為を禁止しないという現実が他方には厳然として存在した。

韋慶遠は『明清檔案』の記載に基づき、順治朝の地方官と吏役との関係を次の三つに分類している(30)。それは①地方官が凡庸愚鈍、無知無能で、事務に通じないため、吏役らは機に乗じて地方官に背き悪事を働くことが可能な場合、②地方官が不正を行い、吏役らと結託して悪事を働く場合、③地方官と吏役との利害が互いに異なり、互いに不正を暴いて騙しあい、極端な時は相手を死地に追い込む場合、である。「縦蠹」は①と②とに止まらず、地方官が吏役を管理統制できないという意味においては③を含めて発生するものだった。そこで題本の中から同様に江蘇・浙江における具体例を概観したい。

第一の地方官に胥役を抑える能力がない場合は挙例に事欠かない。たとえば、蘇州府宜興県知県の劉国進は「資質が暗愚で、無学無能のため、衙蠹姚士琳等が不正を行い、勝手に人を騙すようになった(31)」とされ、松江府華亭県知県張天麟は「愚昧軟弱さはあり余っても、剛直果断さは足りず、群奸を震え上がらすことができなかった(32)」とされた。浙江に転じても、嘉興県知県師若瑋は「もとより愚昧で弊害を改める才に乏しく、職務を尽くすことができず、奸役たちがむやみに刑罰を科するのを縦《ゆる》した(33)」とされた。嘉興府崇徳県知県程佺は「一切の地方公務を論じず、触れ文を出すことをゆるがせにした。銭糧の未納状況については衙蠹の愚弄に任せ、徴収起解の実態を知らなかった」[34]とされ、湖州府帰安県知県宋国彦は「職務に勤めず、下を抑えるのに方法がなく、胥役の作奸を招いた」[35]とされた。「厳州府遂安県知県陳永泰が老衰し、顔にも出来物が生じ、両耳は全く聞こえなくなったことから、衙役の行為を調査できなくなった」[36]などという場合は極端にしても、一般の知県が「縦蠹」として弾劾される報告はおびただしかった。

第二の地方官が吏役らと結託して悪事を働く場合もまた多くの事例が報告されている。江寧巡撫土国宝は「巧みに民の膏血を奪い、まさしく自愛せず、衙役を縦《ゆる》して爪牙とし、疲弊する民衆を食い物にする、劣蹟が明らかで枚挙に暇がない者」として、蘇州府常熟県知県の瞿四達、常州府無錫県知県の李訥、鎮江府丹徒県知県の劉自清の三名を弾劾している。その情状として、瞿四達の場合、「本官は本年の漕粮に認められた費用と称し、粮書程明に托して毎石銀二分、計銀三二〇〇両を割りつけ、自分の懐に入れた」とあり、李訥の場合、「本官は腹吏の李永嘉・黄允賢に任せ、各年分の印串銭粮についての出入りを混乱させ、庫吏の高太時・秦聯璧が印鑑を偽造して表向き納税者に支給して銀四〇〇両余を横領する結果をもたらした。後に本官が発見しても庫吏を追及せず、かえって納税者に対し一概に二重徴収したので、県民はみな歯ぎしりした」とあり、さらに劉自清の場合では「本官は官僚の本分を守らず、外においては権蠹の王孟先等の挑発に任せ、官舎に出入りさせて少しも憚ることないようにさせた。内においては彼の舅の郝寧宇に代筆の任を委ねたことから郝寧宇は衙役と結託し勝手に令状を出し、たびたび輿や馬に乗って街をうろついた。そのため好老爺の名がついた」[37]とある。また、土国宝の後任の江寧巡撫周国佐は常州府同知で江陰県を署理（代行）した楊廷詔を「縦蠹して民を害し、収賄狼藉をはかり、一日として留め置くのを許さない者」として、次のように弾劾している。すなわち、「本官が訴訟をむやみに受理すること、数千件をもって数える。腹書の郭伯勲等を信任し、猫鼠同眠の状況だった」[38]という。

第三の地方官と吏役とが互いに対立する場合について、韋慶遠は、地方官が吏役の財産を奪い、罪を定める一方で、吏役もまた地方官の不正の事実を掌握し、摘発する事例をいくつか挙げているが、関連して順治十四年(一六五七)四月に起こった浙江省の巡撫衙門の書吏鄭元甫らと布政使司の衙役李康侯らが海寧県の県丞邢其健を計略にかけ、最後には鄭元甫らが財を得て邢其健を死に追いやるという事件を紹介している。(39) 吏役と地方官とが結託していたのが、その過程で不仲に転化することはしばしばあり、これは第二の場合の変種といえる。

いずれにせよ、「剔蠹」を行うには、州県現場における「縱蠹」の問題を解決しなければならなかった。しかし、吏部左侍郎孟明輔が、「そもそも官が民を害するは、すべて衙蠹を爪牙とするからである。これまで不肖の官を見れば、いつもこの輩を濫設し、あるいはその挑発に任せ、あるいはその協力を得る。猫鼠同眠の至らざる所がない」(40) といみじくも語るように、とりわけ明末の混乱がまだ収束していない順治朝にあっては、地方官が末端行政に与り、それを大過なく果たそうとすれば、いきおい胥役の力に頼らざるをえなかったという本質的な構造があったが、その状況は監督官の眼には、しばしば「猫鼠同眠」、すなわち「猫と鼠が起居を共にするがごとく上下馴れあう」ように映ったのである。題本の中には「腹吏」や「腹書」という表現も少なからず登場する。それは地方が一定の胥役を信頼し、安心して業務を委ねたことの実態を示すものであったのであろうが、これもまた監督官の眼には、しばしば「衙蠹を爪牙とする」と映ったのである。「縱蠹」とは単なる地方官の資質に起因するものに止まらない、「衙蠹」が有するいわば本質的な問題であったといえる。

五　剔蠹の問題

「剔蠹」を具体的に実行することを、「訪拏衙蠹」と称し、監督官からは州県の現場に対してこの励行がしばしば命ぜられた。しかし、これもまた多くの問題を内包していた。

浙江巡按御史王元曦は杭州の「衙蠹」の行動について次のように述べている。

奸を除くとは本来善を扶けることであり、剔蠹とは安民を目的とするものです。思いますに、極悪の輩が衙門に居座り、官の威光を盗んで際限のない罪逆をなし、小民がその荼毒を受けることは一日だけではありません。いったん発覚すれば、訪拏を被り、まさにその生涯の罪状を街中にさらされ、民衆に痛快がられることになります。しかし、近く聞くところでは、この輩は訪拏の後、一片の邪念を懐き、罪過はすでに極まるも法はさらに加え難いという状況を恃んで、ついにやたらと騒ぎ立てます。そして、思うままに人を食らい、頭に浮かぶ富家や小怨ある者をわけもなく脅します。思うようにならなければ、出任せをいって彼らを巻き添えにしてしまいます。裁きを下される段になると、どちらが正しいか区別がつかなくなり、結審の時はただ罪をなすりつけられるだけです。被害者の中には口を極めて冤罪を叫び、一、二申し開きする者がいないわけではありませんが、裁判が長引いて、監禁幽閉が続き、訊問が繰り返されるため、真相が明らかになってもすでに金銭を使い果たしています。そのため小民はこうなることをきわめて畏れ、衙蠹の狂詐に任せ、ただその貪心を満足させて巻き添えにならないよう願うだけになるのです。無事ならば幸いであり、さらに衙蠹とあえて是非を争うようなことをしません。その結果、衙蠹はこの状況を恃んで憚るところがありません。あくどい気炎が千尋にも立ちのぼり、その風を迎え入れる者はみな憔悴してしまいます。小民が衙蠹を畏れるのは訪拏の前よりも後の方が何倍も大きいのです(41)。

また、礼科給事中張惟赤は先に挙げた同じ上疏の中で次のように語っている。

蠹役は日々上官の左右にあってその威勢が鳴り響いています。督・撫・按の三衙門の各役に対しては、地方官はなおさら己の意志を曲げて迎合し、ただその機嫌を損ねることを畏れるだけです。小民がどうしてあえてにわかにその悪事を暴くことができましょう。たとい巡按御史が調査し逮捕したとしても、逮捕後必ず按察使司に摘発条項をまとめるように指示があり、按察使司もまたそれを府の刑庁に求めることになります。刑庁は熟知する方法がなく、必ずこれを県庁の書役に尋ねます。しかし県庁の書役は必ずこの輩と心腹の交わりを結んでいます。そこで県庁の書役はその情報をこの輩にひそかに流し、ただちに本人自身に摘発罪状条項を書かせてしまうので、ついに本当の悪跡は一字も現れず、反対に根拠も関係もない条項を捏造し、上に報告して責任を逃れます。そもそも蠹役が悪事を働けば、必ずその名が省全体に広まり、巡按御史が訪拏するところとなります。訪拏の時には正確で十分な知識と判断がないわけではありませんが、公堂で審議する段になると偽の条項だらけです。その名前が一致していなかったり、証言が誤っていたりで、一つとして証拠になるものがありません。問官が庇い立てする場合はもちろん、たとい執法者が徹底して究明しようとしても、その事実は本人と無関係なものとなっており、罪に問うすべがありません。蠹役は幸いにして罪を免れると、得意になり、「賄賂の力はたいしたものだ」と自慢するので、人々はみな畏れ従います。それゆえ訪拏されるほどその威名が高まることになります。はじめての逮捕の際には、告示を出して告発させないわけではありません。しかし近年、巡按御史が捕まえた犯人はしばしば府県に送って監禁させていますが、保釈を求めて許されれば、立派な服装で街を巡り歩くことになってしまいます。愚民たちはこれを見て、奴は逮捕されたといっても現在安穏無事ではないかと思ってしまいます。それなのに、またどうしてあえてその凶鋒に触れようとする者がいましょうか。告発したのにもかかわらず、この輩が巧みに取り繕い、日後なお衙門にいるとあっては、いいがかりをつけられて報復され、財産がたちまち消えてしまうことをひたすら畏れるのです。ましてや県の各蠹を見るにつけ、彼らは逮捕罷免されると、かえって金を出して府庁の胥役のポストを譲り受け、府庁の各蠹は逮捕罷免されると、かえって金を出して司道撫按の胥役のポストを譲り受けます。衙門が大きくなればなるほど、悪をほしいままにする度合いもそれだけ深くなるのです(42)。

さらに、江寧巡按御史衛貞元は訪拏に伴う二つの弊害を次のように語っている。

衙役が民を害することは鱠のようであり、その数が多ければ周りの魚は死んでしまいます。また雑草のように、茂れば苗は枯れてしまいます。かつ任期満了の者はなおそのポストにしがみつき、一つのポストを共分する者たちはその巣窟に住み着いており、奸に長けて弊害を増さないわけがありません。そのためには解雇処分をゆるがせにしないことが大切ですが、解雇にもまたさらなる弊害があります。そもそも上が解雇といい、下もまた解雇といい、書類の上ではその通りなのですが、何名かはごまかして、いわゆる心腹爪牙の者についてはついに除去しません。これは陽奉陰違の弊害です。あるいは上が解雇を厳命し、下もまたそうしますが、それは州県の蠹役を解雇しても府庁にまで及ばず、府庁の蠹役を解雇しても司道にまで及びません。

さらに州県官署を出て府庁官署に潜み、府庁官署を出て司道官署に入りこむ者がいます。その騙したり身をかわしたりする技はますます巧妙になっています。これは〝去此適彼（こちらを去ればあちらに適く）〟の弊害です。(43)

以上の三人の証言から浮かび上がる「訪拏衙蠹」の問題点の第一は、民衆にとって衙蠹が訪拏されることは必ずしも〝福〟にならず、状況がかえって悪化し、逆に〝禍〟を招くことになりかねないという事実である。民衆が「衙蠹」を告発したとしても、訊問に費やす時間的金銭的負担は大きく、ましてや「衙蠹」からの報復を恐れるため、彼らはあえてその危険を冒してまで官に協力しようとはしないという事情がそこにあった。第二は「衙蠹」が持つ上級衙門から州県官署に至るまでの広範な関係網《ネットワーク》により訪拏しても容易に罷免・処分できないという事実である。調書の書き換えや証拠の隠滅が組織的に行われ、官が裁こうにもその根拠を持ちえず、「衙蠹」もまた巧みに所属を換えて生き延びるという事情がそこにあった。第三は、訪拏の命を受けた地方官がそれを忠実に実行しないという事実である。彼らは「心腹爪牙」に用いた「衙蠹」を失うことに消極的であり、その結果は彼らが最も得意とする処世術「陽奉陰違」を選ぶことになるという事実がそこにあった。

乾隆年間の蘇州の生員顧公燮は、巡撫や巡按御史が赴任すると、数人をまず訪拏して鞭打ちにした慣例を「迎風板」と称したといい、往時の官僚たちに厳しい対応を振り返っている。(44)しかしながら黄六鴻は、

昔日の巡按御史はもっぱら察吏安民のために設けたものであるから、無論、上豪の衙蠹を訪拿する命令が勅書に載せられている。しかし、［その命令を受けると］所属の州県では騒然とならない者はない。それゆえ訪蠹の弊害はひとえに巡按御史においてはなはだしいのである。(45)

という。彼の言が実態に即したものであったとすれば、巡按御史が吏治粛正をはかるために実践したといわれる「訪拏衙蠹」とは、現場の地方官や民衆にとってはむしろ〝ありがた迷惑〟以外の何ものでもなかったことを物語っている。

順治十七年（一六六〇）七月二十七日、巡按御史は「吏治清らかならず、民生に益するなし」を理由に停止され、以後復活することはなかった。(46) しからば「衙蠹」はそののちいかなる様相を呈したのであろうか。吏科給事中何澄は順治十八年（一六六一）六月二十六日の題本において次のような私見を述べている。

巡按御史はすでに廃止されましたが、衙蠹はますます勝手な行動を取っております。銭糧の横領、公然たる賄賂、額外負担の割付、士民への凌辱など、種々の不法ぶりは枚挙に難いものがあります。(47)

「衙蠹」は以前と何ら変わることなく、順治朝の地方行政機構の中で〝獅子身中の虫〟として生き続けたのである。

おわりに

清末の上海で発刊された絵入り新聞『点石斎画報』は「蠹役」について、

世の中に民を愛さない官長はいないが、民を苦しめない胥吏もいない。民を愛するとは除莠安良をいう。民を苦しめるとは仮公済私をいう。官は民を愛するも吏は民を苦しめる。小民は無知なので、吏を怨むべき者がややもすると官を怨むが、それは濡れ衣というものだ[48]。

と語っている。これはある意味で官が吏を「蠹」と呼ぶ理由を巧みに説明している。若い皇帝を頂いた清朝中央とその統治理念の実現をはかる巡按御史に代表される官僚たちにとって、王朝権力を食い物にする胥役の存在は絶対に容認できなかった。それゆえ彼らはその存在の一掃を目指した。しかし、中国の伝統的な地方行政機構の中で欠くべからざる歯車であった以上、それは徒労に終わらざるをえなかった。官僚たちはこうした胥役をせめて「衙蠹」と呼び、いわば〝悔し紛れの表白〟でもって自分たちとの差別化をはかったのではなかろうか。

ところで、「衙蠹」や「蠹」を冠する胥役の語は清代を通じてとりわけ地方官の判牘に多く現れる[49]。これはまた訴人またはその代理の訟師が訴状の中にこの語を盛りこむことでその行状を誇張し、官側に「国家を蝕む案件は無視できない」と思わせ、その分だけ受理を容易に仕向けるといった、一種の訴訟テクニックの反映であったのかもしれない。「衙蠹」とはそのような様々な思惑が混じりあって、清初に広まり、以後清一代を通じて定着した称呼だった。その結果、胥役は官僚たちが書き遺した行政文書上においては実際以上の悪役として登場し、彼らに対する負のイメージもなお一層拡大したのである。

註

(1) 臨時台湾旧慣調査会編『清国行政法』(初版：一九〇五年、復刻版：汲古書院、一九七二年)第一巻下、一八四頁。

(2) 服部宇之吉「清国官制及選叙」(清国駐屯軍司令部編『北京誌』第一一章、一九一六年、復刻版『清国通考』大安、一九六六年所収、付録七〇頁)。

(3) 小山正明「賦・役制度の変革」(『岩波講座世界歴史』一二、中世六、岩波書店、一九七一年、のち同『明清社会経済史研究』東京大学出版会、一九九二年所収）。

（4）清代の胥役に関するこれまでの研究には、細井昌治「清初の胥吏―社会史的考察―」（『社会経済史学』一四巻六号、一九四四年）、Chü T'ung-tsu 瞿同祖 *Local Government in China under the Ching*, Harvard University Press, Cambridege, Massachusetts, 1962. 宮崎市定「清代の胥吏と幕友―特に雍正朝を中心として―」（『東洋史研究』一六巻四号、一九五八年、のち同『宮崎市定全集』一四巻《雍正帝》、岩波書店、一九九一年所収）、藤岡次郎「清朝における地方官、幕友、胥吏、及び家人―清朝地方行政研究のためのノオトⅡ」（『北海道学芸大学紀要』第一部B〔社会科学編〕一二巻一号、一九六一年）、劉小萌『胥吏』（北京、北京図書館出版社、一九九八年）、Bradly W. Reed, *Talons and Teeth: County Clerks and Runners in the Qing Dynasty*, Stanford University Press, Stanford, California, 2000. などがある。

（5）その根拠については、山本英史『清代中国の地域支配』（慶應義塾大学出版会、二〇〇七年）一四六～一四七頁を参照。

（6）張偉仁編『明清檔案』（台北、国立中央研究院歴史語言研究所、第一期三二冊、一九八六年、第二期三四冊、一九八七年）。

（7）山本前掲書一四九～一五一頁。

（8）『清三朝実録』順治八年三月十五日（癸巳）の条「御史為朕耳目之司、所以察民疾苦及有司之賢不肖也。臨差之時、必令陛見。朕将地方興利除弊事宜、面諭遣之。使伊等得親承朕諭、庶能勤修職業」。

（9）原典は『日知録』巻八、吏胥「今奪百官之権、而一切帰之吏胥。是所謂百官者虚名、而柄国者吏胥而已」。顧炎武は江蘇崑山県の人、康熙二十一年（一六八二）没。『清史列伝』巻六八、儒林伝下、顧炎武、参照。

（10）原典は『壮悔堂遺稿』巻一、額吏胥「今天下吏胥之横、何其甚也」。侯方域は河南帰徳の人。順治中副貢生。その著『壮悔堂遺稿』は『壮悔堂集』の附録であり、ともに康熙三十四年（一六九五）刊本。『清史列伝』巻七〇、文苑伝一、侯方域、参照。

(11) 原典は『儲遯菴文集』巻五、議、駁吏議「今天下之患独在胥吏。吏之驕横与官長同。搢紳士大夫俛首屈志、以順従其所欲。小民之受其漁奪者、無所控訴、而転死於溝壑。蓋怨之入人深矣。推其所以、則駁吏之道未得、而吏胥之心無所畏也」。儲方慶は江蘇宜興県の人。康熙六年（一六六七）の進士。官は清源県知県。『国朝耆献類徴初編』巻二二〇、守令六、儲方慶、参照。

(12) 原典は『入告初編』巻一、為謹陳衙蠹呑噬之害事「従来剝削小民、悪莫甚于衙蠹」。張惟赤は浙江海塩県の人。順治二年（一六四五）の進士。『国朝耆献類徴初編』巻一三四、諫臣二、張惟赤、参照。この一文は、礼科給事中としての順治十六年（一六五九）七月二十九日の上疏に含まれる。

(13) 魏象枢《為安民莫先剔蠹乞賜厳加澄汰以袪積弊事》（『皇清奏議』巻三、所収）「臣惟、我国家徳威広敷、天下大定。即有氷雹蝻蝗所在見告、業蒙聖恩、遣員査勘、仰知議蠲議賑、旦夕大沛皇仁矣。乃尚有貽害地方、為明季大弊未経厳行禁革者。則督撫按聴用之官倉舎太雑、道府州県之胥隷太濫也。此其人雖僅衙蠹之微、而其害寔関民生之大。地方官果能検身率下、当以清理衙蠹為第一事。蓋必剔去奸悪、始可以撫綏善良。惟民間不受呑噬之災、地方亦不釀意外之患也。倘市棍賊党皆得竄入衙門、将材雑委、名目多端、巡捕承差、額数無定。此輩凶猾、行径甚熟、把持有司、武断郷曲。官長不得知、下民莫敢告。何異民間千百虎狼。至於有司衙役、多者動以千計、少者不下数百。而毎一名輒有数人朋応、名曰副差。若非犯法、而営窟蔵身、必係棍徒而倚勢索詐。如河南之李省・淮安之徐人傑、包蔵禍心、頑冥無忌。又如楽安之王応吉・燕永蛟輩、平日則倚官以詐民、遇変則殺官以応賊。総因濫行収用、流毒一方、雖皆置以三尺、臣正恐此外此類尚不乏人也。夫伝宣奔走自有正員。書写勾摂亦有額数。果奏政簡刑軽之治、則積悪生事之徒将焉用之。伏乞皇上勅下撫按、併行所属道府州県、各将本衙門員役細加審汰、酌立定額、務厳察其身家、併無過犯者方准投用」。魏象枢は直隷蔚州県の人。順治三年（一六四六）の進士。官は刑部尚書に至る。著に『寒松堂全集』一二巻がある。『清史列伝』巻八、大臣画一伝檔正編五、魏象枢、参照。この上奏はその文集に収められていないが、それに附録した『寒山老人年譜』には、魏象枢自身の口述として「丁亥に散館となり刑科給事中を授けられ、剔蠹・蠲荒等の疏を差し出した」とある。

(14) 秦世禎については、岸本美緒『明清交替と江南社会—17世紀中国の秩序問題』(東京大学出版会、一九九九年)二一九〜二二三頁、および山本前掲書一五一〜一六四頁。『国朝耆献類徴初編』巻一五一、彊臣三、秦世禎、参照。

(15) 『按呉疏稿』巻一、清汰衙役疏(順治八年九月十二日)「是去一蠹役、公帑少一人侵欺、民膏少一人吮吸。其於民生吏治未必無小補耳」。

(16) 『撫浙檄草』巻二、訪拿衙蠹「衙蠹玷官害民、自昔有之、于今為甚。本院巡按呉越時、留心剔除。自司道以至府州県訪拿、懲処執法惟厳。近奉厳綸、責成督撫、年拿一次、不許姑息。業経通飭在案。今撫浙半年。以来見諸詞状、得之風聞、日長月生、曾不少減。蓋此輩以鬼蜮之行蔵逞虎狼之虐。欲吮民血而無形、牽官鼻而不覚。蟠結愈久、則憑倚愈深、托跡愈高、則弥逢愈固。寖成当道而莫問匪特窟社之難熏矣。合行拿訪以安民生」。

(17) 『撫浙疏草』巻七、恭報贓贖疏(順治十三年閏五月二十二日)「臣惟養苗必先除莠、懲暴乃以安良。従来吏治不清、率由猾吏蠹胥叢奸肆虐、遂致害官病民。故臣涖浙之初、即頒布条約、期于力鋤蠹悪、以靖地方。復蒙天語申厳、益加競凜。用是遍檄司道府庁留心察訪、務使除一奸而一方緩帯、剪一蠹而万姓帖席、以仰副衙蠹作奸者該撫一年厳拿一次之旨」。

(18) 『内閣大庫檔案』〇〇七五九九、江寧巡撫土国宝題本(順治七年八月)(『明清檔案』A一一—五所収)「職惟、大奸大悪強半窟穴衙門、而官箴因以尽喪。惟長洲県為甚。蠹胥周弘訓、虎皂高龍山等皆職厳拏究処、於原参知県趙瑾疏中列款有名。……豈料悪跡彌彰、乗知県郭経邦威福下移、是非倒置、旋有巨憝王仲章等相継而起。各張虎吻、肆毒愈狠」。

(19) 『内閣大庫檔案』〇〇七五九九、江寧巡撫土国宝題本(順治七年八月)(『明清檔案』A一一—五所収)「招揺於堂上者、民間有二閣老之称。盤踞於堂下者、民間有四庭柱之号。窃官之柄、塞官之聡、弄奸於上与下之間者、民間有十知県之謡。仮使県官覚察於先、釐剔於後、何致流殃蒙訕、沸騰通国哉。職謹得而備陳之」。

(20) 『内閣大庫檔案』〇〇七五九九、江寧巡撫土国宝題本(順治七年八月)(『明清檔案』A一一—五所収)「如王仲章粮書也。常管六年分漕務、計一十四扇、毎扇索常例銀三両。又索盤粮公費、毎扇銀五両。稍不遂欲、聳官枷責。……此派兌科斂王閣老也」。

(21)『内閣大庫檔案』〇〇七五九九、江寧巡撫土国宝題本〈順治七年八月〉(『明清檔案』A一一―五所収)「許惟恒亦糧書也。鑽充六年分櫃総。凡給放工食、婪扣常例不等、計得銀八十両。戸房書手一百四十名畏伊攬権、毎名被詐銀二両、実得銀二百八十両。狐仮益張、鯨呑無饜。鄒騰宇等証。此掌握銭粮許閣老也」。

(22)『内閣大庫檔案』〇〇七五九九、江寧巡撫土国宝題本〈順治七年八月〉(『明清檔案』A一一―五所収)〈朱孝〉「先経犯革、潜入県堂。凡各役奉差掗身肆焰、比較行杖、毎板勒索銀一銭、不満其壑、則恃勇毒殴、郷民畏如蛇蝎。同皂陸寿被訐、即鑽拏、酷詐銀五十両。同役且然。何況其他」。〈陳卿〉「手執硃票、密拏経催陸成吾兄陸裕吾、打詐銀四十両。又差硃単鎖拏粮書顧肇先、炙詐銀二十両」。〈張仁甫〉「謀差硃票、鎖詐預備倉首名顧言銀二十両。又硃単押比歇家張君甫・朱阿周等、共詐銀五十両」。〈高龍山〉「差拏七都民夫、遍嚇郷愚、酷詐銀一百両。湯聖基説合分去銀五両」、「本犯積悪有年、与朱孝・陳卿等狼狽煽虐、恃行杖之重軽、剝小民之皮肉。四虎横行。故四庭柱之声遍布遐邇」。

(23)『内閣大庫檔案』〇〇七五九九、江寧巡撫土国宝題本〈順治七年八月〉(『明清檔案』A一一―五所収)〈劉国治〉「応輪随覲指称打点、科斂六房吏顧慎宇等十七名、毎名銀二両。又各年櫃書四十八名、毎名銀一両、計贓共八十二両、飽欲啓行。致民編為代覲需索劉知県」。〈蕭允和〉「逢迎県意操窃県権、有徐君球応当見総允和婪銀七両批免。又袁仁台售屋与顔懐告加貼絶婪顔懐銀三十両、聳稟将仁台責十板。又書手袁玉書点管大兵馬槽、推辞不允、稟責十板。詐得銀四両三銭八分、白綾紬二疋、復与批免。又郷民銭近湖素与有仇、乗伊在県比較、稟責二十板枷号、得銀三十両稟放。又周洪以贖田事具控、允和聳官覆□仮伝、田不准贖、喝責十五板、計婪紬二疋・酒二罎・銀十両。李四以姦情事具詞、允和面詫其誣、詐得銀四両。朱伯奇以熟作荒、允和得銀五十両。俱親筆供証。致民編為伝打喝罵蕭知県」。〈王聖生〉「一東書王聖生乞恩准状、売法欺官、婪詐顧徳生銀二百五十両。本人畏勢不認、止拠聖生親筆供称。因徳生有逆産事情、戸房行査、従中説合、得銀八十両。凡県有書札往来。一手握定約、共索掛号銀二十両。致民編為投文放告王知県」。〈李郁〉「一吏李郁、包攬訟事、或准或銷、站堂伝語、以曲作直。有張筠増告家人周元強、詐銀四十両。唐際之以争田告王善、詐得銀三十両。金元脩以争行呈銭甫詐得銀三十両、親筆可証。致民編為審理詞訟李知県」〈高俊明〉「一吏高俊明管収青丘倉順治六七両年分条銀、不遵官法、擅用私等、毎両重耗三分、計収銀四千七百両、多撒贈耗一百四十一両。証口如碑、遺恨入骨。王侍園等証。故民編為加贈収銀高知県」。〈徐汝撰〉「一吏徐汝撰票着舗行、承値供応、扣頼行価四十両。又欠呉順楼紬価銀二十両、張繍銀五両、呉伯玉銀十両、方天然銀十両。各本人証。小民蝿頭微利、半属侵漁。故民編為喫尽舗行徐知県」。〈兪士英〉「一吏兪士英謀管六年分庫務、任意那侵、串同監故府吏孫永華、侵銀二千五百両。各認一半還庫、現在究追。方君栄等証。狼獲官銀、罔惜身命。故民編為秤兌拆封兪知県」。〈唐臣〉「一吏唐臣兜攬乞恩、播弄官府、□借兪士英開欠立比、有銭則免、無銭則拘。各詐二三十両不等。方君栄等可審。故民編為雑行比較唐知県」。〈周弘訓〉「一罷吏周弘訓玷官嚼民允坐囹圄。乃復造款害人、把持官府。即新役進県、勒贄不遂、必多後患。如楊景西・王章善・顧雲卿・劉君卿各詐銀四十両、以監犯而挾制県役、手段愈辣。故民編為已出衙門総知県」。〈郭経邦〉「知県郭経邦鋤奸不早、一味委蛇。致民編為後堂間坐郭知県」。

(24)『順治朝題本』全宗二目録二七、巻一七二三、号八、蘇松巡按御史盧伝題本〔順治四年八月二十二日〕「審得。龔宝一身三役、壟断作奸、既逞悪而肆為故婪、横而無忌。如康三、戴念川、沙王五、李宝等皆其受詐受害之人、活口供質、繊無疑義。此真衙蠹之尤」、「審得。龔宝為叵測之奸、恣狼藉之慾」。『順治朝題本』全宗二目録二七、巻一七二三、号九、蘇松巡按御史盧伝題本〔順治四年八月二十二日〕「上海県衙蠹龔宝誆騙人財」。

(25)『順治朝題本』全宗二目録二七、巻一七二三、号一〇、蘇松巡按御史盧伝題本〔順治四年八月二十二日〕「壱名張君甫、即張万春、年肆拾壱歳、係江南松江府華亭県人。状招、万春不合、素性貪婪、慣一出入衙門、包攬収兌、為蠹倉場、積有年歳、以致収兌受累。……審得。張万春、身甘谿壑為蠹有年」。

(26)『順治朝題本』全宗二目録二九、巻一九九四、号九、蘇松巡按御史梁応龍〔順治年間〕「壱名陳奉、年肆拾玖歳、江南蘇州府嘉定県人。状招、奉係老奸、積充本県捕快、不合不守法度、慣一陥盗詐財、縦盗殃民」。

(27)『内閣大庫檔案』〇〇六二〇五、浙江巡按御史趙端〔順治六年九月二十九日〕「張煐年肆拾弐歳、杭州府海寧県人。状招、煐係本県庫吏、……張煐司銭糧之出入。遂爾乗機作姦」（『明清檔案』A一〇―一五五所収）。

(28)『順治朝題本』全宗二目録二七、巻一八〇二、号六、浙江巡按御史王元曦題本〔順治十三年十二月二十七日〕「陳文積充刑庁壮快数拾年、大悪神姦。今雖退役、尤為負嵎老虎。提調諸蠹、爪牙四布、飛而食人。范徳係烏程県捕役、劉升係刑庁民壮。皆嫠悪山積、百姓怨憤、人思食肉寝皮」。

(29)『内閣大庫檔案』〇八八八一八、浙江巡按御史牟雲龍題本〔順治十六年閏三月〕「一名朱公彝係嘉興府嘉興県人。状招、彝充本県東房書手、素司書写。……朱公彝係嘉興県之巨蠹也」。

(30) 韋慶遠「《明清檔案》与順治朝官場」(『社会科学輯刊』一九九四年六期、のち同『明清史新析』北京、中国社会科学出版社、一九九五年所収)。

(31)『内閣大庫檔案』一二〇八三三、蘇松巡按秦世禎題本〔順治九年十月十八日〕「知県劉国進質地昏愚、不学無術、以致衙蠹姚士琳作姦肆詐」。

(32)『内閣大庫檔案』〇三八四〇二、江寧巡撫張中元題本〔順治十二年九月〕「県官張天麟昏柔有余、剛断不足、不能震摂群奸」(『明清檔案』A二四—三五所収)。この件については『順治朝題本』全宗二目録二九、巻一九九七、号一一四、刑部尚書図海題本〔順治年間〕でも言及している。

(33)『内閣大庫檔案』〇〇六三一三、浙江巡撫蕭起元題本〔順治九年三月二十九日〕「師若瑋性本昏庸、才乏釐剔、屢経駁勘。雖無入己之贓、縦奸濫罰擬杖、誠不為枉」(『明清檔案』A一四—五一所収)。

(34)『内閣大庫檔案』〇〇九〇四四、浙江巡撫蕭起元題本〔順治八年八月八日〕「一本官不諳事体、一切地方公務廃弛、文移任衙蠹沉閣、駅逓供応疎悞。一本官銭糧拖欠正項倉口甚多、任衙蠹愚弄、不知徴収起解」(『明清檔案』A一三—六六所収)。

(35)『内閣大庫檔案』〇一五三五六、浙江巡撫蕭起元題本〔順治九年六月二十八日〕「比〔宋〕国彦職司不謹、馭下無法、以致胥役作奸」(『明清檔案』A一四—一五一所収)。

(36)『内閣大庫檔案』一二〇五三三、浙江巡按御史趙端題本〔順治五年九月三日〕「遂安知県陳永泰濫膺民社、耳目不靈、操守未浄」。

(37)『内閣大庫檔案』〇〇七〇九六、江寧巡撫土国宝題本〔順治八年五月〕「巧剝民膏、鼎不自愛、縦衙役為爪牙、視残黎為魚肉、劣蹟昭著、不勝縷指者」「本官（瞿四達）指称本年漕粮過淮使費、托粮書程明毎石加派銀二分、該県漕粮一十六万零、共加派銀三千二百両有奇。婪扣入己」「本官（瞿四達）于八年三月十二日委粮書馮時開報甲催公正葛懐徳領兌、見伊殷儒可詐、立刻責治監候。潘有美・王継登説合、炙献銀六百四十両」「本官（李訥）聴任腹吏李永嘉・黄允賢、将各年分印串銭粮混乱対支、以致庫吏高太時・秦聯璧偽造仮印、在外対給納戸、私収銀四百両余。後本官査覚、不究追庫吏、反将納戸一槩重徴。合邑切歯」「本官（劉自清）不守官箴外、聴権蠹王孟先等撥置、出入私衙、毫無顧忌。内憑伊舅郝寧宇主持代筆、勾結衙役、擅摽硃票、不時乗輿跨馬、招揺城市。故有好老爺之称」（『明清檔案』A一三—一二九所収）。

(38)『内閣大庫檔案』〇〇七七七二、江寧巡撫周国佐題本（順治九年六月）「本官（楊廷詔）濫准詞訟、計盈数千、信任腹書郭伯勲・章彩・張従之・朱我祥・王鼎等猫鼠同眠」（『明清檔案』A一四—一六三所収）。

(39)『内閣大庫檔案』〇〇七八三一、浙江巡按御史王元曦題本（順治十四年四月）（『明清檔案』A三〇—一三一所収）。なお、この件は『順治朝題本』全宗二目録二七、巻一八〇〇、号二、刑部尚書図海等題本「為密拿奸蠹事」（順治十三年九月十四日）、同全宗二目録二九、巻一九三一、号二二、刑部尚書図海等題本「為密拿奸蠹事」（順治年間）にも言及されている。

(40)『内閣大庫檔案』〇三八三四四、吏部左侍郎孟明輔題本（順治十年五月六日）「夫官之害民、悉衙蠹為之爪牙也。往見不肖之官、毎毎濫設此輩。或任憑撥置、或仮手過付、猫鼠同眠、無所不至」（『明清檔案』A一七—三七所収）。

(41) 王元曦「禁衙蠹訪後株連」（『資治新書』巻五、飭胥吏）「除奸原以扶善、而剔蠹乃以安民。念此窮凶極悪、盤踞衙門、窃官府之威霊、作無窮之罪逆。小民受其荼毒、非一日矣。一朝敗露、得以訪拏、方将尽掲其生平罪状、暴之通衢、為斯民称快。而向聞、此輩訪拏之後、一片悪毒心腸、如水益深、如火愈熾、自恃其罪過已極、法難再加、遂爾横行放潑、恣意食人、将中所記温飽之家及有睚眦小隙者、至此憑空嚇詐。稍不遂意、信口株扳、以致遭官繋獄。判断之下、難分真是真非、審結之時、惟有卸賍卸罪。即或極口称冤、不無一二弁白者。然而長途解審、黒禁幽囚、六問三推、経年累月。迨至水落石出、而身家業已破蕩矣。小民畏如湯火、任其狂詐、但願飽爾貪心、免其扳累。無事便為大福、尚敢与

之争論是非哉。而若輩恃此為詐害霊符、恣行無忌。毒焔千尋、迎風者無不焦額。是小民畏衙蠹于既訪之後、較之未訪之先、更不啻百倍也」。王元曦については字は暘谷、山東掖県の人、順治九年（一六五二）の進士、十三年（一六五六）に浙江巡按御史に就任している。『詞林輯略』巻一、参照。

(42) 張惟赤『入告初編』巻一、謹陳衙蠹呑噬「恐此輩日在上官左右、声勢嚇奕。若督撫按三衙門各役、郡県尚且曲意将迎、惟恐得罪。小民安敢遽然訐告。即巡按訪実拏問、既拏之後、必索款于臬司。臬司転索于刑庁。刑庁無従稔知、必訊之本庁書役。然本庁書役必与此輩向結心腹之交。因密通消息、即令本人自行造款、遂将真実悪跡一字不提、反仮捏無影無干之款、上報塞責。夫蠹役作悪、必名聞通国、始為巡按之所訪拏。在訪拏之時、非不真知灼見。及至公堂質審、率多偽款。或姓名不対、或証差訛、一無指実。無論問官狥庇、即有執法者欲直窮到底、而其事実属無干、無従坐罪。倖免以後、招揺得意、自誇打点神通、人人畏服。故訪拏一次、愈増一次之威名矣。在初訪之時、非不出示令人告発。但近年巡按所訪人犯、往往発下府県監禁、以致央情保放、盛服逍遥、游行市上。愚民見之謂、彼雖訪拏、現今安然無事。又孰敢犯其凶鋒者。惟恐補状訐告、而此輩彌縫術巧、日後仍在衙門、則借端報復、身家立破。況毎見県間各蠹、訪拏問革後、反買府庁頂首矣。府庁各蠹。訪拏問革後、反買充司道撫按頂首矣。衙門愈大、則肆悪愈深」。

(43) 『内閣大庫檔案』〇〇六九一四、江寧巡按御史衛貞元題本（順治十六年十一月）「衙役之害民也、如鮎然、多□魚亡矣。抑如莠蕃則苗搞矣。且満役者仍恋桟、朋役者暗附巣、得毋長奸而滋弊乎。則裁汰之不容緩図也。雖然、裁汰更有弊。夫上曰裁、下亦曰裁。一紙遵依、幾名搪塞、而所謂心腹爪牙者終不去。是陽奉陰違之弊也。抑上厳裁、下亦厳裁。有裁州県□不及府庁者。有裁府庁而不及司道者。更有□州県之署、鑽府庁之衙、出府庁之門、入司道之幕者。其騙詐益工、其躲閃益巧。是去此適彼□弊也」（『明清檔案』A三五—七四所収）。

(44) 『丹午筆記』迎風板。また岸本前掲書二一九頁、参照。

(45) 『福恵全書』巻二〇、刑名部、款犯「昔日巡方専為察吏安民而設。故訪拏土豪衙蠹、載在勅書。凡属州県無不騒然。所以訪蠹之害惟巡方為甚」。

(46) 『清三朝実録』順治十七年七月庚辰の条「吏治不清、民生無益」。

（47）『内閣大庫檔案』〇〇六一一六、吏科給事中何澄題本（順治十八年六月二十六日）「巡方既撤、恐衙蠹愈以放肆。或侵欺銭糧、或公行苞苴、或額外多派、或凌辱士民。種種不法、難以枚挙」（『明清檔案』A三七―五一所収）。

（48）『点石斎画報』子編九期、蠹役成群「天下無不愛民之官長、而無不擾民之胥吏。愛之如何。曰、除莠安良也。擾之如何。曰、仮公済私也。官愛之而吏擾之、小民無知、輒以怨吏者怨官、然而冤矣」。

（49）たとえば『守禾日記』讞語類には、「衙蠹」「蠹棍」「大蠹」「棍蠹」「豪蠹」等が表題に含まれる判牘が多数収録されている。康熙年間の判牘には訴状の原形内容をそのまま活かした表題をつけるものが少なくない。

第四章　地方官の民衆認識

——公牘の中の〝良き民〟と〝悪しき民〟

江寧県の趙明府は政声卓著にして、人、神明を頌《しょう》す。洵《まこと》に風塵中の能吏なり。

——『点石斎画報』酉集一期、令尹賢声

知県の裁判の様子を伝えている。「除莠安良」「恩周蔀屋」「視民如子」などのプラカードが見える。

はじめに

公牘とは主として地方官僚を経験した中国の知識人が行政を施行するに当たってそのつど発行した公文書をまとめて編輯・刊行した個人の公文書集であり、それは清代には盛んに刊行されたために現存するものが多く、地方社会の実態を反映する史料として近年改めて注目を浴びている書物を指す(1)。本章は、地方官僚という中国の知識人が著したこの種の書物において、彼らが統治対象とした「民」なるものをどのように描いたかを紹介し、そこから清朝の地域支配の本質を知る手掛かりを得ようとするものである。

ところで、清代において「民」を直接統治した地方官僚、すなわち知府や州県官などの地方官は「父母之官」と称された。人民を「赤子」と見なした皇帝こそがまさしく「民之父母」であり、地方官はその皇帝に代わって王朝国家の人民支配を体現する代官であった。それゆえ彼らもまた「民之父母」でなければならなかった(2)。地方官が「民之父母」である要件として、実際の父母が子供に愛情を注ぐがごとく、赴任地の「民」に対して無上無窮の慈悲をもって治政に臨むことが共通して求められたのである。

清代を通じて最もよく読まれた官箴書の一つ『福恵全書』の著者黄六鴻は、地方官の「民」への対応として、「一州一県の刑名（司法行政）と銭穀（徴税行政）を統轄し、あらゆる人民の利弊、政務の状況についてみずからが配慮し、粗略や過失がないように期さなければならない(3)」というように、行政の円滑な執行とともに、その際における「民」への砕心勉励を基調とすることを説く。また、「民の父母たる者は民が税役負担や災害に疲れ果ていることを知っている。さらに想定外の負担や胥役の苛斂誅求が加われば、民の膏血は尽きてしまう。子が痛がれば父母たる者はこれを撫で慈しむものである。鞭打つことなど、どうして耐えられようか(4)」、「民の牧たる者は民が耕すのに元手がないのを見れば、資金を貸しつけ、返済には利息を免除する。そうすれば民は父母の徳を戴き、仁徳ある指導者のもたらす利を蒙り、誰もがみな農耕に精を出すので、婦女子もまた安寧を受けることになる(5)」など、盛んに地方官の「民之父母」たる存在意義を強調し、彼らにはその「民」に対して無条件の愛を注ぐのを宗とするよう求めている。つまり、ここでいう「民」とは王朝の人民支配にとって理想的な人民を指し、それは体制を従順に受け入れる一般の民、すなわち〝良き民〟を意味している。

だが現実の世界には必ずしもこのような従順な「民」でない、いわゆる〝悪しき民〟が厳然として存在した。地方官たちは当然のことながらそれを無視しえなかった。そこで黄六鴻はそのような地方官の〝悪しき民〟への対応のあり方を次のように説く。

そもそも盗賊もまた民である。上にあっては教化、下にあっては養給しなかったことがこの結果をもたらしたのである。上で教化がなければ従うべき礼義や畏れるべき刑罰を知らず、民は簡単に法に触れてしまう。下で養給がなければ、貧しくともやってはいけないことや財利にはたやすく得てはいけないものがあることを知らず、民は相率いて盗賊になってしまう。この盗賊たるものは、上が最初に民をそこに追い込み、民が盗賊になるに及んで、これを禁じて殺すのである。まことに哀れむべきではないか(6)。

黄六鴻にとっては、盗賊もまた「民」の範疇であり、地方官はそのような本来〝良き民〟だった「民」にもまた父母の慈しみをかけなければならないと主張するのである。

このような地方官＝「民之父母」という認識はひとり黄六鴻だけに止まらず、官箴書という書物の著者の多くに共有されたものであった。官箴書は地方統治の指南書であったが、同時にまた儒者エリートの規範を説く箴言書でもあった。そのためはじめて任地に赴く純粋な新任官僚の中にはそれを真摯に実行しようとした者もいたに違いない。

しかしながら、実際の地方統治の現場においてこのような理想主義を貫くことは容易でなかった。地方官みずからが接した「民」の中にはもちろん〝良き民〟もいなかったわけではないが、それ以上の〝悪しき民〟が跋扈していた。また彼らは教化・徳育によって〝良き民〟には到底なりえない「民」でもあった。その結果、地方官僚がみずからの統治を支障なく貫徹するには、彼らに対して官箴書の教えとは一定の距離を置いて接することを余儀なくされたのである。

ならば地方官は現実の「民」に対してどんな認識でもって臨んだのか。彼らは「民」に対する建前と現実との落差をどのような論理で埋めようとしたのか。本章は、以上のような問題を、実際に地方統治を担った官僚が書き残した公文書集である公牘を通して明らかにしようとする試みである。

はじめに本章で主として用いる公牘『守禾日紀』について簡単な紹介をしておく。著者盧崇興は遼東広寧の人、廕生出身で、康熙十四年（一六七五）から康熙十七年（一六七八）まで浙江嘉興府知府を務めた[7]。清初の浙江はとりわけ統治が難しい地域といわれ、なかでも江南デルタ南部に位置する嘉興府は他所にも増して統治の困難な土地として名を馳せていた。『守禾日紀』は全六巻、乾隆四年（一七三九）序刊本。疏序申詳類（巻一）、告示類（巻二～三）、讞語《げんご》類（巻四～六）、附（公呈等）からなり、康熙十年代（一六七一～一六八〇）中頃の嘉興府の地域社会についてその状況を詳細に伝えている。

一般に知州と知県を併称した州県官は「治事之官」、すなわち州県の現場にあって直接民政を担当する役人であるのに対し、知府以上の地方官僚は「治官之官」、すなわち官僚を監督する役人と考えられているが、「朝廷が官を設けるのは本来民の為である。官は必ず民を愛するから職を尽くすのである。それゆえ府州県の官はみな知をもって名をなしている。またの名を地方官という。地方の事は知らないことがないということだ」(8)というように、知府もまた州県官と同様に地方官であり、その意味で「親民之官」としての役割の一端を担うものであった。

一 公牘讞語類の中の「民」

讞語とは地方官僚一般が担当した裁判の判決や上司に報告する自己判断を示した文書のことであり(9)、この文書にはおのずと〝悪しき民〟がおびただしく登場する。

盧崇興はその一つにおいて「刁民《ちょうみん》」として孟景源を次のように描いている。

孟景源は刁民です。かつて自分が所有する田を高濂に売り、代金銀二〇〇両を得ました。この売買は合法で異議のないものでした。ところが、田を売った翌年、孟景源はその田租を強奪し、高濂に少しも償おうとしなかったため争いが生じ、訴えが止まなくなりました。孟景源が証拠として提出した絵図はでたらめで、いろいろな項目を捏造して粉飾しており、道理に合わないので、これは刁健《ちょうけん》(むやみに訴え出る行為)に属します。いま高濂より田価二〇〇両と二年分の田租一四〇石を兵餉に充て、将来の禍根を断ちたいとの申し出がありました。孟景源の害を及ぼす行為はまことに人を驚かせるに十分なものです。その小作料を侵し、むやみに訴えたことは誣告の風潮をなくすためにも杖刑に処すべきです。ただ行為が恩赦の前であったことを考慮すれば、前例に従って罪を免除し、訴訟の原因をなくした方が望ましいでしょう。小作米は高濂に領収させます。以上の処置につき閣下のご判断をお待ちします。(10)

讞語には一つの形式として、まず判決の対象となる人間がどのような人物であるかを「甲は乙也」として冒頭に示すことがよくある。この際、乙は階層や職業を示すこともあるが、多くは文書の性格上処罰の対象者がどのように悪い人物であるかという、ある種の評価を記している。盧崇興の讞語にはとりわけこの形式が多い。上記の場合、孟景源は「刁民」、すなわち売った土地の租米を強奪し、逆に訴訟を起こした狡猾な「民」と評価し、その行為は原則的には杖刑に処すべきとの判断を示している。

ところで、盧崇興がこのような判決の対象者を「民」と称したのはこの一例のみである。彼は彼らに対してあえて「民」と呼ぶのを避け、別な表現をもってするのが一般的だった。

その第一は「者」である。『守禾日紀』に収録された讞語の中から一例を拾ってみよう。

張成は淫にして道理をわきまえない者です。彼の父親がかつて呉燦の師匠だったことから、張成は呉燦の家を借りて住んでいました。彼はついに博打で身上を潰してしまいました。その時、呉燦の僕婦鄭氏を見かけ、淫らな心を起こしました。郷閭隣里はそれを許さず、呉燦もまたその家に留め置くことができなくなりました。しかし、張成は反省することなく、逆にその怒りを呉燦に向け、でたらめな情状によって呉燦を訴えました。いま訊問したところ、彼の訴状に記す姦淫については目撃者はなく、家屋破壊についても証人は目撃していないと供述しています。そもそも他人の僕婦に淫らなことをしようとして逆に他人を姦淫で誣告し、他人の家屋を借りて逆に他人がそれを破壊したと誣告するとは、法をはなはだしく枉げるものです。枷責により無良の輩の戒としたいと思います。(11)

ここで取り上げられた張成は逆恨みのために誣告を行った一介の「民」であり、「枷責により無良の輩の戒としたい」とある「不良の民」である。

「不良の民」を「者」と表現した事例はこの他にかなり多く見受けられる。(12)「者」の字句的な意味は単に「もの」や「ひと」にすぎず、それ自体には特別悪い意味はないものの、上記の例が示すように、悪い意味の形容詞が付された人の場合、それをあえて「民」とは称さず、意識的に「者」と記している傾向が感じ取れる。

第二は「徒」である。同様にその表現例を『守禾日紀』の讞語の中から拾ってみよう。

項偉然は道理に外れて倫理観のない刁徒《ちょうと》です。最初は老いぼれて身寄りがないため、戴六の妻に炊事してもらっていましたが、ついで進退窮まり、戴六の所に居候することになりました。彼は老獪で、しばしば府県に訴え出て誣告を行いました。彼は訴状に嘘八百を並べましたが、すべて道理に合いません。能弁な訟師であっても審問の下、頭を垂れて罪に伏すだけです。各犯の供述記録を憲台に送り、みずから判断を願うものです。(13)

ここで取り上げられている項偉然は誣告を常習とする「民」であり、盧崇興は彼を「刁徒」と呼ぶ。「徒」と表現したものはこの他に二一例が挙げられる。(14)「徒」とは「同じ系統に属する人々」の総称で、「党」、「輩」、「類」もまた類語であるが、同様に上記の例から判断すると、そこには「悪いことをするために集まった仲間」の含意がある。

第三は「棍」である。その例をまた『守禾日紀』の讞語の中から一つ拾ってみよう。

沈弘素は無恥なる刁棍《ちょうこん》です。妻の鄭氏を自分で養うことができなくなったため、名目をかりて結納金二二両をせしめ、康熙十一年七月二十四日、高禹門に側妻として嫁がせました。さらに婚礼の夜にはみずからが見送り、一緒に盃を挙げましたが、沈弘素はその時何の文句もいいませんでした。婚書は信頼できるものです。ところが、彼は瞬く間に姦通の訴えを起こしました。どうして妻を金穴と見なし、夫婦の間にけじめがなくてもよいと考えるのでしょうか。いままた沈弘素が狂吠をほしいままにして御上を煩わせるに至りました。しかし、鄭氏らの供述は明白であったため、沈弘素もまた不作のため妻を売ったのであり、高禹門との間に密通の事実がなかったことを自分で認めました。沈弘素は恥知らずにも悪辣な誣告を行った者であり、重罪に値します。しかし、恩赦の前の行為であったことを考慮し、罪を緩めるよう願います。鄭氏はやはり高禹門に引き取らせ、家内を安定させせます。沈弘素は再び事にかこつけてペテンを行い、恥知らずの風潮を増すようなことをさせなければ、よろしいかと思います。(15)

ここで取り上げられている沈弘素も悪辣な誣告を行う「民」であり、盧崇興は彼を「刁棍」と呼ぶ。「棍」と表現したものはこの他に八例が挙げられる。(16)「棍」は「棍棒で殴る者」の本来の意味からしても明らかに「悪党」ないし「無頼」を意味する。(17)上掲の例文の場合は沈弘素なる人物が売妻の事実を枉げて相手を誣告したことから「刁棍」、すなわち「狡猾な棍」と判断しているもので、必ずしも組織に属するほどの「無頼」でないにせよ、「棍」には「民」と一線を画す意が込められている。

『守禾日紀』にはこうした形式の讞語は全一九九件中七二件が収められているが、前掲の「刁民」を別にすると、「者」「徒」「棍」でその八割近くを占めている。彼らは一部、生員、胥役、兵丁を含むが、基本的には特別な身分や資格を持たない平民と見て差し支えない。しかし、これらは明らかに「民」とは区別された表現であるといわねばならない。

ではなぜ『守禾日紀』の讞語にはこのような表現が顕著に見られるのか。それは讞語の対象となった「民」、つまり処罰する「民」は〝良き民〟ではありえないとの盧崇興の判断が無意識のうちに働いたからではなかろうか。実際の地域社会に起こる様々な凶悪事件を処理した盧崇興にとってはそうした事件を起こす「民」がすべて〝良き民〟であるという観念を維持することはきわめて困難であった。そこで彼はこのような〝悪しき民〟に対しては「者」「徒」「棍」などの表現を借りて「民」の範疇から切り離した上で、改めて処断の対象とし、その矛盾の解消をはかったものと判断される。

ここではたまたま『守禾日紀』に示された讞語のみを取り上げた。しかし、この傾向は他の同時代の公牘、さらには清代一般の公牘中の判牘においても程度の差こそあれ共通したものが感じ取れ、その意味でも清代地方官の〝悪しき民〟に対する心情が讞語という公文書に看取できるのである。

二　公牘告示類の中の「民」

告示とは地方官僚一般が所属の士民に対して訓示を与えるために官署の門前等に貼り出した公文書であり、なかには下僚・属吏もその対象に含めることがあったが、地方官の場合は多く地域住民、とりわけ「民」に向けたものであった。換言すれば、それは地方官の「民」への思いを一方的に語りかける文書であったといってよい。

盧崇興は着任に当たって早々に次のような告示を出している。

本府《わたくし》は代々関外に籍を置き、住まいは北京にあって、一族は互いに助けあい、ひたすら朝廷に背かず、郷里に恥じざるを思って刻苦勉励し、自分を大切にしている。また本府の性格は頑なで、他人とは妥協しない。詩人墨客や占師の類はとりわけ相容れない。家人や奴僕は官署に閉じ込めて外出を認めない。行政に関しては、本府は習熟に努め、判断にすこぶる通じているので、代筆の幕士に手をかりることもない。ただ、嘉興の地は要路に当たり、悪弊が生じやすいため、真偽を見誤り、騙されないとは限らない。そこで不定期に秘密捜査するのに加え、暁諭を示し、告示を出して所属地方の人々に知らしめる。もし外で衆目を引きつけ騙りを働く不法の神棍〔大悪人〕がいれば、日時にかかわらず通報させ、即刻逮捕して光棍例(18)によって罰することにする。道観、僧寮、青楼、酒肆、旅店、河舫などで事情を知りつつ匿って報告しない者がいれば、一緒に処分し、決して軽く扱わない(19)。

告示には一般の形式として、まず文頭に「照得」等の書き出しの定型語を記し、次に本文においてある種の状況を説明し、その状況に対し「合行暁諭、為此示、仰〔通知対象者〕知悉」、すなわち「まさに説諭し、この告示により〔通知対象者〕に申し渡して知らしめる」として、今後起こりうる違法行為に対する自己の処断を伝えるというのが一般的であった。

この「関防詐偽」、すなわち「騙りを防ぐ」と題する告示は地方官が着任早々に赴任地の民衆に対していわば所信表明の意味で公布するものだった。その目的は新任の官僚が毅然とした態度で地方統治に臨むことを人民に知らしめ、つけいる隙を与えないことにあった。盧崇興はこの告示で「神奸」と称する大悪人とその隠匿者に対して断固たる措置を取ることを通告し、現実に存在する〝悪しき民〟に対し毅然とした態度を示したものと思われる。

盧崇興は以後〝悪しき民〟に対して次のようないくつかの告示を出している。

嘉興は健訟が一般化している。民間の些細な出来事でもいつも数十人が群れをなして官署に訴え出、派手な振る舞いをして訴状の受理を求める。いざ裁判になると、でたらめの限りを尽くし、一つとして本当のことがない。これみな地棍・訟師が結託して事件を捏造し、ペテンにかけることを求めるためであり、まことに痛恨の窮みである。既往の罪は問わないものの、このような行為は禁じなければならない。ここに告示を出し、所属の軍民人等に知らしめる。以後、すべての地方の公事や公呈においては五人連名で訴状を提出することだけを許し、多くの人間を誘ってむやみに訴え他人を脅すことを求めてはならない。もし違反すれば必ず重責し、枷刑に処して容赦しない(20)。

師巫邪教は実に地方の内憂であるので、本府はすでにしばしば禁令を出してきた。いま調査したところ、ある光棍が菜食の郷民を邪教徒であると誣告し、脅し騙すことが少なくない。少しでも意にそわなければ、地方・保長を誘い込み、あるいは無頼を動員し、役所に通報するので、捕り方が四方に向かうことになる。真偽のほどが不明のまま庶民の財は尽く光棍や衙蠹の欲望を満たすことになる。まことに痛恨の窮みである。既往の行為に関しては措くにせよ、いま告示を出してあまねく禁止を命ずる。この告示により、全府の軍民人等に知らしめる。以後もし本物の邪教で、以前同様に香堂を設け、衆を集めて民を惑わす者がいれば、捜査・告発を行い、乱民の罪で処分する。もし光棍・保長で前罪を改めず、なお菜食の郷民を邪教徒と決めつけ、脅迫や逮捕監禁することがあれば、被害者には随時府に訴え出ることを認めて即刻逮捕し、必ず光棍の新例によって定罪する。(21)少しでも容認して地方の害を残すようなことは決してない。各自謹んで遵守し、忽せにするなかれ。(22)

四民はそれぞれ恒業を持ち、分に安んじ、自分で生活を営んでいる。遊惰にして慎まず、三々五々群れをなし、衆人を集めて賭博を行い、ならず者を招いて良民を誘い込むような行為は、盗賊の発生原因となる。本府はすでに厳禁を命じた。だが意外にもまだチンピラと結託し、賭場を開帳して憚らない無頼棍徒がいるのは、痛恨の窮みである。ここに再び禁止を命じ、この告示を出して、所属の者たちに知らしめる。以後、なおも衆人を集めて開帳する遊手奸徒がいれば、地方・保長の密報を許し、即刻逮捕して窩盗《かとう》（盗賊を匿うこと）と同じ罪にする。もし事情を知っていながら見逃し、その事実が発覚すれば、一〇家を連座して一体に罪し、決して許さない。後悔のないことを祈る。(23)

以上は、健訟、誣告、賭博といった地方の秩序安定に対して阻害要因となる行為が、地棍、光棍、無頼棍徒といった〝悪しき民〟によって担われていたことへの対応であり、〝悪しき民〟の存在を認め、そのような行為を禁じ、違反者を厳重に処罰することで彼らに地方官としての断固とした態度を表明したものと思われる。

他方〝良き民〟に対しても地方官は告示を出すことが多かった。ならば地方官は彼らに対しては何を求めたのであろうか。再び盧崇興の告示からそれを見ることにしよう。

嘉興の習俗は狡猾で訴訟を好むことが珍しくない。本府《わたくし》が着任して裁判を始め、訴状を点検すると、十中八九根拠がない。情が薄く訴訟を好む状況はすでにそのあらかたを見ている。現在それでも本府はいくつかの案件を取り上げ、目下取り調べ中である。しかし、爾《なんじ》らは一時の憤りを我慢せず、後から追及されることを思わず、しばしば何でもないことを大袈裟に騒ぎ立てるが、ひとたび訴えが受理されるとその曲直を論じるより前に衙蠹の餌食になり、さらに審議にはいつも数ヶ月かかるので仕事ができなくなることを理解しない。たといそれで小さな恨みを晴らせても、損失は数え切れない。さらにまた代書人に訴状を任ぜば反坐《はんざ》の罪（誣告人を陥れようとした罪）に遭うことになる。ああ爾ら郷民は何と愚かなのか。まことに憐れむべきであり、恨めしいかぎりである。そこで勧諭を行い、この告示を出して府属の士民人等に知らしめる。以後、殺人・強盗など重大な案件以外の民事関係で自制できるものであれば訴訟を控えよ。自制できない場合は親戚・友人や郷里の調停に委ねよ。これは譲歩することではなく、結果として自分のためになるのである。本府は諄々として告誡し、爾ら民を教化する。これを御題目のように思い、なおも誣告越訴を続ける者には、本府はひとえに反坐の罪を与え、爾らを奸民として扱うことにする。各自謹んで後悔することなきようにせよ。(24)

ここでは健訟の「民」に対して訴訟を控えるように訓示を与えたものであり、指示に従わない「民」は「奸民」として扱うので、そうならないように注意せよというのが主旨である。「民」が従順でなくなれば、「奸民」、すなわち〝悪しき民〞と見なすと言明している点が注目される。盧崇興にとっては「民」が〝良き民〞でなくなれば、それは処罰の対象となりうるものであった。

ところで、盧崇興が出した告示の表題には、たとえば「一件厳革漕弊以甦民累事」のように、ある状況――たいていの場合は行政制度上の問題、属吏や奸民によって引き起こされる弊害――を改革や禁令によって解決し、その結果、「民を苦しみから甦らせること」(25)を目指すというものが多い。このほかにも「民の不利益を除くこと」(26)、「民の生活を安定させること」(27)などの表現もまた顕著に見られる。「視民如子」とともに「除暴安良」ないしは「除莠安良」は地方官署にしばしば掲げられたスローガンであり、地方官が座右の銘とするものであったが、この場合の「暴」や「莠」の範疇には、当然のことながら刁、悍、悪、奸などで形容される「民」や地方官の勧化に及ばない「徒」や「棍」、すなわち〝悪しき民〟が少なからず含まれていた。このスローガンには「民」から〝悪しき民〟を切り捨てることで、〝良き民〟を救い、結果として地方官が「民」、すなわち〝良き民〟の父母たらんとする意味が込められていたと判断される。

しかし、地方官が出した告示の表現には、讞語に見られるように〝悪しき民〟を一方的に処断するのではなく、その〝悪しき民〟に対してもある程度の斟酌が加えられているものがいくつか見受けられる。これもまた讞語にない告示の大きな特徴である。

盧崇興より遅れること十余年で同じ浙江の杭州湾の対岸に位置する紹興府の知府を勤めた李鐸は、「豪棍を駆除して地方を安定させること」と題する告示において、まず紹興府の無頼棍徒が匪類を招集して賭博、健訟、恐喝、窩賊などの悪事を働き、地方に横行している事実を指摘したあと、彼らに対して次のような見解を示している。

本府《わたくし》は捜査してすでに事実をつかんでいる。本来ならばただちに爾らを逮捕し重法に処すべきである。しかし教えずして誅するのは心に忍びない。不肖の子孫でも必ず父や師の厳しい訓誡によってなお改心する希望があるものだ。頑が朴に変わるのであれば、つまりは良民である。しばらく猶予を与えよう。そこで示諭を出し、このために関係する地方人等に知らしめる。今後速かに邪を正に帰し前非を悔い改めるなら、なお命を全うできよう。もし少しも改めず前のままであれば、本府は除奸剪暴を真剣に考え、ただちに逮捕して上申し、光棍の新例によって遣戍に処す。本府は断固として法を執行する。民の害を留めることを決して容認できない。心あれば速かに猛省改過すべきである。後悔せぬようにせよ。(28)

また、李鐸は「匪類に過ちを改めて身家を保つよう勧諭すること」と題する告示においては次のようにいう。

人たる者は世にあって必ずある種の芸業があるものだ。ゆえに本分を守り父母に孝たることが可能となる。郷里や親族と仲良く倹約に努めれば、絶対に困難に遭うことはなく平穏な暮らしができるというものだ。どうしたものか、一部の匪類は本業に努めず、仕事も覚えないため、はじめのうちはぶらぶら遊んでいても、ついには犯罪に手を染めてしまう。家族や村郷の内にこのような匪人がおり、長の勧戒が理解できず、いつも連絡を取りあって悪事をまねる。人の不良ほど恨むべきものはない。盗賊となった者で古今どれだけが罪を免れ、安らかに人生を送った者がいるか。結果はただ事が露見して捕らえられるだけだ。刑や拷問で杖責を受け痛みが身にしみるのはいうに及ばず、枷をはめられ身は獄に繋がれる。およそ人の心があればこんな馬鹿なことは決してしないはずだ。爾らよく考え、果して改心すれば、一芸一業であってもみな家族を養っていける。荷担ぎでも食っていける。生活を気にせず安心できるのであり、びくびくして法を犯して刑を受けるのとは大違いである。本府は爾らの父母である。「教えずして殺す」に忍びない。そこでまず勧諭を示し、このため爾らに知らしめる。これまで悪事に馴れてきた者は速やかに反省して罪を改め、分に安んじて生計を立てよ。家族・村郷はそれぞれしっかり教え導け。各々義命に安んじて、再び悪事を働いてはならない。もし勧誡に従わず、なお改めようとしない場合には、現在本府は盗賊を処する刑具を改めて設けた。ひとたび摘発があれば、たとい県ですでに究問を終えていても、必ず府に送らせて処理する。軽くとも痛懲を加え、重ければ杖下に立斃し、匪人の見せしめとする。……命令は煌煌としており、安易に考えてはならない。各々猛省し、後悔することのないようにせよ(29)。

李鐸は「棍徒」や「匪類」さらには「盗賊」といった〝悪しき民〟に対しても、『論語』の「教へずして誅するは之れを虐と謂ふ(30)」(堯曰)という文句を持ち出し、訓戒によって反省・改心し、「頑が朴に変わるのであれば、つまりは良民である」とし、彼らがなお条件次第では「民」の範疇に入れる余地があることを示している。「本府は爾らの父母である」というのもまた「棍徒」らがそのような条件を満たすことを前提とした発言であったといえよう。

告示に見られる地方官の〝悪しき民〟に対するこのような認識傾向は単に李鐸に止まらない。やや時代は下るが同じ康熙年間に浙江の台州府天台県の知県を務めた戴兆佳もまた知県の立場からこれと類似した見解を告示に込めている。

士農工商にはそれぞれ職業があり、よく分を守れば良民であるが、分を守らなければ敗類である。正邪二つの途はすべて人が自分を処することにある。いかんせん、一部の不良どもは平素仕事をせず、三々五々群れを成し、色街に溺れ、博打、飲酒、暴力と好き放題である。身代がなくなり飢寒が迫ると、盗人心がたちまちに起こる。コソ泥、スリなど、はじめはまだおとなしいが、次第に大胆になる。また賊を匿うことを主とする地棍がいる。外来の悪党たちと結託して集団をなし、昼間は潜伏し、夜間に行動する。公然と窃盗を生業とするので、地方の民衆は安心できない。天台県は連年不作が続き、今年もまた旱に遭った。新旧の賦税は目上からの厳命で徴収することになっている。小民は正税を払うだけで汲々としているのに、なおこのような難儀にどうして耐えられようか。爾ら賊を匿って悪事を働くが、新例を見れば何と厳しいことか。たとい事が発覚しなくても、捕人らは賄賂を求めること頻りである。これでは折角盗んできた物もいたずらに他人の悪習を満足させることになる。爾らよく考えよ。なぜわざわざそうするのか。本県《わたくし》は民のために心を切にしており、悪を仇のように憎んでいる。賊を匿ったことが捜査で明らかになれば、本県は逐一逮捕して厳しく追及する。ただ思うに、眼前にいるのはみな赤子であり、教えずして殺すには忍びない。そこで暁諭し、特別自新の路を開かせるべく、ここに告示を出してすべての不法の賊を匿う者たちに知らしめる。以後改心に努めよ。向来悪事をなしてきた者たちには即刻自首することを許す。本県は既往の罪を許し、生活ができるよう便宜をはかろう。捕役らが借端するようであれば、訴え出ることを許す。官刑を免れ、恐喝もない。これがどうして至善でなかろう。今後、あえて示諭を守らず、悔悛することなく、速やかに自首せず、あるいは自首するもなお前轍を踏むような者がいれば、即刻逮捕し、新例によって容赦なく厳重に処罰する。本県は一片の老婆心によって繰り返し開諭する。爾ら度量があるなら命に従うに越したことはない。二度とはいわない。各々猛省せよ。とくに示す。(31)

さらに戴兆佳は別の告示において次のような見解を示している。

本県《わたくし》は命を受けてこの地に赴任した。朝晩誓いを立て民を安定させ業につかせることに心掛け、聖天子の「民を視ること傷の如し」（民を病人のようにいたわること）の意に背くことがないよう努めている。しかし「稂莠除かざれば嘉禾育たず」を思う。強者が志を得ると、弱者は沈黙するものだ。天台の民は城市から遠く隔たった山奥に散居しているため、地棍が仲間を作って小民を圧迫し、権力を傘に勝手に是非を判断し、善良の民を罪に陥れることが多い。種々の不法行為は痛恨するところである。さらに一部の衙蠹の中には訴訟を操作し、納税を請け負う者がいる。愚かな民にたまたま争いごとがあると、その一家の財産と生命は掌中にあるという。平素はゆすりたかりを行い、事あれば訴状を捏造して恐嚇する。地棍と結託して弱い者を選んで狙い撃ちし、ひそかに賊を匿う。衙蠹は地棍を爪牙とし、地棍は衙蠹を羽翼としている。郷城聯絡を取りあい、地方に覇を唱える。小民は無実の罪を受けてしまう。本県は民之父母であるからには、積悪を駆除して民害を消し去ることを誓う。ただ教誡を施さずしてにわかに国法に正すは「法外に仁を施す意」でない。そこで特別に痛切な暁諭を行う。張脱天ら本物の巨悪で断じて許せない者を除き、前非を悔い改める者については、本県は既往を追及せず、自新の路を開かせることにする。もし一向に反省なき場合は、捜査・告発のいずれにせよ、即刻重典に置く。生命・財産ともに失い、後悔しても無駄だ。爾ら夜来黙考して速やかに反省しなければならない。行為を戒しみ慎むよう。以上告示とする。(32)

ここでもまた賊を匿い地域に横行する地棍ら〝悪しき民〟に対し、「眼前にいるのはみな赤子であり、教えずして殺すには忍びない」との論法を持ち出して懸命に説諭し、「民」への取り込みをはかろうとしていることが読み取れる。

さらに戴兆佳とほぼ同時期に紹興府会稽県知県を務めた張我観は、

会稽県のいろいろな悪習は旧来のしきたりに従うことが久しく、にわかに改めることが難しい。しかし、教化の道はもとより人心にあり、いまだかつて一日としてなくなったことはない。ただ官職についている者が実際に教化も訓誡も与えることができないため、民たる者は日ごとに薄情になり、元に戻ることがわからなくなる。『論語』に、「教へずして誅するは虐政たり」というが、教えて改めないのは頑民である。もし「之れに教ふるの道」を尽くすのを優先しなければ、たやすく民を頑迷と思ってしまう。これもまた官職にある者の過ちである。本県は安徽の世事に疎い儒学の徒である。この土地に赴任し、才徳がなく民を純朴の域に戻すに至っていないことを恥じているが、気持ちは刻苦勉励に努めるにある。ただ聖天子の洪恩や各上憲の恵愛至意に背くのを恐れるため、再三暁諭し、懇ろに告誡するのを厭わない。我が紳衿士民はなお本県の苦心のほどを理解し、諭すところを守り、陽奉陰違であってはならない(33)。

といい、以下一二ヶ条にわたってみずからの考えを列挙している。この中の一つ「地方を安定させるにはまず光棍を厳しく取り締まるべきである」に示した以下の見解は興味深い。

本県《わたくし》の性格は剛直である。ひとたび光棍を見れば、その心は無慈悲である。光棍を一日駆除しなければ、民生はその分安定しない。光棍を一人除去すれば、千百の良民を安定させることになる。新例は厳しい。光棍が罪を犯せば、ただちに死刑になる。本県は就任してすでに一、二の光棍を処分した。ただ稂莠を尽く除かざれば、嘉禾にはなお害があることを恐れる。そこでなお現在捜査している。若輩が果して既往の非を悟り、自新の念を芽生えさせ、悪を去って善に向かうなら、これは良民である。以後自戒して悪に染まらないようにせよ。本県は他人が善行をするのを助ける気持ちが常にあるが、他人が悪をなすのを憎む気持ちも常にある。本県がみずからを正しくさせようとするわけを理解しなければならない(34)。

このような地方官の〝温情〟とも取れる訓告や説諭に実効力があったとは到底思われない。同様の告示が時代と地域とを問わず頻繁に出し続けられたことを考えれば、それによって「前非を悔い改め」「自新の路を開いた」〝悪しき民〟はほとんどいなかったことになろう。しかし、地方官にとってそれはどうでもよいことだった。告示の主目的がそこにあるわけではなかった。〝悪しき民〟もまた「民」であることを示し、「万民の父母」の立場を貫きながら、他方で「民之父母であるからには、積悪を剪除して民害を消し去る」ために、「民」とは認めない〝悪しき民〟を処分する大義名分を得れば、それで十分だったのである。すなわち、教えずして誅するは心に忍びなかったにせよ、教えた後になお「民」にならない者たちを誅するのは何ら心に迷いを持たなかったのである。

告示とはいわば地方官が「父母之官」の立場から「民」に対して方針を伝えるという性格上、それは理想と現実が入り混じった内容を持つ公文書であったといえよう。

三　公牘詳文類の中の「民」

詳文とは地方官僚一般が上司に向けた報告書のことであり、担当地域で生じた問題を詳細に、かつ明解に報告し、その処理方法の可否について上司の判断を仰ぐ目的で発行された公文書である。そのため上司に対して観念的な内容を極力避け、慇懃謙虚な表現を用いることを心掛けながらも、みずからの意見を明確に主張し、その力量を示す必要があった。それは「民」に対する訓示的な告示とは対照的な内容になっている。

『守禾日紀』には次のような詳文が載せられている。

塩捕（闇塩捜査役人）の設立はもっぱら私販を巡回捜査させることにあり、結党朋充して端にかりて問題を起こし民害となるのを許してはなりません。この点はしばしば各上級官庁からの命令を受け、厳しく通達いたしました。しかし時が経過し、弊害が生じております。職府《わたくし》は就任以来、秘密捜査をしてきましたが、聞くところでは一連の白捕（非公認の捕役）が巡塩の名にかりて快船を操り、無頼を何十人と糾合しているようです。あるいは武器を持ち、あるいは腰鑑札をつけ、多くの荷を積んだ商船を探し出しては大声を挙げて船に乗りこみ、私塩の捜査だと称して略奪を行います。ひどい場合には郷村の金持ちに対して屯兵を匿っていると濡れ衣を着せ、捕まえては家財や稲穀を強奪します。民を苦しめる種々の行動は枚挙に難いものです。職府は弊害の実情を探り当て、現在秘密に追及しています。ただ事は白捕の害民に関わるので、閣下の威霊でもって駆除され、その行為を後世に永く伝え残されることをお願いする次第です(35)。

ここでは闇塩の捜査に名をかり、いいがかりをつけて商人や地主から金品を強奪する非公認の捕役（白捕）である棍徒の行状が描かれている。盧崇興は続く詳文において公認の捕役とそうでない捕役とを区別する方法を提案し、棍徒が「民」を害することを除去しようとしている。

『守禾日紀』に収録された詳文は上掲のものをも含めて一四件に止まり、ここから盧崇興の「民」についての考えを十分窺い知るのは困難である。それゆえ、いま少し同時代の他の地方官の詳文を検討することにしよう。

康熙七年（一六六八）より五年間、山西太原府交城県の知県を務めた趙吉士が直属上司である太原府知府に宛てた「奸民が法に抗う等のこと」と題する詳文には次のようにある。

張勲の殺人訴訟のような、法に逆らい御上を欺く事件はほかにありません。張勲の住居は本県成村都にあり、税役は本都五甲で納めています。最初本府に訴えた状内に張勲が交城県人とあったので、本府は県に審問を命じました。卑職《わたくし》は道理によって法を執行し、かなり実情を得て検審を実施しようとしました。ところが張勲は卑職の見聞するところが真実であることを知り、脅して騙すことをたくらみ、自分は陽曲県人だと偽って按察使司に訴え出ました。彼は貴顕の子弟であることを恃んで官に出頭することを拒み、差役もまたあえて拘引しようとはしません。被告や証人は県にあって審理を待っていますが、張勲が来ないので裁判のしようがありません。この案件は単に決着しないだけでなく、その行為自体卑職を軽んじ、上台を欺くものであることは明白です。一人が把持すれば、県全体に広まり、示しがつかなくなります。原籍が交城県にある者が陽曲県人だとでたらめをいい、御上を騙して愚弱の民に累をもたらし、その結果、知県が制約されるとあっては、国法はどこにあるでしょうか。閣下にはこの刁情を察せられ、悪俗を修復されることを願います。若干意見を述べさせていただき、奸民が御上を侮らないようにさせたいと思います。そうすれば朝廷が知県を設立された意に背かないことになりましょう。閣下が下僚の身になって考え、人民を恵愛され、風俗に責を負われることは、世道人心に大いに関係することです。謹んで申請し、閣下が張勲の殺人訴訟案件を結審していただくことを切に望みます。このため以前の状況をすべてお伝えいたしました。詳文に照らして施行

していただくことをお願いいたします。(36)

ここでは妹を呂結の子呂五に嫁がせるが、半年もしないうちに自縊したため、「打死人命」(妹を打ち殺した)として呂結を誣告した「奸民」である張勳に対して、趙吉士は断固たる態度を取る旨を知府に要求している。地域は浙江と大きく異なるとはいえ、上官に対する報告の中では、「奸民」に対してもなお「民」として酌量する配慮はなく、みずからの地方行政を遂行するために、いかに〝悪しき民〟を管理統制するかという問題に終始している点では共通するものがあるといえる。趙吉士はまた、

民を治めることは田を治めるようなものです。田を治めるとは、害虫を除かなければ終歳努力しても、その田は必ず荒れるというものです。盗を除くことは癰《はれもの》を除くようなものです。癰を除くとは、それがまだ形になる前に除かなければ、高価な良薬であっても、その癰は必ずただれるというものです。(37)

との見解を示し、地方統治にあっては「害虫」や「癰」を除くことが肝要であるとも具申している。上官の下僚、とりわけ州県官に求めたものは、つまるところ租税の確保と治安の維持であり、それを確実に実行できる者が理想の官僚であった。詳文が上司への報告書であり、上司に自分の考えを伝える文書であるかぎり、王朝の人民支配を阻害し、地方行政に支障をきたす〝悪しき民〟に対して断固たる措置を謳うことは至極当然であったと思われる。その意味では同じく上司に対して判決の是非を問うた讞語とも共通する点が多い。

しかしながら、その一方で詳文にはまた地方官の「民之父母」としての主張が全くないわけではなかった。康熙二十三年(一六八四)から七年間湖南長沙府茶陵《とりょう》州知州を務めた宜思恭はその上司である知府に宛てた詳文に

おいて次のように語っている。彼は、

湖南はかつて名邦と称えられ、人民は豊かでした。思いがけず、逆賊がこの地を蹂躙して以後、さらに飢饉が繰り返し起こり、民風土俗、世道人心はみな昔と大きく異なるようになりました。幸い閣下のおかげで、悪弊を除去し、習俗を改め、後楽先憂（人の先立って憂い人に後れて楽しむ）、革古鼎新（古いものごとを改め新しいものを打ち立てる）、一つとして与らないものはありません。小民は新たな面を開くことができます。閣下はもとよりすでに利の興さないものはなく、弊の革《あらた》めないものはありません。にもかかわらず、なおかつ熱心に利弊について諮問し、下の意見を取り上げようとされます。これはまことに閣下の「民を視ること傷の如し」であり、下の者に問うことを恥となさらないお気持ちです。卑職《わたくし》は見識がなく、さらに就任して日が浅く、一州の利弊といえどもなお周知しているわけではありません。どうしてあえてうぬぼれてらって湖南数十城の是非を斟酌できましょうや。ましてや命を受けた司道府州県では意見が十分条陳されており、些細な事柄で補う余地はありません。しかし、卑職はなおいくつか述べたいことがございます。出しゃばるわけでなく、ただ州についてのことを述べるにすぎません。(38)

と述べ、まずは上官が「父母之官」であることを強調した上で、①「保甲巡邏稽察之責宜均也」②「義学之師傅宜奨励也」③「勧懲之挙効不可不厳也」④「城内之民宜復也」⑤「寓府刁民宜押回原籍也」⑥「秋条之上田宜再種也」の六項目からなる「利弊六条」を提示しているが、このうち次の③に興味深い見解が窺える。

勧懲の実行は厳しくあるべきです。茶陵は山川が険峻で、習俗は情が厚くありません。これまで講約や旧規はなく、上諭の講読を耳にすることも、律令の文を目にすることもありません。人心は大いに壊れ、悪徒が群がり生じています。あるいは劣衿が仲間を集めて官に訴え、あるいは悪棍が悪逆をほしいままにしています。卑職《わたくし》は着任の日にただちに捜査を行い徹底究明するよう考えました。また教えずして誅するは民之父母でないことを思い、申明郷約を漸次挙行することをもくろみました。その結果、巡撫閣下の頒発された条諭を受けました。卑職は現在法に遵って努力し、みずから郷約を講釈し、頑民を勧化しています。しかし勧ばかりで懲がなければ、ついには訓とはなりません。もしこれを行うこと半年、以後なお劣衿が健訟や納税の請け負いを続け、地棍が郷民の虐待をほしいままにすることがあれば、これは教令の及ばないところです。すなわち教化を阻む悪人に対して法は寛容であってはなりません。卑職に指名列跡して具詳することをお許しいただきたい。閣下が厳しい処置を取られれば、挙劾は違うことなく、勧懲はともに行われます。善民は赴くところを、悪人は恐れるところをそれぞれ知るようになります。いわゆる「利所已《すで》に興り、弊所已《すで》に革《あらた》む」というものです。必ず閣下の禁飭調停を待ってはじめてよく善を尽くし永守するものと考えます。(39)

宜思恭にあってはなお告示の中に散見された「教えずして誅するは民之父母でない」との常套句を詳文にも引用して、地方官としての理念を上官に訴えている。しかし、その一方では「すなわち教化を阻む悪人に対して法は寛容であってはなりません」と主張し、詳文全体ではどちらかといえば〝悪しき民〟への懲罰の必要を強調している。

宜思恭はなぜそのような文面を詳文に盛り込んだのであろうか。彼は別の詳文で次のように述べている。

州県官は牧民之官です。その職務においては救済が優先されます。しかし、その考成においては徴税が大切です。二つの事をともに行うことは、常に相矛盾する恐れがあります。もし徴税において慈しみの心を宿さなければ、その時にあっていたずらに朴責が加えられてしまいます。租税が早く納められ、考成に落ち度がないにしても、それではやはり人民の父母たる意味を失ってしまいます。(40)

これもまた徴税の確保とその結果としての考成の成績のみで評価され、逆に「民」に対して「父母」であろうとすると「縦奸（奸に馴れ合う）」の罪で告発されることが多かった十七世紀後半の地方官の資質に対し、「父母之官」たることを真摯に受け止めた一官僚の葛藤であったと思われる。

詳文は地方官僚の理想と現実とが入り混じった内容を持つ公文書である点で告示と共通するも、上官に対する報告である以上、やはり現実、すなわち〝悪しき民〟の存在に対する処断が結果的に強調され重視される公文書だった。

おわりに

以上、盧崇興の公牘『守禾日紀』を中心に若干の他の康熙年間の公牘を加えて、そこに盛り込まれた地方官の「民」についての認識のあり方を検討した。その結果、公牘に掲載された公文書の三つの系統においてそれぞれの特徴が認められることが判明した。

第一は讞語である。これは地方社会において現実に存在する〝悪しき民〟への呵責なき対応を示したものであり、最も現実的に描いた「民」がそこにある。

第二は告示である。これは地方社会において現実に存在する〝悪しき民〟への警告と勧化からなり、〝悪しき民〟をいったん「民」の範疇に取り込んだ上で、やはり「民」とはならない彼らへの処罰を正当化したもので、いわば「民」の中に〝悪しき民〟がいるという矛盾を理念に近づけて描いた「民」がそこにある。

第三は詳文である。これは地方社会において現実に存在する〝悪しき民〟へ理念的な余地を残しつつも「民」に対して現実的な対応をとろうとしたもので、いわば「民」の中に〝悪しき民〟がいるという矛盾を現実に近づけて描いた「民」がそこにある。

公牘は官僚として地域社会を実際に統治した知識人が書き遺した公文書であるが、ある意味では無味乾燥なそうした公文書の各範疇の中に理念と現実との狭間で揺れ動く地方官の統治における葛藤と逡巡を垣間見ることができる。それゆえ公牘は〝民衆を描く史料〟として固有の価値を持ち、清朝の国家支配の本質を読み解く貴重な情報源となりうるのである。

註

（1）公牘についての一般的な解説は、仁井田陞「大木文庫私記―とくに官箴・公牘と民衆とのかかわり」（『東京大学東洋文化研究所紀要』一三冊、一九五七年、大木幹一編『東京大学東洋文化研究所大木文庫分類目録』東京大学東洋文化研究所、一九五九年所収）を参照。また、清代の公牘についての解説は、本書附章「清代の公牘とその利用」、参照。

（2）山本英史「官箴より見た地方官の民衆認識―明清時代を中心として」（『大阪市立大学東洋史論叢』別冊特集号「文献資料学の新たな可能性②」、二〇〇七年）。また、本書第一章、参照。

（3）『福恵全書』巻四、莅任部、遠博飲「夫有司統理一州一邑之刑名銭穀、挙凡百姓之利弊、政事之張弛、靡不躬親計慮、以期無疎畧闕失之憂」。

（4）『福恵全書』巻三〇、庶政部、額外雑辦「為民父母者、知百姓実多窮困、租税力役、已疲于水旱之頻仍、而意外之輸将。及（又）加之借端之苛斂、奸胥猾役、需索誅求、百姓脂膏、寧有幾乎。譬之、子嬰痛苦、為父母者、方且拊摩顧復之無已。若又従而笞之、豈忍也哉」。（　）内は和刻本による。

（5）『福恵全書』巻二六、教養部、勧農功「為民牧者、見民之耕、賃牛無資、播種無粒者、為之捐金出粟以貸之。秋斂時止償基本而免其息。則百姓戴父母之徳、楽仁侯之利、未有不畢力農功而婦子享寧盈之慶者矣」。

（6）『福恵全書』巻一七、刑名部、賊盗上、総論「夫盗亦民也。或上而失其所以為教、与下而失其所以為養、以至于此也。上失其教、則不知礼義之所（可）遵、刑罰之可畏、而民易于陥法。下失其養、則不知貧困之当守、財利之未可苟得、而民相率為盗。則是盗也、乃上之始而駆之、及其入于盗、又従而禁之戮之。不亦甚可憫哉」。（　）内は和刻本による。

（7）康熙『嘉興府志』巻一一、官師上、知府。

（8）陳弘謀「申飭官箴檄」十則録七（『牧令書』巻一、治原、所収）「朝廷設官、原以為民。官必愛民、乃為尽職。故府州県官皆以知為名。又名之曰地方官、謂地方之事、府州県当無所不知也」。

（9）本書三三七頁。

（10）『守禾日紀』巻五、讞語類、一件私刑虐民等事「看得。孟景源刁民也。向将己田一業、契売高濂、得銀二百両。此契明価足、並無異議者也。乃売田之次年、源即強取租米、顆粒無償、以致彼此互争、控訐不已。至于刊掲絵図、架情砌欵、捏造高四天王及皇帝筆帖式、門子・馬夫等項名目、淋漓粧点、既属不経、尤為刁健。今拠高濂請、以田価二百両、両年田租一百四十石、情願入官充餉、以免日後重累。則景源之拖害、誠足令人駭目矣。孟景源侵租謊告、法応杖擬、以戢誣風。姑念事在赦前、相応援例請豁、以寝訟端者也。租仍断給高濂収領。伏候憲裁」。

（11）『守禾日紀』巻六、讞語類、一件豪劣抄屠事「審得。張成涇而無頼者也。成之父曾為呉燦之師、成因賃燦之屋以棲焉。廼檮蒲落魄、不能謀其室家。睹燦之僕婦鄭氏、而思欲淫之、為郷閭隣里之所不容、而燦亦不能為之居停矣。成不自艾而遷怒於燦、駕為抄屠之詞、牽及宣淫之事、以速呉燦於訟。今経面質、則姦無目撃其事者、而抄資毀屋、委之金長生、而長生亦供未之見也。夫欲淫人之僕婦、而反誣人以淫。賃人之屋以居、而反誣人拆己之屋、則枉亦甚矣。責而枷之、以為無良之戒」。

(12)『守禾日紀』巻四、讞語類、一件号憲先飭等事「汪建業、天賦窮奇、而已故銭仲芳及已故陸三与褚大、王八、銭二、裴大、鄒忠、鐘二、朱大、沈五、孫卯卯等、皆連来悪孽、結党横行者也」、一件移屍陥詐事「屠敬泉、貧而刁健者也」、一件大盗搶殺事「盗犯鉏仲甫等一班無頼、嘯聚多人、肆悪緑林、愍不畏死者也」、一件獲解事「殷三・沈一・陳義甫等皆王江涇巡監弓兵、藉捜監為名、肆行搶奪者也」、一件仮宦虐民事「呉鳴羽、身充脚頭、而倚富横行者也」、一件官衿焼害事「呂某、富而不仁、刁而訟者也」、一件検究真命事「沈某、鄙而忍者也」、一件塩捕扮兵事「李潮、淫而刁誣者也」、一件勢棍飛抄等事「胡昭、即胡云昭、奸陰而無忌憚者也」、一件滅旨欺君等事「銭交等一班無頼、鑽充甲頭者也」、巻五、讞語類、一件塘報事「流盗姚八等、皆一班無頼、聚而為賊者也」、一件浙西第一貪汚等事「銭原隆、即汪建業、真智而愚、巧而拙者也」、一件衿蠹鑲屠事「趙啓云、淫而無倫者也」、一件亟殲大憝事「袁建・袁美中、刁健之徒、而叔侄済悪者也」、倪橋一款「汪建業、虎而翼者也」、巻六、讞語類、一件土官嚼民号憲斧礫事「呉仲・金仲華・滕忠甫、皆藉充塘長、盤踞肆悪者也」、一件盗情事「繆三等夥窃多家、飽颺得志、蓋熟于挖壁、慣行暗盗者也」、一件勢豪抄殺事「楊大、乃楓涇鎮乞食中之無頼者也」、一件光棍扛屠事「王聖章・沈文倶嘉善県之衙役而凶暴者也」、一件真命冤沉事「沈二、即沈子雅、淫而詐、刁而愚者也」、一件扛弑反誣事「項偉然、老而無行者也」、一件憲勦叛萌事「稽云、乃貪饕而罔知功令者也」、一件報究積賊事「朱四以親属相盗、而李起龍等則又同夥小窃者也」、一件指憲屠良事「陳陞、奸貪而精局騙者也」。

(13)『守禾日紀』巻五、讞語類、一件扛弑反誣事「看得。項偉然、狂悖不倫之刁徒也。始以老邁無依、憑其妻為炊婦、継以進退莫藉、又以戴六為居奇。倚老恃奸、数控府県、誣烝剪刺、愈肆横行。若天地鬼神、国法王章。名賢公子及邂逅侄婿之語、不幾聴旁人説鬼乎。該犯満紙癲辞、総見狂悖、雖刀筆利口、庭訊之下、亦惟有俯首伏罪而已。相応取録各犯口供、解憲親奪者也」。

(14)『守禾日紀』巻四、讞語類、一件活殺夫命事「朱大、即朱瞎子、酗酒悍悪之徒也」、一件鑲宦簒抄事「徐翰、刁誣之徒也」、一件縦殺顛誣等事「呉祥宇、乃刁誣之徒也」、一件官貪蠹害事「沈君甫、即沈世栄、与沈君栄・沈駕云等兄弟、済悪奸刁淫縦之徒也」、一件官蠹横詐事「沈君栄、淫徒也」、一件呑弑乱倫事「史寰、不仁不義之徒也」、一件憲斬豪叛事「陸仁沛、刁健之徒也」、一件借屍沿勒等事「葉華、刁徒也」、一件発本通洋等事「王元之、即黄公球、刁険之徒也」、巻五、讞語類、一件懇提法究事「陳安、刁健之徒、而徐世美、好事子衿也」、一件唆背拆変等事「徐某、無恥愚妄之徒也」、一件獣豪争姦等事「徐芳、誕妄生事之徒也」、一件大辟復横事「浦山、刁徒也」、一件活殺男命号憲典償事「沈登元、狡悍之徒也」、一件亟殲大憝事（原文は註（12））、巻六、讞語類、一件欺君匿産等事「卞璧、憸壬之徒也」、一件違禁聚賭事「虞英、特口腹之徒耳」、一件佔媳殺男事「龔明暘、貪淫之徒也」、一件鑲謀鯨陥事「金洪遠、兜攬之徒、而顧欽臣、多事之衿也」、一件光棍霹空横詐等事「葉君賢、貪婪虚偽之徒也」、一件活殺男命事「兪阿丑、即兪賛臣、凶淫之徒也」、一件真命事「張俊卿・蕭大・沈大等、凶徒也」。

(15)『守禾日紀』巻五、讞語類、一件姦拐事「看得。沈弘素無恥刁棍也。有妻鄭氏、不能自贍、遂改号瑞山、仮以親弟身故、大伯主婚為名、托媒都明宇説合、得財礼銀二十二両、於康熙十一年前七月廿四日嫁与高禹門為室。且花燭之夜、親送過門、与之合巹、素方恬然無語。婚書炳然可憑也。未転眄即有十両之詐。豈以妻為金穴、而夫婦之間、不妨有市道乎。今復再肆狂吠、致煩憲聡。而鄭氏原媒供証鑿鑿、即弘素亦自認年荒願売、並無姦拐情由。弘素無恥刁誣、法応重擬。但事在赦前、姑与援宥、然而倖矣。鄭氏仍聴高禹門領回、以安家室。沈弘素再不得藉端訐騙、以滋寡廉鮮恥之風、可也」。

(16)『守禾日紀』巻四、讞語類、一件憲斬勢悪事「曹奉渓、刁棍也」、一件搆兵抄詐窩逃焼詐事「胡文安・蒋丹甫、地棍也」、一件漏税私典等事「王焯、刁棍也」、一件蠹棍轟屠事「沈瑞峰、豪強地棍也」、一件姦拐掠売事「陸奇、誣妄刁棍也」、巻五、讞語類、一件陥叛屠良事「徐有生、訟棍也」、一件掘墩扛屠事「宗某、豪棍也」、一件仮弁女擄事「労大侯、兵棍也」。

(17)「棍」の意味の詳細については、山本英史「光棍例の成立とその背景―清初における秩序形成の一過程」（同編『中

国近世の規範と秩序』公益財団法人東洋文庫／研文出版、二〇一四年所収）二〇三～二〇六頁、参照。

(18) 光棍例とは、順治十三年議准によって制定された、「凡悪棍設法索詐内外官民、或書張掲貼、或声言控告、或勒写契約、逼取財物、或闘殴拴拏処害者、不分得財与未得財、為首者、立絞。為従者、係民、責四十板、発辺衛充軍。係旗下人、枷号三個月、鞭一百。其満洲家人、私往民間、結夥三人以上、指称隠匿逃人、索詐財物者、亦照此例、分別首従治罪。如止一二人者、倶依為従例擬罪」（康熙『大清会典』巻一一九、刑部一一、律例一〇、刑律一、賊盗、恐嚇取財）の規定に基づくが、康熙年間にたびたび改定されたことが知られる。山本英史前掲「光棍例の成立とその背景―清初における秩序形成の一過程―」、参照。

(19) 『守禾日紀』巻二、告示類、一件関防詐偽事「照得。本府世籍関東、家居京邸、族姓雖繁、雅知自好。或歴登仕版、或旧績行間、要皆相愛相成、惟以不負朝廷、不愧党閭、彼此勉勗。且本府硜介性成、与人落落、一切騒人墨客星相者流、尤鑿枘素不相入。家人僮僕、鎖鑰内署、不容出外行走。至銭穀刑名、本府留心嫺習、頗諳断裁、亦無代筆幕士、仮手批駁。但檇李地当孔道、易于叢奸、誠恐白昼黎邸、探知履歴、窃冒交知、仮名説騙。除不時密行査拿外、合行暁諭、為此示、仰闔属地方人等知悉。如有不法神奸、在外仮托招揺、兜攬誆騙者、許諸人不論時日、拠実扭稟、以憑立拿、按以光棍治罪。若道観・僧寮・青楼・酒肆・旅店・河舫知情容隠停歇不首者、一併究処、決不軽貸」。

(20) 『守禾日紀』巻二、告示類、一件禁飭事「照得。禾俗刁健成風。凡関民間細事、毎輙数十、成羣結連、駕捏公呈、聳動倖准。及到公庭、言言載鬼、百無一実。斯皆由于地棍・訟師、搆通造捏、希冀詐害、深可痛恨。除已往不究外、合行出示禁飭。為此示、仰闔属軍民人等知悉。嗣後凡有地方公事・公呈、止許五人列名呈遞、不得勾引多人、混行妄瀆、以冀挟衆制人。如有故違、除不准外、定行重責、枷示不貸」。

(21) 光棍の新例とは、康熙十二年覆准によって改定された、「悪棍勒写文約、嚇詐財物、聚衆殴打、致死人命、審有実拠、為首者、立斬。為従助殴傷重者、擬絞監候。余仍照光棍為従例治罪。其家主父兄、係旗下人、鞭五十。係民、責二十板、係官、議処。如家主父兄出首者、免議。本犯仍照例治罪」（康熙『大清会典』巻一一九、刑部一一、律例一〇、刑律一、賊盗、恐嚇取財）の規定に基づく。順治十三年議准に比べて、主犯が「立絞」に、従犯が一般の民の場合、

「責四十板発辺衛充軍」から「絞監候」へとさらに重くなっていることがわかる（山本前掲「光棍例の成立とその背景」、参照）。

(22)『守禾日紀』巻三、告示類、一件厳飭邪教真偽以靖地方以安良善事「照得。師巫邪教、実為地方隠憂、已経本府屢行飭禁在案。今訪得、有等光棍、指陥茹素郷愚、誣以邪教、嚇詐不一。稍不遂欲輒打合地方・保長、或搆無藉、出名首県報衙、差役四出、真偽未明、而中人之産、尽飽棍蠹之壑。真可痛恨。除已往姑不究外、合行出示通行禁飭。為此示、仰合郡軍民人等知悉。嗣後如有真正邪教、仍前私立香堂、聚斂惑民者、訪聞告発、治以乱民之罪。如有光棍保長、不改前罪、仍以茹素郷民、指為邪教、生非嚇詐、出首勾拿、許被害不時赴府喊告、以憑立拿、審実定照新例以光棍按贓究擬施行、決不姑容、貽地方之害。各宜凛遵毋忽」。

(23)『守禾日紀』巻三、告示類、一件再厳賭博之禁申明従坐之条以戒惰游以端風俗事「照得。四民各有恒業、安常守分、自可営生。若惰游不戒、三五成羣、或聚衆呼盧、或開場賭博、招集匪類、引誘良民、盗賊根株皆由此起。本府已経出示厳禁、不意尚有無頼棍徒、勾連悪少、開場賭博、公然無忌、殊可痛恨、合行再申禁飭。為此示、仰闔属人等知悉。嗣後如有遊手奸徒、仍前聚衆開場、許地方・保長密報、本府飛籤立拿、罪同窩盗。若知情不挙及縦容売放、或被旁人首告、或経本府訪聞、連坐十家、一体治罪、決不姑容。毋貽後悔」。

(24)『守禾日紀』巻一、告示類、一件勧民息訟以保身家事「照得。禾俗刁険、好訟成風。本府下車放告、収閲状詞、大抵風影之織、十居八九、澆漓健訟、已見其大槩矣。今本府酌量勉准数詞、現在提審、但爾民不忍一朝之忿、罔顧後求之患、往往鼠雀微嫌、輒駕大題計告、殊不知一経准理、不論理之曲直而先飽衙蠹之橐、且伺候聽審、毎有数月耽擱、農失耕耘、民廃生業。即使小忿得洩、所損資息、已無算矣。更有軽聴代書誣捏誑准、遂遭反坐。嗟爾郷民、何愚若此。真可憐而可恨也。合行勧諭。為此示、仰府属士民人等知悉。嗣後果有情関重大冤抑事情、如人命・強盗・貪官・悪蠹・勢悪・土豪・十悪等項。方許抛事直陳、以憑伸冤理枉。其余戸婚田土鬥殴銭債口角小嫌、可忍、則勉自忍耐。不可忍、則聴親友郷里調処和平。此非為譲人、乃自為身家計也。本府諄諄告誡、勧化爾民。如以套言相視、恬不猛省、仍前装誣越訴者、本府惟懸反坐之条、以待爾奸民也。其各省惕、毋貽噬臍」。

(25)『守禾日紀』巻二、告示類、一件厳革漕弊以甦民累事。同巻二、告示類、一件厳禁酷比漕截借端勒耗以甦民困事。同巻三、告示類、一件厳禁火耗以遵功令以甦民困事。同巻三、告示類、一件再申漕截之禁以粛官箴以甦民困事。同巻三、告示類、一件厳禁白折加耗以甦民困事。同巻三、告示類、一件厳禁倉厫看夫計主以剔漕弊以甦民困事。同巻三、告示類、一件厳禁各属強発官価取買舗行以甦民困事。同巻三、告示類、一件厳査漕白南糧額外耗費以除積弊以甦民困事、など。

(26)『守禾日紀』巻三、告示類、一件厳禁兌換低仮潮銀以除民害事。同巻二、告示類、一件厳行申飭借命私擒通同串詐以除民害事。同巻三、告示類、一件厳禁兌換低仮潮銀以除民害事之二。同巻三、告示類、一件再禁藉漕科索以除民害事、など。

(27)『守禾日紀』巻二、告示類、一件厳禁打印傾鎔以紓民力事、巻三、告示類、一件厳禁濫差滋擾以昭法守以安民生事、同巻三、告示類、一件厳禁田房加価以遏刁風以奠民生事、同巻三、告示類、一件厳禁刁誣囂訟以杜拖害以安民生事、など。

(28)『越州臨民録』巻四、告示、剪除豪棍〔康煕二十八年十月四日〕「本府訪聞、已得確実。本即厳拿、置以重法。但不教而誅、心所不忍。譬如不肖子孫必藉父師厳訓、猶望其革面回心、化頑転樸。便是良民。姑且暫従寛政。合亟示諭、為此示、仰該地方人等知悉。今後速宜反邪帰正、痛改前非、尚可苟全性命。倘或怙終不悛、行徑如前、本府除奸剪暴、一味認真到底、立即厳拏詳憲、按以光棍新例正法遣戍。本府執法如山。決不姑容留此民害。凡有霊性、速宜猛省改過、毋貽後悔」。

(29)『越州臨民録』巻四、告示、勧諭匪類〔康煕二十九年二月十七日〕「照得。為人在世必有一種芸業。故能守本分、孝父母。雍郷睦族、倹約自持、天報不爽、断無困阨之遭、自有安居之楽。夫何有等匪類不務本業、不習経営。始而游手好閑、継而踰垣鼠窃。或家族之中、或村郷之内、有此匪人。不知公首勧戒、每每彼此效尤。人之無良、殊可痛恨。独不思、為盗賊之人、古今来能有幾個漏網、能有幾個安享。受用但見事露被擒、追賍問罪。無論刑拷杖責、痛関切膚、抑且帯肘披枷、身覊獄底。凡有人心、決不作此勾当。爾等清夜自思、果能改過自新、一芸一業、皆可養家。肩挑背負、亦能度日。含飴鼓腹、何等逍遥、魂安夢穏、如何快楽。較之担驚受怕、犯法遭刑、相去奚啻天壊。本府為爾等父母。不忍不教而殺、特先出示勧論、為此示、仰諸色人等知悉。凡従前有習于非為者、速宜猛省改過、安分営生、家族村郷、切宜互相開導。各安義命、毋再為非作歹。如敢不遵勧誡、仍然怙終不悛、今本府現在另置処賊盗刑具。一有窃発、即該県已経究結、亦必仍着解府発落。軽則痛懲、重則立斃杖下、以作匪人榜様。……功令煌煌、難容軽試。各宜猛省、毋致噬臍。凜之、遵之」。

(30) 戴兆佳については、光緒『台州府志』巻六六、録三、名宦下、戴兆佳、参照。また山本英史『清代中国の地域支配』慶應義塾大学出版会、二〇〇七年、三九一頁、参照。

(31) 『天台治略』巻六、告示、一件開誠暁諭賊窩自首免罪反邪帰正以安地方事「照得。士農工商、各有職業。能守分、則為良民、不守分、則為敗類。邪正両途、全在人之自処。無奈、有等悪少、平日遊手好閒、不務生理。三五成群、耽情花柳、恣意呼盧、要拳酗酒、無所不為。迫致家業蕩然、飢寒交迫、盗心頓起。偸窃掏摸、始猶消阻閉蔵、継則心雄胆大。復有地棍為窩為主。結連外来奸宄、羣居萃処、昼伏宵行。公然以偸窃為生涯、地方不能安枕。台邑連年荒歉、今歳又遇嘆乾。新旧正雑賦税、現奉各憲厳檄催徴催解。是小民拮据、辦納正供、尚爾維艱何堪。爾等賊窩、作奸為祟。査新例内開、両次犯窃者発往黒龍江、給窮披甲為奴。三犯者真絞。法紀何等森厳。即或事未敗露、而地方郷捕人等、年有年規、季有季規、月有月規。稍不遂意、弔打頻加。是驚心破胆。偸得来者、又徒飽他人之悪貫。爾等回頭一想、何苦何苦。本県為民心切、嫉悪如仇。賊窩俱已訪聞確実、本県逐名厳拿重究。但念眼前皆属赤子、何忍不教而殺。合行出示暁諭、特開自新之路、為此示、仰一切賊窩不法人等知悉。嗣後務宜洗滌肺腸、革心革面、学做好人。凡向来為窃為窩者、許即抛実赴県自行呈首。本県定当嘉与維新。従前作過事、概行寛宥。取具地方隣甲互保甘結。本人不致再犯遵依、或酌撥官田耕種、或量給小本経営、俾令各安生理。毎逢月朔、赴県具結、存案査験。倘有□捕人等借端焼詐、許即稟究。既免官刑、又無私詐。豈非至善。自今以後、敢有不遵示諭、或怙終不悛、不即行自首、或自首之後仍蹈前轍者、立即厳拿、按照新例、従重治罪、断不稍為姑息、貽害地方。本県一片婆心、反覆開諭、如坐蒲団、效生公説法。爾等具有心胸、豈反不如頑石之点頭耶。我言不再。各宜猛省。特示」。

(32) 『天台治略』巻七、告示、一件厳禁積蠹虎棍結党害民事「照得。本県恭膺簡命、来牧茲土、夙夜自矢、加意撫綏、以無負聖天子視民如傷之意。但念稂莠不除、則嘉禾不植、強梁得志、則懦弱呑声。台民散処山陬、遠隔城市。多有地棍結連党羽、欺圧小民、武断郷曲、以非為是、陥害善良。種々不法、深可痛恨。更有一種積蠹、起滅詞訟、包攬銭粮。愚民偶有争鬬、便謂身家在其掌握。平居吸髄嘴膚、有事揑詞恐嚇。串合地棍、択懦飛噬、私窩賍賊。蠹以棍為牙爪、棍以蠹為羽翼。郷城聯絡、横覇一方。小民受屈無伸。本県為民父母、誓必剪除積悪、以消民害。但念教誡未施、遽申国典、殊非法外施仁之意。為此特行痛切暁諭、除真正巨魁首悪断難開宥者、如張脱天・王汝中・姜叔楷・周季赤・鄭忠恒・陳従讜等、現在訪確拿究外、其有聞風知畏、消阻閉蔵、痛改前非、反刁為訓者、本県既往不追、開以自新之路。倘若怙終不悛、頑梗不化、或経本県訪確、或被受害告発。一而厳拏、一而通詳、立置重典。身家倶破、悔之何及。爾輩清夜自思、速宜猛省。戒之。慎之。須至示者」。

(33) 『覆甕集』巻一、条告、申教令広勧導等事〔康熙五十九年五月〕「照得。会邑種種敝俗、沿習既久、難以驟易。然斯道本在人心、未嘗一日而泯。惟居官者不能実宣教化、殷勤勧戒。故為民者。日趨于涼薄、而不知返。語云「不教而誅為虐政」。教而不改、是為頑民。若不先尽其教之之道、而遽目斯民為梗頑、此亦居官者之過也。本県山右迂儒、承乏茲土、自愧才徳。不逮無以□斯民于敦龐淳朴之域。但此心兢兢業業。惟恐有負聖天子浩蕩洪恩、各上憲恵愛至意。故不憚再三暁諭、諄切告誡。凡我紳衿士民尚其体諒本県苦心、恪遵所諭、毋面従而心不革也」。

(34) 『覆甕集』巻一、条告、一靖地方先厳光棍也「本県賦性剛直。一見光棍、不啻豺狼。蓋光棍一日不除、則民生一日不安。去一光棍、所以安千百良民也。新例首厳、光棍有犯、立致死刑。本県抵任、業経痛処一二。惟恐稂莠不尽除、嘉禾猶有害。是以猶在訪拿。若輩果肯悟已往之非、萌自新之念、去悪遷善、即是良民。嗣後務須痛自湔洗、莫染旧汚。本県与人為善之念、刻刻在茲、悪人作悪之念、亦刻刻在茲。能仰体本県即所以自淑其身也」。

(35) 『守禾日紀』巻一、疏序中詳類、一件厳禁白捕横行以除嘉禾大害事「切査。塩捕之設、専令巡緝私販、不許結党朋充、借端生事、以為民害、屢奉各憲通行、厳飭在案、迄今日久、錮弊滋生。職府莅任以来、密行察訪。聞有一干白捕。仮借巡監名色、撐駕三櫓快船、糾合無頼。或十余人、或二三十人不等、或執器械、或掛腰牌、探有重載商船、喊搶入艙、口称捜緝私塩、擄掠一空。甚至郷村殷実之家、誣以窩屯、囲門撲捉、抄劫家資、搬搶稲穀。種種厲民、難以枚挙。職府察訪弊真、現在密行緝究。但事干白捕害民、合行仰請憲台威霊、力為剪除、以垂経久」。

(36)『牧愛堂編』巻五、詳文、除害、一件為奸民抗法等事「窃照。県有分土、民有専籍。抗法而法不能施。欺憲而憲莫之測。未有如張勲打死人命一案者也。張勲住居本県成村都。左隣張錦、右隣張田。其応納銭糧戸役、則在本都五甲。初控本府状内、現書交城人、本府発県審問。卑職拠理執法、頗得真情、正欲検審。而張勲知卑職見聞真切、嚇詐計詘、偽称陽曲県人、投控按察司。自恃舎人之尊、抗不赴官、差役莫敢拘拿。犯証在県、候審詳報、而張勲差提不至、無憑審鞫。不但上件不完、其藐視卑職、欺罔上台、彰明較著。一人把持、合県成風。県官虚設、毫無管轄之名。文案徒存、難施理断之実。原籍交城、冒称陽曲、蒙蔽憲聡、致累愚弱。県令掣肘、国法安在。伏乞、憲台鑒察刁情、挽回悪俗、使卑職稍得展布、四体立于民上、無令奸民欺藐蔑視。庶不負朝廷設立県令之意、而憲台之体恤下僚、恵愛百姓、主持風俗、関係世道人心者、非浅鮮矣。謹具文申請、懇祈憲台、将張勲打死人命一案、批発審結、報憲定奪。為此今将前由理合具申、伏乞照詳施行」。

(37)『牧愛堂編』巻八、詳文、剿撫、一件守険分治事「治民猶治田也。治田者、不去其蟊賊、則雖終歳勤劬、而其田必荒。去盗猶去癰也。去癰者、不消之未形、則雖有万金良薬、而其癰必潰」。

(38)『雲陽政略』巻一、詳文、条陳利弊六条之一「窃惟。楚地向称名邦、人民殷富。不意、自逆賊蹂躙之後、兼以飢荒洊至、一切民風土俗、世道人心、大異乎昔。幸逢憲台福星所照、剔弊釐奸、移風易俗、後楽先憂、革故鼎新、無一不与。小民另開生面重入。熙台固已無利不興、無弊不革矣。猶且諄諄以諮詢利弊、下採芻蕘。此誠憲台視民如傷、不恥下問之意也。卑職方疎識暗、浅見寡聞、兼以蒞任未幾。雖一州之利弊、尚未周知始末。安敢矜能炫智、為湖南数十城斟酌是非。況畳奉批行司道府州県。条陳倶已備極、一時痛痒、補救無遺矣。然卑職尚有数事欲陳者。非敢越俎言、事祇不過就州言州」。

(39)『雲陽政略』巻一、詳文、条陳利弊六条之三「一勧懲之挙効、不可不厳也。茶陵山川険峻、習俗澆漓。従無講約旧規、耳不聞上諭之講、目不覩律令之文。人心大壊、奸宄叢生。或劣衿夥党告官、或悪棍横行肆虐。卑職履任之日、即擬尽行訪察、槩行究革。又思不教而誅、非民父母、正擬申明郷約、漸次挙行。乃蒙撫憲頒発条諭。卑職現在遵法力行、親行講釈、勧化頑民。然有勧不可無懲、怙終不可為訓。倘行之半年、以后猶有劣衿仍前把持健訟、包攬銭糧、地棍播虐郷民、肆行無忌者、是教令所不能及、則梗化之檮杌、法不容寛。許令卑職指名列跡具詳。伏乞憲台大法重処、則挙劾不爽、勧懲兼行。庶善民知所起、而悪民知所懼矣。所謂利所已興、弊所已革。必俟憲台禁飭調停、始能尽善永守者、此也」。

(40)『雲陽政略』巻一、詳文、詳覆催科大畧「州県為牧民之官。其職任以撫恤為先。其考成以銭糧為重。二項竝行、常恐相悖。使催科之内不寓以撫字之仁、徵比之時、徒事朴責。則雖銭糧早完、考成無悞、尚失父母斯民之意」。

第五章　清初における浙江沿海地方の秩序形成

寧波南田青竹嶼の孫姓は巨室なり。平日佃丁健漢及び温台の不逞の徒を留養すること、六、七十人を下らず。墻垣堅固、鎗炮斉全なるに、海盗相戒めて敢へて意を犯さず。固より枕を高くして憂ひ無きを謂ふ。

——『点石斎画報』竹集八期、仮官作威

寧波の海盗もあえて犯せない勢力を持った巨室が高官を装った二人の盗賊に財産をまんまと盗まれた様子を伝えている。

はじめに

本章は、清朝による海禁政策である遷界令が実施された前後の時代、すなわち十七世紀後半における地方統治と秩序形成のあり方を浙江沿海という一つの地域に即して実態的に把握しようとするものである。

近年の研究傾向の一つとして、東アジア・東南アジアの海域世界をグローバルに捉えようとする傾向が見られる。その代表的なものとして、岸本美緒は「一六世紀から一八世紀の東アジア・東南アジアの歴史を鳥瞰してみるとき、我々の眼に映るのは、混乱とも見える急激な膨張・流動化から沈静・秩序化へと向かう一サイクルの大きな動きである」との見通しの下、その包括的なデッサンを試みている(1)。筆者はこの見通しを基本的に支持しつつも、ここでは十七世紀後半の浙江沿海という限られた時代と地域に焦点を絞り、その見解そのものを具体的かつ実証的に検証することに主眼をおく。それは、東アジア・東南アジアに展開された個々の事象はきわめて多様な局面によって構成されており、それを包括的に把握するにはそれぞれの地域における、地域に即した固有の事情を勘案し、その情報の集積を目指すことが必要不可欠な基本作業であると考えるからにほかならない。

清朝による海禁政策の実証研究は二十世紀前半から今日に至るまで数多く見られる(2)。しかし、その政策が地域に及ぼした影響やそれに伴う秩序維持や再編などの内政問題との関連において論じた研究はこれまでほとんどないといってよい。近年、改めてこの政策の経済的な影響の是非を問うた研究が現われたが、ここでも地域社会の秩序形成の問題に関してはさほど言及されていない(3)。

本章では、遷界令の影響が及んだ地域の一つである浙江沿海の統治管理の特徴を見出し、それを通して清朝の地域支配の現場を担当した地方官僚の、行政における規範と現実のあり方を明らかにしたい。

一　遷界令の実施と浙江

清朝は鄭成功の海上勢力に対抗するため、順治十五年（一六五八）に海禁を強化し、順治十八年（一六六一）に沿海の住民を内地に強制移住させて海上勢力との接触を遮断する遷界令を山東、江南、浙江、福建、広東の五省に施行した。その中心は鄭成功の勢力が最も強い福建であったが、浙江もまた少なからず影響を受けた。まずはその施行過程をたどることにしよう。

海上勢力としての鄭成功は、父の鄭芝龍が清朝に投降した後もその経済力・軍事力を背景にして清朝に反抗し続けた。また、順治五年（一六四八）以後常に沿海を拠点に派兵する一方、父の後を継いで海上貿易に従事していた。清朝はこれに何らかの対策を講じなければならなかった。すなわち、それが海禁の強化であった。

海禁をさらに厳しくする方針は、鄭成功の懐柔が期待薄になった順治十一年（一六五四）二月、礼科給事中季開生が提議した「厳海禁」に始まる。(4) 順治十二年（一六五五）六月、浙閩総督佟代（屯泰）は沿海の関係各省に対し、明代弘治年間（一四八八～一五〇五）の海禁令にならい、「片帆も入海を許すなきこと」を厳命するよう求めた。(5) だが、それは大型船の出航を禁じただけで、小型船の場合、手形があれば出航し、沿海居民が捕魚採薪できることを認めていた点では、なおいまだ比較的緩い海禁であったといえよう。

本格的な海禁は順治十三年（一六五六）六月十六日、浙江、福建、広東、山東、天津の各総督・巡撫・鎮将に

対する次のような一切の通海の禁止と違反者への厳罰命令が出されることで開始された。

海逆鄭成功等は海辺に潜伏しているが、いまに至るまでまだ徹底討伐できないのは、きっと奸人がひそかに渡りをつけて、厚利を貪り、貿易往来して、食糧や物品を提供しているために違いない。法を設けて厳禁しなければ、海上を粛正できない。今後、担当督撫鎮各官は沿海一帯の文武各官に命じ、商民の船隻が勝手に出海するのを厳禁せよ。逆賊と交易する者については、官民の区別なく、すべて報告して斬刑にせよ。担当地方の文武各官で取り締りを実行しない者はみな罷免し、重罪にせよ。地方・保甲が結託して見逃す場合はすべて死罪にせよ。沿海地方で大小の賊船が停泊・登岸できそうな場所では、担当督撫鎮各官がみな防守の各官に厳命し、互いに情勢を鑑み、方法を講じて阻むべく、土手を築き、木柵を造って、処々防禦を強化し、片帆の入港も一賊の登岸も許さないようにせよ。依然として防衛に怠慢であれば、その担当各官は即刻軍法にかける。担当督撫鎮もすべて罪を審議する。爾らは速やかに上諭に遵い、力を尽して実行せよ。(6)

しかし、鄭成功の部下であり、のち清に投降した黄梧の次の証言によれば、この海禁は必ずしも徹底しなかったことが知られている。

鄭成功がまだ討伐されないのは、福州・興化等の場所がその補給基地になっているからです。南部では米を恵州・潮州に仰がなければ賊糧は維持できず、中部では貨物を興化・泉州・漳州に仰がなければ賊餉は維持できず、北部では材木を福州・温州に仰がなければ賊船は維持できません。いま沿海の補給を禁止しましたが、要領を得ません。賊船は雲をつかむようです。福州・興化から恵州・潮州まで風に乗れば二日で行けま

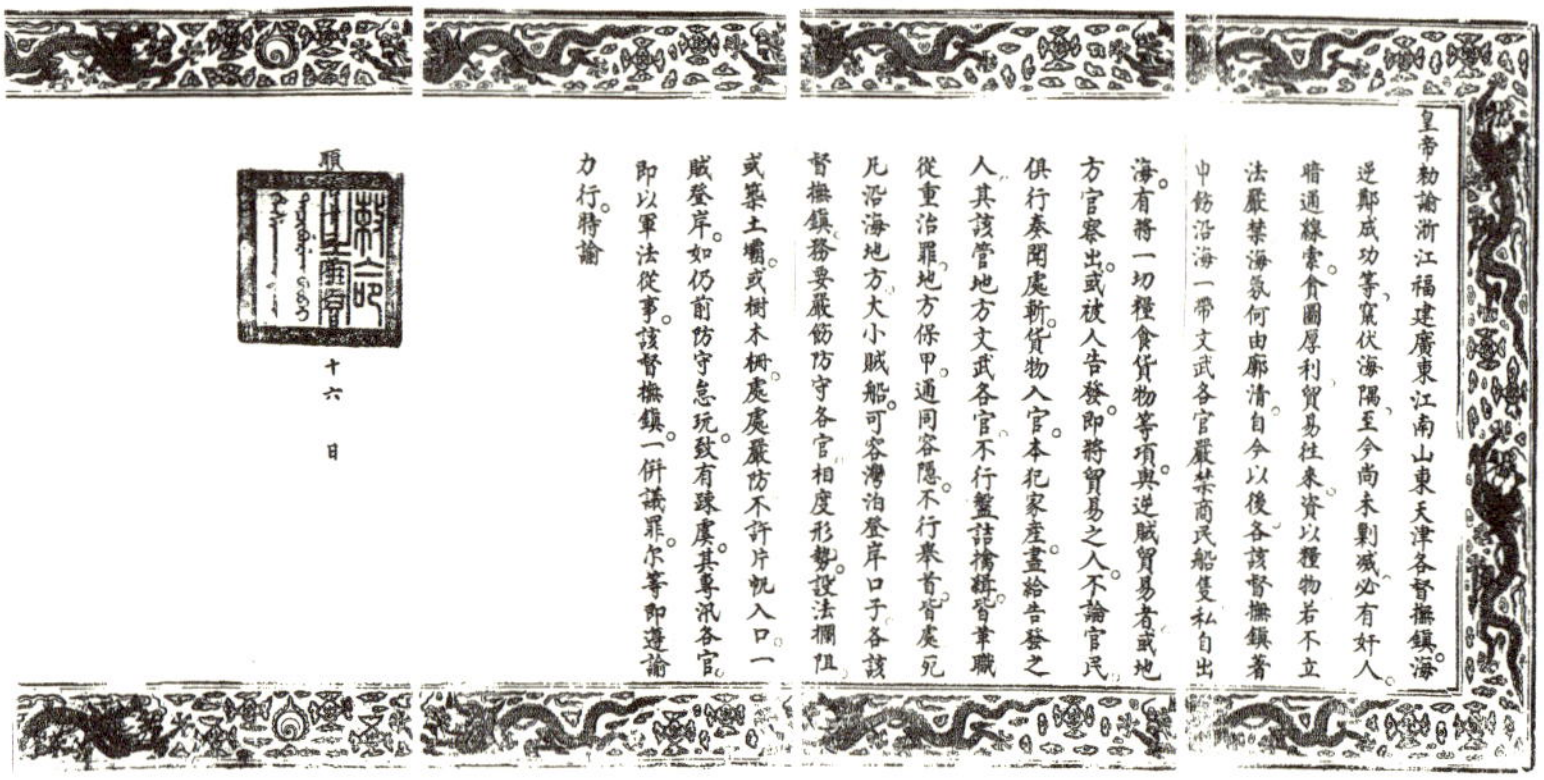
皇帝勅諭浙江福建廣東江南山東天津各督撫鎮海
逆鄭成功等竄伏海隅至今尚未剿滅必有奸人
暗通線索貪圖厚利貿易往來資以糧物若不立
法嚴禁海氛何由廓清自今以後各該督撫鎮著
申飭沿海一帶文武各官嚴禁商民船隻私自出
海有將一切糧食貨物等項與逆賊貿易者或地
方官察出或被人告發即將貿易之人不論官民
俱行奏聞處斬貨物入官本犯家產盡給告發之
人其該管地方文武各官不行盤詰擒緝皆革職
從重治罪地方保甲通同容隱不行舉首皆處死
凡沿海地方大小賊船可容灣泊登岸口子各該
督撫鎮務要嚴飭防守各官相度形勢設法攔阻
或築土壩或樹木柵處處嚴防不許片帆入口一
賊登岸如仍前防守怠玩致有疎虞其專汛各官
即以軍法從事該督撫鎮一併議罪爾等即遵諭
力行特諭

順 十六 日

順治13年上諭（『明清檔案』）

す。しかし福建と広東では管轄が異なり、水陸軍に統一した権限がありません。鄭成功が討伐を遁れるのはこのためです。(7)

その結果、清朝は事情に通じた黄梧の献策を採用し、(8)順治十八年（一六六一）に遷界令の実施を戸部に命じた。命令に関して直接に伝える文献の存在はなお確認されていないが、内容についてはそれに代わる以下の上諭で知ることができる。

江南・浙江・福建・広東の沿海地方は賊の巣窟に近いため、海の逆賊が常にその地を侵犯し、住民たちは安らぐことができなくなった。そこで彼らを尽く内地に遷移したのだが、それは実際のところ民生を保全するためだった。いま住民たちに対し速やかに田地や住居を支給しなければ、彼らは生活できなくなってしまう。担当督撫に命じて詳しく調査した上でそれらを支給させよ。必ず担当官みずからが取りしきり、住民たちをふさわしい場所に落ち着かせ、恩恵に浴させるようにせよ。属員に委ねて草率に事を処理してはならない。戸部は速やかに上諭に遵って実行せよ。(9)

遷界令とは、鄭氏の海上勢力に対抗するために清朝中央が該当地方の住民をすべて内地に強制移住させ、牆で境界を設けるよう命じた政策をいい、その前身である海禁令を一層強化し、その徹底をはかったものであった。それは江南、浙江、福建では順治十八年（一六六一）中に、広東省では康熙元年（一六六二）に、山東省では康熙二年（一六六三）にそれぞれ施行されたといわれる。[10]

ところで、「遷界の行はれた地域は以上の二省（山東・江南）の一部の外に、浙江省の寧波・台州・温州の三府、福建の沿海全部、広東の七府二十七州県に亘つ」[11]たとされるように、その中心は福建と広東であったが、浙江も影響を強く受けた地域の一つであった。また、「順治十八年、温州・台州・寧波の三府の沿海居民を内地に遷移した。康熙二年、命令を受け、沿海一帯に境界を定めた。烽火台を築き、旗を目印に立て、若干の監視兵を置いて昼夜警備に当たらせた」[12]といわれるように、浙江に限ればその中心は温州、台州、寧波の三府であった。[13]さらに「浙江で遷界令の被害を受けたのは温州・台州・寧波の三府であったが、舟山が最も激しかった。舟山が定海と改称したのは遷界令の後であり、この名前からしてもその被害の激しさが窺われる」[14]とあるように、寧波府の中でも舟山などの島嶼部の影響が一番大きかった。

順治十三年（一六五六）の海禁令が施行されるにさかのぼること二年の順治十一年（一六五四）、浙江巡撫に就任した秦世禎は浙江における諸問題を以下のように指摘している。

海防には禁令があり、片板も出海を許していない。ましてや現在大海はまだ平定されておらず、とりわけ注意を払わねばならない。近く聞くところでは、沿海地方には樵採や捕魚を口実に無断で出海し、機に乗じて外洋に遠出する居民が多いという。もし居民がこのために内地の消息を漏らし、ひそかに奸細と通じて往来するようなことがあれば、事は重大である。内外の奸民の探りを防ごうとすれば、まず船隻が出海してはならないことを厳命しなければならない。このため各道、通行の属県、沿海地方に通達し、居民や沿海の船隻が総じて採捕の名目にかりて勝手に出海し奸悪の種を生じさせてはならないようにする。(15)

秦世禎はまた次のようにいう。

海賊が好き勝手に振る舞い、我が軍に逆らっている。およそ清朝の臣民であれば共に仇とすることとしきりである。我が方が防禦を厳しくすれば、その勢力は海洋にあって困窮し、ただちに絶滅寸前になるはずだが、どうしたものか、一部の奸徒がわずかな利益を貪るため、危険を冒して海賊と連絡を取り、米糧、鞋帽、綢布等の物品を運搬貿易している。奸細が内地に潜入し、補給品を購買することもある。役人は禁止されていることを知らず、下級武官の中には知っていながらわざと見逃す者もいる。このような利敵行為は大いに法を犯すものであり、厳禁しなければならない。(16)

順治十三年（一六五六）の海禁令施行以前において沿海居民の出海はすでに管理統制の下にあったが、徹底さを欠いていた。その原因として「海賊」に必需物資を運搬貿易する沿海商人の利益活動とそれを黙認して賄賂を求める官兵の存在があったという。秦世禎はこれがひいては沿海居民の中から海上勢力と内通し、それに軍需を提供することで、結果として海上勢力を支援する者が多発することを憂慮している。こうした懸念が海禁令の強化に繋がったことはいうまでもないが、遷界令はヒトとモノとの往来を物理的に遮断することで、その海禁令をさらに徹底したものであることから、遷界令の主たる目的もまた沿海居民から外部勢力との接触の機会を奪うことにあったと見てよい。

浙江総督劉兆麒は遷界令施行直後の浙江の状況を次のように伝えている。

浙江の寧波・紹興・台州・温州の沿海一帯には汛を設けて防衛を分担している。一人の越境も片板の出海も許してはならない。違犯者は奸民であれば磔にする。汛の士卒や地方の捕り方で事情を知りながらわざと見逃し、賄賂を取って釈放する者がいればすべて斬刑にする。怠慢から奸民を捕えない者は罷免処罰する。法令を各自遵守しなければならない。(17)

この告示によるかぎり、浙江沿海における遷界令は所期の目的を果たしたかのように見受けられる。もちろん、遷界令の施行下においてもなお警備の弁兵が職務を怠る結果、「奸民」が機に乗じて越界する事態が予想されたが、それでもなお施行前に比べれば、その越界行動の情況は相対的に抑制されたと見ることはできよう。

だがその一方で遷界令が施行された現場の様子を詳細に報じた江日昇は次のように証言する。

当時、境界を警備する士卒には最も権限があった。これに贈賄する者には出入を許した。少しでも恨みがあれば無理やり牆外に出界させ、これを殺しても官は責任を問うことなく、民は口をつぐんで訴えなかった。人々は失業し、号泣の声が道に溢れた。郷民が困苦し一家離散となるひどい情況だった。夫に背き子を棄て、父を失い妻から離れ、老人や子供は野垂れ死にして骸骨が荒野にさらされた。(18)

江日昇によれば、遷界令はむしろ官兵らに新たな無法を許すばかりか、内地に強制移住させられた一般人民にとっての被害が甚大であったという。

鄭氏への対抗策として有効な妙案とされた遷界令ではあったが、その徹底した実施はむしろ沿海居民に及ぼした悪影響の方が大きく、その結果、清朝は施行後数年にして当初の方針の調整を余儀なくされることになった。

二　遷界令の緩和と浙江

遷界令は康熙四年（一六六五）以後、若干の緩和の措置が取られ、山東を先駆けに、浙江、福建、広東の三省にもその適用を緩める命令が下った[19]。その時期は「康熙八年乙酉……命令を受けて展界し、民は幸いにも業に復した[20]」という記事から康熙八年（一六六九）とされている。

具体的な緩和内容は必ずしも分明ではないが、「展界」が命じられ、「民が業に復した」かぎりにおいては、少なくとも遷界令で最も弊害とされた「該当地方の住民をすべて内地に移住させ、牆をもって境界を設ける」ことを停止するものであった。しかし、沿海居民の出海や貿易に関しては依然として厳禁方針が堅持されたと見られる。それゆえ、これはあくまでも暫定的な措置であり、海禁の方針そのものが撤廃されたわけではなかった。むしろ「同時に順治十八年の禁令が一層厳しくなった」とされ[21]、沿海地方は外部との接触を一切絶つという海禁の原則に変りはなかったのである。

しかしながら、そうした事実にもかかわらず遷界令が一時的にせよ緩和されたことで、少なくとも浙江沿海の状況は大きく変化することになった。その点について清朝中央は次のような認識を持っていた。

先に沿海遷徙が人民の損失を招くことを恐れ、とくに展界を命じて人民が復業し生活を営むことを許した。いま聞くところでは、沿海地方の奸民はなお海寇と交通し、ひそかに往来して、かえって良民の不安を招いている。たびたび禁止命令を出すが、担当各官は陰ひなたがあり、先例にならってそれらを軽視するため、悪弊が日ごとに増している。地方の汛を守る官兵は賄賂を受けてわざと見逃し、結託して隠し立てするため、奸民の行動がますます激しくなる。また海寇の船隻がしばしば登岸し略奪行為を働くことを頻りに聞くも、汛の各官兵が漫然として討伐に当たらないのは、とりわけ法をないがしろにするものである。[22]

そこで清朝中央は遷界令を緩和したことで新たに生じた諸問題について、①いま奸民の通海をいかにすれば厳しく禁止できるか、②賊寇の登岸をいかにすれば防止できるか、③戦船水師をいかにすれば編制訓練できるか、④台寨の修築は防衛に役立つかどうか、の四項目にわたって現場の担当督撫・提督に諮問した。[23]諮問の筆頭に「奸民」の通海禁止対策を問うている点が注目される。それは、緩和措置により以前から懸念されていた「奸民の越海通賊の問題」が再燃したため、清朝中央にとってこの問題の解決が焦眉となったことを示している。

その諮問に対し、浙江総督劉兆麒は康熙九年（一六七〇）七月に次のように回答している。

思いますに、民間人が越界して悪事をなすのはおおむね三者です。第一は移住させた民です。彼らは生活のために網などをひそかに持ち出して越界し、魚を獲って糊口を凌ぐ者です。これは無自覚の窮民です。第二は地方の奸徒です。漁利を羨ましがり、界の内外において船隻を私造し、漁獲期が来るたびに出洋捕魚して、乾魚を売る者です。これは射利の奸民です。第三は他処の奸徒です。内地の貨物を販売し、越界貿易して儲けをもくろんだり、洋物と交換して内地に携え発売したりする者です。これは悪事を行い、法を犯す奸商です。推し量ってみるとだいたいこの三者に尽きます。窮民の越界は生活のためだけで人数も多くなく、夜間に行動するので、士卒も気がつきません。もとより罪を免れませんが、その情状は同情の余地があります。

しかし、魚を獲って売る奸民と貿易を行う奸商に関しては、糾弾する人数や携帯する貨物も多く、勢い土棍と結託し士卒に贈賄して、その出入を自由にするもので、その悪事は測り難く、憂慮する事態はさらに深いといえます。そこで必ず窮民たちを落ち着かせ、ふさわしい場所を提供して出海の来源を一掃し、その後奸商・土豪・衿棍・宦僕などを厳しく調査して通海の悪因を絶てば、人民にその気持ちが失せ、奸徒も好き勝手に振る舞えなくなるでしょう(24)。

彼は、民間人で禁令を守らないのは三種あり、このうち生きるためにやむをえず出海する「窮民」はともかく、漁獲で射利をたくらむ地元の「奸民」と貿易で巨利を得る外来の「奸商」が大きな問題であり、彼らが内地の土豪・棍徒や駐在する士卒と関係を結んでいることがその出入を自由にさせていると分析している。

劉兆麒はこの上諭を受け、治下の人民に対し越界を厳禁する告示を出すが、そこでは違犯者の予想される行動として、次のようなものを具体的に挙げている。

爾ら民どもは愚昧無知であり、旧習を改められず、欲に目がくらみ、情で法を枉げる者がいる。なかには仲間を集めて越界し、魚蝦を採ること、禁制貨物を調達して出海の機会を窺うこと、海上に潜伏する賊徒にあえて宿を提供すること、密貿易をはかり貨物を海岸に隠すこと、旧知の親戚が海外にいるためなお連絡を取りあうこと、捕魚と偽って船で外洋に出ることなどがある。これらの違法行為は現在まだ実行されてはいないものの、奸民のかつてのやり方が復活するのは避けられない(25)。

さらに劉兆麒は再び治下の人民に対し越界を厳禁する告示を出している。そこでは禁令が遵守されない大きな原因を次のように考える。

反逆の奸徒は、利を好むこと飴でもなめるようであり、ぞろぞろと大勢で死地に赴く。彼らは海上勢力と販売貿易する者か、またはそれに援助補給する者である。ところが汛の官兵で奸徒からの賄賂を利としてわざと出海を見逃す者や不肖の士卒で奸徒と結託して法を軽んじて貿易の利益を分けあう者がいる。沿海の内側で内通する者がいなければ、外側の奸徒は非望を懐くすべがない。官兵が公平に巡邏すれば、奸徒もまた断じて法網に触れることをしないはずだ。これは自然の理というものである。(26)

遷界令の暫定的な緩和により少なくとも浙江沿海においては順治十三年（一六五六）に本格的な海禁令が施行される以前に問題とされた状況の復活を招いたと見てよい。

遷界令は康熙十二年（一六七三）十一月に始まった三藩の乱の影響がその翌年の康熙十三年（一六七四）に東南沿海地方に及ぶに至って停止され、さらに同年五月、鄭経が厦門に入るに及んで事実上撤廃されたものの、康熙十五年（一六七六）、福建の耿精忠が清朝に降伏するとともに、見直しの議論が再燃し、康熙十七年（一六七八）に再び施行されるという経過をたどった。(27)しかし、康熙十二年（一六七三）に劉兆麒の後任として浙江総督に就任した李之芳が、康熙二十年（一六八一）の状況について、「目下台州・寧波の各汛が日々報じるところでは、賊船が内海をうろつき、しばしば登岸に機会を狙っているという」(28)と明言するように、所期の目的を十全に果たすことは困難だった。それゆえ内地からそれに呼応する存在を抑えることもまた困難を極めたのである。

三　遷界令緩和下の秩序形成

しからば、こうした一連の海禁政策とその実情の中で、沿海地方の地方官僚たちはその地方の秩序形成においてどのような問題を抱え、それをいかにして解決しようとしたのであろうか。

劉兆麒は遷界令が緩和された直後の浙江沿海地方の状況を次のように理解している。(29)

寧波・紹興・台州・温州等の府は海に面した険しい山の地域であり、第一の要害の地と称される。いま外には游魂がまだ討伐されず、内には多くの奸宄が潜伏している。さらに新たに展界の命を受けた。荒地を開墾するため招来した流民は集まったばかりであり、予防には一層厳しく注意を払わねばならない。そこで本部院《わたくし》はとくに申請して、海辺においては船を巡邏させて賊船の探索を防ぎ、内地においては保甲を編立して奸民の越界を防ぐようにした。また官より元手を提供して落ち着かせるのは沿海の持ち主のない田地を窮民に給して開墾させ出海の源を一掃するためである。

劉兆麒は遷界令緩和後の秩序形成にあっては外なる「游魂」に対して引き続き厳重注意を払うとともに、内なる「奸宄」の潜伏に対して一層の警戒を強めることが沿海所轄担当官にとって肝要であると説く。しかし、彼が「浙江と福建は財賦の重点地区であり、海に面した重要な土地である。太平の世になってすでに久しいが、領域は広大であり、災厄は以前と変わらない」(30)といい、また後任の李之芳が「浙江は僻遠の地であり、これまで常に悪人が隠れるのに容易であった。近日無法の輩が流言煽動するのがしばしば発覚したことから、管轄地区は厳戒態勢を取っている。外来の奸細が潜伏して様子を窺い、本地の狂徒が機に乗じて動きだす恐れがあるので、厳しく捜査し患を未然に防がねばならない。城池、庫獄、関津、隘口ではいずれも注意して警備を倍加する必要がある(31)」というように、その困難が予想された。

このような状況の下、浙江沿海地方の官僚たちは内地行政の規範と秩序を乱す民衆とはいかなる存在であるかを知り、それにどのような管理統制をはかるかに主要な関心を懐くようになった。そして彼らが書き遺した行政文書ではそのような管理統制を必要とする民衆を「奸民」または「奸徒」と称し、さらに元来は無頼を意味する「棍」または「棍徒」をそれらと同じ意味あいで用いてその名称としたのである。

劉兆麒は膝元である杭州における「奸民」の態様を次のように詳述している。

省都杭州は人家が密集していて悪人が群生している。游手好閑で本業に努めない徒はもっぱら匪類と結んで悪の限りを尽す。たとえば放賭拈頭（賭場を開いて上前をはねる）、火囤紮詐（美人局で詐取する）、包告包准（訴訟を請け負う）、夥告夥証（大勢で訴える）、誆撞太歳（身のほど知らずに人を騙す）、造使仮銀（贋金造り）、捏造誹謡（誹謗歌の捏造）、匿名榜帖（匿名の掲示）などである。ただこれらはその旧来からの行動である。次に剪綹白闖（すりかっぱらい）、拐騙掏摸（詐取窃盗）、偸鶏弔狗（こそ泥）、放火打搶（火付け盗賊）、白昼邀奪（白昼のひったくり）、黒夜穿窬（闇夜の侵入）などである。これらはその小手調べのようなものである。ひどい場合では、押し込み強盗や人殺しをすることがある(32)。

彼はさらに次のようにいう。

杭州は省都であり、要衝の地に当たり、人家が密集している。加えていろいろな所から来た住民が雑居しており、兵・民の区別や善人・悪人の見分けがつかない。近く調べたところによれば、一部の棍徒らが仲間を作って人家が建て込んでいる地に散居し、郊外の辺鄙な所で様子を窺っているという。納税や交易で財貨を携えて単身城内に来る郷民を見れば公然と強奪し、それらをあちこち送り渡して脚がつかないようにする。さらに各船着場においてはこれらの輩は船頭に扮装して客商を引き止め、荷の積み替えを名目に途中で舟を停め、金品を奪い取る。彼らは獲物を手に入れるとただちに客商を岸に追い払うため、寄る辺のない客商は被害を受けるも怨みを晴らすすべがない。このように旅人が禍に遭うことは一件に止まらない。地元の人間はそれを明知するもあえて止めない。見る者聞く者はみな恐れおののく。棍徒らは城内の市肆や船着場においてともすれば横行して憚らず、さらに郊外の村落において住民に害毒を流すなど、その数は測り知れない。この太平の世にあって、このような命知らずの徒が地方に害を及ぼすのをどうして見過ごせようか。(33)

こうした状況は「浙省の民情は狡猾さが習いとなっている(34)」というように、ひとり杭州城内に止まらず、浙江沿海地方に恒常化しており、「奸民」はこれらの〝不法行為〟による収入源を得て「内地に潜伏し、海外と貿易販売する」のを可能にしていた。

劉兆麒が「浙江は各方面に人々が雑居し、習俗は軽薄であり、奸詐が生じやすく、人の心を測り知れない」として、内地の「奸民」を、①異籍にして当地に毒を流して財を騙し取る者、②土棍にして人を害してゆすりたかりを行う者、③官兵を騙り公然と騒ぎ立てる者、の三種に類型化しているのは興味深い(35)。

このうち①の外地から潜入する「奸民」である棍徒は地方官僚にとって最も警戒を要する存在であったが、遷界令が緩和された環境の下で省会である杭州や沿海の都市においてはそれを完全に食い止めるのは容易ではなかった。彼らはその土地に足場を築くためにも土着の「奸民」である地棍（土棍）と密接な関係を持つ傾向にあった。

②の土棍もまた彼らとの関係を重視し、「人を害してゆすりたかりを行い」易くした。(36)その結果、遊棍は地棍と結託するのでなければ、その奸をほしいままにするに十分でなく、地棍は遊棍に助けをかりるのでなければ、その詐取を行うことができない。この輩たちは相表裏することを求め、ついに何でもできるようになる。(37)

といった強固な共生関係が生まれ、地方官僚たちも容易にそれを禁止しえなかった。

しかし、とりわけ注目すべきは劉兆麒も指摘する③のような軍隊と関係を持つ「奸民」の存在である。この点についていま少し詳しく述べよう。

劉兆麒は「奸民」と駐留軍との関係について次のように述べている。

近く聞くところでは、各営に無頼の游棍がいて、兵丁の名にかこつけ、あるいは食糧調達と称し、虎の威をかりて地元の民を苦しめている。共同で店を開き、郷民を威圧する者、賭場を開き金持ちを騙す者、高利貸しを営み民から金を搾り取る者、土妓を匿い美人局を行う者など、いろいろである。さらに兵船を私造し、昼間は塩の密売や客商の貨物を無理やり積み込む。夜間は武器を携えて略奪行為に走る。実にやりたい放題である。また船着場に停泊する船隻で、官差に当たるのを避けるため、軍隊に身を寄せて庇護を求める者がいる。官兵が船を必要とする時になっても、知県に金を贈るので、依然として兵船の積荷については問いただすすべがない。さらに盗賊が現れたとの報を受けても、定例に遵わず、すぐに兵を発して逮捕しようとはせず様子を見ているだけである。賊が逃げたと聞くと、やっと追捕を口にするが、またまた村中を騒がせ、罪をでっち上げて、善良な民を巻き添えにし、郷村の金品を掠め取る。小民が官兵から受ける惨状は賊から受ける略奪よりもひどい。種々の害毒を流す有様はとくに激怒に堪えない。これすべて土棍が軍隊に入り込み、結託して悪事をなすに至ったものである。かくなる上は、厳しく禁止命令を出さなければ、民害を止めようがない。(38)

遷界令の施行は沿岸防衛のために駐留していた軍の威勢を高めたことは疑いない。また、前述のように康熙十二年（一六七三）に三藩の乱が起こり、靖南王耿精忠が翌年の康熙十三年（一六七四）、浙江の台州、温州、処州を攻略したことから、浙江全体の緊張が高まり、軍備がさらに増強された。(39)こうした背景から浙江沿海地方においても駐留軍としての緑営の影響力が強くなり、その分だけ官兵や軍属らの横暴による弊害が指摘されるようになった。(40)しかし、劉兆麒はそれにかりて悪事を働くのは官兵一般ではなく、「みな土着の劣兵や地方の悪棍」(41)であると理解していた。また、李之芳も、「軍属が搾取のきっかけを作ったとあれば、無頼の徒が機に乗じて紛れこむので、その区別ができない」(42)と述べている。緑営の兵士の出身は遊民・無頼などがかなりの程度を占めていたといわれ、その選募に当たっては機械的に員数合わせするだけで、人材技芸を問わなくなっていたことから、遊民・無頼などがそこにかなりの程度を占め、彼らは官軍の権威をバックに不正を敢行したという。(43)沿岸防衛の増強に伴う兵士のさらなる調達は地元の「奸民」たちが軍隊に入りこんで私利を実現するのに絶好の機会を与え

たのである。(44)

劉兆麒は「奸民」が官兵と結託して働く悪行の中でとりわけその具体的なものとして以下のような営債を挙げている。

杭州城内には奸悪な棍徒がおり、もっぱら官兵と結託して手広く金貸しを行い、その威勢にかりて高利を取って山分けする。融資の時は七、八掛けにすぎないのに、全額借りた証文を無理やり書かせる。返還を求める際には利息は五、六割、ひどい時には一〇割にもなる。証文を書き換えるごとに利息が膨らみ、半年一年の間に元金の何十倍にもなってしまう。借りた方は困り果て先のことを考えられない。しかし貸した方は、誰それには狙いやすい裕福な親戚や友人がいることをあらかじめ調べ、元利が累積する頃を待って、家屋を差し押さえ、妻女をかたに取る。なおかつ足りなければ、親戚に取り入って肩代わりを頼むことを逼る。あるいは暴力で脅し、罵声を門前に絶やさない。それを苦にして自殺者まで出る始末だ。さらには公然と官に告発して借金の返済を迫るよう仕向ける。そのさまは筆舌に尽くせない。ひどいのになると、多年焦げついた債権を官兵に与えて取り立てさせる。賭場を開いて上前をはねる。これにかりてまた険悪な奸棍が他人を陥れることを思いついても、ほとんど区別できない。官兵は軍に属しており、多忙で収入にも限度があり、余財を蓄積することはとてもできない。その行為は地棍が官兵と結託、事に託けて利をむさぼっていることは明らかだ。それゆえ放債を行う者と仲を取り持つ者とはみな気脈を通じており、巧みに姦計を設ける者である。その苦難はこのままでいけば尽きることがない。(45)

営債とは各地の軍営中の兵士がその特殊な背景をかりて行った高利貸しの一種で、その歴史は古く、三国時代にすでに現れ、宋代以後、史書にその記載が多くなったといわれ、武力を背後にして取り立てを行うことからもとより違法なものとして禁止の対象になってきたものだった。(46) 注目すべきは「奸民」と官兵との関係を取り結ぶ者がいたことである。李之芳はそれについて次のようにいう。

浙江の無頼の悪棍は軍隊を利用して利益を上げ、命に背いて民に災いをもたらすものである。本部院《わたくし》はしばしば禁止命令を出すも、悍兵・悪棍は全く改悛の念がなく、害毒を住民に及ぼすこと、日ごとにはなはだしい。……ただその禍根を推測すれば、軍と民間人とは本来面識がないので、やはりある種の仲介役の棍徒がいて、気脈を通じて誘い込み、その結果罠にはまる者がいることがそれであろう。(47)

ところで、以上のような劉兆麒や李之芳によって指摘されてきた「地棍」ないし「土棍」と呼ばれる者たち、すなわち遷界令の緩和に伴って顕在化し、地方官僚にとって望ましいと思われた沿海地域の秩序形成に〝負〟の役割を果たした一群の内地の「奸民」とは何か。地方官僚たちの証言から、彼らは第一に沿岸や船着場において外地から来訪する客商や地元の商人・納税者を標的に詐取や掠奪をもくろむ存在であり、第二に賭場を開き、高利貸しや娼館を営んで富裕層から金品を巻き上げる存在であり、第三に船舶を用いて塩の密売や貿易を敢行する存在であることが判明する。殺人、強盗、放火などの凶悪犯を別にすれば、沿海の政治軍事情勢の変化に乗じて一儲けをたくらむ者たちであり、沿海地域を活動の中心として、いくらかの資本を元手に不法営業をもくろむ者たちであることを考えれば、そこからは冒険的な地元商人、ないしそれに繋がる土着民、あるいはその利益を共分する無頼の姿が浮かび上がってくる。彼らは個々では微力であり不安定な立場にあったゆえに外来の勢力との関係を密にし、さらには駐留軍の威光をかりることでみずからの活動を保障したものと思われる。

劉兆麒はさらにいう。

本業に努めない徒の仲間といえば、たいていは軍隊に名を登録している者や追いつめられて投降した者であり、総じて無頼の土棍を後ろ盾にしている連中である。その集結する場所といえば、たいていは奥まった家屋や辺鄙な通り、人気のない寺廟であり、城の内外、ありとあらゆる所であるが、賭場がとりわけ多い。彼らの中には呼び集める者、探りを入れる者、加勢に応じる者などがおり、平素はその力量によって用いられるが、いざとなれば争いごとを好み、利益を山分けする。地元の民はそれを横目で見、地方官はあえてそれに近寄ろうともせず、その結果、金持ちだが意気地のない者は日夜不安になる。ましてやこれから起こる災厄はなお語るに忍びない。(48)

このような「奸民」に対し、地元の住民はもちろん、地方官でさえもあえてその現状に手を着けようとしない事実がそこにあったことが知られる。

四　遷界令解除後の秩序形成

康熙二十二年（一六八三）八月、台湾鄭氏が清朝に降伏した。これより先、康熙二十年（一六八一）二月、福建総督姚啓聖と巡撫呉興祚が前後して遷界令の廃止を要請した。(49) さらに康熙二十三年（一六八四）四月、工部侍郎金世鑑の要請を受け、(50) 同年十月、九卿会議において以下の決定が下された。

いま海外が平定され、台湾・澎湖島には官兵が駐留するようになった。直隷・山東・江南・浙江・福建・広東の各省において先に定めた海禁処分の例はことごとく停止すべきである。もし禁令に違反して硝黄や軍器等の物品をひそかに積載して出海貿易する者がいれば、なお律に照らして処分する。(51)

これ以後、浙江においても遷界令が解除され、地方官僚たちは海上勢力と呼応する「奸民」の取り締りに神経を使うことを必要としなくなった。しかし、その反面、解禁によって外部からヒトとモノとが流入したことから生じる新たな局面に対して従来とは異なった意味での秩序形成に関心を払わざるをえなくなったのである。浙江の中でもとりわけ寧波は遷界令の影響を強く受けた地域であったことから、遷界令の解除はこの地域に大きな状況変化をもたらすことが予想された。康熙二十七年（一六八八）に寧波府知府に赴任した張星耀は、まさしくその遷界令が解除されて間もない寧波の地方行政を担当することになった。彼の公牘『守寧行知録』は当時の寧波の様子を生々しく伝えている。(52)

まずは展界、すなわち遷界令解除直後の寧波の一般情況について、張星耀は告示や詳文の中で次のように語っている。

寧波府は海禁が解除されたあと、商人が雲のごとく集まり、各方面から来た人間の雑居する状況になった。加えて普陀山に近く、参拝の要路となっている。そのため往来が盛んで、とりわけ奸民にとって身を隠すのに容易である。(53)

寺院は悪の巣窟、海外はとりわけ悪人を匿う場所である。普陀山の寺院は隔絶された島だが、展海して以来、人が数多く集まってくる。さらに焼香のために往来する者も絶えない。その間に善人・悪人が入り混ざらないはずはなく、調査を厳しくしないわけにいかない。(54)

鎮海の関は浙江の門戸です。近日開海して以来、商船や外国船は定海を経由せず、おおむねみな直接寧波に来るようになり、警戒防衛において頼れるのはただ鎮海の一関だけになりました。(55)

沿海地方は皇帝陛下の無窮の仁愛を享け、いま民に対して出海して貿易や採捕を行うことが許されました。これはまことに恩恵にあまねく浴するものであり、大いに喜びとするものです。にもかかわらず、どうして軌道を外れた輩は、洋上の船隻や単独の船が人少なく騙しやすいと見るや、ついに略奪をはばからず、大きな災厄をもたらすのでしょうか。(56)

海洋は広く数省にもわたっています。江浙、福建、広東の船の去来は錯綜していて、ある船は外国と貿易し、ある船は海洋で採捕活動を行うので、住所や行方は定まりません。軍営の各船は外洋の浪風を避けて附近の島に停泊しているので、見張りが行き届かず、巡邏や討伐が十分及びません。(57)

寧波府は土地が海に臨み、外洋からの船の往来が激しく、四方から商人が盛んに往き来している。ましてやこの厳冬ゆえに奸宄に対し一層警戒しなければならない。(58)

以上の言説が明らかにするように、遷界令解除後の寧波は以前に比べて飛躍的に外洋からの船舶が多く入港したことから、それに伴って各地から商人や遊民が来寧し、さらに普陀山への参拝客も加わって、その分「奸民」

が紛れこむ機会も多くなり、地方官にとってはこれまで以上に警戒を要する状況になっていたのである。
では、その「奸民」はどんな行動に出たのか。張星耀は寧波における「奸民」の実態を以下のように述べている。

寧波府は海禁が解除されて以後、福建や広東から客商が来航するようになったが、それは予測できない大波を越え、洋々たる大海を渡ってくるもので、その冒険ぶりは言葉では表せないほどだ。……どうしたものか、奸牙狡儈には良心というものがない。隙あれば次々と欲を出し、貨物を受け取るとただちに悪だくみを懐き、貨物のすり替えをもくろむ。事が発覚するに及んで、未払いを残したまま、すべてを持ち逃げして行方をくらます。その結果、頼るあてのない客商は涙を呑むことになる。……たとい一、二の現状に甘んじない客商がいて、官府に訴え出たとしても、馴れあいの官府ではうやむやにしてしまうか、放置して終歳結審しないかである。結審の結果、幸い返還が命じられたとしても、奸牙狡儈たちは金がないとあくまでも弁明し、客商には被害額の一割も戻ってこない(59)。

まずはここでいう「奸民」の実体は「奸牙狡儈」、すなわち内地の船着場を舞台とする悪徳の牙行（仲買商）であり、彼らが外来の客商を食い物にする姿を具体的に明らかにしている(60)。他方、張星耀は「厳禁異棍」と題する告示において、

寧波府の東渡門外においては海禁が解除されて以来、商人が雲のように集まるようになった。本府《わたくし》は奸猾牙儈が客貨を騙し取ることを恐れ、厳令を出した。また州県官に一体調査させた。牙行が客貨の代金を支払わ

ない等の訴えがあれば、ただちに指令を出している。このように本府の爾ら遠来の客商への対応は大変なものだ。それなのに爾らは本府の気持ちを全く理解せず、拳術を好み、どこまで騒動を起こし地方に害を及ぼす。種々の不法行為については本府がすでに調査し確かな証拠を握っている。(61)

と述べている。ここでいう「異棍」とは客商にほかならない。客商もまた沿海地域にあっては「異棍」と呼ばれ、仲買業者に劣らない「奸民」だったのである。また、内外の「奸民」は必ずしも対立するものにあらず、「奸徒はみずからを詐称し、地棍と結託し、また、いいがかりをつけては人を騙し、愚かな民を煽動する」(62)とあるように、利害をともにする場合は共謀することもありえた。そして、

近く調べたところでは、一部の不法の光棍がいる。血盟を結び義兄弟の契りを交わして三々五々群れをなし、酒に酔って騒ぎ立て、好き勝手に振る舞う。彼らは游手の徒を一ヶ所に集め、小さいものでは徒党を組んで騒ぎ、大きいものでは市街を占拠する事態を起こし、金を浪費して次第に悪事に手を染める。さらに一種の凶徒がいる。法を守ることを知らず、衆でもって寡を虐げ、強でもって弱を欺く。いったん事あれば衆を集めて暴力ざたに及ぶ。これはみな地方の大害であり、法の許しがたきものである。(63)

とあり、彼らが組織的な同盟を結ぶと暴力団化する傾向があり、事態は深刻になった。

遷界令解除に伴う寧波固有の問題として、沿海地域を舞台に暗躍する地元の仲買商や外来の客商などが新しい環境の中で一層跋扈するようになったことが挙げられ、地方官僚にとってそれは改めて解決しなければならない案件として映ったのである。

それでは張星耀はこうした「奸民」にどのように対応したのであろうか。彼はまず地元の仲買業者に対しては、

今後は禁令を厳守して確かな商いをせよ。契約は期日を過ぎてはならず、金銭の授受は寸分も違えてはならない。そうすることで客商が義を慕うようになれば、互いに諍いが生じないであろう。商いは爾らの生活の糧ではないか。どうしてこのようなあくどい手段でもって法を軽んじ人を騙そうとするのか。さらにまた客商が本署に救いを求めてきたら、本府《わたくし》は爾らを即刻鎖に繋ぎ、代金の返済をさせるほか、厳しく枷をはめて責め、所払いにして、再び客商の物資を独占することがないようにする。爾ら商人はまた本府の思いを感じ取らなければならない。(64)

と述べ、また外地から来往した客商に対しては、

外来の客商は禁令を厳守しなければならない。取引は平静な心で行え。三々五々集まり酔いにかかりてわめき散らしてはならない。また仲間を呼び集めて若者を誘惑してはならない。それでもなお日が暮れて街をぶらつき、大勢を集めて騒ぎ立て、不法を好き勝手にやって再び前轍を踏む者がいれば、地元住民が協力して手捕りにするのを許す。本府《わたくし》は光棍例によって取り調べ、処分することを申請する。本府は「氷心鉄面」（冷酷かつ公正）であり、「言出如山」（口に出したことを変えない）である。先に警告を与えるのは、爾らが身家を守り、穏やかに商いすることを望むからだ。わざと背いてみずから法の網にかかってはならない。(65)

と諭している。張星耀の対応は、仲買商・客商の双方に対してともに法令の遵守と違法への処罰の厳格な適用を明言し、警告と説諭によって不法行為の抑制をはかろうとしたもので、「氷心鉄面」「言出如山」などの慣用句に

よって官府の「本気ぶり」を強調しているのが特徴といえよう。

ところで遷界令緩和の際に問題視された「奸民」の行動の一つとしての高利貸し業と娼館経営は遷界令が解除されたあと、どのような状況を呈したのであろうか。張星耀はそれについて次のように語っている。

地方の弊害の最たるものは娼館だ。風俗の衰退の最たるものは恥を知らないことだ。それは受け継がれてすでに久しく、悪いこととは思わなくなっている。さらにまた奸棍・豪徒がその仕事を請け負って利を求め、ついには結託して風俗を損ない、なお止まない状態である。寧波府は開海して以来、商人が雲のごとく集まってくるが、郷民は裕かになれず、客商もいつも損しているのは、多くが貴重な金を娼館で使い果たすからである。とりわけ恨めしいのは、奸棍・豪徒が高利貸し業を利益独占の場、暴力に頼ることを利益獲得の源と見なしていることである(66)。

寧波では高利貸し業と娼館経営が結びつき、それが「奸棍」や「豪徒」の利藪になっている状況が続いていたことが知られる。張星耀はそれに対して以下の警告を発している。

本府《わたくし》は「不告之誅」(警告なしで処罰すること)を行わない。そのため再三命令し、告示でもって府内の兵民たちに知らしめる。告示を出したのちは各々前非を改め、速やかに出境せよ。もしなお娼婦を隠匿して他所に留め置くようなことがあれば、それが民であれば法によって重く懲罰し、兵であれば営に送って処分する。そうなれば借金証文の破棄に止まらず、その身が徹底追及を受けることになる。本府は「鉄面如氷」(氷のように冷酷)であり、かつ「有言必践」(口に出したら必ず実行する)である。各々命令を厳守し、後悔するこ

とのないようにせよ。(67)

ここから「奸棍」や「豪徒」と呼ばれた者たちの主体に「民」のみならず「兵」が含まれていたことが窺われ、彼らが金貸し業に関与していたという意味においては遷界令解除後の高利貸し業になお「営債」的なものが続いていたと判断される。そして張星耀はそのような「奸棍」や「豪徒」に対し、ここでもまた「鉄面如氷」や「有言必践」の定型句で警告を与え、「不告之誅」を行わないことを明らかにする。

他方、遷界令解除後の紹興府と杭州府の状況は、張星耀の寧波府知府の就任期間（康熙二十七年〜三十四年、一六八八〜一六九五）とほぼ同時期の紹興府知府（康熙二十八年〜三十一年、一六八九〜一六九二）と杭州府知府（康熙三十一年〜三十五年、一六九二〜一六九六）を務めた李鐸が著した公牘『越州臨民録』および『武林臨民録』に具体的に示されている。

李鐸はまず紹興の情況として、「紹興府は山や海が交錯しており、奸宄が出没しがちなため、とりわけ防犯に心掛けねばならない。それが保甲を実施し、夜禁を厳しくせざるをえない理由である」(68)といい、また杭州府の情況として、「杭州府は人口が多く、所属の各県は山や海が交錯しており、水陸が入り混じっている。その間にいる人間の奸良の区別がつかないため、調査は厳密にしなければならない。頼みとなる各官は日頃保甲に務め、昼夜巡邏しているので、防犯の基本は整っている。匪類たちがよそ者の奸徒に宿を提供しないのを望むだけである」(69)といい、紹興・杭州の両府もまた「奸民」がその地域に潜入することから厳重な警戒が必要だという、寧波府に似た情況があったことを伝えている。そして紹興府の「埠棍」と呼ばれる船着場に跋扈する「奸民」の様子を次のようにいう。

曹娥・蒿壩・梁湖・百官は寧波と台州の要路であり、商人の往来は盛んである。(70)また近頃、関所を設けて開海したため、客貨は以前よりさらに多くなり、荷車の往来も絶え間なくなった。窮民は貨物の運輸で生計を立て、船頭もまた荷の上げ下ろしで生活している。商人は運ぶ荷の量によって賃金を払い、小民は力仕事で口過ぎする。労使ともに利があるやり方できわめて簡便だ。いま本府《わたくし》が直接探知したところでは、この地には積奸の埠棍がおり、久しく禁絶されているため飯屋を隠れ蓑にしていることがわかった。彼らは荷が船着場に入ると虎視眈々、輸送費を三、四割増しにしてピンはねするのはいうまでもなく、ひどい場合には水夫や脚夫に命じて貨物を奪わせ、一人一貨を店に持ってくればその利益を山分けする。結果、頼るあてのない客商は自分の貨物が散逸し、後のことを判断できず、泣き寝入りしてしまうのである。いかんともしがたいのは、往来する垣道は危ない道と見られてしまうことだ。これが「客商の商いがうまくいくと梁湖壩が通れない」という民謡が生まれる理由である。商民を苦しめることは痛恨の窮みである。(71)

続いて杭州府の「牙埠」について次のように述べる。

杭州府は水陸交通の要衝にして商人の貿易往来が盛んである。かつて各所の埠頭（船着場の頭）はみな積棍が独占していた。埠頭は客商の貨物を招き入れ、高く吊り上げた運搬費を強要するが、船頭にはその半分も入れないため、商民がそれぞれ迷惑する情況だった。そこで禁止命令を受け、雇船一両につき一銭余以上に手数料を求めることを許さないことを決定した。もし積棍が決められた額以上を強要することがあれば、即刻逮捕して罪を問うことにしたのはすでに知ってのとおりである。ただ積奸の牙埠は船着場に居座っており、その悪習はすでに根深い。船が着くと牙埠はまずその舵櫓風帆を受け取り、それらをことごとく隠してしまう。また荷の積み下ろしを請け負う際にはピンはねをほしいままにする。少しでもいう通りにしなければ、川岸に船を着けさせて任務を放り出す。船頭が諦めて他に頼ろうとしてもすでに舵などは差し押さえられているため立ち去ることができない。そのまま様子を見たとしても、金が尽き食を求めるすべがなくなるだけだ。商人がその要求に応じなければ、荷の積み下ろしは滞り、行程は遅れる。そのため恨みをこらえて牙埠に従わざるをえない。船頭は手足を労して働くも、糊口を凌ぐわずかな金も稼げない。客商は身を風雨にさらすも、またこの牙埠のひどい仕打ちに遭う。しかし牙埠は人をあごで使い、居ながらにして厚利を得る。痛恨の窮みである。(72)

ここでいう「埠棍」ないし「牙埠」とはすなわち船着場における積荷の運搬作業を請け負い、貨物販売の媒介を業とする仲買商を意味するが、遷界令が解除され、外部からの貿易船の来航が増えるに連れてその役割も重要となり、それだけ彼らによる弊害も顕著になったものと思われる。(73)

李鐸はまた紹興の「私債」に触れ、「一部の奸悪の輩はただ利益だけを考え、良心というものが全くない」(74)と述べるとともに、「奸悪の輩はひどい場合には勢宦に頼り、軍隊に名をかり、力を恃んで借金の返済を債務者の子女や土地家屋で埋め合わせることを無理強いする。種々の豪悪が民膏を吸い尽し、情け容赦なく金を儲けて大いに法令を犯す」(75)ことを明らかにしている。さらに李鐸は杭州の「放債」についてもほぼ同様の情況を記しているが、(76)とくに省城には「綷棍」なる者がいて、一部の金持ちに対して借金の手引きをし、結果として高利で苦しめる様子を詳しく説明している。(77)ここで注目すべきは、こうした「奸民」は高利貸し業をバネにして多額の資本や土地を集積する「富を為せば仁ならず」(『孟子』滕文公上)の者だったことである。さらにまた彼らの高利貸し業を安定保障するための権力装置として、従来からの軍隊に加えて「勢宦」、すなわち在地の郷紳勢力を対象としていることである。遷界令が解除され、次第に戒厳令的な緊張が緩和された浙江沿海地方においては郷紳勢力の威信は徐々に回復したものと見られ、その勢力は「奸民」が頼るべき対象として再評価するに至ったことを示しているのかもしれない。

以上のような「奸民」に対する李鐸の対応は張星耀と基本的に変わらなかった。すなわち彼は秩序規範を乱す者に対して厳重に処罰する旨を言明するだけだったのである[78]。

だが、果たしてこのような陳腐な定型句による警告の繰り返しは事態の解決に功を奏したのであろうか。最後にいま一度、張星耀の言葉を引用しよう。

> 知県は天子の命でこの地を治めにきた者でもとより父母の称がある。上が下を愛さなければそれは職務怠慢である。下が上を敬わなければ、これは逆民である。いやしくも牛馬の類でないかぎり、尊卑の分がわからない者はいない。文学の名邦と謳われた爾らの慈谿県でもなお風紀の悪い所がある。たとえば廿三都の先に開廷した事件である。そのきっかけは迎龍（年中行事としての迎龍会？）から起こった。迎龍は本府《わたくし》がすでに禁止し、何度も諭したので爾らも聞き知っているはずだ。そもそも迎龍がだめならば執械（凶器を持っての争い）はなおさらだ。執械がだめなら無端（極まりない悪逆非道）はさらになおさらだ。兵役を殴り、県堂で騒いで物を壊す。世の中を不安にし、反逆に出るものではないか。本府は本来各上官に報告し、余党を追及し、律によって処分し、それによって国法を昭らかにしたいと考える。しかし、赤子はもともと無知である。ひとたび法を執行すれば、巻き添えを食って必ずや生き残れない。さらに光棍・刁徒が機に乗じて騙すことが

ある。もはや法を免れず、さらにまた財を損なう。爾らみずからが招いた災いとはいえ、心配せずにはおられない。本府はこのような人間がきわめて多いことを知っているので、殷の湯王が網の三面をはずしたようにしばらくは仁を爾らに施しておく。ただし、馮成・董丙・翁五の三犯を枷示するのは、爾らに法は犯してはならず、官は欺いてはならず、県堂は閧《さわ》がしてはならず、官物は毀してはならず、兵役は殴ってはならないことを知らしめたいからにほかならない。とりわけ爾らには知県が上への報告をしない恩情と本府の誅求を求めない意向を知らせ、罪を悔い改め、善良な士民になることを望むのである。寛宥な措置が特別なものであることがわからず、法は枷責だけだと思って頑なに行いを悛めなければ、刑法にただされることになり、かえって本府のこれまでの情け深く民に接する心に背くことになる。そこで告示を出し、慈谿県の士民たちに知らしめる。以後、本府のいうことを聞き、秩序を重んじて争いごとを抑え、廿三郡の馮成等のことをもって戒めにせよ。この太平にあって鼓腹撃壌してともに堯の治める世を楽しく生きよ。これは本府が爾ら民に対して深く望むものである。(79)

これは寧波府下の慈谿県の「奸民」の行動、文面から推測されるかぎり集団での暴力が兵役への殴打や県署での騒擾破壊事件に発展した行動を戒めた告示であり、そこには「奸民」に対する地方官、とりわけ知府としての心情が集約されている。張星耀は、人民は赤子であり、地方官はその父母であることを確認した上で、「赤子はもともと無知であるから、ひとたび法を執行すれば必ず生き残れない」ので法の執行は猶予する。ただし、主犯の三人を枷示するのは、人民たちに「法は犯してはならず、官は欺いてはならず、県堂は閧がしてはならず、官物は毀してはならず、兵役は殴ってはならないこと」を理解させるためである点を強調する。清初の江南においては在地勢力に対して地方官僚の取った行動はスケープゴートの選出とパフォーマンス、見せしめ、恫喝、反復、一罰百戒などを特徴とするものだったが[80]、遷界令が解除された後の浙江沿海地方の地方統治のあり方もこの伝統がそのまま踏襲されていたことが確認できる。

おわりに

本章では遷界令施行前後の浙江沿海地方の地方統治のあり方を概観した。最後に、これまで述べてきたことを以下にまとめる。

清朝は鄭氏の海上勢力に対抗して海禁政策を強化し、順治十八年（一六六一）からは沿海住民の強制移住を伴う遷界令を実施した。それは途中に若干の緩和措置が取られるものの、海上との交通を一切遮断するという原則を康熙二十三年（一六八四）まで二〇年余にわたって基本的に遵守するものであった。浙江はその対象となった五省の一つであり、とりわけ寧波、台州、温州の三府はその主要な地域とされた。

遷界令そのものはその原則が徹底して守られたわけではなかったが、海上封鎖が沿海地方に与えた影響は少なくなかった。それゆえ遷界令が緩和され廃止されることで、沿海地方には新たな環境の変化がもたらされた。その結果、沿海地方の地方官僚たちはその管理行政において新たな問題に直面することになった。

改めて問題とされたのは、沿海地方におけるヒトとモノの急激な流入だった。そして客商を食い物にする地元の仲買商、反対に外部からもめごとを持ち込む客商、その間に暗躍する無頼組織や流民、彼らの行動の一部を保障する軍隊ならびに郷紳などの在地勢力が結びついて、官が望ましいと見なしてきた秩序を乱す状況であった。

地方官僚たちはそうした状況を演出する者たちにすべからく「奸民」ないしは「棍徒」などの名を付した。彼らの行動は遷界令という状況下にあってもなお発生したが、遷界令が緩和ないし廃止されたのちにおいては格段に活発化するものだった。

「奸民が秩序を乱す」という事実は、何も浙江に限らず、また清一代を通じて各地方官僚が共通して問題にしたことであるが、清朝の地域支配が確立する十七世紀後半の沿海地方のそれは商業貿易の飛躍的な発展ともあいまって特別な様相を呈しており、浙江が〝難治〟、すなわち統治が難しい省とされた理由の一端はここにあったものと見られる。

本章が対象とした東アジアの海域世界は、十六世紀後半から十七世紀前半にかけての過熱した動乱の時期が終わり、自立的勢力が姿を消した反面、逆に中国人商人によるジャンク貿易が活発化する舞台と化したといわれる(81)。遷界令解除後の浙江沿海の「奸民」のあり方もその反映だった。そして時代は清朝にとってこのような新しい環境を取り込んで、それを秩序の中に整頓し、内政を安定させねばならない時機を迎えていた。しかしながら、当時の浙江沿海部を担当した地方官僚たちはその秩序の再編に対してなお一貫して伝統的な規範の適用を墨守し続けた。それは遷界令施行以前の状況と基本的に変わるものではなかった。彼らは遷界令解除後の時代の変化と浙江沿海地方という特有の地域構造を考慮し、それに順応する抜本的な政策構築の発想を持ちえなかった。その結果、地方官僚たちは彼らが「秩序を乱す」と見なした商人やそれに繋がる諸人をすべからく「奸民」の範疇に一括し、彼らに対して御題目のように旧態の規範を繰り返すだけだった。それゆえ「奸民が秩序を乱す」という現実は何ら改められることのないまま以後も存続することになり、浙江が〝難治〟であるという認識も清一代にわたって変わることがなかったのである。

註

（1）岸本美緒「東アジア・東南アジア伝統社会の形成・はしがき」（『岩波講座世界歴史』一三、東アジア・東南アジア伝統社会の形成、岩波書店、一九九八年）ⅴ頁また同「東アジア・東南アジア伝統社会の形成」（前掲『岩波講座世界歴史』一三）五頁。同様の見解は、同『東アジアの「近世」』（山川出版社、一九九八年）四頁、などにもある。

（2）鷹取田一郎「台湾に及ぼしたる遷界移民の影響」（『台湾時報』二二号、一九二一年）、謝国楨「清初東南沿海遷界考」（『国学季刊』二巻四号、一九三〇年）、田中克己「清初の支那沿海—遷界を中心として見たる—」（『歴史学研究』六巻一号および六巻三号、一九三六年）、謝剛主（国楨）「清初東南沿海遷界補考」（『中和月刊』一巻一期、一九四〇年）。浦廉一「清初の遷界令に就いて」（『日本諸学振興委員会研究報告』一七篇、一九四二年）、同「清初の遷界令の研究」（『広島大学文学部紀要』五号、一九五四年）、田中克己「遷界令と五大商」（『史苑』二六巻二・三号、一九六六年）など。

（3）王日根『明清海疆政策与中国社会発展』（福州、福建人民出版社、二〇〇六年）。

（4）『清三朝実録』順治十一年二月己巳の条。

（5）『清三朝実録』順治十二年六月壬申の条。また光緒『大清会典事例』巻六二九、兵部、緑営処分例、海禁一、順治十二年題准。

（6）『清三朝実録』順治十三年六月癸巳「海逆鄭成功等、竄伏海隅、至今尚未勦滅、必有奸人暗通線索、貪図厚利、貿易往来、資以粮物。若不立法厳禁、海氛何由廓清。自今以後、各該督撫鎮、着申飭沿海一帯文武各官、厳禁商民船隻、私自出海。有将一切粮食貨物等項、与逆賊貿易者、或地方官察出、或被人告発、即将貿易之人、不論官民、倶行奏聞処斬、貨物入官、本犯家産尽給告発之人。其該管地方文武各官、不行盤詰擒緝、皆革職、従重治罪。地方保甲、通同容隠、不行挙首、皆処死。凡沿海地方、大小賊船、可容湾泊登岸口子、各該督撫鎮、務要厳飭防守各官、相度形勢、設法攔阻、或築土壩、或樹木柵、処々厳防、不許片帆入口、一賊登岸。如仍前防守怠玩、致有疎虞。其専汛各官、即以軍法従事。該督撫鎮一并議罪。爾等即遵諭力行」。また、康熙『大清会典』巻一一八、刑部一〇、律例九、兵律一、

関津、順治十三年六月十六日上諭、参照。なお、原檔が『内閣大庫檔案』に残されているが（『内閣大庫檔案』〇三八一八九〔『明清檔案』A二八―二所収〕）、内容については大きな違いはない。

(7) 『清三朝実録』順治十四年三月丁卯「鄭成功未即勦滅者、以有福興等郡為接済淵藪也。南取米于恵潮、賊粮不可勝食矣。中取貨于興・泉・漳、賊餉不可勝用矣。北取料于福州・温州、賊舟不可勝載矣。今雖禁止沿海接済、而不得其要領、猶弗禁也。若賊舟飄忽不常。自福興距恵潮、来風破浪、不過両日耳。而閩粤有分疆之隔、水陸無統一之権。此成功所以逋誅也」。

(8) 『台湾外紀』巻一一、海澄公黄悟密陳滅賊之策。

(9) 『清聖祖実録』順治十八年八月己未の条「前因江南・浙江・福建・広東瀕海地方逼近賊巣、海逆不時侵犯、以致生民不獲寧宇。故尽令遷移内地、実為保全民生。今若不速給田地・居屋、小民何以資生。著該督撫詳察酌給。務須親身料理、安插得所、使小民尽沾実恵。不得但委属員、草率了事。爾部即遵諭速行」。なお、『内閣大庫檔案』には順治十八年十二月十八日付けで同様の内容の上諭が二件収録されている（〇三一八一、〇三八一八五〔『明清檔案』A三七―九八、A三七―九九所収〕）。

(10) 光緒『大清会典事例』巻七七六、刑部、兵律関津、歴年事例。

(11) 田中前掲「清初の支那沿海（一）」八一頁。

(12) 雍正『勅修浙江通志』巻九六、海防二、国朝防海事宜「順治十八年、以温・台・寧三府辺海居民遷内地。康熙二年、奉檄、沿海一帯、釘定界樁。仍築墩堠台寨、竪旗為号、設目兵若干名、昼夜巡探編伝烽歌詞、互相警備」。

(13) 浙江省の中でもとりわけ寧波、台州、温州の三府が重要であるという認識は遷界令施行以前から存在した。浙江巡撫佟国器は順治十六年（一六五九）五月六日の上奏において次のように述べている。「浙省拾壱郡……其濱海者有杭州・嘉興・紹興・寧波・台州・温州陸府。陸府之中、寧・台・温参府最重。則以支港錯雑、易於入犯、岸口深広、便於泊舟、故寧・台・温号称三区応設重兵防禦」（『撫浙密奏』不分巻、謹陳浙海形勢逆賊近日情形併設兵機宜）。浙江巡撫朱昌祚は遷界令によって移住させられた寧波、台州、温州の人民の数をそれぞれ一万一〇〇〇余人、四万六〇〇〇余人、三万四〇〇〇余人と報告している（『撫浙移牘』巻一、覆総督賑済遷民）。

(14) 謝前掲「清初東南沿海遷界考」八一四頁。

(15)『撫浙檄草』巻一、禁航海船隻「海防有禁、片板不許出洋。況当鯨氛未靖、尤宜加謹提防。近聞沿海地方多有居民、以樵採捕魚為名、私自出関下海、乗機遠出外洋。倘因此透漏内地消息、潜通奸細往来、関係封疆、貽誤匪細。是欲杜奸宄窺伺之端、宜先申船隻下海之禁、合行厳飭。為此牌仰各道、通行属県沿海地方、凡居民瀕海船隻、総不許仮借採捕名色、擅自出洋、以滋奸釁」。

(16)『撫浙檄草』巻一、申厳通海「海孽不逞、逆我顔行。凡属臣民、同仇志切。若能厳我備禦、困彼窮洋、直是釜底游魂、旦夕可供刀俎。無何、有等奸徒貪射微利、蹈険私通、凡米糧鞋帽綢布等物、搬運貿易。甚有奸細潜入内地、購買接済。有司不知禁防、弁亦有知而故縦者。似此藉寇資盗、大干法網、合行厳禁」。

(17)『総制浙閩文檄』巻一、申飭海汛慎防偸越「浙省寧紹台温沿海一帯、地方設汛分防。毋容一人偸越、不許片板下海。凡有違犯者、奸民梟示。汛守弁兵、地方印捕知情故縦、売放叢奸、一併処斬。疎虞無獲、従重革職治罪。煌煌功令、各宜凛遵」。

(18)『台湾外紀』巻五、「時守界弁兵、最有威権。賄之縦其出入不問。有睚眦、拖出界牆外殺之、官不問。民唖冤莫訴。人民失業、号泣之声載道。郷井流離、顛沛之惨非常。背夫棄子、失父離妻、老稚塡於溝壑、骸骨白於荒野」。

(19)『清聖祖実録』康熙五年一月丁未、福建総督李率泰上疏。同康熙七年十一月戊申、広東広西総督周有徳上疏、等。また、田中前掲「清初の支那沿海（二）」九〇〜九二頁、参照。

(20)『台湾外紀』巻一五「康熙八年乙酉……奉旨展界、民頼復業」。

(21) 田中前掲「清初の支那沿海（二）」九一頁。

(22)『総制浙閩疏草』巻二、条議防海機宜首疏「前以沿海遷徙、恐致民人失所、故特令展界、許民復業、以資生計。今聞、沿海地方奸民、仍与海寇交通、潜相往来、妄行不絶、反致良民不安。雖屢経禁飭、而該管各官、陽奉陰違、視為故事、因循怠玩、奸弊日滋。甚至有地方汛守官兵、納賄故縦、通同容隠、以致奸宄益熾。又海寇船隻、時常登岸、劫掠頻聞。

汛守各官漫無勦禦、殊非法紀」。

(23)『総制浙閩疏草』巻二、条議防海機宜首疏「今奸民通海、作何厳行禁止、賊寇登岸、作何勦禦、戦船水師、作何整練。至於修築台寨、有無裨益防守、爾等会同、逐款速行詳確議奏」。

(24)『総制浙閩疏草』巻二、条議稽禁奸民第一疏「臣等竊以民人透越作奸者、其類有三。一係遷移之民、資生之策、私帯網縺等物、偸渡出界、捕魚食用者。此無聊之窮民也。一係地方奸徒、羨慕漁利、或於界内界外、私造船隻、毎逢漁汛、出洋捕魚、発売鰾鮝者。此射利之奸民也。一係他処奸徒、販売内地貨物、越界貿易、希図重価、或換取洋物、携入内地発売者。此則作奸犯法之奸商也。雖従前未必各汛皆有其事。而揆情度理、総不外此三者。蓋窮民偸渡、止為口食之計、人数無多、夜行昼伏、弁兵不及覚査。罪固莫逭、而其情可矜。若捕魚発売之奸民与貿易貨物之奸商、所糾之夥必多、所帯之物必広、勢必勾連土棍、賄囑弁兵、窩隠交通、恣其出入、則其奸叵測、而為患漸深矣。是必安插窮民、務俾得所、以清出海之源、而厳査奸商・土豪・衿棍・宦僕、以絶通海之孼、庶民不生心、而奸不肆志也」。

(25)『総制浙閩文檄』巻三、飭禁透越「爾民或愚情無知、或旧習難改、或利令智昏、或容情扞法。有聚衆越界、採捕魚蝦者。有収買犯禁貨物以伺出洋者。有海上潜来賊徒、竟敢容留歇宿者。有暗約貿易、携物蔵置海辺者。有因故旧親戚在於海外而仍通書信往来者。有仮称捕魚而乗船偸出外洋者。此等違禁之事、目今雖未有犯、恐奸民故智、難免復萌」。

(26)『総制浙閩文檄』巻四、再禁透越奸弊「不軌奸徒、嗜利如飴、走死若鶩。或販買貿易、或接済通洋。有奸民賄囑汛防官兵、利其貲財、而故意縦放者。有不肖劣弁串通玩法、兵民置貨営運、而瓜分余利者。要見内無細作、則外奸何由覬覦。官兵若能巡緝無私、則奸徒亦断断不敢軽蹈法網。此自然之理也」。

(27)『清聖祖実録』康熙十七年閏三月癸卯および丙辰の条。

(28)『李文襄公別録』巻六、文告紀事、厳禁奸民通海告示(康熙二十年九月)「今台・寧各汛日報、賊艘游移内洋、屢次登犯」。

(29)『総制浙閩文檄』巻五、飭沿海招集遷民稽察透越「寧紹台温等府為濱海厳疆、最称険要。今者外有游魂未靖、内多奸宄潜生。兼之新奉展界墾荒、招徠流遺、初集防範、更宜厳毖。是以本部院特疏条議、海辺派船巡哨、以禦賊船窺伺、内地編立保甲、以杜奸民透越、沿海無主田地、撥給窮民開墾、官給牛種籽粒、安插得所以靖出海之源」。
(30)『総制浙閩文檄』巻一、申飭両省武官「浙閩乃財賦奥区、瀕海重地。雖則承平已久、然而幅隕遼濶、災祲相仍」。
(31)『李文襄公別録』巻三、軍旅紀略、飭各道察拏奸宄（康熙十三年四月）「浙属山陬水澨、向来毎易蔵奸。近日不軌之徒、訛言煽動、勾党散劄。屢経発覚、今辺圉戒厳。恐有外来奸細潜跡窺探。或本地狂徒、乗機窃発、必須厳謹査察、弭患未萌。城池庫獄関津隘口、皆当留心倍加防護」。
(32)『総制浙閩文檄』巻五、緝拿土棍「省会人煙稠雑、奸宄叢生。有等游手好閑不事本業之徒、専一結交匪類、靡悪不為。諸如放賭拈頭・火囤紮詐・包告包准・夥告夥証・誆撞太歳・造使仮銀・捏造誹謡・匿名榜帖等事。是其平居之生意也。次而剪絡白闖・拐騙掏摸・偸鶏弔狗・放火打搶・白昼邀奪・黒夜穿窬等事。是其小試之端倪也。甚而塗面盤頭、踰垣入室、明火執械、劫財傷人」。
(33)『総制浙閩文檄』巻四、巡緝不法奸徒「杭城乃省会之区、路当衝要、人居稠密。兼之五方雑処、兵民莫辨、真偽難稽。近訪有等棍徒小厮、結党成羣、散処于人煙輳集之処、窺伺於郊関野僻之間。瞯有単身郷愚、或進城完納銭糧、或負貨往来貿易、或肩背包裹、或身帯銀銭、公然搶奪、彼伝此遞、転眼無踪。更有各処船埠馬頭。此輩仮扮舟子、拉扯客商、名為装載、半路停舟、捜奪銀物、到手立時、駆逐登岸、孤身客旅、受害無伸。似此路人遭殃、不一而足。地方隣里明知而不敢攔救。見者側目、聞者寒心。会城市肆、官埠馬頭、輙敢横行無忌、以至郊原曠野村居僻壌流毒閭閻、又不知凡幾許矣。当此光天化日之下、豈容愍不畏死之徒貽害地方」。
(34)『総制浙閩文檄』巻四、訪拿訟師訟棍「浙省民情刁険成習」。
(35)『総制浙閩文檄』巻六、禁緝誆詐奸徒「浙省五方雑処、習俗澆漓、奸詐易叢、人心莫測。……或以異籍而流毒誆財、或以土棍而害人撞歳、或冒旗営而紮詐公行」。
(36)『総制浙閩文檄』巻六、飭禁棍徒詐騙。同巻六、緝拿放火奸徒、『李文襄公別録』巻五、文告紀事、関防詐欺告示（康熙十二年十月）など。土棍と游棍との結びつきについては、山本英史『清代中国の地域支配』（慶應義塾大学出版会、二〇〇七年）二一四～二一五頁、参照。

（37）『総制浙閩文檄』巻五、訪拿指詐奸棍「遊棍非串同地棍、不足肆其奸。地棍非仮藉遊棍、不能行其詐。此輩相需表裏、遂無不可為之事」。

（38）『総制浙閩文檄』巻二、飭禁営伍縦兵「近聞、各営有無藉游棍、冒充兵丁名色、或竟頂名食糧、狐仮虎威、播虐閭里。有合夥開舗、欺圧郷愚者。有放頭局賭、誆騙殷儒者。有放印子銭而盤算小民者。有窩蔵土妓而紮詐火囤者。甚且私造営船、昼則興販私塩、強載客貨。夜則懸刀挿矢、劫掠民間、放肆横行、無所不至。更有埠頭船隻、避当官差、投営庇護。及遇営兵需船、又向県官折乾、仍将営船装載莫可誰何。再則聞報盗賊劫掠、不遵定例、不即発兵、追擒遷延観望。及聞賊遁、始借追緝為名、復又沿郷騒擾、指扳良善、猟詐郷村。小民受兵之惨、甚於受賊之劫。種種荼毒、殊堪髪指。此皆土棍鑚入営伍、朋比勾引、以至作孽如是。若不厳加禁飭、民害何止」。

（39）『李文襄公別録』巻五、文告紀事、暁諭安民（康熙十三年四月）。

（40）楢木野宣「清代の緑旗兵―三藩の乱を中心として―」（『群馬大学紀要』［人文科学編］二号、一九五三年、同『清代重要職官の研究』風間書房、一九七五年所収）。

（41）『総制浙閩文檄』巻一、禁約営兵不許生事擾民「此皆土著劣兵、地方悪棍、仮威肆虐」。

（42）『李文襄公別録』巻五、文告紀事、示禁悍兵旗廝騒擾（康熙十三年五月）「営廝既開奪取之端、即有無藉之徒、乗機仮冒、真偽莫辨」。

（43）佐々木寛「緑営軍と勇軍」（『木村正雄先生退官記念東洋史論集』汲古書院、一九七六年）三五〇～三五一頁。

（44）早急の補充の必要から兵士は皆土着の者だったという（羅爾綱『緑営兵志』北京、商務印書館、一九四五年、のち一九八四年に北京、中華書局から再版、二二九頁、参照）。

（45）『総制浙閩文檄』巻一、禁営兵借放民債「杭城有等奸悪棍徒、専一勾合営兵、広放私債、藉其威燄、規取厚利、両下烹分。当放債之時、則止於七折八折、勒写足数之券。及索償之際、則利至五分六分、甚且至於十分。票上転票、息上盤息、不須半載周年之間、竟至倍蓰什佰於本貲矣。彼欠債之人、無聊困乏、只顧目前。而放債之人、則預先探其某為親戚殷実可欺、某為至交家道可擾、延至本利積累之候、封佔房屋、搶縶女妻。猶且不敷券数、則逼其扳親累眷、代為償還。或佩刀乗馬、辱詈盈門、或毀器拿人、箠楚備至。甚有短見自尽、軽棄性命於莫償者。更有公然告理、逼勒官府、代彼追討者。天昏日黒、惨不忍言、人怨神恫、毒難尽述。甚有多年冷債、而送与営兵以索逋、亦有放賭拈頭、而即以博輸為実。借此又険悪奸棍設心陥人、幾於不可方物矣。不思営兵籍隷戎行、不但分身無術、抑且糧餉有限、何従積蓄余財。其為地棍串通借端牟利、不問可知。所以放債之人与勾引居間之人皆属一気貫通、巧設機穽者也。若非力行禁遏、則水深火熱、長此安窮」。

(46)「営債」の語はすでに『三国志』魏志、高柔伝にあり、宋以後史書の記載はさらに多くなる。また『宋史』巻一九三、兵志七には、軍における弊害として、「其弊有六。一曰上下率斂、二曰挙放営債……、似此雖具有条禁、而犯者極多」とあり、すでに弊害の一つとして認識されていた。張忠民『前近代中国社会的商人資本与社会再生産』（上海、上海社会科学院出版社、一九九六年）一〇二〜一〇三頁に簡単に触れている。また、康熙初に浙江巡撫范承謨の幕友を務めた魏際瑞の文集『四此堂稿』巻一〇、駐防満洲急宜徹去「愚民無知者、有急或借営債、其本或八折、六折、或四、五折、其利重至十分、二十分、或三十分、一時無還、利又作本、例換文書、照例起利、百姓有借銀二、三十両、未及一年、算至二、三百両者」を引き、その流行要因として民間の借貸資本の欠如を挙げている。

(47)『李文襄公別録』巻六、文告紀事、厳禁営債告示（康熙二十一年七月）「浙省無藉悪棍、毎多駕営滚利、違旨殃民。本部院屢経禁飭、悍兵悪棍、全不悔禍自悛、流毒閭閻、日甚一日。……惟是推原禍始、旗営与民人原不相識。乃有一種綷棍、勾通引誘、輙堕牢籠」。

(48)『総制浙閩文檄』巻五、緝拿土棍「問其党羽、大抵掛名営伍、投誠窮迫、而総以無頼土棍為奥援也。問其結聚、大抵深房僻巷、冷静廟宇、城内城外、無処蔑有。而要之窩賭局場、為尤甚也。有招攬者、有探聴者、有応援者、平日則量材而用、臨時則遇事生風、得財則見者有分。地方側目而視、有司莫之敢攖、以致殷儒人家、日不安席、夜不安枕。将来流禍尚忍言哉」。

(49)『清聖祖実録』康熙二十年二月辛卯の条。

(50)『清聖祖実録』康熙二十三年四月辛亥の条。

(51)『清聖祖実録』康熙二十三年十月丁巳「今海外平定、台湾・澎湖設立官兵駐劄。直隷・山東・江南・浙江・福建・広東各省先定海禁処分之例、応尽行停止。若有違禁、将硝黄・軍器等物、私載在船、出洋貿易者、仍照律処分」。

(52)張星耀は直隷武強の人、康熙二十七年（一六八八）より康熙三十四年（一六九五）まで寧波府知府を務めた。『大清畿輔先哲伝』巻一〇、伝三〇、賢能三、また乾隆『寧波府志』巻一六下、秩官、国朝文職官制、参照。

(53)『守寧行知録』巻二六、示檄、申厳禁例「寧郡自海禁大弛之後、商賈雲集、五方雑処。兼密邇普陀、又為進香孔道。往来如織、尤易隠蔵」。

(54)『守寧行知録』巻二五、示檄、緝奸杜害「叢林為納汚之所、海外尤為蔵奸之地。普陀山寺懸隔島洋、自展復以来、聚集緇流、盈千累百。且往来焼香者、又復繹絡不絶。恐其間不無賢奸雑処、稽査不可不厳」。

(55)『守寧行知録』巻一、詳文、諮訪浙省「鎮関為浙省門戸。近日開海以後、商艘番船不由定海、率皆揚帆抵郡、所恃以稽査防範者、惟鎮海一関是頼」。

(56)『守寧行知録』巻二、詳文、請厳泊船「沿海地方、仰荷皇仁浩蕩、許令百姓駕船出海貿易採捕。此誠遐邇沾恩、莫不鼓舞欣忭。豈今不軌之徒、機乗在洋船隻或孤舟可制、人少易欺、竟無忌憚、肆行攘奪、以致劫失」。

(57)『守寧行知録』巻三、詳文、諮詢防海「海洋遼濶、相距数省。江浙閩広之船去来錯雑、且或貿易外番、或就洋採捕、住留靡定、行駛無常。其汛防戦哨各船避外洋之風潮、而住泊於附近島嶴、瞭望難周、巡勦莫及、勢所必至」。

(58)『守寧行知録』巻二一、示檄、禁止夜行「寧郡地衝辺海、洋船絡繹、四方商賈、雑遝往還。況際此隆冬、奸宄更須防範」。

(59)『守寧行知録』巻二三、示檄、厳禁牙人「寧郡自海禁大弛之後、閩広各客航海而来、臨不測之波濤、渉汪洋之瀚海、其為冒険経営、更莫言状矣。……無如、奸牙狡儈不存天理良心、視躭躭而欲逐逐、接貨到家、即行打算。或那東掩西、張冠李戴、或遺新換旧、李代桃僵。及至水落石出、而拖欠不還、席捲潜逃、竟無着落。遂使客旅孤踪、忍泣吞声。……即有一二不甘、告官追究、而因循不察之官府、非為情面註銷、即置終歳不結審。幸而執法追比、則又将敝衣破物、抵死搪塞、較量資本、十不得一」。

(60) 清初の牙行による商業秩序の破壊行為については、韋慶遠「清代牙商利弊論」(『清史研究通訊』一九八五年四期、のち同『明清史辨析』北京、中国社会科学出版社、一九八九年所収、二八九～二九八頁)、山本進「明末清初江南の牙行と国家」(『名古屋大学東洋史研究報告』二一号、一九九七年、のち同『明清時代の商人と国家』研文出版、二〇〇二年所収、一九四～二〇二頁)に詳しい。

(61) 『守寧行知録』巻二一、示檄、厳禁異棍「寧郡東渡門外、自海禁大弛之後、商賈雲集。本府恐有奸猾牙儈呑騙客貲、厳行出示禁約。又檄地方官一体査究。及至放告日期、凡控有牙人拖欠客貨等詞、靡不即為批発。是本府之待爾等遠商、良不薄矣。豈爾等商人、全不仰体本府優恤之心、習尚拳勇、一味生事、擾害地方。種種不法、本府已訪聞確有実拠」。

(62) 『守寧行知録』巻二一、示檄、関防詐偽「奸徒詐冒、串通地棍、借端騙害、煽惑愚蒙」。

(63) 『守寧行知録』巻二三、示檄、厳禁歃盟「近訪、有等不法光棍、歃血訂盟、焚表結義。三五成羣、酗酒撒潑、肆行無忌。夫聚游手之徒於一処、小則扛幇闘殴、大則闖街覇市、金銭乱費、馴至為非。更有一種凶徒。罔知法紀、以衆凌寡、以強欺弱。有事輒聚衆相打。凡此皆地方大害、法所難宥者也」。

(64) 『守寧行知録』巻二三、示檄、厳禁牙人「嗣後務当凜守禁約、信実通商。約期毋逾時日、授受不爽分毫。使遠人慕義、主客相安。是即為爾等衣食之源。何必用此奸狡誑騙之術、敢有藐法如故、仍行局騙。再使異郷孤客来府呼籲者、本府立刻鎖拿、於追完客本之外、仍将本人重責枷号、駆逐出境、弗使再行壟断陥客資。爾等商人亦当仰体本府一片熱腸」。

(65) 『守寧行知録』巻二一、示檄、厳禁異棍「凡属外来客商、当凜遵禁令、恪守法紀。遇有交易、平心和気、不許三五成羣、借酔咆哮。更不許呼朋引類、哄誘子弟。敢有定更之後、沿街行走以及聚衆殴打、横行非法、再蹈前轍者、許地方里民協同擒送。本府照光棍例、通詳究治。本府氷心鉄面、言出如山。先行誥誡者。是望爾等之保守身家、和気生財。慎勿故違自罹法網也」。

(66) 『守寧行知録』巻二四、示檄、包娼放債「地方之害最壊於有娼。風俗之衰莫甚於無恥。相沿既久、恬不知非。而又有奸棍豪徒包攬覔利、遂致蟠結敗壊而未有已。寧郡自開海以来、商賈雲集、然里民未見殷饒、洋估毎傷虧本、多由有限之金銭、耗入妓館、無多之衣食、塡在青楼。尤可恨者、貸銭放債、拠為壟断之場、倚勢恃強、視為膏腴之穴」。

(67)『守寧行知録』巻二四、示檄、包娼放債「本府不為不告之誅。爰申再三之令、為此示、仰闔郡兵民人等知悉。自示之後、各宜痛改前非、速行出境。如有仍前蔵匿、強留他所、或被告発、或経訪聞、民則尽法重懲、兵則移営究処。非惟原券抹銷、抑且直窮到底。本府鉄面如氷、有言必践。各宜凜遵、毋致噬臍」。

(68)『越州臨民録』巻四、告示、申厳保甲夜巡〔康熙二十八年八月二十八日〕「紹郡襟山帯海、奸宄易於出没、尤宜加意防範。是保甲之法不可不挙、而夜行之禁不可不厳也」。

(69)『武林臨民録』巻二、信牌、申厳保甲〔康熙三十一年九月十九日〕「杭郡人居稠密、烟戸万家。而所属各県襟山帯海、水陸雑処。其間奸良莫辨、稽察務宜厳密。所頼印捕各官平日力行保甲、昼夜巡査、則防範有素。庶幾匪類無所客身奸徒無托足之地矣」。

(70)雍正『勅修浙江通志』巻五七、水利六、紹興府には壩や堰として本文の地名が共に四つ見出せる。

(71)『越州臨民録』巻四、告示、禁埠棍扣剋〔康熙二十八年十一月二十五日〕「曹娥・蒿壩・梁湖・百官為寧台孔道、商賈往来如織。且邇来定関開海、客貨較前更多、輓輸絡繹不絶。是以窮民毎藉搬運営生、而船戸亦頼装載度日。商人量貨給資、小民出力餬口。両利之道、誠甚便也。今本府親訪得、此地有等積奸埠棍、因埠頭久奉禁革、遂爾巧借飯舗為囮。凡遇商貨到壩、躭躭虎視、無論船銭脚価加三加四扣除不等、甚至指使水手脚夫攬奪行李、搶得一人一貨到店、便可分肥肆詐。以致孤行商客、貨物星散、瞻前不能顧後、忍気呑声。無奈遂令往来坦道視若畏途。此所以有客人好做、梁湖壩難過之民謡也。病商剝民、殊可痛恨」。

(72)『武林臨民録』巻三、告示、厳禁牙埠扣剋〔康熙三十二年四月十日〕「杭郡当水陸要衝、商民貿易往来如織。向因各処埠頭皆係積棍覇充。招接客貨、写船攬載、埠頭高価勒索、及到船戸之手未得其半、商民交困。是以歴奉憲禁、酌定僱船毎両止許付牙用一銭余外、不許多勒分毫、毎於月終親詣査問。如有積棍暗充、額外多索措難情弊、即行厳拿解究、按月具結申送在案。惟是積奸牙埠盤踞壟断、積習已深。凡遇船隻到埠、先収其舵櫓風帆、尽為蔵匿。迨至攬載、任意重扣。稍不依従、令其泊舟河干、擯斥不問。船戸若欲棄此他図、則業已留質難去。如守候以待、則嚢空覓食無門。倘商賈不遂其重索、則停頓貨物、遅滞行程、勢不得不飲恨呑声以順其慾。是使煢煢舟子胼手胝足、不能覓微利以餬口。

彼行商遠客櫛風沐雨、復遭此牙埠之棘手。而此輩頤指気使、坐享厚利。言之殊可痛恨」。

(73) このような状況の明末清初の江南のあり方については、上田信「明末清初・江南の都市の「無頼」をめぐる社会関係—打行と脚夫—」(『史学雑誌』九〇編一一号、一九八一年)に詳しい。

(74) 『越州臨民録』巻四、告示、禁私債重利（康熙二十八年十月一日）「有等奸悪之輩、惟利是図、天良喪尽」。

(75) 『越州臨民録』巻四、告示、禁私債重利（康熙二十八年十月一日）「甚有倚托勢宦、掛名営伍、準折子女、陥良為賎、逼献田房、使無立錐。種種豪悪吸尽民膏、為富不仁、大干功令」。

(76) 『武林臨民録』巻三、告示、厳禁私債重利（康熙三十二年三月十九日）「甚有倚勢托力、準折子女、逼売田産。種種刻剝民膏、真属為富不仁」。

(77) 『武林臨民録』巻二、信牌、厳禁縴棍放印子銭（康熙三十二年九月二十日）。

(78) 『越州臨民録』巻四、告示、禁埠棍扣剋、『武林臨民録』巻三、告示、厳禁牙埠扣剋。

(79) 『守寧行知録』巻二五、示檄、特行誡諭「邑宰一官、天子命来令斯土、原於民有父母之称。上不愛下、是為曠職。下不敬上、斯為逆民。苟非披毛帯角之倫、未有不識尊卑之分者。不意、爾慈素称文学名邦、猶有互郷。如廿三都者、前開堂一事。其釁起於迎龍。迎龍之非、本府已経示禁、反覆譬曉、想所共聞。夫迎龍不可、何況執械。執械不可、何況無端。揮拳於兵役、喧嚷乎県堂。破案毀鼓、不幾令天日為昏、居然叛逆形逕哉。本府原擬通詳各憲、窮究余党、按律擬戍、以昭国典。因念蚩蚩赤子原属無知。一経執法、株連扳扯、必無噍類。更恐光棍刁徒乗機索詐。既已不免於法、又復重傷於財。雖自作之孽、豈不堪病堪憐。本府稔知実繁有徒、姑開三面。但将馮成・董丙・翁五三犯枷示、無非使爾等知法不可犯、官不可欺、県堂不可鬨、官物不可毀、兵役不可殴。尤欲使爾等知県官不通詳之恩、本府不誅求之意、悔罪改過、好義明紀、為善士為良民。若不知寛宥出於格外、以為法止於枷責、剛愎不悛、則刑法縄之於後、反負本府従前忠厚待人之心。合行示諭、為此示、仰慈谿県士民人等知悉。嗣後務聴本府之言、須明礼講譲、愛親敬長、尊上急公、忍争息鬭、以廿三都馮成等為戒。乗此清平盛世、撃壌鼓腹、共楽堯天。是本府之所深望於爾民者也」。

(80) 山本英史前掲書一七五頁。

(81) 尾形勇・岸本美緒編『中国史』(山川出版社、一九九八年)二九三〜二九四頁。

第六章　健訟の認識と実態

——清初の江西吉安府の場合

崇川の張某は狡黠にして訟を好む。人、之れを畏るること蛇蠍《だかつ》の如し。

——『点石斎画報』巳集三期、訟師、悪謔

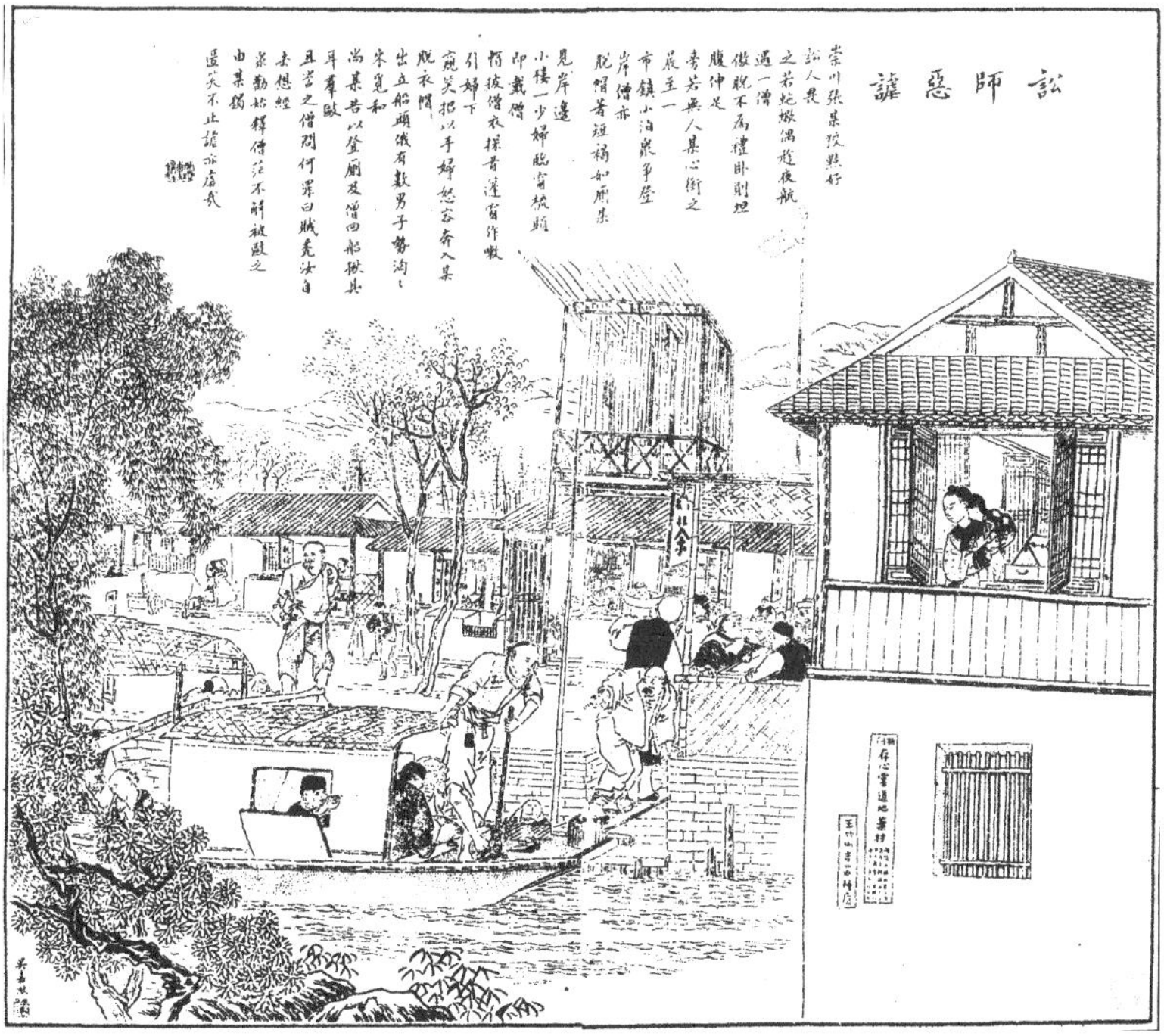

狡猾な訟師張某が、女をからかったとして気にくわぬ僧侶をはめる様子を伝えている。

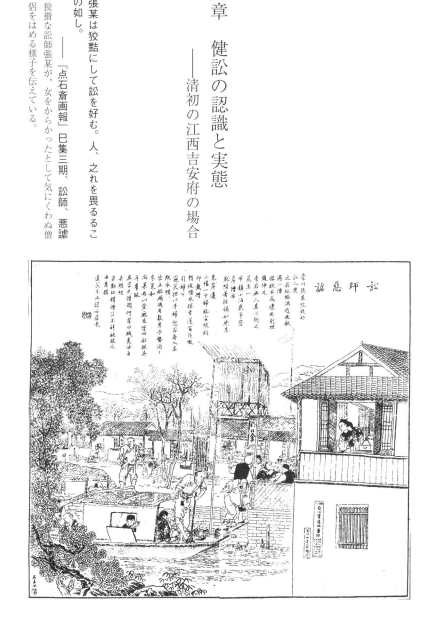

はじめに

康熙三十三年（一六九四）に刊行され、その後、中国のみならず江戸時代の日本においても多くの読者を得た清代の代表的な官箴書『福恵全書』には次のような一節が載せられている。

地方官はたとい訴訟を裁くことができたとしても民に訴訟させないことはできない。だから民に息訟（訴訟の取り下げ）を勧めるのが一番なのである。そもそも息訟の最良の方法は感情を抑えさせることであり、次には我慢させることである。どちらかが一方的に是とか非とかはありえない。ましてや深恨積怨がないのなら、何のために無理して訴訟に勝とうとするのか。こちらが勝ちたいと思っても相手はそうはいかないだろう。だから感情を抑えるのであり、そうすれば、憤りは収まり、訴訟には至らなくなる。相手が横暴であれば、傍から自然に公論が味方し、こちらが不利になることはない。訴訟を唆す者がいたとしても、怒気を鎮めて穏便に振る舞うのがよい。訴訟の結果、たとい相手が辱めを受けたとしても、こちらの出費は免れない。だから我慢するのであり、そうすれば気持ちは収まり、訴訟には至らなくなる。ただし感情を抑えるのは立派な人間だけができることであり、浅はかな民は寛容でありえない。それゆえ民にこのような行動をさせるためにはひとえに上から息訟を勧めるのである。もっとも息訟を勧める道も強力ではない。世風は軽薄であり、訴訟することが習い性になってしまっている。子供でさえも人の優位に立ちたがり、一介の匹夫でも傲慢な態度を取る者が多い。不平や悪口から争端が生じ、至性天倫はたちまち損なわれてしまう。文書でいくら勧めても、民はそれを守らない。訴訟を処理する過程で息訟を勧める意を託すのが大切なのだ。(1)

右の一文は、清初、十七世紀後半の官箴書に多かれ少なかれ登場する文言であり、当時の地方行政にあっては息訟を勧める前提としての健訟、すなわち妄りに行われる訴訟を問題視する傾向があったことが知られる。ならば息訟と対極にある健訟とは当時の地方行政を担う者たちにとって具体的にどのようなものとして認識され、しかしてその実態とはいかなるものだったのであろうか。

健訟が特定地域において盛んであるという認識は宋元時代からすでに多く指摘されてきたことであり、それについての研究蓄積もかなり多い。(2) そして、健訟が発生する原因としてこれまでに「人口の多さ」、「物流の増加」、「土地売買の活発化」、「地主の土地占有」、「移民の流入」、さらには「工業、農業など地場産業との関係」など、多種多様の因子が挙げられてきた。しかし、本章では清初の健訟という問題を取り上げるに当たって、その原因を重ねて探ることやその状況の宋元時代からの一貫性・不変性を主張することを当初から目的としていない。健訟とはひとえにイメージの問題であり、そこに存在する一定の状況に対する認識の問題でもある。それゆえ清代の特定地域における訴訟の実態を解明するに当たり、ここではむしろ宋元時代に何らかの原因で形成された健訟という認識が清代においてどのように維持され、それがいかなる実態と結びついて論じられていたかという関心の下、その考察を通して清代地方社会における訴訟構造の一端を明らかにするものである。

一　地域と史料

まずは本章で扱う特定地域としての吉安について若干の説明をしておく。吉安は江西省の中部に位置し、贛江《かんこう》およびその支流の禾水《かすい》が合流する場所にある。宋代は江南西路吉州、元代は吉安路、明代以降は吉安府と称した。吉安府は江西省一三府の一つとして、洪武二年（一三六九）以降、廬陵、泰和、吉水、永豊、安福、龍泉、万安、永新、永寧の九県を領した。清代はこれを基本的に踏襲している。(3)

ところで、『宋史』に、

江南の東西路……その民俗の特徴は気性が荒くて性急で、喪葬も礼法にかなっていないことがある。とりわけ訴訟を好むのは、その気風がそうさせるのである。(4)

とあり、また北宋の詩人・書家として著名な黄庭堅が、

江西の習俗においては、士大夫が多く優秀で柔和である一方、庶民は陰険かつ強壮であり、年中訴訟することを得意技とする。そのため善も悪もいっしょくたにして訴える。それを名づけて「珥筆之民《じひつのたみ》」（筆を冠側に挟んで訴訟を専らにする民）という。彼にあっては雄弁な者でもいいのがれることはできない。ただ筠州《きんしゅう》だけは訴訟が盛んではない。それゆえ筠州の長官は建物に「江西道院を守る」と号した。しかし、南康・廬陵・宜春の三府とともに併せて悪評を被っている。(5)

と語るように、江西は宋代より経済的・文化的中心の一つとして繁栄したが、同時に訴訟の盛んな土地として広く知られていた。また、江西を中心として民間に訟学と称せられるものが存在し、それは宋一代連綿として元代に及んだといわれる(6)。

なかでも吉安は訴訟を好む風潮があり、治めにくいとの評判の地域であった。至和元年(一〇五四)に永豊県が新たに設けられた際に著わされた知県段縫の記には、

いま天下に難治と号する地においては江西がその最たるものである。江西に難治と号する地においては虔《けん》州《しゅう》と吉州がその最たるものである。その治めにくいとされる理由は、おそらく人民が深山大沢に住み、習俗が等しくないためである。ある者は共に訴訟を尊び、ある者は共に飲酒を好み、死に臨んでは戯玩のようであり、利を争うさまは析毫のように細かい(7)。

とある。宋代の江西はとりわけ難治の地方であり、なかでも吉州(吉安)は虔州(贛州)とともに悪名高い土地として広く知られていた。

こうした健訟認識は一般には明初における里老人制の成立に伴い沈静化する方向をたどるが、中後期における里甲制の崩壊によって再び生じるようになったとされる(8)。ただし、江西では元代以降明代においても健訟が認識されていた。とりわけ吉安は元代に入っても前代同様訴訟が多く、十五世紀末にはすでに健訟は深刻な社会問題になっていたという(9)。

十六世紀の吉水の人羅洪先は次のようにいう(10)。

土地が瘠せ、人口が密であるため、その地の住民は生活の資けとして近隣の府に出稼ぎしている。そこの風俗は意気を尊ぶ。君子は名を重じるが、小人は訴訟に夢中になる。さらには軍人と民間人とが入り乱れ、豪猾たちが旋風のごとく荒れ狂い、吏治が効を奏することが少ない。廬陵と泰和が最も扱いにくいといわれる。永寧と龍泉はわずかながら与し易いとのことである。(11)

清初の順治と康熙前期においては江西の人口はきわめて少なく、万暦六年(一五七八)の五八五万余人に比べて約四〇〇万人減った。その原因として明清交替期ならびに三藩の乱の戦禍による荒廃と生活苦のための外省への移住が考えられる。雍正・乾隆期になって人口は増加したが、直接的要因は福建・広東からの移住であったという。(12)吉安府についていえば、丁数においては表のような増減が見られ、万暦十三年(一五八五)の丁数が順治十七年(一六六〇)にはおしなべて減少し、康熙年間(一六六二〜一七二二)にもまだ回復に至っていなかった。それは江西全体の状況とほ

地方志に見る吉安の丁数変遷(13)

	万暦13年	順治17年	康熙年間	雍正8年	乾隆38年
廬陵	137,744	83,977	93,166	86,475	130,586
泰和	49,921	35,699	45,915	46,414	70,930
吉水	68,900	28,742	50,371	50,371	51,364
永豊	43,344	27,522	43,344	30,785	32,759
安福	32,604	27,675	28,032	39,008	28,275
龍泉	14,551	18,181	10,829	11,165	13,967
万安	21,791	19,056	18,158	18,450	29,256
永新	28,358	17,955	18,840	19,798	28,639
永寧	4,620	欠	4,626	4,668	4,777

ぼ一致するが、吉安府では雍正八年（一七三〇）においてもなお人口増加は見られず、乾隆三十八年（一七七三）にはむしろなお減少し、ほとんどの県が十六世紀末の丁数を超えていないことが判明する。本章で主に扱う時代である康熙三十三年（一六九四）前後は三藩の乱が収束し、秩序や生産力が回復する傾向にあったが、人口はまだ元に戻るまでには至っていなかった。

次に本章で主として用いる史料である『守邦近畧』について若干の説明をしておく。本書はアメリカ議会図書館の所蔵によるもので（Library of Congress, Asian Division Reading Room 所蔵　請求番号 B668.21-C37）、清康熙三十三年（一六九四）刊本、四集からなり、全八冊が一函に収められている。管見のかぎり、日本においてはもちろん中国大陸の主要収蔵機関においてもその存在が確認できないため、孤本に近いと判断されるが、議会図書館では貴重書に指定していない。

撰者の張官始については、字を抑斎、浙江仁和県の人、順治十七年（一六六〇）の挙人である。国子監助教から康熙三十一年（一六九二）春に江西吉安府知府に就任し、康熙三十三年（一六九四）十月、配下の吉水県知県楊《よう》嶠《きょう》の虧空問題で引責辞任するまで、吉安府の行政を担当したことが知られている。(14)

本書は第一集四七件、第二集四四件、第三集二九件、第四集三四件、計一五四件からなる公牘であり、第一集に収められた三七件の告示を除く一一七件すべてが判牘である。知府離任直後に刊行されているところから見て編集に割く時間はさほどなく、それゆえに実際に近い判牘が収録されているものと判断される。健訟の地といわれた江西の、なかでもその代表的な吉安の清初における訴訟実態を伝える史料として貴重な存在といえよう。

万暦『吉安府志』郡境図

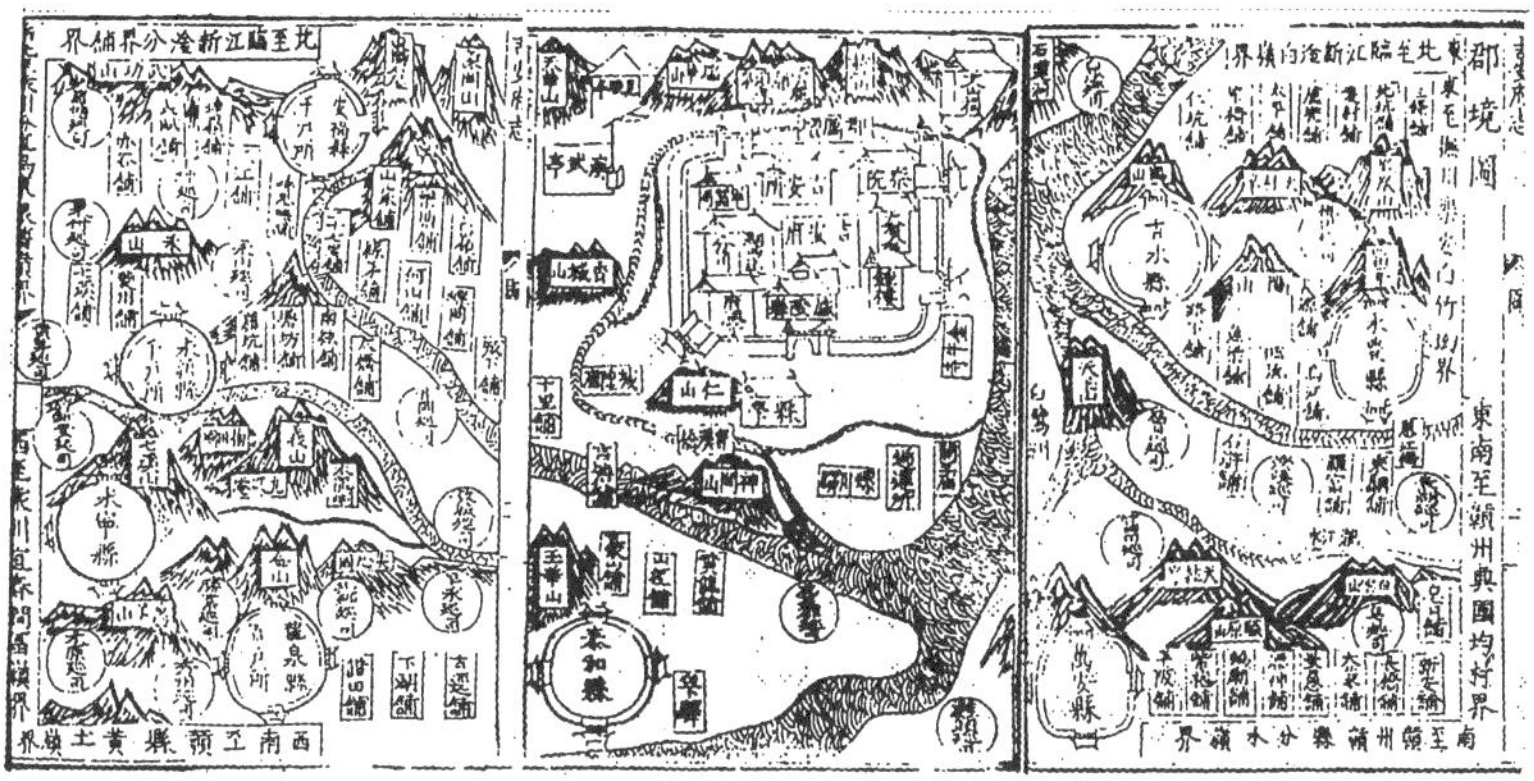

二　江西統治官僚の健訟認識

1　張官始の健訟認識

張官始の健訟についての認識はその禁止命令を伝えた告示「禁止健訟」の一文に集約されている。それはまず次のようにいう。

> 民間における訐訟（他人の過失を暴いて攻撃する訴訟）ほど、哀れむべきものはない。心身とともに消耗し、財産を費し、仕事の時間を奪われるのに、愚人は何も知らず喜んで軽はずみな行動に出る。健訟の徒に遭えば財を尽くし刑罰を受けて獄に繋れない者はいない。あとで後悔の臍を噛んでも間に合わない。もちろん訴状がひとたび役所に入れば、それは常に貪欲な胥吏の奇貨となる。たとい清廉で遵法に徹し、公平な裁きをする胥吏が担当したとしても提解（護送）や待審（審議待ち）に時間がかかり、必要経費や仕事を休む日が多くなる。さらにひとたび訴訟になれば、胥吏や衙役に内通して礼を尽くし、引き立てを頼まないわけにはいかない。これは紳衿でさえ免れない。まして

や小民はなおさらである。(15)

訴訟に奔る民衆は、結果として家産を尽し刑罰を受けることになるので割に合わない。さらに裁判が始まれば時間や金銭を浪費して胥役の餌食になる。それは紳衿とて免れない。にもかかわらず民衆が訴訟を止めないのは、次のような訴訟を好む人間がいるからだと張官始は考える。

調査したところ、一種の倔強之徒がいる。言葉巧みに勝敗を争い、身を挺して訴え出ることを才能とし、衙門の事情に通じることを熟練と見なしている。また一種の貪悪之人がいる。やたらとゆすり取ることを考え、何かにつけてデマを飛ばして気勢を挙げ、思うようにならなければしきりに訴えを起こす。さらに一種の教唆の訟棍がいる。心は虎狼のように残忍で、行いは鬼蜮《きいき》（陰険で人を害するもの）に等しい。本来定職を持たず人を騙して訴えを起こすように仕向けるのを生業としている。虚言を操り詭計を弄するも、また二面的な態度を取ることが多いため、原告・被告はともにその掌握に帰してしまう。ひどい場合には、しきりに衆を集めて一同で申し立て、匿名の張り紙をする。これらの狡猾ぶりは盛世にあってはまことに一日たりとも容認できないものである。(16)

張官始は健訟を醸成する人間を三種に分類する。第一は《倔強之徒》と称するもので、彼らは弁舌巧みに勝敗を争い、身を挺して訴え出ることを自分の才能とし、役所の事情に通じることを熟練と考えている徒であるという。第二は《貪悪之人》と称するもので、彼らは妄りに金をゆすることを考え、事に当たればデマを流して気勢を挙げ、意にそわなければ重ねて絶え間なく提訴する徒であるという。第三は《教唆訟棍》と称するもので、他人を唆して訴訟させることを生業としている徒であるという。

そこで彼らへの対策として次のようなことを提言する。

本府は人民の苦しみを心から思い、禁令を発布して吉安府の士民たちに通達する。およそ戸婚、田土、債負、忿争などの民事については親族郷党の調停に委ね、軽々しく訴訟に持ち込んではならない。各自は生業に安んじ、身家を守っておればよい。万やむをえず訴訟を行う場合、虚誣や越訴は別として、その受理すべきものに対しては、法廷において本府が誓って道理に基づいて公正に判定するだけで、権勢を畏れず、懦弱を欺かず、賄嘱を受けず、私情にもほだされない。爾ら人民は審理を静聴し、勢豪にすがったり、衙役を信じたり、結果に金を出して騙されたり、徒党を組んで訴訟の起滅を操ったりすることは慎んでやってはならない。本府は良心に背いて道理を曖昧にし、曲を直とし、是を非として、裁きの場を壟断把持の所にしてしまうことは断じてない。所在地方に訴訟を唆して一般民を陥れる者がいれば、郷保人等が不時事実に基づいて報告し、法のかぎりを尽くして徹底的に懲らしめ、上に報告して処分を決める。爾らは新任の知府がとかく優しい言葉をかけ、よい評判を求めるものだと思ってはならない。本府は生来剛直な性格で、これは時が経っても変わらない。ゆめ試すようなことをしてはならない[17]。

張官始はその対応として、まず戸婚、田土、債負、忿争などの民事案件は郷党の調停に委ねることを勧めることで訴訟を減らし、避けられない訴訟に関してはみずからが厳正に処理することを約束する。その際、人民には勢豪や衙役に頼って騙されたり徒党を組んだりしてはならないと注意を与えるとともに、知府自身が「良心に背き、道理を曖昧にし、曲を直とし、是を非としない」ことを通達に盛り込んでいることは興味深い。張官始には、人民とは訴訟においては右の行動を取り、新任の官僚に対してもとかく甘い考えを懐くものだという理解があったものと判断される。

張官始は以上の状況をもって着任したばかりの吉安府下において健訟があったと理解し、それを禁止しようとしたのである。

2　他の江西統治官僚の健訟認識

ではこうした状況は張官始と同時代に江西を統治した地方官僚たちの眼にはどのように映ったのであろうか。康熙二十年（一六八一）十二月から康熙二十三年（一六八四）五月に死去するまで両江総督を務めた于成龍は両江地方の状況として次のように述べている。(18)

両江地方の習俗は健訟を尚《たっと》ぶ。小忿を大案に装い、往時のことを現在の恨みと捏称して、無から有を生じるため、取調官は調べただすすべがない。その原因はみな奸悪なる訟師にある。告訴状を人や事柄に基づいて正しく書こうとせず、事件を捏造して関係のない者をも巻き添えにし、人を驚かせることをたくらむ。訴えが受理されるに及んで、原告・被告はともに茫然とする。さらにまた両者の間に立って教唆し、脅し取りや騙り取りを行う。そのためまだ裁判にもなっていないのに原告・被告は訟師のために財産を使い果たしてしまう。(19)

于成龍は江西を含む両江地方の弊害の一つとして「健訟を尚ぶ」ことを挙げ、その原因を「奸悪なる訟師」の存在に求めている。張官始が吉安府に赴任する一〇年以上前からすでに江西地方に健訟が認識されていたことが知られる。

康熙元年（一六六二）から六年間、江西北部の広信府の推官の任にあった黎士弘[20]は治下七県に対して訴訟を止めさせるよう説いた告示において、

広信各属の風俗は薄情であり、「好争健訟」である。……依然として強さを恃んで悪を競い、些細な意地の張り合いが訴訟の原因となっている。[21]

といい、広信府下の各県において「好争健訟」が常態化していたと理解している。

他方、吉安府の東の建昌府では、やや時代は下るが、雍正五年（一七二七）閏三月より一七ヶ月の間建昌府知府の任にあった魏錫祚[22]が、

人はみな孔子のような人格者でありえないのだから、民に訴訟をなくさせるなど到底できるものではない。ましてや建昌は「刁健之地」であり、訟師や刁筆が実に多い。些細なことで訴えを起こし多くの人を巻き添えにする輩がいる。[23]

といい、また、

訴訟事件が頻繁に起こるのはことごとく訟師が唆すからである。訟師を一日除かなければ、良民はそれだけ害を受けることになる。為政者が民に安心して暮らせるようにさせたいと思うなら、まず民を害する者を除き訴訟の根源を断つよう努力するよりほかはない。[24]

というように、建昌府にあっても当地が「刁健之地」と認識され、訴訟の多い理由としてここでも訟師の存在が主たるものと見なされている。

さらにまた、康熙三十一年（一六九二）六月から四十一年（一七〇二）一月まで約一〇年にわたって江西巡撫を務め、張官始の吉安府知府在職期間中の直属上司であった馬如龍[25]は次のような通達を出している。

昨日、開告の時期に当たり、読まなければならない告訴状は依然として多く、なかには恩赦前の旧事を新しい訴えに作り変えて再び提出し、妄りに受理を願うものがある。これらの刁棍はすでにその場で重責した。だが刁民たちがまた前の轍を踏んで、自分で法網に引っ掛かってしまう恐れがある。さらに衙役と結託し、訴訟を代行して金銭を騙し取る一種の棍徒がいる。種々の不法行為は痛恨の窮みである[26]。

これは康熙三十四年（一六九五）十二月十七日以前のすべての罪犯に恩赦を与えるため先に諭告し、妄りに訴訟を行うことを控えるよう指示したことが何ら効を奏していないことを語っている。彼はまた吉安府属の安福県の状況として、

吉安府安福県の一部の棍徒は農耕も読書もせず、訴訟を教唆することを生業としており、争いを起こして災いを醸すのを得意としている。彼らは金持ちの家を窺い見て、最後には猛禽の念を懐く。ある者は貼り紙で通告して人の名誉を損なう。ある者は奸党と結託して群れをなして訴え出る。わずかな恨みでもあれば、すぐに万丈の波濤を起こす[27]。

といい、訴訟を教唆する主役は「棍徒」であるとして、その後に「無頼の匪類」「富裕だが仁徳のない徒」「生員

身分を恃む豪強勢要」を挙げ、いずれも健訟に一役買っていたことを指摘する。さらに、

各属の捐納監生および無頼の生員は府県の役所に公然と交わりを求める。門前に現れては名刺を差し出し初見の贈り物を持ってくる。不肖の官府にあってはわずかな利益に欲が出て挨拶を受け入れると、今度は季節の節目や長官の誕生日になるとこびへつらってくるようになる。官署への出入が尋常でなくなれば、彼らは最後には横行無忌の状態になる。ある者は積年の旧債を取り返すといって重い負担を課す。ある者は民間の訴訟を引き受け、直を枉げて曲に作る。……(28)

と述べ、当地の生員や監生といった士人たちがもたらす「悪習」の一つとして民間の訴訟を引き受けることが半ば常套句として挙げられており、彼らもまた健訟の一翼を担う存在として受け止められていたことが知られる。

以上から見て、清初の江西を統治した諸官僚もまた張官始とほぼ同じ認識を持っていたことが確認される。しからば、健訟とはつまるところ何であったのか。それは第一に、訴訟が行政の処理範囲を超えて異常に多くなるという、いわば量の認識である。第二は、誇張や虚偽が多い訴訟が社会秩序を混乱させるという、訴訟の内容を問ういわば質の認識である。そして第三には、国家が定めた訴訟という制度に第三者が介在し、その制度を蝕むとともに、その状況が量や質の問題をさらに悪い方向に増幅していると見なす認識である。それは基本的にこれまで宋代以来指摘されてきた諸点を踏襲しており、人口の相対的に減少した清初においてもこの地方に一貫して健訟という認識が地方官僚の中に存在し、その程度がさらに甚だしいものであったこと、さらに健訟は訴訟当事者よりもむしろそれに介在する訟師や士人によって引き起こされると考える傾向があったことが指摘できる。

しからば、実際の訴訟とはいかなるものであったのか。『守邦近畧』に残された判牘から吉安府において、い

わゆる「健訟の徒」と明記された人間が関与する訴訟を中心にその実態を見ていくことにしよう。

三　判牘に見る訴訟実態

○「梟颺埋冤事」（悪者が恨みを抱いた件）(29)

曾帝居は「健訟の刁徒」で、法など眼中にない者である。鄒曰仁の墳山は横坑といい、曾一族の墳山は廖渓といった。両墳は接していたが、鄒墳は于水の南に、曾墳は于水の北にあり、境界があった。今年の清明節に鄒一族が墓参りに行くと、墳墓の後ろに新しい土盛が造られているのを見て、万安県に訴えた。曾簡如は越境した咎を認め、土盛を撤去し、約定を立てて和解することを求めたので、そのことはさた止みになるはずだった。しかしその後、鄒一族は祖墳の来脈を傷つけたことにこだわり、曾一族に祭を行うよう求めた。曾簡如はそれに従わず、また訴訟合戦になった。そこで曾帝居なる者が「梟颺冤霾」の呈詞を作り、上級官庁（按察使司？）に訴え出た。曾帝居の訴えによれば、戊申（一六六八年）に祖母の墳墓をこの場所に移葬したが撤去させられてしまったという。しかし、証人によれば撤去したのは土盛であって墳塚ではないとのことである。その土地は魚鱗冊には横坑と記されてあり、鄒一族に属することは明らかである。父母を埋葬する際かつてはみな合葬して慰霊したものだが、曾帝居はなぜ祖母だけを移したのか。また以来二〇年余も経っているとのことだが、どうして今日に至って撤去のことを問題にするのか。それが誣告であることは明らかである。越境して土盛を造ったことが世間の支持を得られないことを知ってにわかに撤去したが、上級官庁に訴え出た意図は、おそらく告訴状に衙役のことを盛り込めば、受理されやすく、取調官は庇い立ての嫌疑がかかるのを畏れてこの土地を曾一族のものと断じてくれると思ったからであろう。しかし、魚鱗冊や近隣の証言から証拠は明白である。

右は于水を挟む墓地争いに端を発した曾帝居の訴えの内容を虚妄として退けた判牘である。曾帝居と曾簡如との関係は明記されていないが、同族と思われる。曾帝居が「健訟の刁徒」であるとされる理由は、上級官庁に上控した「祖母の墓云々」の内容が虚偽であること、さらには衙役が何かしらこの件に関わっていることを告訴状に盛り込むことで、取調官が庇い立ての嫌疑を畏れて訴えを受理するのではないかともくろんだことにある。訴えの中身が詳しく紹介されていないため推測の域を出ないが、虚偽の内容でもって官側の責任を問い、上級官庁まで訴え出たのが「健訟」と見なされたということであろう。しかし、それにしても証拠や証言からその訴えが事実に基づかないことは明白であり、かりに受理されたとしても曾帝居に勝目のない案件であるといえる。

○「根究兄死事」（兄の死因を徹底究明せよと求めた件（30））

龍士恵は「健訟の刁民」である。その兄龍曰友は永新県の役所で傭工として働くことになり、実働一ヶ月余りで半年分の賃金を得た。その後、役所内で酒食がねぎらわれたが、龍曰友は酒をしこたま飲んで体調を壊し、他日痰がからんで死んでしまった。弟の龍士恵は兄が体調を壊したことを知って見舞いにきたが、すでに死んだあとだったので役所に遺体を提出し埋葬した。意外にも龍士恵は訟師金孟泊の教唆を受け、永新県知県が役所に戻った日に突然「根究兄死」とする訴訟を府に提出した。龍士恵の供述によれば、隣人の童戦英らは知県がその訴えに怒ったことで責懲が近隣に及ぶのを畏れ、龍士恵が訴状を提出したあと劉吉らに命じて彼を捕らえて監視したというが、数々の虚妄刁詐は明らかである。

右は龍士恵が永新県の役所で傭工として働いていた兄の死因の徹底究明を求めて起こした訴えについての判牘である。龍士恵が「健訟の刁民」とされる理由は、訟師金孟泊の教唆を受けたことと供述が虚妄であったことにある。供述の意図は、永新県の知県がこの件につき龍士恵に上告させないよう何らかの圧力をかけたことを導き出し、兄の死に県が関わっていると思わせたためであろうか。龍士恵は訟師の教唆によってこの訴えを起こした者であり、彼自身が「健訟の刁民」であるとはいいがたい。おそらくは訟師に教唆を受けたこと自体が「健訟の刁民」とされたのであろう。

○「蝗国噆民事」（国や民を蝕み損なう徒の件）(31)

張瑞十は「好訟の刁徒」である。楽安県民鄧老子と鄧官保は永豊県民羅佐二とともに滕田墟の牙行（仲買人）寧伝二の行内で布を売っていた。羅佐二の売る布は長く、鄧老子の売る布は短かったので、客商はみな羅佐二の布を買いたがり、鄧老子の布が売れなくなった。そこで鄧老子が羅佐二に八つ当たりして口論になり、鄧老子は羅佐二の布を奪って屠殺用の刀で切り裂いてしまった。羅佐二が保長に訴えたところ、保長寧洋二は鄧老子に心中不満を持っていたため、彼に平手打ちして布銭四〇〇文を弁償させた。当時傍観していた滕田の商人たちはみな鄧老子の行為を横暴非理であるというが、それは公平な見地から述べたものである。ところが、鄧老子は自分の非を顧みず報復をはかった。そこで張瑞十と相談して「蝗国噆民」をもって滕田の多くの商人の名前を書き連ねて巡撫に訴えた。ただ滕田は小墟であり、布行寧伝二と牛行寧連一を除けば牙行はおらず、牙行三〇家などというものは実在しない。また名前が挙がった者たちは牙行などではない小商人であり、うち一〇名は物故者、病人、実在しない者である。ただ訴訟の受理を求めるだけで、その後名ごとに審問されることを考えないのは大胆不敵というべきである。張瑞十の供述によれば、滕田の布牙は質の悪い銀や小さな秤を用いて交換を強要して儲けているのに、その上ひどい暴力を振るったという。これが真実であれば、寧伝二だけを訴えるべきであり、なぜ三〇人余も巻き添えにして「私牙三十余家」などと称するのか。誣告であることは明らかである。

これは滕田墟の商人たちに対して逆恨みを抱いた鄧老子の依頼で張瑞十が上訴した案件に対し、それを誣告と断じた判牘である。張瑞十がどのような人物であり、鄧老子と羅佐二との喧嘩にどう関わっていたのかは不明であるが、布代を弁償させられた鄧老子とはかって滕田墟三〇人余の商人たちの「不法行為」を巡撫に摘発した者であり、訟師であると判断される。しかし、被告として挙げた三〇人余の商人たちの中には虚名や変名が多く、「ただ訴訟の受理を求めるだけで、その後名ごとに審問されることを考えないのは大胆不敵というべきである」というが、むしろ無謀に近く、たとえ訴えが受理されたとしてもすぐにそれが虚妄であることが判明してしまうような告訴状を作成する人物である。ここから見ても張瑞十を「好訟の刁徒」と呼ぶには納得がいかないものがある。ただ、虚妄の内容をもって巡撫に上告したことは重大視されているようである。

○「瞞糧吞賦等事」（税糧を騙し取り自分のものにする等の件）(32)

鄒昇騰は刀筆（文書作成）を思うままにすることに慣れ、詐害をほしいままに行う凶徒である。郷里の人は相手にせず、道行く人は目をそむける。些細なことで他人を巻き添えにして余すところがない。彼は官法を報怨の手段やペテンをしかける囮としか見なさない。鄒昇騰はかつて監獄で知り合った張赤臣のために訴状を作成して謝礼を求めたが、その額に満足せず、ついに張赤臣が申請している荒地開墾の事にかこつけ、

「熟を隠して荒とし、賦税を詐瞞し、派費を捏造し、偽造書類を設けた」の一紙を作成し、「途中、照合した所は赤臣みずからの筆跡による」として前の按察使に上告した。しかし、張赤臣の筆跡を調べたところ、それが虚偽であることは明らかだった。いま再調査するに当たり、張赤臣は死んでいて尋問できないが、名前の挙がった丘天爵が騙して賄賂を得た件は全く根拠なく、龍泮先は張赤臣とはもとより面識がないと証言し、李文らは口論による些細な諍いを大嘘に仕立て上げられたなど、鄒昇騰が挙げる内容は彼一人の口から出たものであり、誣告であることは明白である。

鄒昇騰は、その人物に描き方から見て明らかに訟師である。そしてこれはその訟師が謝礼の不満から相手を誣告した事案である。ただし、訟師みずからが起こした訴訟であるにもかかわらず、その手口はきわめて素朴である。これもまた調査確認すればすぐに誣告であることが判明してしまうものであって、このような人物に「刀筆を思うままにする」と形容するには違和感を禁じえない。張赤臣への報復以外に何の目的があったのかも明らかでない。

○「豪衿結党事」（横暴な生員が徒党を組んだ件(33)）

劉大懿が所有する墓は劉仁慶九世の祖墳と一丈ばかりの距離にある。戊午（一六七八年）に劉大懿は母親をこの地に埋葬したが、その時、劉仁慶は何の文句もいわなかった。しかし、去年（辛未一六九一年）、劉大懿がその傍らに兄を埋葬すると、劉仁慶は重ねて訴えを起こした。もしこの土地が劉仁慶のものなら戊午の年に母親が埋葬された時になぜ不問にしたのか。いま劉仁慶らはこの土地を自分のものにしようとして、劉大懿の新墳の東側にある、昔その一族劉宗紱を埋葬した所を劉仁慶の一族劉春四の墓であるとし、西側にある一尺にも満たない小塚を劉仁慶九世の祖母廖氏の独葬墓であるとした。その意図は、東西両傍をともに劉仁慶所有の旧墓とすることで、間の新墳もまた劉仁慶の土地であると認めさせようとしたことに疑いない。劉仁慶九世祖劉以立と廖氏との合葬の碑石が墓の後ろに建っているのはみなが見ており、一尺にも満たない小塚が廖氏の独葬墓であるものか。劉仁慶が提出した宗譜を調べると、劉春四の名の下に「葬七都大湖坪」の六字があるが、原刻のものとは一致しない。これは明らかにあとから刊刻したものである。また、削り取った劉宗紱の墓碑を調べてみると、「立寄」の二字がまだ残っていた。立寄とは劉宗紱の子のことである。墓碑のあった場所が劉春四の墓だとどうしていえよう。また、劉季良によって壊された旧碑はまだ半分が残っており、そこには「九世祖以立妣」の字がある。「妣」とは合葬のことであり、劉仁慶が西側の小塚を廖氏の独葬墓とするのは明らかに誣妄である。

これは劉大懿と劉仁慶との間に起こった墓地争いである。劉大懿が彼の兄を埋葬した場所を劉仁慶が自分のものだと主張して訴え出たことに対し、劉大懿が劉仁慶を「豪衿結党」として逆に訴えたことを示している。結果として多くの生員や監生が資格剝奪処分を受けており、士人が結託して土地の乗っ取りを謀った事件と見られる。劉仁慶の身分は明らかにされていないが、士人である蓋然性は高い。ここで注目されるのは劉仁慶が行った証拠隠滅の内容である。彼はまず一族劉春四の名下に「葬七都大湖坪」の字を書き込み改竄した宗譜を提出し、さらにはその墳地が劉宗紱の墓でないことを示すため劉宗紱の墓碑銘を削り取っていることなど、遺された文字を根拠に主張を通そうとする知識人層特有の行動が見られる。ただし、こうした宗譜の改竄や墓碑の破損などにはそれなりの工夫が施されてはいるが、それらはいずれもまた実地検分を徹底すれば虚偽が容易に判明することばかりである。事実、原本の宗譜との照合や墓碑に残った文字からの読み取りを通して劉仁慶の主張が虚偽であることが明らかになっている。

○「勢佔挖塚事」(力ずくで土地を手に入れ、そこに墓を造った件)(34)

陳対四は物故した郷紳陳孟隆の後裔であり、陳孟隆の墓は秋田にあった。陳孟隆の後継はいま三支に分かれ、陳対四はそのうちの水南派である。陳孟隆はかつて水南廟の前に徙居したため、県志には陳孟隆名下に「徙居水南廟前」の数字が記されている。生員陳健なる者は陳対四の墓を手に入れようとして、ついに陳孟隆を自分の祖であると称してその墓に母親を埋葬してしまった。さらに陳対四の控告を恐れ、地方志を印刷すると偽って版木を自宅に持ち帰り、こっそり陳孟隆名下の「徙居水南廟前」の六字を削り取ってしまった。おそらく墓碑の水南等の字も彼が削り取ったのであろう。その意図は、水南等の字を削れば水南派は陳孟隆の後裔ではなくなり、自分が後裔を自任することができ、母親を陳孟隆の墓に埋葬しても差し支えないと考えたからであろう。あにはからんや、県署には未毀の時の原志があり、陳対四のところには未削の時の拓本があり、証拠は歴然である。陳健が富衿であることを笠に着て貧惰な陳対四を欺いて凶暴をほしいままにしたことは明らかである。

これは生員陳健が郷紳であった陳孟隆の後裔を偽り、実際の後裔である陳対四の墓に自分の母親を埋葬したことで、陳対四が「勢佔挖塚」として訴えた案件である。ここでは地方志による記載が証拠に用いられている事実が興味深い。陳健が地方志の版木を県署から自宅に持ち帰り、水南派が陳孟隆の後裔であることを主張させないため陳孟隆名下の「徙居水南廟前」の六字を削除してしまったことや墓碑から水南の文字を刪去するなどで相手側に有利な証拠の隠滅をはかり、みずからの立場を優位にしようとしたことは、これもまた知識人層のある種の行動様式を示すものといえよう。しかし、前件同様、証拠隠滅の周到さとか巧妙さとかという点では児戯に等しく、これをもって彼らの〝狡猾さ〟を見出すのはいささか困難である。

○「胆欺府県等事」（大胆にも府や県を欺いた件）(35)

史復亭の父史漢之が史畳山の林木を切ったことから紛争が生じた。狂人による図頼《とらい》（陥れ行為）の嫌がらせから身を避けるため畳山兄弟は姿をくらましたが、史復亭は彼らが上控するのではないかと疑った。そこで去年三月、高中信の弟の高貞俚が史赤臣に奴僕の後裔であるとされて史畳山の兄史柔遠に奴僕として売られたこと、さらに高中信がかつて史畳山の兄弟と訴訟を起こしたことに乗じて、高中信に「囚良拷詐（良民を囚えてひどい目に遭わせた）」として按察使司に上控させた。高中信の訴えはみな全くの虚偽である。彼がいうには、史畳山等は十月内に高中信の弟の貞俚を危険な場所に閉じ込め、不法に拷問して無理やり売身文書を書かせて拇印を捺させたとのことだが、捕らえられた時の目撃証人はおらず、証文作成の事実もなく、そのでたらめさは明らかである。ましてや史畳山らは九月に図頼の嫌がらせを避けて永寧に行っており、史柔遠も不在であったため、彼らが十月に家にあって証文を無理やり書かせたという主張はすでに自滅している。史復亭は学校に属しているにもかかわらず、このような蜃気楼のごとき告訴状に身を挺しているが、他人の木を切り倒したことから訴えられる前に相手を制し、徒党を組んで加勢をはかるのは道理に合わないので、学校に連絡して懲戒を示さなければならない。

ここでは弟貞俚が無理やり奴僕として売られたことをもって高中信が史畳山を訴えたことが主題であるが、生員史復亨が史畳山の山木を切り倒したことを訴えられるのを嫌って高中信に訴訟を唆したことがその本質である。生員が他人の訴訟を唆し、虚偽の訴えを起こさせた典型である。ただし、張官始は唆訟の史復亨に対して学校に連絡して戒飭することを提案するだけであり、厳しい処罰を求めていない。

以上、『守邦近畧』所収の判牘から、〝健訟〟を担う人間による具体的な訴訟を数例紹介し、その実態について概観した。ここで再び健訟とはどのような認識であったのかについて整理すると、①訴訟が盛んである、②誇張や虚偽が多い、そして③訟師や士人が訴訟に関与し、その悪辣・狡猾な手口が①②を増幅していると考えることであった。しかし、他方で吉安府の訴訟の実態を具体的に検討すると、〝健訟〟を担う人間による訴訟のいずれもが前述の江西を統治した官僚たちが指摘するほどの悪辣・狡猾ぶりには遠く及ばず、また訴状に盛り込まれた誇張や虚偽も容易にそれが露呈するほどの単純なものが多かったことが判明する。ならば、このような健訟に対する認識と実態との乖離はどこから生じるのだろうか。

四　認識と実態とのあいだ

1　「訴訟が盛んである」ということ

康熙年間において浙江会稽県知県は八ヶ月間に七二〇〇紙の訴訟案件を処理したといわれ、多い所では年間一万枚以上の訴状が寄せられたという。(36) この数字が江西吉安府下の各県においても同様に適用されると仮定すれば、九県合計で六万四八〇〇～九万件、張官始が知府であった二年半においては一六万二〇〇〇～二二万五〇〇〇件の訴訟があったことになる。このうち知府が処理しなければならない案件がどれだけあったのかは明らかでないが、『守邦近畧』に収められた一一七件はその〇・〇七～〇・〇五パーセントに過ぎず、これが文字通り氷山のごくごく小さな一角であったことは疑いない。

民衆はなぜ頻繁に訴訟を起こすのか。訴訟に費用がかかり、かつ一方的に訟師の弊害を被るのであれば、何も好き好んで訴訟を起こす必要はなかったはずであるが、現実はその逆であった。理由は多様であるにしても、その一つとして官の方で民衆に対してむしろ訴訟を求める風潮があったことが挙げられる。張官始の判語の中には、土地や奴僕の所有に関して長年権利を主張せず、いまになってことさらに訴え出るのは道理に合わないとの表現がしばしば現れる。これは逆にいえば、ことあるごとにその所有を主張していなければ、官はその権利を認めないことを意味しているとも解釈できる。民衆が訴訟に多費を要することを知りつつも頻繁に訴訟を起こさざるをえなかった一因には、このような背景をも考慮する必要がある。

単に数の多さという一点においては、この時代の、この地域においてなお訴訟が盛んでなかったとはいえない。しかし、その「訴訟が盛んであること」は清初の中国にあってはもはや江西などの特定の地域に止まるものではなく、当時の江西を統治した官僚が口を揃えてあげつらうほど江西特有の現象ではなくなっていたのではあるまいか。

張官始が吉安において健訟を担う人間として《倔強之人》《貪悪之人》《教唆訟棍》の三種を挙げた告示を出したことはすでに述べた(37)。しかし、この告示の一節は次の章士鯨の告示「飭禁刁訟並訪拿訟棍示」に酷似している。

此致訟之由有三。一種倔強之徒。見理不明、好剛闘勝。略有小事、以出頭告状為才能、以熟識衙門為体面。此由情性之乖戻也。一種貪悪之人。意想詐人、遇事生風、訐私揚短。未告則放風熏（薫）嚇、已告則使党圏和、不遂其欲、畳告無已。此地方之喇嘘也。更有一種教唆訟棍。心実虎狼、跡同鬼域。原無恒業、専哄平人告状。訟端既興、則運用筆鋒、播弄詭計、代為打点。愚者落局傾財、彼則暗中分扣、又多首鼠両端、原被倶収掌股。甚至鳩（糾）衆公挙、匿名掲告、謀代調停、撞嚇大銭。迨詞虚伏法、罪坐出名之人、而彼乃居然事外、有利無累。此等狡黠真不可一日容於盛世。(38)

章士鯨は浙江臨安の人、順治八年（一六五一）の挙人で、康熙十四年（一六七五）から康熙十九年（一六八〇）まで直隷正定府獲鹿県知県の任にあった。(39) この告示は康熙二十三年（一六八四）刊行の『未信編』に収録され、さらに『福恵全書』にも再収録され、清初の当時にあっては広く知られた文章であったと思われる。それゆえ張官始はこの一文を下敷きにして、みずからの告示を書いたことは明らかである。

ではなぜ彼はそれでもって吉安の状況を説明したのだろうか。健訟の事例に事欠かないはずの江西にあっては、何も他の地域の、しかも健訟の地とは見なしがたい直隷の一県において作られた告示の内容をことさらに江西の状況として語る必要はなかったはずである。それは張官始自身の中でこうした現象を江西に特化したものと見る意識が希薄だったことを示す証左でもある。

清代に刊行された江西地方志の「風土」や「風俗」の項を通観するに、(40) たしかにその風俗として健訟に触れる記事が少なくない。しかし、そのいずれもが明代以前に刊行された地方志や文集の記載をそのまま転載したものであり、健訟について清代に新たに書き加えられ、清代の風俗として語られた記事はほとんどない。この事実もまた健訟がとりわけ清代江西の風土・風俗として特筆するに価しなくなったことを意味しているのではないか。

ところで、江西以外の地域を担当した地方官僚たちもまた少なからずみずからの統治地域が「健訟の地」であったと証言している。浙西杭州府知府李鐸は康熙三十一年（一六九二）に出した告示において、「私は杭州に着任以来、好訟の風潮が紛紛として止まないことを見てきた(41)」という。浙東寧波府知府張星耀は同じく康熙三十一年頃に出した告示において、「寧波の民の健訟は習わしとなってしまっている。この五年間繰り返し禁止を命じてきたが、いかんせん悪弊はすでに深く、いまに至るまで改まらない(42)」という。華中湖南長沙府茶陵州知州宜思恭は、康熙二十三～三十年（一六八四～一六九一）の間にまとめた詳文において、「茶陵州の民は健訟だと最も称せられる(43)」という。また陝西鳳翔府郿県知県葉晟は康熙二十五～三十年（一六八六～一六九一）の間に出した告諭において、「ある種の愚民はもとより見識がなく、一時の怒りによってむやみに棍徒の教唆を聴き虚言を捏造する(44)」という。山東済南府斉河県知県李湝仁は、康熙三十～三十六年（一六九一～一六九七）の間にまとめた条議において、「游惰の者が衆く、その結果健訟の者が多くなる(45)」という。さらに華南福建汀州府知府王簡庵は、康熙三十四年～四十一年（一六九五～一七〇二）の間にまとめた詳議において、「福建省の風俗は軽薄であり、小民は好争健訟である(46)」という。このように張官始が吉安府を治めた康熙三十一～三十三年（一六九二～一六九四）と隔てること一〇年にも満たない、したがってほぼ同時期といってよい時代に、北から南にまでに及ぶ各地域の地方官たちの認識において「健訟」は存在したのである。

以上の点は、宋代に何らかの理由で特定地域に特徴的・限定的に現れた「健訟之風」は、清代になると江西に限らない地域に普及・展開し、その現象が常態化していたことを示している。それゆえ清初の江西においてとりわけ「訴訟が盛んである」との実態は、相対的に見ればもはや過去のことであったといえる。にもかかわらず地方官僚にとって江西が依然として健訟の地と認識されたゆえんは宋代以来の伝統から生じた「訴訟が盛んな土地」という観念がそのまま生き続けて清代に及んだためである。

2 「誇張・虚偽が多い」ということ

張官始は十七世紀末の吉安における訴訟状況を次のように語っている。

本府が吉安府を治めて半年、放告の時期になり、多くの訴状を見るたびに、ある者は小忿なのに大げさに騒ぎ立て、ある者は些細な事で多くの人間を巻き込み、ある者は既決の案件を再燃させ、またある者は関係ない無実の人間を陥れる。種々の虚誣は枚挙しがたい。(47)

こうした言説は張官始が吉安府知府となって半年の間に懐いた感覚の反映であったと思われる。彼は訴訟内容に誇張や虚偽が多く、それが無実の人々を陥れ、事態をさらに悪化させている実態をとりわけ強調する。

誇張という点では、張官始が実際に受理した次の訴訟が象徴的である。それは永豊県の典吏が「豪監が役人を凶殴した」と題して監生を訴えたものだが、典吏に縛られ頭突きを受けそうになった監生の咄嗟に出した手の爪先がその典吏の額を引っ掻いたというのが事件の真相である。それに尾ヒレがつけられ、監生は「豪監」に仕立て上げられて、石で殴ったことになってしまっている。(48) 本章第三節で挙げた判牘においても「梟颶埋冤事」、「蝗国嚼民」、「瞞糧呑賦」、「豪衿結党」など、いかにも仰々しい表現で必ずしも実態をそのままに伝えていない題名が多く見られる。

虚偽という点では、張官始がしばしば「海市蜃楼之誑」、すなわち蜃気楼のように実体のない嘘と表現するように、これもまた彼が取り扱った訴訟の中に頻繁に見られる。本章で紹介した判牘においても、架空の名が被告団に含まれていたり、すでに死んでいる人間が事件に関与していたり、証言したはずの証人が実在しなかったりなどの具体例が散見され、結果は「大胆にも官を欺いた」とされて、果ては誣告罪を適用されてしまうものも少なくなかった。

ではなぜこのような告訴状が多く作られるのか。官の目を引くためというのが一つの理由として考えられる。しかし、もう一つの理由として、官の側でそうした誇張・虚偽が見抜けなかったことが挙げられる。訴状は原則として県であれば知県が、府であれば知府が、といったその行政単位における最高責任者が直接受理し判決を下すことになっていたが、佐弐官が勝手に受け付けることも時としてありえた。(49) 張官始がみずから作成した判語について、「事事に自分が裁き、一筆ごとに自分が定め、決して他人の手をかりない(50)」とか「一切の案牘はみな自分が裁いたものである(51)」などとしきりに強調しているのは、むしろそうでない場合が日常であったことを推測させる。実地調査すればすぐに判明する虚偽を不十分な調査のまま見破れずに受理し、その内容を鵜呑みに判決を下したり、判語そのものを他人任せにしたりする地方長官の行動に「悪弊」を野放図にする構造があり、それは告訴状の中に誇張・虚偽を一層はびこらせる結果となったといえよう。

しかしながら、ここで考慮すべきは、そのような誇張・虚偽はたしかに受理において奏功したかもしれないが、果たして諸官僚が指摘するごとく、「無実の人を陥れ、事態を悪化させる」状況を生み出したか否かである。先の判牘例においては、なるほど誇張・虚偽の訴えによって無実の人を陥れようとした事実は見られるものの、その思惑はことごとく失敗に終わっている。地方官僚がみずからの判語を出版する目的は、諸判例を後輩に遺して参考に供するため、自分の地方官僚としての事跡を記録するため、さらには解決困難な事件を巧みに解決したことを誇示するためなど、いろいろ考えられるが、いずれにしても編集の際には重要な判牘を選別して収録しようとする意思が働くはずである。ならば『守邦近畧』に収録した判牘には少し調べただけで容易に誇張・虚偽が判明する訴えだけを意識的に集めたとは思われない。また、あらゆる誇張・虚偽を看破しうるだけの閻魔王のごとき力量が張官始に備わっていたとも考えられない。そうすると、当時の訴訟における「誇張・虚偽が多い」ということは、我々が思うほど、また当時の江西を統治した官僚が思うほど社会秩序を乱すまでには至らない、たわいのないものが多数を占めたという見方もまた可能になる。にもかかわらずこのような訴訟が地方官僚たちに健訟と見なされたのは、ひとえにそれらが官を欺き、ひいては国家を裏切る行為として認識され、そのかぎりにおいて容認されるものではなかったからである。

3 「第三者が訴訟に関与する」ということ

健訟についての第三の認識、すなわち原告・被告ともに全く関係のない人間が訴訟に介在し、様々な弊害をもたらすという点についてはどのように考えればよいのだろうか。

その人間は一般に訟師と呼ばれ、訴訟当事者のために書類を作成し、胥吏・差役との交渉を代行する役割を担った。夫馬進によれば、(52)訟師とは前近代中国の訴訟制度と政治制度に深く根を下ろし、地方官からは蛇蠍のごとく嫌われ、国家からは一貫して非合法とされ、人々を唆して訴訟させ、依頼者を破産に追い込む存在であることが強調されたにもかかわらず、それがついに消滅しなかったのは、一般民衆の社会生活の上で欠くことのできないものであり、かつまた当時の訴訟制度の中でも不可欠な部分をなしていたからだという。夫馬はまた、そうした訴訟制度は科挙制度ときわめて密接な関係を持ち、訟師の多くは生員を中心とする士人であったという。

張官始の上司であった江西巡撫馬如龍は、ある告示の中で省内の生員・監生を批判し、その「悪行」として、①訴訟を掌握すること、②金を貸して民の財産を奪うこと、③他人の田地を占拠し、墓地を掘り起こすこと、④他人の子女を無理やり奴僕として占有すること、⑤蠹役と交わりを結び官署に出入りすること、⑥徴税を請け負い、納税を拒むこと、の六点を挙げている[53]。これはたまたま江西のこととして述べられたものだが、これに似た内容は当時の他地域における地方官僚の報告の中にも頻出され、しかもその表現にある種の類型が認められる。それはつまり士人の訴訟制度への関与の事実が当時の為政者たちの一般認識として定着していたことを示している。文書が重んじられ訴状の代理作成を要件とする訴訟制度の性格上、士人がその主体となるのは自然の趨勢であった。仕官を断念した知識人にとって訟師となることは塾の教師とともに重要な生活手段でもあった[54]。

『守邦近畧』に見る吉安の訴訟実態においてもその構造は貫かれていたといってよい。数多くの訴訟に訟師が介在し、また生員を中心とする士人が自身とは直接関わりのない事案に参画し、訴訟をより複雑にさせていたことは事実として認められる。しかし、馬如龍が指弾するように、また張官始自身をはじめとする江西を統治した官僚たちが非難するごとく、それらが「悪行」であったかどうかは検討に値する。『守邦近畧』の訴訟実態に見る訟師や士人層の行動は、その意味においてはなお〝質《たち》〟は悪くなかったからである。

清代十七世紀後半の訴訟制度の構造は、筆者がかつて論じた徴税制度としての税糧の請け負いのそれと酷似していることに気がつく。すなわち、制度それ自体の中にその制度が排除しようとした対象が不可欠な要素として組み込まれており、対象を排除しようとすれば制度自体を解体せざるをえないというものである[55]。こうした構造は、岩井茂樹が明らかにするような清朝国家財政のあり方の中にも通底するものがあり[56]、清朝の国家支配全体の構造に投影されるものではないかと思われる。たしかに訟師は宋代にすでに存在し、生員のような士人が訟師になっている事例もすでに宋代に見出すことは可能であろう。しかし、税糧の請け負いが明末清初の社会経済的な変化を承けて清代の実態的な徴税制度として定着・機能していったのと同様に、訴訟における請け負いもまた清代の実態的な訴訟制度として定着・機能していったのである。その中枢を担った士人層が科挙制度とそれに付随する学校試制度の明末清初における発展を通して大量に輩出され、その数と質とが清代の訴訟制度のあり方を規定したという意味では、それはすぐれて清代的な特徴を持った制度であったといえよう。

清代吉安府における訟師や士人の行動もおそらくこの文脈から逸脱してはいないはずである。にもかかわらず、彼らはなぜかくも地方官からは蛇蠍のごとく嫌われ、国家からは一貫して非合法とされ続けたのであろうか。それは王朝が人民を直接支配する国制にまさしく「第三者」が介入しているという事実をどうしても容認できなかったからであり、その建前主義に則るかぎり、彼らの行動を〝健訟〟と呼ばざるをえなかったからである。

おわりに

道光十八年（一八三八）から咸豊二年（一八五二）まで贛州府興国県、南康府安義県、吉安府泰和県、饒州府鄱陽県の江西各県の知県を歴任した沈衍慶は、道光二十四年（一八四四）五月に泰和県の士人たちに対し次のような論告を与えている。

士は四民の首であり、手本として役立つものである。泰和は本来文化遺産を誇る土地であり、名宦大儒が綺羅星のように輩出するさまを記した史書は少なくない。しかし、近頃では人心が軽薄で、風俗が頽壊する状況が日ごとに増している。これはもとより知県の責任か、それとも地元の士大夫たちの心配事なのか。本県《わたくし》は着任以来、はや一年になろうとするが、その間、求治に努力し、日夜勤め励んで、あえて自分の安逸をはかったことはない。しかし、訴訟は止むことがなく、匪類もなお駆除し尽くせず、民風はいまだ篤実なるを見ず、士習は奮起して自立するに至っていない。……勢いを恃んで訴訟を教唆し納税を抗拒するといった諸弊を生み出す者は、名は士であっても実は士ではない。(57)

沈衍慶はこの状況を「近頃の風潮」と見るが、それは清代を通じて一貫して続いてきた伝統であり、十九世紀中葉のこれらの諭告に示された健訟の認識もまた基本的にこれまでの伝統を踏襲していたことが知られる。しかし、この風潮はまた吉安府泰和県に特有に見られるものでも、江西に特有に見られるものでもなく、清代の訴訟制度と科挙制度が機能するところでは多かれ少なかれ存在したのであり、それらの制度がなくならないかぎり、その風潮もまた廃れるものではなかったのである。清朝は一方では士人層の背任行為に対しては道徳的な批判を励行しながら、他方では官僚になれずにそうした行為に奔走することになった集団をほかならぬ科挙と一連の学校試制度によって量産していた。光緒『大清会典事例』巻三八三、礼部、勧懲優劣の各条には徴税および訴訟の請負人として暗躍する生員・監生に対する戒告が光緒年間に至るまで執拗に繰り返されている。これは清朝の問題対応への一貫性とともに違法者に対する処罰の甘さをも示している。あたかも親が子を叱るのに似て、厳酷な制裁は当面考えないものの訓告だけは繰り返すことによって王朝国家の面子を辛うじて維持していこうとする姿勢がここにも垣間見られる。

ただ官僚たちはそうした状況背景に関わりなく、「江西は健訟の地である」という伝統的な認識でもって訴訟の状況を理解したのであり、治下に与えた告示にもその観念を色濃く反映させた。彼らこそ〝健訟〟というまさしく海市蜃楼を見ていたことになる。

註

（1）『福恵全書』巻一一、刑名部、詞訟、勧民息訟「地方官縦能聴訟、不能使民無訟、莫若勧民息訟。夫息訟之要、貴在平情。其次在忍。以情而論、在彼未必全非、在我未必全是。況無深仇積怨。胡為喜勝争強。我之所欲勝、豈彼之所肯負乎。以此平情、其忿消矣。而何有于訟。以忍而言、彼為横逆、従傍自有公論、何損于吾。或別有挑唆、無如息気譲人便宜自在。彼即受辱、吾寧不費銭乎。以此為忍、其念止矣。而何至于訟。雖然平情乃君子之行。容人亦非澆俗所能。惟恃上之有以勧之耳。然勧之道、亦甚微矣。世風媮薄、囂競成習。三尺童子皆有上人之心。一介匹夫毎多傲物之態。反唇誶語、輒起争端、至性天倫遽為残毀。苟或区区文告、而日相勉導焉、彼亦文告視之而已。要即因其訟而黙寓以勧之之意乎」。

（2）宋元時代の健訟については、宮崎市定「宋元時代の法制と裁判機構―元典章成立の時代的・社会的背景―」（『東方学報〔京都〕』二四冊、一九五四年、のち同『宮崎市定全集』一一巻《宋元》、岩波書店、一九九二年所収）、赤城隆治「南宋期の訴訟について―「健訟」と地方官」（『史潮』新一六号、一九八五年）、陳智超「宋代的書舗与訟師」（『劉子健博士頌寿紀念宋史研究論集』同朋舎出版、一九八九年所収）、許懐林『江西史稿』（南昌、江西高校出版社、一九九三年）、小林義廣「宋代吉州の欧陽氏一族について」（『東海大学紀要』〔文学部〕六四号、一九九五年、のち同『欧陽脩―その生涯と宗族』創文社、二〇〇〇年所収）、植松正「元朝支配下の江南地域社会」（『宋元時代の基本問題』汲古書院、一九九六年所収）、大澤正昭『主張する〈愚民〉たち―伝統中国の紛争と解決法』（角川書店、一九九六年）、同「『清明集』の世界―定量分析の試み」（『上智史学』四二号、一九九七年）、程民生『宋代地域文化』（開封、河南大学出版社、一九九七年）、青木敦「健訟の地域的イメージ―一一～一三世紀江西社会の法文化と人口移動をめぐって―」（『社会経済史学』六五巻三号、一九九九年）、小川快之「宋代信州の鉱業と「健訟」問題」（『史学雑誌』

一一〇編一〇号、二〇〇一年)、同「宋代饒州の農業・陶瓷器業と「健訟」問題」(『上智史学』四六号、二〇〇一年)、同「『清明集』と宋代史研究」(『中国―社会と文化』一八号、二〇〇三年)、龔汝富「江西古代〝尚訟〟習俗浅析」(『南昌大学学報』〔人文社会科学版〕二〇〇二年二期)、劉馨珺『明鏡高懸―南宋県衙的獄訟』(台北、五南図書出版、二〇〇五年、とくに第四章第三節「『健訟』的罪与罰」)などがある。また、明代については、小川快之「明代江西における開発と法秩序」(大島立子編『宋―清代の法と地域社会』財団法人東洋文庫、二〇〇六年所収)、参照。

(3) 乾隆『吉安府志』巻二、地理志、沿革考。なお、吉安府は乾隆八年(一七四三)に蓮華庁を新設している。

(4) 『宋史』巻八八、地理志四「江南東西路……其俗性悍而急、喪葬或不中礼。尤好争訟、其気尚使然也」。

(5) 黄庭堅『豫章黄先生文集』第一、賦十首、江西道院賦「江西之俗、士大夫多秀而文、其細民険而健、以終訟為能。由是玉石倶焚、名曰珥筆之民。雖有辯者不能自解免也。惟筠為州独不嚚於訟。故筠州太守号為守江西道院。然与南康・廬陵・宜春三郡並蒙悪声」。

(6) 宮崎前掲書二〇六頁。

(7) 同治『永豊県志』巻三三、芸文志、記、宋新建永豊県記「今天下号難治、惟江西為最。江西号難治、惟虔与吉為最。其所以為難者、蓋民居深山大澤、習俗不同。或相尚以訟、相好以酒、視死如戯玩、較利如析毫」。また、この記事は光緒『江西通志』巻六八、建置略二、廨宇二、永豊県、にも収録されている。

(8) 中島楽章「明代後期、徽州郷村社会の紛争処理」(『史学雑誌』一〇七編九号、一九九八年、のち同『明代郷村の紛争と秩序―徽州文書を史料として―』汲古書院、二〇〇二年所収)。

(9) 小川前掲「明代江西における開発と法秩序」一三五～一三六頁。

(10) 羅洪先については、字は達夫、嘉靖の進士、隆慶初(元年は一五六七年)に死去し、諡名を文恭または文荘といった。『明史』巻二八三、儒林二に伝がある。また、万暦『吉安府志』巻二四、理学伝、参照。

(11) 羅文恭「輿図志」(康熙『西江志』巻二六、風俗、吉安府)「土瘠民稠、所資身多業隣郡。其俗尚気。君子重名、小人務訟。兼之軍・民雜襲、豪猾猋騰、吏治鮮効。廬陵・泰和最称難理。永寧・龍泉稍稍易与云」。

(12) 許前掲書五六七〜五六八頁。

(13) 乾隆『吉安府志』巻三三、賦役志、戸口攷。数字は相互に比較可能な丁数のみを挙げているが、乾隆三十八年のものは丁・口の合計数である。また康熙年間の永豊の数字は「人口」と記されている。無論、地方志に示されたこれらの個々の数字がそれぞれの実態を示しているかどうかについては議論の余地がある。

(14) 張官始の伝については、乾隆『吉安府志』巻二〇、職官志、府職官表、また乾隆『杭州府志』巻七一、選挙、挙人、および『守邦近畧』趙隠水樵氏康熙甲戌（一六九四）序等、参照。

(15) 『守邦近畧』第一集、禁止健訟「民間訐訟、最為可矜。焦心労身、費財失業。而愚人無知、甘於軽試。毎見健訟之徒、未有不破家蕩産、受刑被繫。後雖追悔噬臍、何及無論。呈状一入公門、毎為墨吏居奇。即清廉奉法、聴断無私、而提解待審、道路之跋渉、居停之守候、所費已多、曠業已久。且一経渉訟、書胥役隷無不輸情尽礼嘱託幇襯。紳衿尚且不免。而況在小民乎」。

(16) 『守邦近畧』第一集、禁止健訟「査有一種倔強之徒。好剛闘勝、以挺身告状為才能、以熟識衙門為諳練。又有一種貪悪之人。妄想索詐、遇事則放風熏嚇、不遂則畳告無休。更有一種教唆訟棍。心猶虎狼、跡同鬼蜮。原無恒業可安、守哄人告状作生涯。逞駕虚詞、播弄詭計、又多首鼠両端、原被倶帰掌握。甚至鳩衆公挙、匿名掲告紛紛。此等狡黠真不可一日容于盛世者也」。

(17) 『守邦近畧』第一集、禁止健訟「本府念切民瘼、合行飭禁、為此示、仰闔郡士民人等知悉。除真命逃盗大案宜赴首告外、凡係戸婚・田土・債負・忿争等情、応聴親党調和、万勿軽于渉訟。各安生業、保守身家。何楽如之。如万不得已而挙詞、除虚誣越控不准外、其応准者、公庭之下、本府惟有矢天誓日、拠理公評、不畏権勢、不欺懦弱、不受賄嘱、不狥私情。爾民静聴審理、慎勿央求勢豪、慎勿聴信衙役、慎勿落局輸財、被人撞歳、慎勿糾党公挙操縦起滅。本府断不肯喪心昧理、而以曲為直、以是為非、以執法聴訟之堂為壟断把持之地者也。至於所在地方有教唆詞訟陥害平民者、郷保人等不時拠実首報以憑、尽法痛懲、詳憲決配。爾等毋謂新任初臨、慣作好言、以邀名誉。本府賦性耿介、積久不移。慎勿嘗試。凜之、凜之」。

(18) 于成龍は山西永寧の人。『于清端公成書』の両江書は彼の両江総督時代の告示を収録している。于成龍については本書七六頁を、『于清端公成書』については本書三四二頁を併せ参照のこと。なお、江西総督は康熙二十一年（一六八二）に両江総督に併入されている。

(19) 『于清端公成書』巻七、両江書、興利除弊条約之一「両江地方、俗尚健訟。小忿輙装大案、遠事捏称新冤、載鬼張弧、問官無従詰審。揆厥所由、皆縁奸悪訟師。不照本人、抝事直書、採捏株連、希図聳聴。及准理之後、両造茫然。更且従中主唆、恐嚇詐騙。未及対簿、而原被之身家、幾傾於訟師之手」。

(20) 黎士弘は福建長汀の人、順治の挙人。康熙『広信府志』巻七、職官志、参照。その著『理信存稿』は康熙八年（一六六九）に刊行されている。

(21) 『理信存稿』告示、行七県止訟告示「信属俗薄風澆、好争健訟。……仍恃強闘険、些小角気即起訟端」。

(22) 魏錫祚は山東萊蕪の人、進士。雍正六年に江西省駅塩道に昇任（同治『建昌府志』巻六、秩官表、郡官、参照）。本書は雍正六年（一七二八）の自序刊本による。

(23) 『盱江治牘』巻下、臨別贈言「人非宣尼、焉能使民無訟。矧建郡為刁健之地、訟師刁筆実繁。有徒輙以細故興詞、牽告多人」。

(24) 『盱江治牘』巻下、飭究訟師「獄訟之繁興悉由訟師之播弄。訟師一日不除、良民一日受害。為治者欲使民安袵席、其可不先去民之残賊。欲期民臻無訟、莫可不力杜訟之根源耶」。

(25) 陝西綏徳州の人。浙江布政使・按察使を経て江西巡撫に就任。『清史列伝』巻九、大臣画一伝檔正編六、馬如龍、参照。その著書『撫豫文告』一五巻は清康熙刊本。江西巡撫時代の告示を多く収録する。

(26) 『撫豫文告』巻一二、再飭刁訟「昨当開告之期、披閲詞状仍多、有以赦前旧事翻新復告、妄冀准理。已将此等刁棍当堂重責。但恐前項刁民故蹈前轍、自罹法網。更有一等棍徒。串同衙役、包攬詞訟、詐騙銭財。種種不法、深可痛恨」。

(27) 『撫豫文告』巻九、厳禁光棍誆騙「吉郡安福県有等棍徒、不耕不読、以教唆詞訟作生涯、以肇釁醸禍為長技。窺瞰素封之家、遂起鷹鸇之念。或貼昭告壊人名節。或串結奸党夥告夥証。遇有一線微隙、即起万丈波濤」。

（28）『撫豫文告』巻九、申飭士習「各属捐納監生及無頼劣憊公然契拜府県、称門投刺執贄往来。竟有不肖官府貪図小節納礼接交、以致時節生辰逢迎諂媚。既已出入不常遂致横行無忌。或告追積年旧債、利外重苛。或兜攬民間詞訟、枉直作曲」。

（29）『守邦近畧』第一集、梟颺埋冤事。引用は本稿の論点に関わる部分を抜粋して要約したものである。その全文は次の通りである（以下、『守邦近畧』の判牘からの引用は同様である）。【全文】「審看得。曾帝居乃健訟刁徒、目無三尺者也。鄒曰仁墳山、名為横坑、海螺形。曾姓墳山、名為廖渓、面人形。地雖接壌、但鄒墳在于水之南、曾墳在于水之北、各有界限。今歳清明、鄒族祭掃、忽見墳後新立窨堆、驚訝理説、詞控該県。而曾簡如自知過界之咎、憑中蕭公旭・張逸士等五人、情願撤回窨磚、立約調処、其事可以已矣。嗣因鄒族膠執、以為傷伊祖墳来脈、欲其致祭。簡如不従、復致互相告訐。該県随委巡検往勘、両造争執不下。該県覆令親勘。而曾帝居者遂駕梟颺冤霾之詞、上控憲轅。批府審明解報。卑職以山界必須踏勘、随于提犯檄内即令該県確勘起解。茲拠宜令絵図解覆前来。詳称、勘得、掃平之処実係土堆、並無墳塚。細加窺察、亦無挖掘情形。当喚山隣公正詢問。拠有魚鱗冊籍、称是横坑。又質之当日作中人等僉供並非墳塚。及細詢、曾帝居祖墳向在南坑。種種悖謬、等語。卑府細加研鞫公庭之下、不独山隣与挽留諸中人、咸供窨堆之処実係鄒姓界内、即帝居所控之干証張斐石者亦供鄒地。其挺身硬証者、惟張次日一人。及至再三盤詰、理屈詞窮、亦称鄒地矣。而帝居仍堅供、戊申年間遷葬祖母張氏之墳、被其掃滅。査子孫葬父母、向皆合葬、以妥先霊。帝居何故而止遷其祖母。拠称、遷葬于戊申年、則已経二十余載、何以向無一言、忽至今日而掃滅。其為誣妄、灼然可見。窨堆過界、自知公論難逃、鬾然撤去、遂駕詞梟颺首控司役。其意以為詞有衙役、則易於准理、問官恐蹈狥庇之嫌、可断此地為己有耳。豈知魚鱗冊籍照然可拠。山隣中証人等皆衆口一詞。帝居雖具百喙、亦奚辯之有。曾帝居按以告平治他人墳墓之律満杖坐誣加等。城旦洵不為枉。掃平之地、断還鄒族。其余山界、各照旧址管業。余属無辜、倶応免議。今将該県送到山図同一、干犯証山隣人等解候。憲台親審定奪」。

（30）『守邦近畧』第二集、根究兄死事。【全文】「看得。龍士恵乃健訟刁民也。故兄龍曰友貧無所依。適聞新邑衙内舂米之陳吉生患病辞帰。曰友願頂此役、遂浼工書王上達作漁父之引。傭工僅有月余而已。支工銀半載。嗣因衙中犒賞酒肉、曰友貪欲、酔病在床、以致一旦痰厥而殞。訊其同傭工之尤君斗・顔吉林咸称、寝食与倶、素無仇隙。身歿之後、所支工銀現在、則無謀財故殺可知矣。且未死之先、伊弟士恵聞工役西俚之報、知兄酔病、携荳豉而往視。既死之後、進署擡屍、而出向王上達告貸銀両、買棺収殮、随即掩埋。衆口一詞、供吐鑿鑿。豈期、士恵聴訟師金孟伯主唆、于該県回署之日、忽具根究兄死一詞。随経安福県官相驗。止右肋二根微青、報係遠年跌傷。此外再無別故。其為酔病而死、更無疑矣。士恵前在署府審時、已経投遞息詞。今奉憲駁。庭鞫之下、復供出。隣佑童戦英・王一清・周竹友以為県令嗔其控告、殃及隣佑、倶受責懲、投詞之後，即差劉吉・李芳押令看守、恐其上控。随拘訊童戦英・王一清、則一為比漕而責、一為守夜而責。其周竹友則並未受責也。又拘訊劉吉・李芳供称、前署府審後、行県押保、伺候上司批詳、並非初告之時、押令看守。抄録県票為拠。種種虚妄刁詐可知。龍士恵所告不実、本応究擬、姑念兄命暴亡、急不択音。且原詞内止称根究兄死縁由。並未指為打死。前審已経悔息。況家有八旬老母、恃此一子奉養。姑予杖懲、以儆刁健。可否網開一面、出自憲恩、非卑府所敢擅便也。其在逃之訟棍金孟伯、檄行厳緝、獲日另結」。

(31)　『守邦近畧』第二集、蝗国嚼民事。【全文】「看得。張瑞十係好訟之刁徒也。本年六月初二日、有楽安県民鄧老子・鄧官保、与永豊安県民羅佐二、同在滕田墟牙人寧伝二行内売布。而張瑞十則未与焉。佐二布長、老子布短、客商皆願買佐二之布、以致老子布無售主。遷怒佐二、不容独売、遂両相雀角。強将佐二之布奪去、用屠刀割裂。佐二喊鳴地方。比有本処保長寧泮二心窃不平、因将老子掌嘴、断還布銭四百文、賠償佐二。斯時傍観之寧長庚・寧[火+定]二・寧招生・寧賞二・張徳吾・寧庚生・寧連一等見其行凶無忌、皆言非理、亦従公起見也。詎老子不咎己非、挟隙報復。由是商同張瑞十、以蝗国嚼民事、羅列滕田多人、具控院憲。蒙檄抄詞発審。随経畳催、始拠各犯解到。研審之間、拠瑞十所告干証巡検馮緒京供。滕田小墟、止有寧伝二現充布牙、寧連一久充牛行。弾丸山窟、安得有牙行三十余家。再厳訊各犯、如寧泮二乃保長也。寧紹周係銭舗也。寧長庚燭舗也。寧黒生・寧賞二倶売酒者也。寧周生・寧士求・陳夷婆皆売煙者也。寧[火+定]二則買米也。寧引寿・寧庚生則訓童也。寧清生・黄掌珠係裁衣也。寧招生茶舗也。寧新生飯舗也。寧大寅腐傭也。高貴生柴傭也。張徳吾閩人寓居者也。寧連一久充牛牙者也。寧廷五・寧三寿行内走使人也。寧維四係瞽目、売草鞋度活者也。仍査未経到案十名、内如寧世四・寧夫一・寧二陽、則已物故。寧昌二・寧文名係患病臥床、不能動履。

寧和尚・寧托生・寧遵十・寧全寿・寧石生則係捏扮鬼名、並無其人。現有郷長李仲桂供詞鑿鑿。更可異者、以黄・張・陳・高数姓之人俱改姓為寧、希図一網打尽。虚駕多人、惟求准理而不顧日後之逐名研審、可謂大胆包天者矣。拠瑞十供称、到滕田売布行家、用潮銀小戥、求伊換補、反行毒殴。如此情果真、止応告開行之寧伝二。何得牽告三十余人、捏称私牙三十余家。区区山窪小墟、焉得牙行如此之多乎。揆情度理、自是誇張為幻。況有各犯堅供不爽也。張瑞十所告、若実被犯私充、合杖六十。今審情虚、応依誣告人杖罪、加所誣罪三等。鄧老子恃強裂布。又唆瑞十上控。寧泮二既為保長。寧伝二現開布牙。自応従中勧釈。乃泮二則助羅佐二打老子数掌、以致起釁。伝二坐視相殴、不行救阻。均合依不応杖決。余審無辜。其寧連一等二十名、査原詞内並不列名。後経瑞十訴出。今審一干人犯俱係別項営生、委無開行助殴情弊。歳暮大寒哀籲免解。合併声明」。

(32)『守邦近畧』第二集、瞞糧呑賦等事。【全文】「看得。鄒昇騰乃慣逞刀筆、肆行詐害之凶徒也。郷里不歯、道路側目。睚眦細故、牽告無遺。其視官法、直為彼報怨之具紫詐之囮耳。有張赤臣者。先年被訪在監。昇騰亦縁事囚禁。曾代赤臣作一訴詞、索謝拂慾、遂将赤臣請示墾荒一事、藉此為題、誣以隠熟作荒、欺瞞賦税、捏造派費、鑽営仮単一紙、狡称途間所検係赤臣親筆、奔控前憲、希図嚇詐、歴経該県幷署府封験赤臣筆跡、詢明各犯口供、審虚坐誣、招詳在案。今蒙駁訊、卑府提集対簿之際、雖張赤臣先已物故、不能起九原而問之。而所措丘天爵詐贓得銀、則絶無影響、龍泮先供素不相識。李文・胡子開・劉子韓・斉聞等、皆因角口小忿、駕以瀰天大謊、再鞫伊所告干証羅素・解元生等咸供並無過付、指天誓日、唾罵陥累、如出一口。而昇騰亦俛首無詞、当堂写供、捏単誣首、手印一紙、直認不諱矣。鄒昇騰応以誣告加等、坐贓折半論。城旦允宜。余俱無辜。相応省釈。至于勧諭墾荒、卑府屢経示暁、仍祈憲台頒示申飭。庶曠土可闢。而民累得以少甦爾」。

(33)『守邦近畧』第二集、豪衿結党事。【全文】「審勘得。劉大懿与劉仁慶、墳界相聯、以致争訟。前経宜・楊二令会勘、仍未明晰。奉憲行卑府親臨確勘、遵即減従扁舟前往、督同該県、親詣墳山。看得。劉大懿之墓与劉仁慶之九世祖墳相隔僅去丈許。戊午年間大懿葬母于此地、仁慶等黙無一言。而去歳傍母葬兄、則仁慶等畳控。使此地果属仁慶、当戊午年葬母之時、何以置之不問乎。今仁慶等欲頼此地為己産、遂指大懿新墳之東、旧葬其族宗紱者、認為伊族春四之墓、新墳之西小堆高不盈尺者、認為伊九世祖母廖氏独葬之墓。揆其意、以為東西両傍皆伊旧墓、則居中之新墳為仁慶之地、無疑耳。殊不知伊九世祖与廖氏合葬、碑石聳立墓後、有目者所共見。豈高不盈尺之小堆、又為廖氏独葬之墓乎。且驗其宗譜、春四之下、有葬七都大湖坪六字、与原刻字様不符。明係続刊、情弊顕然。再査鏟去宗紱墓碑、尚存立寄二字、未尽磨滅、依稀可辨。立寄乃宗紱之子也。何得冒認為春四之墓耶。登地確勘、誠如督憲之明鑒、昭昭不爽。劉仁慶・劉世睦誣告盗葬、照律加等杖徒、洵不為枉。監生劉天端、生員劉純仁・劉憲祖・劉寧崗・劉泰・劉世珣、武生劉寧機等七名、既経褫革、姑予免議。劉大懿審属無辜。相応省釈。覆看得。劉大懿与仁慶争墳一案、前経卑府親詣墳山勘明招詳、蒙前憲檄駁。遵経行委吉水・万安二県、幷経歴趙作楫三面会同、前詣踏勘去後。今拠絵図回覆前来、卑府細繹両造口供、深知劉仁慶之刁誣、而愈服督憲之為神明洞鑒也。奉前憲批駁、以蕭叔美当日供称、長山嶺与大湖坪離有半里之路、該府図内応開離廖氏之墳半里、何止載一丈之地。査地之遠近、昭然在目。卑府于去冬親勘時、用丈量弓口、目撃所量、実止隔丈許。忝為一郡之守、而何敢飾詞以欺憲。今此番蕭叔美供詞。亦堅称止離二丈、則非隔半里可知矣。又奉前憲批駁。廖氏与以立合葬之碑、咸称劉季良毀。碑重竪、則廖氏与以立果否合葬、自応究詰。何竟不虚衷研究。夫現竪之碑、刊刻廖氏合葬、固有目者所共見。今又驗得、所毀旧碑尚存半截、有九世祖以立妣等字。拠此、旧碑妣字則其為合葬也、更無疑。而仁慶乃指高不盈尺之小堆、以為廖氏独葬之墓、其為誣妄、不待辨而明矣。又奉前憲批駁。大懿供、父母倶葬于戊午年、哥子葬于辛未年。而蕭倫英供、戊午年葬一棺、辛未年葬両棺。供詞互異。夫大懿与倫英之供、雖有両棺一棺之不符、然曾経戊午年葬過、則確然不爽矣。使大懿果佔其地、何不告于戊午年初葬之時耶。至於大懿新墳之東旧有一塚、確係伊族宗紱之墓。雖墓碑為仁慶鏟去、而尚有鏟不尽者。留立寄二字于碑側。立寄乃宗紱之子。有伊家譜可拠。今仁慶冒認為伊春四之墓。及驗其宗譜、春四之下、葬七都大湖坪六字与原刻字様不符。明係争墳而続刻。豈尚容狡飾哉。総之、仁慶欲誣其佔地、遂指大懿墳地之東宗紱之墓為己墓、大懿墳地之西高不盈尺之土堆為廖氏之墓、東西両傍皆其墓地、則居中者自当属仁慶之地耳。豈知鏟未尽之字跡猶存、毀不尽之半截碑可拠。東西両傍皆非其所有。而大懿又可不辨而明矣。卑府凡当庭鞫之時、靡不矢天誓日。何敢因宜令通詳而故為瞻徇。査此案往返駁詢已経両載。茲又当春作方興之際、応否俯照原詳転請。結案自在憲裁、非卑府所敢擅便也」。

(34)『守邦近畧』第一集、勢佔挖塚事。【全文】「審看得。劣衿陳健冒認他人之祖、盗葬他人之墓、鏟碑毀誌、歴歴可拠。真喪心蔑理、敗検踰閑之徒也。同姓陳対四者乃故宦陳孟隆之後裔。孟隆之墓在于秋田。孟隆之嗣現有三支。陳対四係水南一派。詞中陳念渓係桐渓一派。陳文瑞係葛渓一派。是也。孟隆在日曾徙居水南廟前。故県誌于陳孟隆下有徙居水南廟前数字。夫何陳健者旧年母故、垂涎対四之旧墳、形端穴吉、遂認孟隆為己祖、挖傷伊墳、安葬其母。猶慮対四控告、仮以刷印誌書為名、携板帰家、私将誌板刮去孟隆下徙居水南廟前六字。該県礼書張世昌、刷匠王仰一供証鑿鑿。板上之字既伊刮去、則墓碑水南等字亦健陰行鑿去、断可知矣。揆其意、以為去水南等字、則水南非孟隆之裔、而可自認為裔、不妨葬其地耳。殊不知該県有未毀之原誌、対四有未鑿之碑模。確然可拠。陳健雖有陰謀詭計、恣肆鑿毀、其如旧存之碑誌不可滅也。即拠健称、孟隆為祖。而子孫傷犯祖塚、更属不合矣。試看天理昭昭、王法凜凜。而陳健自恃富衿、欺対四之貧懦、逞凶若此。真堪髪指。陳健合依盗葬有主墳地之律、応請褫革杖懲、将母棺勒限移葬、仍修葺所傷墳面。至于陳復念係伊兄所為相応免議。余属無干、概行省釈」。

(35)『守邦近畧』第三集、胆欺府県等事。【全文】「看得。高中信之控史畳山等也、縁史復亨之父史漢之砍伐畳山林木、争論成仇、因令瘋病人屢至畳山之家図頼。畳山兄弟畏禍潜避、而史復亨疑其上控、機乗中信於去年三月内、有弟貞俚三毛被史赤臣指為故僕之裔、売与畳山之兄史柔遠為僕、中信曾与畳山兄弟搆訟、遂令中信、以因良拷詐上控憲轅、欲為犄角之勢。蒙憲批示。赴職公審、随檄永新県拘解。研鞫之下、洵知中信之控詞、皆譸張為幻也。拠称、史畳山等於十月内、将伊弟貞俚擒入虎穴、非刑弔拷、勒写売身婚書、逼用手印。及訊貞俚被擒之時誰人見証、則並無指証之人。訊其写契用印之時何人作中、則指称史内則。随将内則再四窮詰、而内則立誓自明、堅供並不見契。迨再訊、貞俚亦称手印並不曾用。則中信之妄誕可知。況畳山及伊兄史君任・弟史進徳皆于九月内避瘋子図頼之禍、已往永寧。史柔遠領運北去、至仲冬方回、則十月在家勒写婚書之説、更不攻自破矣。高中信本応究擬、姑念郷愚無知聴人唆使、重責示懲。史復亨身列宮牆、乃将此蜃楼之詞、挺身首証、則其因砍木而唆訟、制人於未発之先、引党為声援之助。乃情理之必有者。況中信亦供、同彼往省、資助盤費乎。応行学成飭以儆。頑劣史赤臣擅売貞俚、於去年二月間詞控到府。檄発該県査報、已経永新趙令責懲、追還婚約。其案已結、似可邀宥。余犯審属無辜、均応請釈。史漢之強砍山木。現拠該県申詳、応俟另案審結」。

(36) 夫馬進「明清時代の訟師と訴訟制度」（梅原郁編『中国近世の法制と社会』京都大学人文科学研究所、一九九三年）四四〇〜四四一頁。

(37) 本書二六六〜二六七頁。

(38) 『未信編』巻三、刑名上、章程、放告、附勧息訟示三首之二、飭禁刁訟幷訪拿訟棍示。また『福恵全書』巻一一、刑名部、詞訟、勧民息訟付。（ ）内は『福恵全書』による。

(39) 章士鯨については、宣統『臨安県志』巻六、選挙志、挙人、乾隆『獲鹿県志』巻八、官師志、等参照。

(40) たとえば光緒『江西通志』、光緒『吉安府志』、同治『建昌府志』、同治『贛州府志』など。

(41) 『武林臨民録』巻三、告示、勧民息訟、康熙三十一年八月十六日「本府涖杭以来、見好訟之風紛紛不已」。この書の解題は、山本英史『清代中国の地域支配』（慶應義塾大学出版会、二〇〇七年）、一九三頁、参照。また、本書三四五頁、参照。

(42) 『守寧行知録』巻二四、示檄、再行勧民「寧民健訟、相習成風。本府五載之中、不啻五申三令。無如錮弊已深。迄今不改」。本書の解題は、山本前掲書一九四頁、参照。

(43) 『雲陽政略』巻一、詳文、条陳利弊六条の五「茶陵之民、最称健訟」。

(44) 『求芻集』不分巻、告諭、厳禁刁訟以安民生事「有種愚民、本無識見、或因一時忿怒、妄聴棍徒教唆、架捏虚辞」。

(45) 『治祝公移』不分巻、条議、申覆桑撫台条議「因游惰者衆、而健訟者多」。本書の解題は、三木聰「清代順治・康熙年間の判牘史料四種について」（『北大史学』四五号、二〇〇五年）、参照。

(46) 『臨汀考言』巻六、詳議、諮訪利弊八条議の二「閩省風俗澆漓、小民好争健訟」。本書の解題は、三木聰「長関・斗頭から郷保・約地・約練へ―福建山区における清朝郷村支配の確立過程―」（山本英史編『伝統中国の地域像』慶應義塾大学出版会、二〇〇〇年、のち三木聰『明清福建農村社会の研究』北海道大学図書刊行会、二〇〇二年所収）、参照。

(47)『守邦近畧』第一集、奨励無訟「本府叨守吉郡半載。于茲毎逢放告之期、覧諸呈状。或小忿而張大其詞。或一事而株連人衆。或将従前已結之案冷灰復燃。或牽局外無辜之人網羅陥害。種種虚誣、難以枚挙」。
(48)『守邦近畧』第四集、豪監凶殴等事。
(49)『撫豫文告』巻七、厳禁衿棍、同巻一一、禁佐貳擅受民詞。
(50)『守邦近畧』第一集、禁通線賄「事事親裁、筆筆手定、並不仮借他人」。
(51)『守邦近畧』第一集、飭示停訟「一切案牘、皆出親裁」。
(52)夫馬前掲論文四三八〜四三九、四六六〜四七五頁。
(53)『撫豫文告』巻六、査訪納監劣衿「無如此輩功名到手、便欲施為。或把持詞訟、或放債剝民、或佔人田地、鑽掘墳塋、或勒人子女、踞為奴僕、或結交蠹役而出入公門、或包攬銭糧而抗賦不納」。
(54)夫馬前掲論文四六六〜四七二頁。
(55)山本英史「『自封投櫃』考」(『中国―社会と文化』四号、一九八九年、のち同『清代中国の地域支配』慶應義塾大学出版会、二〇〇七年所収)。
(56)岩井茂樹『中国近世財政史の研究』(京都大学学術出版会、二〇〇四年)。
(57)『槐卿政蹟』巻一、示諭、再諭士子(道光二十四年)「士為四民之首、表率攸資。泰邑素称声明文物之邦。碩輔名儒光昭、史冊不一而足。近則人心澆漓、風俗頽壊、日甚一日。此固守土者之責、抑亦郷士大夫之憂。本県承乏以来、已将一載、黽勉求治、夙夜孳孳、罔敢自逸。而訟獄未曾休息、匪類未尽駆除、民風未見敦厚、士習未克振抜。……若恃符唆訟抗糧諸弊、名為士而実非士」。

第七章　離任する知県

明府去るの日に当たり、沿路の店舗各々香案を設くること約千余家有り。而して各郷鎮の紳董の設筵把酒するは更に論ずる無し。

——『点石斎画報』亥集一一期、去思彌永

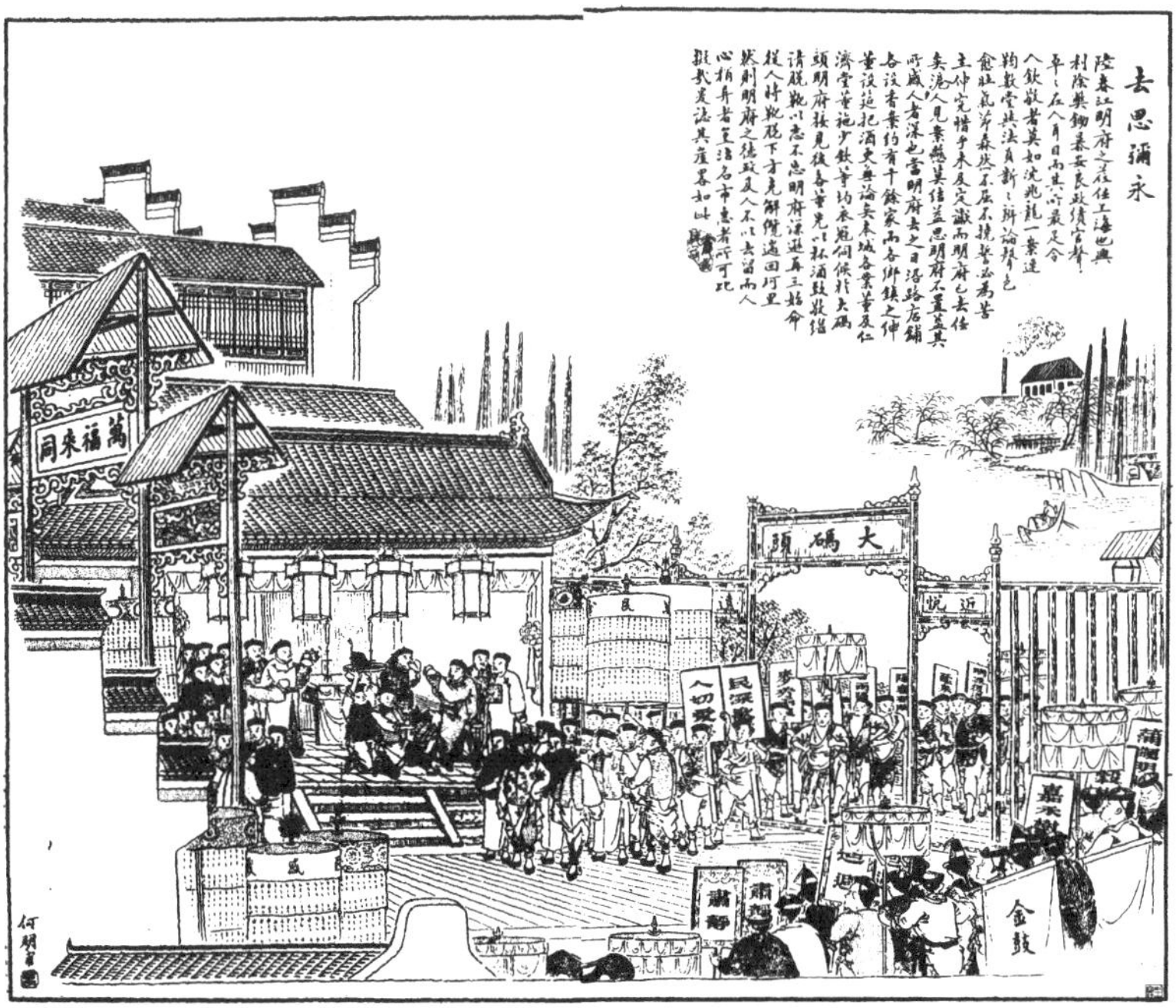

上海県知県陸春江の離任の際、各地の紳董たちが大碼頭に集まって別れを惜しみ、知県に「脱靴」を求める情景が描かれている。

はじめに

汪輝祖は「地方官の賢否の評価は赴任地を去る時にはじめて定まるものであるが、実際は赴任の最初が基になる」(1)と述べ、赴任時の大切さを指摘する。しかし、潘杓燦は次のようにいう。

『詩経』には「初め有らざる靡《な》ければ、克《よ》く終り有ること鮮《すくな》し（はじめはすべてよかったものをなぜに終わりをよくしたまわぬ）」（大雅、蕩）とある。晩節末路を全うする難しさは古今を通じてあるものだ。習い久しき者は怠りやすく、慢心する者は驕りやすく、勤めをやり遂げて気を抜くことで、怠慢や驕慢が生じ、ほとんど九仞の功を一簣に虧くことになる。とりわけ大事なのは、前もって心して備え、後日の思いを心に留めることだ。(2)

さらに呉遵に至っては、「官職に就くということはもとより初めをよくするのが難しいものだが、終わりを全うすることの方がとりわけ難しい。官僚としての志をいつも怠っていると、その誹りが離任の際に多く起こることになる」(3)といい、「終わりを全うすること」の難しさを強調している。

知県が赴任地を離れる際に大きな影響を与えたのは考成と呼ばれる勤務評定であったことは疑いない。清朝の規定によれば、文官については三年ごとに各衙門の長官より部下の成績を記録したものを兵部と吏部に提出し、その結果として進退を決めることになっており、外官の場合はそれを「大計」といった。悪い成績には「不謹」

「罷軟無為」「浮躁」「才力不及」「年老」「有疾」の六つの評価があった[4]。その際、悪評価によって異動を余儀なくされる場合を除けば、なにがしかの成績が買われて栄転する場合、あるいは円満に引退して帰郷する場合には、この評価がその後の官僚または郷紳としての人生を左右したに違いない。評定には直属の上司である知府、さらには布政使や巡撫などが関わった。それゆえ、知県は〈官〉(=上司)にことのほか気を遣わねばならなかった。もっとも、それらの上司たちが好評価を与えて上奏したとしても雍正帝のような地方官僚の動静に通じた皇帝が「軟弱な人物である。いたずらに職についているだけだ[5]」などとコメントしようものなら、評価が覆る場合もあったため、知県としては油断も隙もなかったことになる。

しかしながら、これは皇帝の代理人として徴税と裁判という二大任務を全うしたか否かという官僚としての基本的な勤務評価であり、それは官箴書の説く理想的な知県、すなわち「民之父母」としての評価とは必ずしも一致しなかった。官箴書はその一致しないところの赴任地における民衆による評価、換言すれば、知県が「民の好むところは之を好み、民の悪むところは之を悪む」ことをしたかどうかの評価の大切さをことさらに重視する。それは『論語』のいう「己を修めて以て人を安んず」(憲問)に代表される儒者エリートの目標を達成することであり、ひいては官僚個人としての名声にも繋がるものだった。それゆえに、その成否はきわめて重要なものとして受け止められた。しかしてその実態はいかなるものであったのか。

本章は「赴任する知県」の最終章としてその赴任地における任務を全うして、その地をまさに離れようとする知県と周囲の人間たちの行動を通して「離任する知県」の実態を明らかにするものである。

一　『福恵全書』陞遷部総論の垂訓

黄六鴻はその官箴書『福恵全書』において、知県の赴任時の心得と同様に離任時の心得に一章を割き、総論として次のように述べている。

そもそも知県たる者は終日事務処理に追われ政務に神経を遣い、ただ才量のみを恃んで切り盛りするだけで、善後措置に思いをめぐらす余裕がないものだ。しかしいったん幸いにも昇進して離任の日が来たからには夜来静かに胸に手を当て、どのようなことでこの地に福をもたらしてきたか、どのような人に恵みをもたらしてきたかを自問せよ。福をいまだもたらさず、恵をいまだ施さず、罪作りなことが多く、怨まれることが少なくなければ、出発の際に悪い輩の中には問題にする者が現れるだろう(6)。

その土地に知県として赴任した者はたといこれまでの不十分さを挽回することは難しいとしても離任するいまを何とか取り繕うことはできる。その徴税や裁判など、自分に求められるものは少しも欠略を残してはならない。事柄が紳衿や庶役など、他人に及ぶものはとりわけ注意深く対処しなければならない。それはむしろ立ち去ったあとに好印象を残すことになり、そのためにも立つ鳥跡を濁してはならないのである(7)。攀轅《はんえん》臥轍《がてつ》とまではいかないまでも、我が民が借寇《しゃくこう》の求を行うことを望むか、あるいは窒戸《ちっこ》壊磚《かいせん》の誹りを何とか免れ、穏やかに離任できるのであれば、まあよしとしなければならない(8)。

上司に別れを告げる際には、亡父に接するがごとく謙虚な態度を取るべきである。新任の同僚に対しては〔春秋の楚人〕令尹子にならってこれまでの政務を必ず報告する。周囲がみな穏やかに同調し、任務の引継ぎが円滑に行われれば、また素晴らしいことではないか。(9)

そして以下、①「清銭糧」…税務の清算 ②「造交盤」…受渡帳の作成 ③「査倉穀」…倉穀の点検 ④「査庫貯」…倉の備蓄点検 ⑤「査税契」…税契の点検 ⑥「結欽憲件」…上司案件の決着 ⑦「清監倉」…牢獄の精算 ⑧「簡詞訟」…訴訟の整理 ⑨「請署篆」…署名捺印の精算 ⑩「接新官」…新任の出迎え ⑪「発家眷」…家族の出発 ⑫「銷号件」…事件の処理 ⑬「弔案巻」…記録の回収 ⑭「毀刑具」…刑具の廃棄 ⑮「備文冊」…帳簿の準備 ⑯「買補駅馬」…駅馬の補塡 ⑰「諭舗行」…業者に対する命令 ⑱「還借辦」…借金の返還 ⑲「賞吏役」…吏役への褒賞 ⑳「辞郷紳」…郷紳への挨拶 ㉑「辞文廟常祀」…文廟などへの挨拶 ㉒「出衙」…出発 ㉓「交代」…引き継ぎ ㉔「辞上司赴新任」…上司に別れを告げ新赴任地に赴く、の二四項目を挙げて、離任の際の注意事項を指摘している。

実は『未信編』巻六、陞遷、にも「清銭粮」「造交盤」「発兌支」「査積穀余粮」「査税契」「結欽部憲件」「簡詞訟」「銷号件」「修学校」「清監獄」「免贓贖」「暁諭行舗」「禁止親随拆毀衙署」「印簿冊牌票」「請署員」「焚毀簿書」「還借辦」「接新官」「賞吏役」「交印」「謝上司」「出衙」の諸項目を挙げており、黄六鴻が陞遷部総論を執筆するに当たって、『未信編』をことのほか意識していることは疑いないが、中身の内容はそれらを踏襲することなく独自のものになっている。

これらのうち、事務処理上の諸注意に関しては各方面に注意を怠らぬよう力説する。その際、仕えた上司と地元の郷紳には丁重な挨拶を忘れないようにし、世話になった吏役に褒賞を与えることに心掛けるべく以下のように説く。

上司に別れを告げる時、礼節や公文書の記載についてはとりわけ丁寧にしなければならない。離任すれば関係がなくなるから粗略に行ってもかまわないと思ってはならない。いつもいつも上司の機嫌を損なえば終わりを全うしないことになる。戒めないわけにはいかない。(10)

そもそも郷紳は在任中、長年にわたって交際してきた人々であり、本来季節の贈答を受けてきた。離任に当たっては当然身分の上下、つきあい度の厚薄に応じて別れの挨拶を述べ、礼房に命じて本地の郷紳、現職の京外官、一時帰郷している官僚、および挙貢監衿で常々交際のあった人々を調べて書き出させ、挨拶状を自宅に送る。さらに宅内の交際名簿を詳しく調べ、それぞれに応じた贈答品を準備させなければならない。総じて後始末は周到にして、わずかな費用を惜しんで商人たちの反感を買ってはならない。(11)

在任期間が多年に及ぶと、各々担当の経承の中には恩恵を求めてくる者がいるが、真面目な者はあえてそのようなことはしない。そこで本官が離任する時には、すべての持ち運びが困難な家具や道具、屏風の類をもって尽力した胥役たちにその功績に応じて均しく賞給する。それは一つには彼らの労に酬いるためであり、一つにはこの者たちに離任ののちに恩を受けたと思わせるためである。(12)

ここでもまた知県の政務執行に当たって大きな影響力を持ち、そのためにも良好な人間関係を構築しなければならなかった〈官〉〈吏〉〈士〉の三大カテゴリーに対して最後の詰めを誤らず、「立つ鳥跡を濁さず」の教訓を重視している。だが、黄六鴻はそれ以上に統治した地域住民からの評判を気にする。この点では汪輝祖もまたその思いを以下のように共通させている。

官職に就いている時はへつらいの言葉がないことよりも諫めの言葉がないことを気にかけるものである。民がもし怨み呪っていても、すぐには耳に入ってこない。しかし離任する時になってその賢否はたちどころに判明する。民から恋惜の声が起これば賢吏である。いやしくも賢でなければ、道行く者たちは喜びあい、栄転といえども民の悪口を防ぐことはできない。他の理由で離任するなら、罵りの言がこれに伴う。交代に時間がかかる場合、宿を貸す者もいなくなってしまう。それゆえまだ現職であるうちに時々いつか離任の日が来ることを念頭に置くなら、自然と人民に恨みを買うようなことをしなくなるものだ(13)。

君主に仕えるに忠でないこと、これを不孝という。守身というのは己の身の安全をはかり妻子を守ることではない。身命を捧げるとは安危同じ道理で、任命の時にそれをしないとしたら離任の時に完全な形でそれを父母に帰さねばならない。慎みを欠き、法を軽んずるのはまさに親を辱めることになるだけでなく、もし民をほしいままに虐げて道行く人々が批判を口にするようになれば、穢れが父母に及び、父母を辱めることこれより大きいものはない。我が師匠の孫景溪先生が「牧民官で一人前となり、道に則った行動をして後世に名を高め、それによって父母を引き立たせた者はほとんどいない。人民との間にいざこざを起こさず、父母に悪名を残さなければ、まあ幸いな方だ」とおっしゃったとのことだ。官はただ州県官だけが民との距離が最も近く、それだけに親を辱めることも最も容易である。『詩経』に「爾の生む所を忝《かたじ》けなくする無かれ（お前を生んでくれた人々を辱めるようなことをしてはならない）」（小雅、小宛）とあり、『論語』に「君子は刑を懐く（君子たる者は刑罰を畏れ思う）」（里仁）とあり、『孟子』に「身を守ること大を為す（身を守って不義に陥らないことが大切である）」（離婁章句上）とある。私はかつてこれら三語をもって自戒とした。おおむねそんなところであろう。(14)

このように、地方政治の先達たちは新任知県に対して「最初が肝心であること」を忠告するとともに、離任の時にも地域住民の好評価を得て「有終の美」を飾ることが官僚人生において大事なことを力説する。

二　攀轅臥轍と窒戸壊磚

黄六鴻は先に挙げた『福恵全書』巻三二、陞遷部、総論の文章において「どのようなことで地方に福をもたらしてきたか、どのような人に恵みをもたらしてきたかを自問せねばならない」と述べる。これは彼が『福恵全書』の序文において、

本書は政治の書である。だが、福恵と称するのはなぜか。福とは福をもたらす心をいう。恵とは恵みを施す事をいう。そもそも人にはこの心があって、その結果この事があるものだ。この心がなければ、その事はない。それゆえ上に立つ者は必ず地域に福をもたらす心を持つことを優先し、しかるのちに恵みを人民に施すことが実現できるのである。(15)

と語り、みずからが著わした官箴書の名に盛り込んだように「福」と「恵」の地方政治における実践を重視する。

しかしその一方で、「福をいまだもたらさず、恵をいまだ施さず、罪作りなことが多く、怨まれることも少なくなければ悪い者たちが批判を起こすことになってしまう」と、その成果の良し悪しによる民の評価をことのほか重んじる。それは彼自身が直接耳にした次のようなことも影響しているように思われる。

近く聞くところでは、ある不肖の官員が離任しようとしたところ、地域住民が彼に恨みを懐き、城門を閉じて行かせないようにしたことがあったという。さらに彼らは街を騒がせ、官員の夫人の服を奪い、駕籠かきや従者を殴るに至った。ああ、地方官たるもの、このような状況に至って恥としない者がいるだろうか。畏れない者がいるだろうか。(16)

では、知県が離任するに当たって黄六鴻が理想とした地域住民に望むべき行動として挙げた「攀轅臥轍」とはどのようなものであったのか。ちなみに小畑行簡の訓訳には「クルマノナガエニトリツキオサヘクルマノワダチヘフセリテトホサヌホドニコヒシタフ（車ノ轅ニ取リ付キ抑ヘ車ノ轍ヘ伏セリテ通ホサヌホドニ恋ヒ慕フ）(17)」とあるが、『後漢書』にはその嚆矢となった後漢時代の地方官の事績を多く記録している。

第五倫は京兆長陵（陝西咸陽の東、漢高祖陵）の人、江蘇会稽郡の太守であった。二千石の高官でありながら、自分でまぐさを切って馬を買い、妻は自分で飯を炊き、禄米はほとんど貧民に与えた。また鬼神の名にかりて民を脅す巫女や神主を厳しく取り調べ、民を楽にしたという。その彼が永平五年（六二）、法に触れて都に召喚される時の様子が次のように語られている。

老幼は第五倫の車にすがり、馬の首を叩き、泣き叫びながら付き従う。そのため馬車は一日数里しか進むことができなかった。第五倫はそこで宿場の旅舎に泊まるふりをして船でこっそり立ち去った。民衆がそれを知ると、また後を追う。取り調べの役所に出向いた時には会稽の吏民で上書するために宮門を占拠する者の数が千余人にもなった(18)。

孟嘗は会稽上虞の人、合浦の太守であったが、病気を上申し、召喚されるに及んで次のような状況が生じたことが記録されている。

吏民たちは車にすがって供をすることを願った。孟嘗はもはや進むことができなくなった。そこで郷民の船に乗って夜に紛れて遁去した。その後は辺鄙な沼沢地に隠居し、小作に務めたが、隣県の士民でその徳を慕ってそこに住まう者が百余家にもなった(19)。

侯覇は河南郡密県の人、淮平の郡守となり、地方行政官としての誉れ高く、王莽が敗亡すると守りを固めて全郡民の命を全うした。更始元年（二三）に更始帝が彼を召喚すると、民衆は次のような行動に出たという。

民衆は老いも若きも手を取り合って号泣し、使者の車の行く手を遮ったり、道に寝転んだりする者が現れた。みなは「どうか侯様にはもう一年留まっていただきたい」と訴える。はなはだしい場合には妊娠している妻に対して「子供を産んではいかん。侯様が去られれば生き延びられるはずがない」と戒める者もいる。使者は侯覇が召喚に応じれば臨淮は必ずや乱れると心配し、あえて勅書を授けようとせず、状況を報告した。たまたま更始帝が赤眉に敗れ、道路が不通になったため、さた止みとなった(20)。

また劉寵は東平陵の県令で、仁恵の政治を行ったため民衆に愛されたが、母親の病気で離任する際、次のようであったという。

民衆が出発を見送ろうとして道を塞いだため、車は進むことができなかった。そこで服を軽装にかえて頓去した。(21)

さらに銚期は潁川太守であったが、光武帝に出発を促されると、次のようなことが起こったという。

民衆は見物に集まり大声で叫んで道路をふさいだため通れなくなった。(22)

以後このような記録は代々受け継がれ、『明史』陳鎰伝に至っても似たような記載が踏襲された。陳鎰は江蘇呉県の人、永楽一〇年（一四一二）の進士、御史を授けられる。景泰二年（一四五一）、陝西は飢饉になり、万余の軍民が「願わくは陳公を得て我を活かさん」と訴えたため、三度陝西を鎮守することになった。それは前後一〇年に及び、陝西の民衆は彼を父母のように戴き、離任や帰任の度ごとに次のような行動に出たといわれる。

帰朝するごとに民衆は道を遮り、車を取り囲んで泣いた。再び戻ると歓迎する民衆の列が数百里絶えることがなかった。(23)

以上のように、「攀轅臥轍」とは、文字通り解釈すれば「車の轅《ながえ》に攀《すが》り車の轍《わだち》に臥す」行為を意味したが、民衆が長官の留任を願って立ち去るのを引き止めることの成語として後世に定着したものと思われる。

清末の『点石斎画報』の記事には、上海県知県であった陸春江が離任する際、見送りのため大碼頭に集まった各郷鎮の紳董たちから脱靴を求められ、陸は再三固辞した後ようやく従者に命じて靴を脱がせ、やっと出発できたことを伝えている。(24)「脱靴を求める」とは地元民が立ち去る官僚の靴を求めることで、離任を妨げ、慕情を示す意で、これもまた「攀轅臥轍」のバリエーションであったと思われる。

次に「借寇」とは、後漢の光武帝に仕えて河内を平定した寇恂の離任の際のエピソードに基づく。いま一度、寇恂の伝記を見ると次のように記録されている。

寇恂が潁川に至ると、盗賊はことごとく降伏した。しかし、彼がついに郡に留まらないことになると、民衆たちは道を遮り、「願わくはまた寇君を借りたきこと一年」と叫んだ。(25)

ここでもまた地域住民が「道を遮り」、寇恂の暫定的慰留を朝廷に求めたことを示している。「借寇」もまた以後善政を行った地方官が離任する際に民衆が慰留する、ないしは思慕する行動の典故になったといわれる。これらの記事はすべて正史に記録されたものであり、ひとまずは「史実」として理解しておきたい。

他方、「窒戸壊磚」とは、小畑行簡の訓訳には「ワルキブギヤウナレバヒトビトガトヲタテカハラヲコハスノワルサ（悪キ奉行ナレバ人々ガ戸ヲ立テ瓦ヲ壊スノ悪サ）」(26)とあり、民衆が戸を立て掛けて瓦を壊すことで離任する地方官を暗に批判する行為を意味し、それは「攀轅臥轍」とは正反対の行動として受け止められた。仁井田陞は、これに関連して『洛陽伽藍記』にある「瓶を懐く」という諺を「昔、山東の青州では、知県が任地にやってくると、民衆はみな、かわらを懐いて、おじぎをして歓迎の意を表わしはするが、知事が任期をおえて帰るとなると、かわらをもつてこれを撃つ」と紹介し、「「かわらを懐く」という諺は、人の心の軽薄さ、向背のあまりに早いのをあらわすものとこれまで理解されて来たようであるが、それよりは民衆は役人の責任観などに期待をもたず、役人にだまされているほど単純でないことをあらわしている、といった方が適切と思う。「かわらで撃つ」心持ちは、古い青州の民衆だけのことではなかったろう[27]」と解釈している。この出典は『洛陽伽藍記』の「青州の風俗薄悪については、太守が入境すると地域住民はみな磚を懐き叩首して歓迎の意を示すが、任期を終え離任する段になるとその磚で殴り掛かることにある。民情の向背ぶりは掌を反すよりも早い[28]」の記事に基づくが、同書には、

太傅李延実なる者は荘帝の舅である。永安中、青州刺史に除せられた。出発の挨拶に行くと、帝は李延実に「懐甎という習俗のある青州の土地柄は世間では治めにくい所であるといわれています。舅殿には十分用心していただきたい」と語った[29]。

とあり、「風俗薄悪」の力点は民衆の地方官に対して批判する慣行にあったと見てよいだろう。黄六鴻のいう「窒戸壊磚」は管見のかぎり他に出典が認められないが、「かわらを壊す」と「かわらを懐く」とは同じ目的で行われた民衆の示威行為であったと思われる。したがって黄六鴻が『福恵全書』巻三二、陞遷部、総論で挙げた地方官の辞任の際の理想的なあり方とは、嚙み砕いていえば、「知県が離任するに当たっては民衆が離任阻止行動に出ないまでも、在任中の治績を批判せず、しばしの留任願を出してくれれば、良しとしなければならない」といったところであろうか。ちなみに黄六鴻自身は、「父の死に遭い、喪に服して任地を離れるに当たって、単に年寄りや子供たちが攀轅臥轍するだけでなく、三班六房の胥役たちもまた涙を流して泣き叫んだ[30]」といい、「私が知県を離任する日になると、県の郷紳士民で車の轅にすがり、泣いて見送る者が道いっぱいになった[31]」と抜け目なく記している。

民衆が車のながえにすがったり轍に寝転んだりして留任を求める姿は、後世に引き継がれ、清代には善政を布いた地方官僚の離任の際の彼が望むべき理想の情景として定着したのであろう。清代の地方官にとって、こうした情景はある種の象徴であり、「父母之官」とはかくあるべきだとする共通した心情をなお存したに違いない。ただし、民衆の行動として、地域に利益をもたらした地方官を単に慰留するならそれはありえるにしても、車の轅にすがりつき轍に寝そべるといったわざとらしいパフォーマンスは、それを史実としてとらえるかぎり、どことなく芝居がかっており、しかも時代や地域を超えたある種のステレオタイプを感じないわけにはいかない。そこで次節では地域住民たちがどのような心理によってそのような行動に出たのかを検討してみることにしたい。

三　徳政顕彰の実態

康熙年間に浙江嘉興府知府を務めた盧崇興の公牘『守禾日紀』には附録として、「杭州府士民公呈」、「嘉興府士民公呈」、「嘉興七邑士民公呈」、「湖州府士民公呈」という四つの「士民公呈」が載せられている。「士民」とは赴任地における「紳士・庶民」を意味し、「公呈」とは連名の請願書をいう。すなわち、その士大夫から一般民におよぶ地域住民が連名で出した請願書のことであり、これは盧崇興の嘉興府知府離任に際し、統治された住民の立場からその業績を讃えたものである。最初に「嘉興府士民公呈」を以下に取り上げてみたい。そこにはまず、

切に思いますに、我を生む者は父母であり、我を治める者もまた父母です。その意味で知府様は祖父母です。

私どもは嘉興に暮らし、しばしば災厄に遭ってきました。だが、盧知府様は我々の苦痛を理解し、撫育に努められ、天地の及ぶところあまねく恩恵を施してくださいました。……いまはただ、その実政の深く民の心に残ったことについて備に語りたく思います。(32)

と述べ、盧崇興の知府としての評価について、徴税に温情を加えたこと、漕運の弊害を改めたこと、訴訟を抑制したことなど、地域に利益をもたらした実績を一〇ヶ条にわたって列挙し、その治政を賛美している。さらに続いて、

官とはひとえに清・慎・勤であるのみです。この一〇の行いは陛下の命令や上官の意向に十分そうもので、また任に適ったということができましょう。このほかにまだ余徳があってもすべてを述べ尽くせません。私ども下々の者がどうして上の方の美悪を論じることができましょうか。ただ私どもは恩恵を受け、まさに喜びが尽きないのです。盧知府様がもし別省に栄転されるのであれば、嘉興府は現在兌運の時期が迫り、胥吏の弊害が再び起きることが懸念されます。私どもに借寇が許されないなら、この兵戈のあとにあって郷民はなお搾取を受けることになるでしょう。幸いにも憲天大老爺（閣下）におかれましては、毎日新任人事を念頭に置かれ、関係各属を督励してその能力を調べさせておいでです。いま盧知府様にはこのような十分意に適う実績がございます。私どもはその民意をお察しくださる御心をはるかに望んでこの千里の道を匍匐して、あえて意見を申し述べに参りました。どうか私どもの思いに従って上申いただき、欠員を補っていただけることをお願いいたします。今冬の漕糧の弊害が永く除かれ苦しみからよみがえるのであれば、嘉興の民衆は終始その福を受けることになります。これみな憲天（閣下）の人を知り民を安んずる大徳です。浙江全体の

民が幸甚とするものです。ここに連名にて切に具申いたします。[33]

と述べ、「盧崇興に劣らない」後任の人事を進めることを求めている。「嘉興七邑士民公呈」は府下の七県の士民からの上呈、「杭州府士民公呈」と「湖州府士民公呈」は隣府の士民からの応援のための上呈であり、これらの公呈もまた盧崇興の嘉興府知府としての治績を讃えたもので、内容に大きな差はない。

地域住民が地方官の治績を顕彰する行動はこのような上申だけに止まらず、さらに形に残るものとして徳政碑を建てたり、万民傘を贈ったりすることでエスカレートする場合がままあった。前者は功徳碑ともいい、赴任地の士民が地方官の治績を石に刻んで半永久的にその記録を残すことに狙いがあった。後者は同じく赴任地の士民が地方官の徳政を称揚して贈答者の多くの氏名を刺繍した傘を贈ることで、この地方官が地域住民に福をもたらし、風雨を遮る傘の役割をしたことを示すものだった。またその変種として「万人衣」なるものもあったといわれる。こうした習慣は地方官の歴史とともに古くから存在した模様であり、長い伝統として廃れることなく守られていった。

『点石斎画報』には、

賢知県が離任する際、あるいは脱靴を求めて愛慕の意を表わす、あるいは臥轍して攀留する。民が知県を愛戴する真心が慈父母に対するよりも強いことを示すものである。しかし、今日においてこれを多く求めることはできない。その間に万人傘・徳政牌などは少なからずあるが、それは一部の紳衿がこびへつらって行うもので、優秀な官吏であることの実跡がまだ明らかでないうちに褒め称える者が半ば、悪口をいう者が半ばになる。これはその人間を評価できているものではない。[34]

とあり、清末では珍しくなった地域住民の地方官慰留行動として、福建海澄県知県何淮浦が離任する際に見送りの住民で溢れたことを伝えている。また、二〇〇八年十一月に江蘇泗洪県で数百名の群衆が離任する県紀委書記、王守権に贈った万民傘と清官旗が話題になったことを地方紙が報じている。(35)こうした点からいえば、このような慣行は現在もなお断ち切り難いものであることがわかる。

「民之父母」たらんことを標榜する地方官にとって、その離任の際にこのような上申書の提出や徳政碑の建立、万民傘の贈答を地域住民が積極的に実行することは必ずしも迷惑でなかったのかもしれない。『守禾日紀』にその内容がほとんど類似しているにもかかわらず四件の士民公呈が収録されているのも、たといそれが盧崇興本人の意向でなかったにせよ、編集者にあっては彼の治政に錦上花を添える役割を果たすものとして受け止められていたからである。(36)

しかし、その情景を描き出す主体である地域住民の方は必ずしも地方官と共通の土俵に立っていたわけではない。朝鮮王朝後期の実学者として有名な丁若鏞が著わした『牧民心書』には、

思うに善政碑の内容には虚実があり、すでに魏晋の時代からつとにこの弊害があった。そのため禁令は厳しく、民は勝手にこれを建てることができなかった。(37)

とあり、善政碑（徳政碑）を建てる「弊害」は魏晋の頃よりあったことを述べている。ではその「弊害」とは具体的にいかなるものであったのか。時代は清末に降るが、『点石斎画報』には次のような話が掲載されている。

前署廈防同知の秋丞嘉が着任して一月も経たないのに、街中の家々には「秋青天」だの「秋司馬」だの、さ

らには「官清民安（官が清廉で民は安心）」などと書かれた提灯が突然掲げられた。何の徳政があるのかと疑う者がほとんどだ。孔子が（『論語』子路）で述べるところの一年や三年の評価期間に較べても早く、実に稀に聞く出来事だ。その後呉道台がひそかに調べたところ、世の意見としてはみな一部の劣紳が秋丞嘉に迎合し、地保に伝えて提灯をたくさん作らせ、それらを各家に分配したものだという。提灯を掲げた家ではみな主人が名刺を差し出して感謝の意を告げている。「官清民安」とはなるほどこういうことだったのか。義利がわからず恥も外聞も知らぬといえよう。とりわけひどいのは、紳士や商人がみな扁額を贈って徳政を頌揚するのを強要されていたことである。なかには不肖の劣紳で、こびへつらい情にほだされて扁額を贈る者もいたが、出入り商人の金益和等はその取り立てに服さず訴えて出た。そこでこれまでうわべを取り繕って心配には及ばなかったことが、ここに至ってついに真相が世に明らかとなった。ああ、近世の州県においては官が離任する時には常にその徳政を褒め称えられるものだが、その記すに値する政蹟の者は果たして幾人いるだろうか。私はこれを見て憤慨しないではおれない(38)。

この場合は秋丞嘉にへつらう地元の郷紳たちが役人の徳政を称揚する提灯や扁額を提供するため、その費用を地域住民に強要したことの実態が如実に示されており、徳政の称賛が決して地域住民の自発的な意志によるものでないことが明らかにされている。

『点石斎画報』はまた同時に、そのカラクリを見抜く硬派な官僚がいたことを次のように伝えている。

官場の積習として、地方官の引き継ぎの時は往々にしてその地方の紳士たちが離任する地方官に万民傘・徳政牌等を贈り、こびへつらって慕愛の情を示すことがある。蘇州ではこの風潮がとりわけ盛んである。ついには胥吏たちが郷民からその費用を無理強いすることもある。長洲県の王芸荘知県はこの弊害を熟知していた。交替の時、附近の陽山一帯の郷民が牌匾を高く掲げ、儀仗隊を先頭にしてそれらを官署に送り届けてきた。知県はそれを見てむっとしてこれを追い返そうとした。郷民は慌てて大声で騒いだため、さらに知県の怒りに触れた。知県はみずから竹板を握って本堂を降りて追い払ったため、とうとうすぐさま解散した。知県はその後ただちに告示を出して諭した。その要旨は次のようであった。「本県はこの土地に着任以来、少しの功徳も民に及ぼさず、まさに慚愧を増すものであるのだが、某都某図の郷民某某等は牌匾を送り届けてきた。本県は爾らが有用の銭でこのような無益のことをするのをまことに残念に思い、全く同意するものではない。爾らが分に安んじて耕種に努め、年々太平の税を早く納めて追呼の辱めを受けないようならば、本県は多くの恵みを受けることになる。このため全県の住民に暁諭し、二度とこのような轍を踏まないよう、云々」。このように風俗がよくなり弊害がなくなるのはひとえに賢明な知県の風教道徳のせいだということがわかる。(39)

浙江紹興府知府のあと引き続き杭州府知府を務めた李鐸が康熙三十四年（一六九五）に弾劾を受けそうになった時、士民に出した告示の一節において、

爾ら士民は何も知らないくせに罷市（市場ストライキ）を起こし、巡撫閣下に本府《わたくし》の引き留めを願い出たのはまことに余計なことである。さらに奇妙なのは、本府が紹興を離れてすでに久しく、このたびの杭州を離れることは紹興と何の関係もない。にもかかわらず紹興の士民もまた遠路わざわざやって来て、しきりに引き留めを哀願するのは何としたことか。勅命がすでに公布されたからには誰もそれに違うことはできない。引

き留めはいたずらに心力を弄するだけだ。もしそれがしきたりだというなら、むしろ嫌疑を招く。かりにその気持ちが本物だとしても何の益にもならない。(40)

と述べている。李鐸は杭州の士民が自分の留任請願を理由に罷市を起こすのはありがた迷惑だと受け止め、さらにこの問題にすでに任地を離れて三年近くになる紹興府の士民が絡むのには著しい違和感を覚えており、何らかの裏があると疑ってかかっている。

そのように見れば、先の『守禾日紀』に収録された「士民公呈」の意図も、盧崇興の徳政を称賛するというよりはむしろ盧崇興の徳政を称賛することにかりて後任人事についての地域の希望を伝えようとしたと見て取ることもできよう。

留任請願の目的が明確に示されているのは雍正帝の次の上諭である。

官員が赴任地を離任する時にはいつもその地方の士民らが保留することがある。もしその官員が在任中実績があり、恵沢を民に与えたのであれば、愛戴の行動は士民の至誠から出たものであるから上級官庁に赴き陳情すべきものである。もし清廉の官員が無実の罪で弾劾され、民が不満を懐いたということなら入朝して無実の罪を晴らすこともできよう。ただこれまでの習慣では官員の賢否や離任の不当性の有無を問わず一概に保留に名をかり、上申することなく、銅鑼を鳴らして衆を集め、罷市をほしいままに行い、明らかに圧力をかけ、なかには金を出してならず者を横行させることもあった。種々の弊害はみな地方で問題が生じることにある。もし保留がことごとく真情によるのであれば、なぜ陞任する官員を愛戴する者がいないのか。これはたしかに悪習であり、法の厳禁するところで、断じて放任してはならない。……官員を保留するのは多く真情から出るのではなく、みな買収や強制によるものだ。以後、官員が離任する時、士民で銅鑼を鳴らして衆を集め罷市する者がいれば、悪辣な者を厳重に処罰するほか、保留された官員で、それがたとい良い役人であっても民を買収している場合はまた必ず厳しく処罰して悪い風習を戒めよ。(41)

雍正帝は官員、すなわち地方官の保留が地域住民の本心から生まれたものではなく、多くはその名目にかりた便乗行為であり、その首謀者は一つにはそれにかこつけて聚衆罷市を行う「悪辣」な者たちであり、もう一つは買収や強制によって慰留行動を地域住民に求める地方官そのものであることをすでに見抜いている。大義名分にかりて全く別の要求を通そうとする民衆の示威行動、世論大衆の名にかりて罷免を逃げようとする地方官の工作行動は長い歴史に培われた中国の伝統であったといえる。

清朝ではこうした状況に対して早くから法による規制が試みられてきた。まず地方官がみずから徳政碑を建てることについては順治三年（一六四六）に明律に小註を加えて次のような新たな「見任官輒自立碑律」を設けた。

現任官で実積がないにもかかわらず〔所轄部内で〕みずからが碑や祠を建てた者は杖一百に処す。他人に自分の善行を妄りに挙げさせ、上に申請して〔碑や祠を建てさせた〕者は杖八十に処す。それを引き受けた者は各一等を減ずる。〔碑や祠は拆毀する〕(42)（〔　〕内は小註）。

また康熙三十二年（一六九三）に「上言大臣徳政律」に附した条例として以下の法令を定めた。

督撫等の官で異動や父母の死で離任する場合、地方の民衆が都に赴いて保留を訴えることを認めない。訴えにきた者は該当部署に引き渡して処罰する。下属が上官と結託して資財を取り立て民に対して無理にこびを売らせた場合、また本官がその地方に未練を残し、下属に意のあるところを伝え、公事にかこつけて自己の利益をはかった場合、その事実が判明したならば、また該当部署に引き渡して重罪にて処罰する。(43)

また康熙五十二年（一七一三）には「嘱托公事律」に附した条例として以下の法令を定めた。

もし降格や罷免の官員で民衆に賄賂を贈って留任を求めさせる者がいて、それが事実であれば、その官と民とをともに枉法贓律によって処罰する。(44)

しかしながら、このような法令の制定と処罰の明文化にもかかわらず〝悪習〟を容易に断ち切ることができなかった。その理由については雍正帝が次の上諭で明確に語っている。

紳士や兵民が本地の官員の留任を求めることは久しく康熙帝の諭旨を奉じて厳禁している。民衆を脅して罷市させる等のことは当該督撫らが必ず査究する。そのため匪類もなおあえて軽々に犯すものでない。ただ官員の留任を求めることについては、向来その根本の理由を究問してこなかった。そこで下々の者は畏れることを知らず、互いに調子を合わせて唱和し、他人の唆しに乗ってしまう。賢者と愚者とが入り混じって是非善悪をさかさまにする。種々の弊害、賄賂で買収して結びつくようなことはみなこれより生じる。その結果、地方官員は必ず道に背き、人から満足を求めるようになる。この悪風は断じてはびこらせてはならない。もし属員が本当に賢能で任に適う者であれば、当該督撫らは自分の意見によって推薦を申請せよ。朕が自ら酌量して許す。「紳士兵民攀轅臥轍」などの言葉を引用して下々の者が騒ぎを起こす弊端を開く必要はない。(45)

ただし、その根本をたどれば、それが民衆のパフォーマンスを熱望する主体、すなわち離任を控えた地方官にたどり着くことはいうまでもない。「わしにはこんなものは珍しくないが、面子のためだ。上司に知られて、わしが地方でこんなに力をつくしたのに、万人傘さえないなどといわれては、面子が丸つぶれだからな」(46)。これは『官場現形記』に載せる胡統領が厳州から省都に帰る際に発した言葉であるが、清代の地方官の心情を巧みに代言しているものといえよう。

おわりに

前述のように、黄六鴻は民衆のパフォーマンスを重視した。地方政治の実態に精通し、知県としての体験に基づく知識を豊富に書き遺した黄六鴻もまた離任に当たってはこのような価値観の埒外に己が身を置くことができなかったのであろう。

汪天錫はその官箴書『官箴集要』において明清の官箴書には珍しく「臨民篇」なる項目を設け、そのあるべき「治政」を次のように論じている。

知府や知県は牧民之官である。牧という理由は養にある。この地に赴任したということはこの地の民を牧養するに当たって必ず父母であることを考えなくてはならない。そもそも子を愛する気持ちとは何か。親民之官は民の鰥寡孤独や飢寒疾苦において関心を持たない者はいない。それゆえに「地方官が民を愛すること、自分の妻子のようである」といい、また「ある民が溺れていれば、それはさも自分が溺れさせたかのように思い、ある民が飢えていれば、それはさも自分が飢えさせたかのように思う」という。訴訟においては是非の理を明白にせよ。賦役においては貧富の差を区別せよ。税役を徴収する際には、その緩急軽重を勘案して実施せよ。感情によって刑法を濫用して、妄りにそれを民に加えてはならない。切に戒むべきものである。(47)

地方官がこのような戒めを忠実に実行していれば、地域住民は彼をおのずから「父母之官」と見なし、その離任の際にはそれなりの行動でもって謝恩の意を表わしたものであろうが、往々「父母之官」を実行しなかった者に限って民に対して謝恩の意を示すことを強要するのは世の常といったところだったのだろう。もっとも汪天錫はそのことを十分に理解した上で、離任の際の心得を次のように述べている。

交替の時がまだ来ていないのに、民に命じて、石碑を建てて徳政を頌させたり、門に集まって見送りを求めたり、銭帛を集めて旅費を補わせたり、生祠を建てて政績の不朽をはかったりさせることはみな士君子のやるべきことではない。善を行って人に知られることを求めないのが最上である。知られてもその善を自慢しないのがこれに次ぐ。くどくどと自分で売り込み、虚名だけを崇めるのは地方官としては最低である。(48)

地方官の中にはみずからの「徳政」を讃えた碑文を建てることや「万民傘」という傘の準備を地域住民に強要する者もおり、その行為は小説においてしばしば揶揄の対象とされてきた。しかし、地方官はなおこのような虚構を求め、面子に執着した。そして一部の地域住民の方ではそれを逆手に取り、みずからの要望をかなえようとたくらむ者も少なくなかったのである。

いずれにせよ、地方官が理想とした地域住民からの徳政顕彰とはこうした虚構の中で作り上げられた観念の所産であったことをここに改めて感じる。

註

（1）『学治臆説』巻一、官声在初莅任時「官声賢否、去官方定、而実基於到官之初」。

（2）『未信編』巻六、幾務下、陞遷「詩曰「靡不有初、鮮克有終」。晩節末路之難、古今共之。蓋習久者易怠、志満者易驕、処成功不慎、而使怠驕萌、不幾山虧一簣乎。尤貴豫先時之計慮、留後日之謳思」。

（3）『初仕録』崇本篇、保終「居官固難善始、尤難令終。蓋志毎怠於宦成、謗多起于去任」。

（4）臨時台湾旧慣調査会編『清国行政法』（初版：一九〇五年、復刻版：汲古書院、一九七二年）第一巻下、二五七頁。

（5）『宮中檔雍正朝奏摺』第二五輯、七六五頁、雍正帝の浙江理事同知車栢に対する評価「軟弱人。只可徒職耳」。山本英史『清代中国の地域支配』（慶應義塾大学出版会、二〇〇七年）二八二頁、参照。

（6）『福恵全書』巻三二、陞遷部、総論「夫司牧之官、終日鞅掌于簿書、卒瘏于政事、秖憑風力之操持、未暇計籌于善後。及一旦幸獲陞遷離任有日、而清夜捫心、自問造福于地方者何事、施恵於百姓者何人。恐福之未或造、恵之未或施、作孽既多、含怨不少、而奸民黠棍将有起而議之者矣」。

（7）『福恵全書』巻三二、陞遷部、総論「司牧者于此、縦難挽救于従前、猶可弥縫于今日。其政関銭穀刑名、謀之乎己者、毋使稍留缺畧。事渉紳衿庶役、及之乎人者、尤須格外周旋。諸寧存去後之思、切勿惹瀕行玷」。

（8）『福恵全書』巻三二、陞遷部、総論「雖不敢攀轅臥轍、冀吾民借寇之求、或亦得免窒戸壊磚、為共歌推謝之去、斯可矣」。

（9）『福恵全書』巻三二、陞遷部、総論「至于事臨別之上官、宜如循墻考父、三命滋恭。欸新任之同寅、比之令尹子文旧政必告。庶乎遠邇上下咸安琹寉以相随、前後始終無愧図書之数巻、不亦美乎」。

（10）『福恵全書』巻三二、陞遷部、辞上司赴新任「辞別上司、礼節儀文、尤宜従厚加謹。毋謂離任便係客官可以大意而行。毎毎獲罪上司、致有不終之失。可不戒哉」。

（11）『福恵全書』巻三二、陞遷部、辞郷紳「夫郷紳在任相与有年、素承歳時餽問。其将離任、自応視爵位之崇卑与交情之厚薄而畧申別敬、宜命礼房将本治郷紳、現任京外及告致閑住在家、以及挙貢監衿、居恒往来者、通行査開摺子送宅。再将宅内歳時礼節底簿詳査、其爵尊者、或備盃幣羊酒扁額、親詣致謝。稍厚者羊酒扁額、再次扁額倶差人致謝。扁額金縁墨字之不一、倶鼓吹往送。其余不応送者未能徧及。如隣境有応致意者、亦酌量行之、以尽臨岐繾綣之忱而已。但羊酒扁木倶給与価値、取領存拠。製扁匠役亦給飯資。総之、善後宜周、勿因惜小費而致斂怨商民也」。

（12）『福恵全書』巻三二、陞遷部、賞吏役「夫在任多年、各有該管経承自能乞恩沾恵、其忠厚朴実者、不敢以瑣事軽干。本官于離任時、所有難携粗重木器及旧屏敝篚之類。或効力班頭与守門皂隷、挑水打掃火夫、酌量多寡、均匀賞給。一以酬労、一以使若輩叨去後之思也」。

（13）『学治臆説』巻下、当思官有去日「居官時不患無詇詞、而患無規語。民即怨詛、不遽入耳。迨去官、而賢否立判。民有恋惜之声者、賢吏也。苟其不賢、道路相慶、雖遷擢去、不能防民之口。去以他故、訴詈随之。候代需時、有莫為之居停者矣。故治柄在手当時時念有去官之日、自然不敢得罪於羣黎百姓」。

（14）『学治臆説』巻下、守身「事君不忠、謂之不孝。守身云者、非全躯保妻子之謂也。致身之義、安危一理、非遭授命之時、当懍全帰之念。不惟敗検玩法、方為辱親。即肆虐百姓、道路有口、穢及父母、辱莫大焉。聞諸吾師孫景溪先生〔爾周〕曰「牧民者能立身行道、揚名於後世、以顕父母、百無一二。但与部民相安、毋貽父母悪名、幸矣」。官惟州県去民最近。辱親亦惟州県官最易。詩曰「無忝爾所生」。子曰「君子懐刑」。孟子曰「守身為大」。嘗以三言自儆。其庶幾乎」。

（15）『福恵全書』自序「夫是書也、及政治之事也。而顔之福恵、何居。曰福者言乎造福之心也。恵者言乎施恵之事也。夫人有是心、而後有是事。無是心、而即無是事。故在上者、必先存有造福地方之心、而後能有施恵百姓之事」。

（16）『福恵全書』巻三二、陞遷部、発家眷「近聞有不肖官員離任起行、地方含恨、竟閉城門不容放行。且更喧擁市衢、褫夫人之衣、而殴及輿従者。嗚呼、居官至此可不恥哉。可不畏哉」。

（17）『和刻本福恵全書』巻三二、陞遷部、総論（汲古書院、一九七三年）三六六頁。

(18)『後漢書』巻四一、列伝三一、第五倫「老小攀車叩馬、嗁呼相随、日裁行数里、不得前。倫乃偽止亭舎、陰乗船去。衆知、復追之。及詣廷尉、吏民上書守闕者千余人」。

(19)『後漢書』巻七六、列伝六六、循吏、孟嘗「吏民攀車請之。嘗既不得進。乃載郷民船夜遁去。隠処窮沢、身自耕傭。隣県士民慕其徳、就居止者百余家」。

(20)『後漢書』巻二六、列伝一六、侯覇「百姓老弱相攜号哭、遮使者車、或当道而臥。皆曰「願乞侯君復留朞年」。民至乃戒乳婦、勿得挙子、侯君当去、必不能全。使者慮覇就徴、臨淮必乱、不敢授璽書、具以状聞。会更始敗、道路不通」。

(21)『後漢書』巻七六、列伝六六、循吏、劉寵「百姓将送塞道、車不得進、乃軽服遁帰」。

(22)『後漢書』巻二〇、列伝一〇、銚期「百姓聚観、諠呼満道、遮路不得行」。

(23)『明史』巻一五九、列伝四七、陳鎰「毎還朝、必遮道擁車泣。再至、則歓迎数百里不絶」。

(24)『点石斎画報』亥集一一期、去思彌永。

(25)『後漢書』巻一六、列伝六、寇恂「恂従至潁川、盗賊悉降。而竟不拝郡、百姓遮道、曰「願従陛下復借寇君一年」」。

(26)『和刻本福恵全書』巻三二、陞遷部、総論（汲古書院、一九七三年）三六六頁。

(27)仁井田陞「大木文庫私記―とくに官箴・公牘と民衆とのかかわり―」（『東京大学東洋文化研究所紀要』一三冊、一九五七年、大木幹一編『東京大学東洋文化研究所大木文庫分類目録』東京大学東洋文化研究所、一九五九年所収）一五九～一六〇頁。

(28)『洛陽伽藍記』巻二、城東「賓客従至青州云「斉土之民、風俗浅薄、虚論高談、専在栄利。太守初欲入境、皆懐甎叩首、以美其意。及其代下還家、以甎撃之」。言其向背速於反掌」。

(29)『洛陽伽藍記』巻二、城東「太傅李延実者荘帝舅也。永安年中、除青州刺史。臨去奉辞、帝謂実曰「懐甎之俗、世号難治。舅宜好用心」」。

(30)『福恵全書』巻三、蒞任部、馭衙役「及罹先君大故、読礼而南、微独黄童白叟臥轍攀轅、即三班六房亦呼号洒涙」。

(31)『福恵全書』巻四、蒞任部、忍性気「及鴻離任之日、邑郷紳士民攀轅泣送者相望于道」。なお山本英史『清代中国の地域支配』（慶應義塾大学出版会、二〇〇七年）一七六頁、参照。

(32)『守禾日紀』附、嘉興府士民公呈「切惟生我者父母、治我者亦父母也。郡守者、蓋祖父母也。某等生居禾郡、時際荒残、知府盧乃能知疾痛、善撫育、覆載所及、雨露均施。……今止備陳其実政深入民心者而言之」。

(33)『守禾日紀』附、嘉興府士民公呈「夫為官不過清・慎・勤。有此十行、足以仰副聖諭・憲意、亦云称職。雖有余徳、不必尽述。某等下民、安敢言其上之美悪。但実受恵。某等正在嬉游無已。倘奉陞擢別省、目下兌運必邇、蠹弊復起。使某借寇無従、値此兵戈之後、里民仍受朘削。幸荷憲天大老爺撫綏徳意、無日不以得人佐理為念、勉励各属、不過察其才能、鑑其実効。今盧太守有此実政、足以仰副憲懐。某等遙望懸鞀建鐸之心、為此千里匍匐、敢献蒭蕘。伏祈俯従輿請、抝情上達、備将本省員缺就近推補。庶今冬漕・白等弊、便可永除甦困、使禾郡里民、終始戴福。皆憲天知人安民哲恵大徳也。全浙生霊幸甚。激切連名上具」。

(34)『点石斎画報』戊集七期、循吏可風「賢有司之去任也、或脱靴以誌愛。或臥轍以攀留。□民愛戴之忱有甚於慈父母者矣。而求之今日、則不可多得。雖其間万人傘・徳政牌不乏、一二紳衿貢諛献媚、而循良未著実跡、頌揚者半、詛咒者亦半。此其人要不可論」。

(35)『天府早報』二〇〇八年十二月二日。

(36)『点石斎画報』貞集八期、優伶頌徳、には共同租界会審衙門の委員張賡三が戯院主から「公正廉明」と書かれた匾額と俳優の名が記された万民傘を贈られ、喜んだ様子を伝える記事がある。

(37)『牧民心書』巻四八、遺愛「按善政碑之虚実相蒙、已自魏晋之際、早有此弊。故禁令厳峻、民不得擅立之也」。

(38)『点石斎画報』亥集九期、徳政何在「前署厦防同知秋丞嘉、未蒞任月余、忽見街中家々懸掛秋青天・秋司馬・官清民安燈籠。論者幾疑有何徳政。較之孔聖期月三年為速、実係罕聞。嗣経県観察密訪、輿論僉云、有一二劣紳逢迎、伝諭地保、多做燈籠、俟家分送。凡懸燈之戸、庁主均用名片道謝。始知官清民安、原来如此。可謂不明義利、喪尽廉恥矣。尤其甚者、凡該処紳商皆勒令致送牌匾、頌揚徳政。雖間有不肖劣紳諂媚迎合、徇情致送者、有貢商金益和等不服誅求、抝情控告。於是向之粉飾、惟恐不及者、至此遂大白於天下。嘻近世州県毎当離任之時、無不有人恭頌徳政。其果有政蹟可紀者有幾人哉。予故観於此而有慨焉」。

(39)『点石斎画報』亨集四期、賢令豊裁「官場積習、毎当交卸之日、往往有地方紳士製送万民傘・徳政牌等、貢諛献媚、以誌去思。蘇俗此風尤甚。竟有書吏人等、向郷民斂資勒索者。長洲県王芸荘大令深悉此弊。当交卸時、有附近陽山一帯郷農高擡牌匾、導以執事、恭送至署。大令見而怫然揮之。使出郷民、惶恐無地、大声囉唕、致触大令之怒。自持竹板一根、下堂駆逐、遂一攪而散。後即出示暁諭。大旨謂「本県自蒞斯任、毫無功徳及民、方滋慚愧、乃有某都某図郷民某々等送牌匾前来。深惜爾等以有用之銭作此無益之事、甚為本県不取。若能安分耕種、年々早納太平之税、不受追呼之辱、則本県受賜良多。為此暁諭闔属居民、毋再蹈此覆轍、云々」。似此風清弊絶、可想見賢令風猷矣」。

(40)『武林臨民録』巻三、告示、諭止杭紹士民挽留為暁諭事〔康熙三十四年十二月十日〕「爾士民無知罷市、籲懇挽留、誠属多事。更可異者、本府離紹已久、去杭何関於紹。而紹之士民亦匍匐過江、紛紛哀籲請留、殊不思。王命已頒、誰敢有違。挽留徒労心力。若習以為套、反覚招嫌。即愛戴果真、亦属何益」。

(41)『雍正上諭内閣』巻三四、雍正三年七月十五日「凡官員離任、毎有地方士民保留。如果該員在任実有政績、恵沢在人、愛戴出於至誠、理応赴上司具呈陳請。即或清正廉幹之官、冤抑被劾、百姓為之抱屈者、亦可赴闕申理。乃邇来積習無論官員賢否及離任之有無冤抑、概借保留為名、竟不呈明上司、輙鳴鑼聚衆、擅行罷市、顕然挟制、其中買嘱招揺。種種弊端、皆於地方生事。如果保留尽係真情、何以陞任官員不聞有人愛戴者耶。此乃刁風悪習、例所厳禁、断不可縦容使長。……凡保留官員者、多非出於真情、皆買嘱逼迫而然也。嗣後官員離任、士民有擅行鳴鑼聚衆罷市者、除将刁悪之人分別首従、従重治罪外、其被保之員、即係好官、然既買嘱百姓、亦必厳加治罪、以儆刁風」。

(42)『大清律例』巻一七、礼律、儀制、見任官輙自立碑律「凡見任官実無政績、〔於所部内〕輙自立碑建祠者、杖一百。若遣人妄称己善、申請於上〔而為之立碑建祠〕者、杖八十。受遣之人、各減一等。〔碑祠拆毀〕」。

(43)『大清律例』巻六、吏律、職制、上言大臣徳政律附例「督撫等官、或陞任・更調・降調・丁憂離任、而地方百姓赴京保留控告者、不准行。将来告之人交与該部治罪。若下属交結上官、派斂資斧、駆民献媚、或本官留恋地方、授之意旨、藉公行私、事発得実、亦交該部従重治罪」。『読例存疑』巻七「此条康熙三十二年吏部議准定例」。ただし『大清

律例通考』巻六には「この条は康熙三十三年三月吏部が題覆して定例としたものである」とある。

(44)『大清律例』巻三四、刑律、雑犯、嘱托公事律附例「如有降調・黜革之員、賄嘱百姓保留者、審実、将与受官民倶照枉法贓治罪」。また『読例存疑』巻四四に「此仍係康熙五十二年吏部会議定例」とある。

(45)『雍正上諭内閣』巻五四、雍正五年三月十七日「凡紳士兵民保留本地官員之処、久奉聖祖仁皇帝諭旨厳禁。蓋脅衆罷市等情、該督撫等必行査究。故匪類尚不敢軽犯。至於保留官員、向来並不究問其根由。故小人不知畏懼、此唱彼和、聴人指使。賢愚混雑、顚倒是非。種種弊端、如賄買要結之事、皆従此出。而地方官員必至枉道以求悦於人。此風断不可長。如属員果係賢能称職、該督撫等即拠己見具題保薦。朕自酌量兪允。不必牽引紳士兵民攀轅臥轍等語、以開小人生事之端」。

(46)『官場現形記』第一八回「頌徳政大令挖腰包、査参案随員売関節（善政を頌《たた》える行事のために身銭《みぜに》を切り査察官の随員がわいろを請求すること）」（入矢義高・石川賢作訳『中国古典文学大系』五〇、平凡社、一九六八年）。

(47)『官箴集要』巻上、臨民篇、治政「夫郡守県令為牧民之官。所以牧之為言養也。居是邦必是牧養是邦之民以父母論之。其愛子之心為何如哉。親民之官、於百姓鰥寡孤独飢寒疾苦者、無一不関於心。故曰「愛百姓如妻子」。又曰「一民之溺、猶己溺之、一民之飢、猶己飢之」。其於詞訟与之、分弁是非。其於賦役与之、分験貧富。其科差催徴之際、猶当視其緩急軽重而治。毋以喜怒濫用刑法、横加於人。切宜戒之」。

(48)『官箴集要』巻下、克終篇、不可自鬻「代之末至也、風民立石以頌徳、結綺門以祖行、鳩銭帛以佐路費、建生祠以図不朽之名、皆非士君子之事也。蓋為善不求人知者為上。知而不自有其善者次之。呶呶焉自媒自鬻、惟崇虚誉者、風斯在下矣」。

附章　清代の公牘とその利用

俗例を按ずるに、紳民、徳政を公頌するに、毎に諛語多し。今該郷民独《ひと》り能《よ》く実を紀し、揄揚《とうよう》に事とせず。

——『点石斎画報』書集一一期、人痩我肥

地方官にこびてその徳政を讃えることが普通の郷民たちが地方官のあまりのひどさに正直なことを書いた様子を伝えている。

はじめに

本章は、いわゆる公牘という範疇に分類される漢籍史料について言及し、そのとりわけ清初の公牘の歴史研究における利用の概況と展望とについて若干の私見を述べるものである。その意図するところは、公牘が単に法学研究において多くの情報を提供するだけでなく、歴史研究、なかでも清代地域社会史研究においても重要な史料となりうることを再確認し、そのさらに積極的な利用を促すことにある。

一　公牘とは何か

1　公牘の定義

公牘の語意はすなわち「公文書」であることから、それは国または地方公共団体、あるいはその構成員である官僚が作成した公の文献一般を意味する。しかし、通常清代にあって公牘と称するものは、とりわけ地方官僚個人による公文書集として編纂・刊行された書物を意味するので、本章で公牘という場合もまたこの通例に従う。公牘に掲載された公文書の元になった原件文書は「檔案」と呼ばれるが、地方行政に関わる檔案は散逸を免れた特殊な場合を除いて現存するものがきわめて少ない。それに対し、公牘は地方官僚みずからが、もしくはその子孫・後輩らが編集したものであり、清代には多く刊行されたことから、すでに失われた原件文書の情報の一端をいまに伝えているという特徴がある。馮爾康が公牘を意味する「清代地方政書」の説明として、「地方官員が政を行う過程で、告示、規諭、教令、判案批文、上官への報告、皇帝への上奏などを発行したもので、それらはみな地方政治文献である。地方官員たちの中にはこれらの文書に関心を持ち、あらかじめ集めて刊行する者もいた」というように(1)、清代の地方官僚の間ではこうした公文書を集めて刊行することが普及していたようである。

刊行の目的の一つは、その人物の事蹟を後世に伝えるためであった。仁井田陞が「公牘は主として役人の経験であり、政績の記録であり、体裁のよい自己実績の報告書でもある」と述べるように(2)、地方官僚にとっては実際に政務に携わった体験記録を書物として遺し、永久保存版にすることに大きな意味があった。文人を標榜する地方官僚の中で経学に通じた者や詩文に秀でた者はおのずとそれに関連する文章や作品を豊富に含む個人文集である別集を刊行することを望んだであろうが、とくにそうした方面に実績を持たない者はみずからが生涯に著した文章の中で圧倒的多数を占める公文書をその文集の中心に置かねばならなかった。その意味で公牘は公文書だけで構成された別集でもあった。

刊行のもう一つの目的は、読者である官僚予備軍の需要に応えるためであった。地方官僚の規範を示す指南書に官箴書があったことはすでに知られているが、官僚経験の浅い者が実際に文書を作成するに当たって参考にしたのはむしろ実例集としての公牘の方ではなかったかと思われる。官箴書の中には、『未信編』のように二集を公文書に充てたものや『福恵全書』のように著者みずからの公文書を例文として挙げたものなどがあり、いずれも読者の要求を満たし、好評を博したといわれる。

公牘はもちろん檔案そのものではない。また地方官僚やその関係者にとって後世に遺したくないと判断したものは収録されなかった場合もあり、その全貌が伝えられたわけではない。さらに時として収録された文書に改変が加えられる可能性も皆無とはいえなかった。にもかかわらず、公牘はそこに収められた情報が当時の地方行政やそれを通して見た地方社会の具体像を伝えている点で特有の史料的価値を持つのである。

2　公牘の内容

公牘に収められた文書の内容は必ずしも一様ではない。地方官僚が発行した公文書を基礎にしているかぎり、そこに掲載された文書には多くの種類があり、編纂の方針によって収録される文書の内容も各様にならざるをえない。しかしながら、その系統はおよそ次の三つに分かれる。

第一は「讞語」に代表される文書である。これは裁判における判決や上司に報告する自己判断を示した文書をいい、一般的には「判牘」といわれる。「判語」、「批語」、「批駁」、「審語」、「看語」なども同じ系統に属する。(3) 「判牘」とは滋賀秀三の定義によれば、「過去の中国において、訴訟案件を扱った地方長官が、何らかの裁きを与える意味をもって書き記した文章」(4)であり、広く実用に供したためか、判牘だけを独立させて『××判牘』ないし『××判語』などの名で刊行されたものが少なくない。(5)「讞」とは、濱島敦俊によれば「有司による裁きが上級に上げられ、それが審査されることを意味するようである」(6)とあり、上級部署に答申した判牘に格別の価値を求めたのか、公牘には「讞語」の項目が多く見受けられる。

第二は「告示」に代表される文書である。これは地方官僚が属吏ないし民衆に対して告諭する時の文書であり、官署の前の壁あるいはその他の場所で周知させるために貼りつけたものが多い。「示」「示諭」「示檄」「告諭」なども同じ系統に属する。地方官僚がある状況―たいていの場合、好ましくない状況―を告知し、それに対する判断を示し、さらに訓告・戒告を与えるのが一般的である。「告示」は官僚としての所信と指針を示した文書であるため、多くの公牘に収められている。また、総督・巡撫などの高官の告示は『××文告』ないし『××文檄』などという名において単独で刊行されたものが少なくない。

第三は「詳文」に代表される文書である。これは地方官僚の上官に対する正式な上行文であり、「申詳」ともいう。「稟帖」も同じ系統に属するが、本来は私信を意味した。「詳文」は担当地域で生じた問題を報告し、その処理について上官の判断を仰ぐ目的で発行されたもので、「詳らかに説明した文」を意味した。(7)ちなみに総督・巡撫らの上行文、すなわち皇帝に対しての報告や裁可要請の権限を持つ総督・巡撫の上申書は、多くの場合、「奏議」ないしは「奏疏」、あるいはその原稿を意味する「奏稿」「疏草」「疏稿」などの名においてそれだけが独立した書物として刊行された。この種の「奏議」は皇帝に上奏した記録としての特別な意味があったためか、多くが刊行され、書物としての独立した範疇を早くから確立させていた。それゆえ「奏議」は広義の公牘ではあるものの、いわゆる公牘の範疇を超えたものと判断される。

このほか公牘によっては、「咨」「移」「牒」「札」などの同僚に宛てた平行文書や「牌」「票」などの下僚に宛てた下行文書を収録するものもあったが、上記の三つの系統の文書がその中心を占めたことに変りはない。

3 公牘の分類

公牘という書物の大きな特徴は四庫全書に分類項目が設けられていないことである。前述のように総督・巡撫らの上申書は通常「史部、詔令奏議類」に属する。また、官僚個人が文集を著し、その中に公牘を含む場合は「集部、別集」に収められることが多い。しかし、日本の漢籍目録の場合、一般に公牘と目される地方官僚の公文書集は、たとえば「史部、職官類、官箴」、「史部、政書類、法令」、「子部、法家類」など、目録によって様々な場所に分類されている。

日本で最も多くの公牘を収蔵している東京大学東洋文化研究所が編んだ『東京大学東洋文化研究所漢籍分類目録』（東京大学東洋文化研究所、一九七二年）では「史部、政書類、法令之属、判牘」の項目を立て、多くの判牘をそこに帰属させているが、判牘を含む公牘は、「史部、政書類、雑録之属」として、その他大勢と同じ扱いを受けている。

中国の漢籍目録のうち、北京図書館編『北京図書館古籍善本書目』（北京、書目出版社、一九八七年）には「史部、政書類、公牘檔冊」として独立した「公牘」の項目があり、北京大学図書館編『北京大学図書館蔵古籍善本書目』（北京、北京大学出版社、一九九九年）には「史部、政書類―雑録―公牘」の分類項目がある。また翁連渓編校『中国古籍善本総目』（北京、線装書局、二〇〇五年）にも同様の項目が設けられていて、一部が収められているが、必ずしもすべての公牘がそこに帰属しているわけではない。むしろこれらの目録の「集部、別集」には少なからざる公牘が収められている。

このように公牘には書誌分類上の「独立」がなお確立されていないのが現状である。

4　公牘の収蔵

公牘の収蔵は、日本では東京大学東洋文化研究所が突出している。その主要な部分は、一九四一年に研究所が創設された際に、大木幹一（一八八一～一九五八）が寄贈した大木文庫からなる。大木は一九一一年に東京帝国大学法学院を卒業後、弁護士として長期にわたり北京と天津に滞在し、その間に法制関係を中心とする漢籍を多数収集した。大木みずからが編纂した蔵書目録には、「内編、政法第一類、総類、公牘」として百余種の公牘が収められている。このコレクションは中国でも注目されるほど珍しいものである。[8]

中国では社会科学院法学研究所法学図書館が所蔵する目録カードA９・１とA９・２の分類のもとに多くの官箴書・公牘を収蔵する。法学研究所は一九五八年に正式に成立した中国社会科学院の一組織で、成立当時、法学研究に供するために購入可能な政書類を収集したものと思われる。また中国国家図書館（旧北京図書館）や中国科学院国家科学図書館（旧科学院図書館）には数に限りがあるものの明末清初の貴重な公牘が収蔵されている。

米国の議会図書館アジア部（Library of Congress, Asian Division）は《公牘》の分類において四七種の公牘を収蔵している。[9] 同様に善本は少ないものの、この図書館でしか存在が確認できない孤本もある。[10] 議会図書館法律図書館極東法律部（Library of Congress, Law Library, Far Eastern Law Division）の China Pre-modern Law Title File には清代の法律関係古籍が多く収蔵されているが、その内容は清末の条例や刑案が中心である。

公牘の収蔵に関わる特徴としては、書誌分類上善本に認定されるものが少ない点である。上記の機関に収蔵された公牘はたいていの場合、辛亥革命以後にまとめて購入されたものが基礎になっている。それらは実用書としては前代の遺物であり、革命後その役割を終えたことから市場に大量に出回ったものであり、それゆえにおのずから善本としての処遇を受けることはほとんどなかったのである。

二　康熙朝の地方官僚が遺した公牘

清代の公牘をすべて網羅的に紹介するにはその数が多きにすぎるため、ここでは筆者の研究関心に即し、とりわけ康熙朝において地方行政を担った官僚たちが遺した公牘に限ってその書誌的解説を行うことにする。なお、公牘の選択に当たっては以下の方針に従った。
1　「奏議」等の名称で単独で刊行された上奏文は上述の理由により便宜上除外した。
2　多くの官僚の公牘を集めて再編集した総集は分類の関係から除外した。地方志の芸文志に公牘が掲載されている場合も同様の理由で除外した。また個人の文集の中に公牘が部分的に含まれている場合も一部を例外として割愛した。
3　総督・巡撫・布政使・按察使、知府・直隷州知州、知州・知県以外の官僚の公牘は一括して、**4　その他の官僚の公牘**に分類した。
4　収蔵場所については最も古い版本を有する機関を優先した。日本国内で閲覧できるものについてはその版本と収蔵機関を併記した。
5　異なる官職で発行した公牘を一書に収めている場合は、各官職の箇所にそれぞれ分類した。

1　省級高官の公牘

（1）『総制浙閩文檄』六巻　清劉兆麒撰、清康熙十一年（一六七二）序刊本、中国国家図書館および米国議会図書館蔵（官箴書集成編纂委員会編『官箴書集成』合肥、黄山書社、一九九七年、第二冊所収）。内容は劉兆麒が浙江総督の任にあった時（一六六九～一六七三、一六七〇年までは福建総督を兼ねる）のもので、書名からも判断できるように「文檄」つまり告示のみであるが、その情報は具体性に富む。

（2）『李文襄公別録』六巻　清李之芳撰、清康熙四十一年（一七〇二）跋刊本、東洋文庫等蔵（『近代中国史料叢刊』第三二一輯、台北、文海出版社、一九六九年、また『四庫存目叢書』済南、斉魯書社、一九九七年、集部二一六所収）。内

容は李之芳が劉兆麒の後任として浙江総督の任にあった時（一六七三〜一六八二）の「啓」「咨」「飭」「照会」「檄」などからなり、巻五〜六、文告紀事は告示を主に掲載する。

（3）『撫閩文告』二巻　闕名（清呉興祚）撰、清刊本、国立公文書館内閣文庫蔵。内容は序跋がないが、呉興祚が福建巡撫の任にあった時（一六七八〜一六八二）の「示」と「牌」からなる。(11)

（4）『于清端公政書』八巻　清于成龍撰、清康熙四十六年（一七〇七）刊本、東洋文庫等蔵（『近代中国史料叢刊続編』第三三輯、台北、文海出版社、一九七六年、また『景印文淵閣四庫全書』台北、台湾商務印書館、一九八六年、一三一八冊集部二五七所収）。内容は于成龍が直隷巡撫および両江総督の任にあった時（一六八〇〜一六八一、一六八二〜一六八四）の「疏」「檄」「示」「諭」などの各種文書からなる。

（5）『撫江撫粤政略』八巻　清李士禎撰、清刊本、東洋文庫等蔵。内容は李士禎が江西巡撫および広東巡撫の任にあった当時（一六八一、一六八一〜一六八七）の「奏疏」「符檄」「文告」「批答」からなる。(12)

（6）『湯子遺書』一〇巻　清湯斌撰、清康熙四十二年（一七〇三）序刊本、国立公文書館内閣文庫および京都大学人文科学研究所蔵（前掲『景印文淵閣四庫全書』一三一二冊集部二五一、また『湯斌集』上、鄭州、中州古籍出版社、二〇〇三年所収）。巻九の内容は湯斌が江寧巡撫の任にあった時（一六八四〜一六八六）の「告諭」を収める。

（7）『清忠堂撫粤文告』六巻　清朱宏祚撰、清刊本、京都大学人文科学研究所蔵。内容は朱宏祚が広東巡撫の任にあった時（一六八七〜一六九二）の「文告」からなる。

（8）『西陂類稿』五〇巻　清宋犖撰、清康熙五十年（一七一一）序刊本、国立公文書館内閣文庫および京都大学人文科学研究所蔵（前掲『景印文淵閣四庫全書』一三二三冊集部二六二所収）。宋犖の詩文が大半だが、「公移」（巻三八〜三九）に彼が山東按察使（一六八七）、江蘇布政使（一六八七）、江西巡撫（一六八八〜一六九二）、江蘇巡撫

（一六九二〜一七〇五）の任にあった時の「奏疏」「公移」を含む。

(9)『日知堂文集』六巻　清鄭端撰、清康熙刊本、天津図書館蔵（前掲『四庫全書存目叢書』集部二三一所収）。内容は文告一巻に鄭端が偏沅巡撫、江蘇巡撫の任にあった時（一六八九〜一六九〇、一六九〇〜一六九二）等の「奏疏」「示諭」「公移」等を含む。

(10)『思誠堂集』二巻附録一巻　清呉琠撰、清乾隆三十四年（一七六九）刊本、清華大学図書館蔵（前掲『四庫全書存目叢書』集部二三一所収）。内容は呉琠が湖広巡撫の任にあった時（一六八九〜一六九二）の「奏疏」や「告示」を収める。

(11)『撫豫文告』一五巻　清馬如龍撰、清康熙刊本、米国議会図書館蔵。内容は馬如龍が江西巡撫の任にあった時（一六九二〜一七〇二）の「告示」を収録する。

(12)『趙恭毅公剰稾』八巻　清趙申喬撰、清乾隆二年（一七三七）刊本、中国社会科学院法学研究所法学図書館蔵（前掲『四庫全書存目叢書』集部二四四所収。清乾隆六年刊本は東京大学東洋文化研究所蔵）。内容は趙申喬が浙江布政使、浙江巡撫、偏沅巡撫の任にあった時（一七〇一〜一七〇二、一七〇二、一七〇三〜一七一〇）のそれぞれの「奏疏」「議」「序記誌述」「詳咨」「示檄」「批詳」「雑著」からなる。

(13)『趙恭毅公自治官書類集』二四巻　清趙申喬撰、清何祖柱輯、清雍正五年（一七二七）序刊本、中国科学院国家科学図書館蔵（『続修四庫全書』上海、上海古籍出版社、一九九五年、八八〇〜八八一冊所収）。内容は趙申喬が偏沅巡撫の任にあった時（一七〇二〜一七一〇）の「奏疏」「咨文」「告示」「牌檄」「批詳」「讞断」「芸文」からなる。

(14)『正誼堂文集』一二巻　清張伯行撰、清乾隆三年（一七三八）序刊本、東京大学東洋文化研究所蔵（前掲『四庫全書存目叢書』集部二五四所収）。内容は張伯行が福建巡撫および江蘇巡撫の任にあった時（一七〇一〜

一七〇九、一七〇九～一七一五）の「疏」「奏摺」「公移」「檄文」「教条」からなる。

(15)『受祜堂集』一二巻　清張泰交撰、清康熙四十五年（一七〇六）刊本、中国国家図書館蔵（『四庫禁燬書叢刊』北京・北京出版社、二〇〇〇年、正編集部五三所収）。内容は張泰交が浙江巡撫の任にあった時（一七〇二～一七〇六）の「詳文」「讞語」「示檄」「雑文」からなる。

(16)『西江政畧』三巻　清楊朝麟撰、清康熙五十五年（一七一六）刊本、京都大学人文科学研究所および米国コロンビア大学図書館蔵。内容は楊朝麟が江西按察使の任にあった時（一七一四～一七一七）の「条教」「文檄」「詳稿」からなる。

(17)『皖臬政紀』四巻　清朱作鼎撰、清康熙六十一年（一七二二）序刊本、国立公文書館内閣文庫蔵。内容は朱作鼎が安徽按察使の任にあった時（一七一六～一七二三）の「詳文」「檄文」「示文」からなる。

(18)『軺車雑録』二巻　清朱軾撰、清康熙六十年（一七二一）序刊本、北京大学図書館蔵（清嘉慶十八年序刊本は東洋文庫等蔵）。内容は朱軾が浙江巡撫の任にあった時（一七一七～一七二〇）の「奏疏」「咨文」「行文」「告示」「雑文」からなる。

2　知府・直隷州知州の公牘

(19)『莅鳳簡言』四巻首一巻末一巻　清劉澤霖撰、清康熙五十二年（一七一三）刊本（康熙四年自序）、中国社会科学院法学研究所法学図書館蔵（清道光十三年重刊本は東京大学東洋文化研究所蔵）。内容は劉澤霖が陝西鳳翔府知府の任にあった時（一六六三～一六六八）の「詳」「示」「牌」などからなる（「示」のみ『古代榜文告示彙存』北京、社会科学文献出版社、二〇〇六年、第四冊所収）。

(20)『桐川紀事』一巻続一巻　清楊苞輯、清蔡之芳撰、清康熙二十四年（一六八五）跋刊本、中国国家図書館蔵。内容は楊苞が江南広徳直隷州知州の任にあった時（一六六三～一六六六）の「示」「稟」「詳」「記」などからなる。

(21)『于清端公政書』八巻　清于成龍撰、本書は(4)に既出。内容は于成龍が湖南武昌府知府および黄州府知府（一六七四、一六七四～一六七七）の任にあった時の各種文書からなる。

(22)『守禾日紀』六巻　清盧崇興撰、清乾隆四年（一七三九）序刊本、中国社会科学院法学研究所法学図書館蔵（『歴代判例判牘』北京、中国社会科学出版社、二〇〇五年、第九冊所収。清乾隆五十三年補刊本は東洋文庫等蔵）。内容は盧崇興が浙江嘉興府知府の任にあった時（一六七六～一六七八）の「疏序申詳」「告示」「讞語」からなる。

(23)『封陵五日録』一〇巻　清賈樸撰、清康熙四十三年（一七〇四）刊本、中国科学院国家科学図書館蔵（旧抄本は米国議会図書館蔵）。内容は賈樸が広西思明府署知府（一六八四年以降）の任にあった時の「申詳」「牌檄」「稟啓」「牒移」「批駁」「札諭」「告示」「看讞」「柬牘」「代稿」「雑著」「詩詞」などからなる。

(24)『守寧行知録』二八巻　清張星耀撰、清康熙三十三年（一六九四）序刊本、中国国家図書館蔵。内容は張星耀が浙江寧波府知府の任にあった時（一六八八～一六九五）の「詳文」「讞語」「示檄」「雑文」からなる。

(25)『越州臨民録』四巻首一巻　清李鐸撰、清康熙三十年（一六九一）刊本、中国科学院国家科学図書館および米国コロンビア大学図書館蔵。内容は李鐸が浙江紹興府知府の任にあった時（一六八九～一六九一）の「文記」「祭文」「信牌」「告示」からなる。

(26)『武林臨民録』四巻首一巻　清李鐸撰、清康熙三十四年（一六九五）刊本、中国国家図書館蔵。内容は李鐸が浙江杭州府知府の任にあった時（一六九一～一六九六）の「文記」「信牌」「告示」「詳讞」からなる。

(27)『守邦近畧』四集　清張官始撰、清康熙三十三年（一六九四）序刊本、米国議会図書館蔵。内容は張官始

が江西吉安府知府にあった時（一六九二～一六九四）の「告示」と「判牘」からなる。(13)

(28)『臨汀考言』一八巻　清王廷掄撰、清康熙三十八年（一六九九）刊本、中国科学院国家科学図書館蔵（『四庫未収書輯刊』北京、北京出版社、二〇〇〇年、第捌集二一所収）。内容は王廷掄が福建汀州府知府の任にあった時（一六九五～一七〇一）の「詳議」「審讞」「檄示」「批答」などからなる。(14)

3　州県官の公牘

(29)『于清端公政書』八巻　清于成龍撰、本書は(4)および(21)に既出。内容は于成龍が広西柳州府羅城知県および四川重慶府合州知州の任にあった時（一六六一～一六六七、一六六七～一六六九）の各種文書からなる。

(30)『敬事初編』不分巻　清任玥撰、清康熙十六年（一六七七）刊本、南開大学図書館蔵。内容は任玥が山西汾州府石楼県知県の任にあった時（一六六一～一六六七）の判牘や告示からなる。

(31)『望山堂讞語』残一巻　清張扶翼撰、清王猷輯、清康熙五年（一六六六）序刊本、中国国家図書館分館蔵。内容は張扶翼が湖南沅州府黔陽県知県の任にあった時（一六六二～一六七〇）の「讞語」を収めている。

(32)『聖湖澹寧集』残二巻　清何玉如撰、康熙十一年（一六七二）跋刊本、台湾中央研究院近代史研究所傅斯年図書館蔵。残二巻の内容は何玉如が浙江杭州府銭塘県知県の任にあった時（一六六四～一六七一?）の詳文、告示、判牘などからなる。(15)

(33)『牧愛堂編』一二巻　清趙吉士撰、清康熙十二年（一六七三）序刊本、東京大学東洋文化研究所および中国科学院国家科学図書館蔵。内容は趙吉士が山西太原府交城県知県の任にあった時（一六六八～一六七三）の「芸文」「詳文」「告諭」「参語」からなる（「告諭」のみ前掲『古代榜文告示彙存』第四冊～第五冊所収）。

(34)『福恵全書』三三巻　清黄六鴻撰、康熙三十三年（一六九四）序刊本、東京大学東洋文化研究所等蔵（和刻影印本：汲古書院、一九七三年）。内容は黄六鴻が山東袞州府郯城県知県および直隷河間府東光県知県の任にあった時（一六七〇〜一六七二、一六七五〜一六七八）の「詳文」「稟帖」「看語」などを例文として引用している。

(35)『都梁政紀』巻四　清盱眙闔邑紳民輯、清康熙十三年（一六七四）刊本、北京大学図書館蔵。内容は朱宏祚が江蘇泗洲直隷州盱眙県知県の任にあった時（一六七〇〜一六七四）の治績を県民が称え、併せて彼の告示などを収めている。

(36)『烹鮮紀略』不分巻　清崔鳴鷟撰、清康熙十九年（一六八〇）自序木活字本、米国議会図書館蔵。内容は崔鳴鷟が河南開封府儀封県知県と河南河南府偃師県知県の任にあった時（一六七三〜一六七五、一六七七〜一六八二）の「判牘」「告示」「詳文」「記」「議」などからなる。(16)

(37)『三魚堂外集』六巻　清陸隴其撰、清康熙四十年（一七〇一）跋刊本、東洋文庫等蔵（前掲『景印文淵閣四庫全書』一三二五冊集部二六四）。内容は陸隴其が江蘇蘇州府嘉定県知県および直隷正定府霊寿県知県の任にあった時（一六七五〜一六八二、一六八三〜一六九〇）の「奏疏」「議」「条陳」「申請」「公移」からなる。

(38)『珠官初政録』三巻　清楊昶撰、康熙二十三年（一六八四）刊本、中国国家図書館蔵。内容は楊昶が広東廉州府合浦県知県の任にあった時（一六八〇〜一六八七）の「詳議」「文告」「讞書」からなる。判牘を収めた巻三は『珠官讞書録』として独立した体裁になっている。

(39)『蒞蒙平政録』不分巻　清陳朝君撰、清康熙二十八年（一六八九）自序刊本、遼寧省図書館蔵（前掲『官箴書集成』第二冊所収）。内容は陳朝君が山東沂州府蒙陰県知県の任にあった時（一六八二〜一六八九の一定期間(17)）の「詳文」「牒文」「告示」からなる（「告示」のみ前掲『古代榜文告示彙存』第五冊所収(18)）。

(40)『雲陽政略』六巻　清宜思恭撰、清康熙二十九年（一六九〇）序刊本、中国科学院国家科学図書館蔵。内容は宜思恭が湖南長沙府茶陵州知州の任にあった時（一六八四～一六九一）の「詳文」「招詳」「讞語」「雑文」「告示」などからなる（「告示」のみ『中国古代地方法律文献』乙編、第六冊、北京、世界図書出版公司、二〇〇六年所収）。

(41)『未信編二集』六巻　清施宏撰、清潘杓燦輯、清康熙二十七年（一六八八）刊本、東京大学東洋文化研究所および京都大学人文科学研究所蔵。内容は施宏が浙江杭州府臨安県知県の任にあった時（一六八五～一六八八）の「申移」「牌檄」「告示」「讞語」からなる（「告示」のみ前掲『中国古代地方法律文献』乙編所収）。

(42)『求芻集』不分巻　清葉晟撰、清康熙三十年（一六九一）刊本、中国社会科学院法学研究所法学図書館蔵（前掲『歴代判例判牘』第九冊所収）。内容は葉晟が陝西鳳翔府郿県知県の任にあった時（一六八六～一六九一）の「告諭」と「讞語」からなる。

(43)『古愚心言』八巻　清彭鵬撰、清康熙三十四年（一六九五）刊本、国立公文書館内閣文庫蔵（前掲『四庫全書存目叢書』集部二三一～二三二所収）。内容は彭鵬が直隷順天府三河県知県の任にあった時（一六八六～一六九〇？）の「疏」「詳文」「条議」「告示」「照牌」からなる。

(44)『受祜堂集』一二巻　清張泰交撰、本書は(15)に既出。内容は張泰交が雲南大理府太和県知県の任にあった時（一六八九～一六九四）の「詳文」「讞語」「示檄」「雑文」からなる。

(45)『治祝公移』不分巻　清李湇仁撰、清康熙三十七年（一六九八）序刊本、中国社会科学院法学研究所法学図書館蔵。内容は李湇仁が山東済南府斉河県知県の任にあった時（一六九一～一六九七）の「雑文」「条議」「申詳」「関牒」「告示」「讞語」からなる（「告示」のみ前掲『中国古代地方法律文献』乙編、第六冊所収）[19]。

(46)『肥郷政略』四巻　清范大士撰、清康熙四十年（一七〇一）刊本、中国国家図書館蔵。内容は范大士が直

隷広平府肥郷県知県の任にあった時（一六九九～一七〇一）の「申詳」「看語」「告示」「雑文」からなる。

(47)『宰邡集』一二巻　清孫廷璋撰、清康熙四十二年（一七〇三）序稿本、南京図書館蔵。内容は孫廷璋が四川成都府什邡県知県の任にあった時（一六九九～一七〇五）の判牘などからなる。

(48)『容我軒雑稿』不分巻　清欠名撰、清稿本、復旦大学図書館蔵。内容は李良祚が湖南衡州府衡山県知県（一七〇二年以後）の「詳文」「審語」「告示」などからなる。[20]

(49)『同安紀略』二巻　清朱奇政撰、清雍正十三年（一七三五）刊本、中国社会科学院法学研究所法学図書館蔵。内容は朱奇政が福建泉州府同安県知県の任にあった時（一七一二～一七一三）の「詳文」「判語」「批語」「告示」「稟緘」「尺牘」「序記」からなる（「告示」のみ前掲『古代榜文告示彙存』第六冊所収）。[21]

(50)『天台治略』一〇巻　清戴兆佳撰、清康熙六十年（一七二一）序刊本、国立公文書館内閣文庫蔵（前掲『官箴書集成』第四冊所収）。内容は戴兆佳が浙江台州府天台県知県の任にあった時（一七一九～一七二一）の「詳文」「讞語」「告示」「啓」「雑著」「呈批」からなる。

(51)『覆甕集』銭穀二巻、刑名一〇巻　余集一巻　清張我観撰、清雍正四年（一七二六）刊本、中国科学院国家科学図書館および中国社会科学院法学研究所法学図書館蔵。内容は張我観が浙江紹興府会稽県知県の任にあった時（一七二〇～一七二六）の公牘であり、銭穀二巻には経済関係の「稟」「告示」「判」などを、刑名一〇巻には「条告」「判」（命案、盗案、戸婚、田土、贓私、庶務）、「稟帖」「祭禱」「旌奨」を含む（「条告」のみ前掲『古代榜文告示彙存』第五冊所収）。余集一巻はその補遺である。

4　その他の官僚の公牘

(52)『理信存稿』不分巻　清黎士弘撰、康熙九年（一六七〇）刊本、中国社会科学院法学研究所法学図書館蔵。内容は黎士弘が江西広信府推官の任にあった時（一六六二～一六六七）の「詳文」「告示」「審語」「雑記」からなる（「告示」のみ前掲『古代榜文告示彙存』第三冊所収）。

(53)『南沙文集』八巻　清洪若皐撰、清康熙二十七年（一六八八）刊本、南京図書館蔵（前掲『四庫全書存目叢書』集部二二五所収）。内容は巻八「吏牘」に洪若皐が福寧分巡道の任にあった時（一六六二～一六六七）の「詳文」「移文」「告示」「牌」を含む。

(54)『四此堂稿』一〇巻　清魏際瑞撰、康熙十四年（一六七五）刊本、東京大学東洋文化研究所等蔵。内容は魏際瑞が浙江巡撫范承謨の幕友の任にあった時（一六六八～一六七二）の「告示」「咨」「奏本」「牌」「票」「批駁」「書」「雑体」他からなる（「告示」のみ前掲『古代榜文告示彙存』第三冊所収）。

(55)『平閩記』一三巻　清楊捷撰、清康熙二十三年（一六八四）序刊本、国立公文書館内閣文庫蔵、内容は楊捷が福建陸路提督の任にあった時（一六七八～一六八〇）の「告示」（巻一二～一三）を収める。

(56)『他山集』三六巻　清盛孔卓撰、清抄本、上海図書館蔵。内容は盛孔卓が康熙三十年代（一六九一～一七〇〇）まで幕友を勤めた時の「詳議」「参看」「讞語」「批申」「咨移」「告示」「公檄」「駁檄」「諭剳」「稟揭」からなる。

(57)『紙上経綸』六巻　清呉宏撰、清康熙六十年（一七二一）序刊本、東京大学東洋文化研究所蔵（郭成偉・田濤整理『明清公牘秘本五種』北京、中国政法大学出版社、一九九九年所収）。内容は呉宏が幕友を勤めた時期（一六九一～一七一六）の「招」「詳」「駁」「讞語」「告示」「補遺」からなる。

(58)『青銅自考』一二巻　清兪益謨撰、清康熙四十六年（一七〇七）刊本、中国科学院国家科学図書館、北京大学図書館および米国コロンビア大学図書館蔵（前掲『四庫禁燬書叢刊』正編一七所収）。内容は兪益謨が湖広提督の任にあった時（一七〇三～一七一一）などの「題奏条議」「咨呈移会」「檄行文告」「啓集」「尺牘」などからなる。

三　公牘を利用した研究の概況と展望

つとに公牘に注目した仁井田陞はその価値について、「中国の社会や政治の機構は、官箴や公牘によくあらわれていると見ても過言ではなく、その意味でそれは資料価値が高い。……ただ一般的にいつて、官箴に説いてある意見がそのまま実行されていたとしたり、公牘に書かれてあるところが一つ一つ事実であると過信するわけにはいかない。しかし役人とはどんなことを考えるものであるか、地方ごとに農村にはどんな問題が生じていたか、また、それがどんなに解決されずにいたか、或はどんな工合に処理されていたのか、一つの目安を与えていることにはなろう」と述べている。(22)また、中国でも馮爾康が、「この種の政治文献は同時に当該地区の経済、文化、社会の状況を反映し、あわせて一定程度上、全国の状況の地方的特徴を反映するため、史家は重視し、それを貴重な史料として運用してきた」と語るように、(23)公牘が重要な史料であるという観念は早くからあった。

しかし、その利用は具体的かつ実践的な面で歴史研究というよりはむしろ法学研究の分野から始まった。それは滋賀秀三が、「これを史料として判例の推移などを云々することのできるような文献ではないけれども、内容は刑事のみならず民事・行政にわたる案件を豊富に含み、かつ人民の生活を比較的如実に、いわば血の通った形で反映している面白さがある」と指摘するように、(24)公牘の中でも、とりわけ判牘が当時の裁判の実態を示す好資料として評価されたためにほかならない。

公牘を研究に利用した嚆矢は仁井田陞「清代の取引法等十則―「秀山公牘」「汝東判語」「樊山批判」その他のなかから」（同『中国法制史研究―土地法・取引法』東京大学出版会、一九六〇年所収）である。副題が示すように、文字通り『秀山公牘』、『汝東判語』、『樊山批判』などの大木文庫に収められた清末光緒年間の四川、江西、陝西の各知県の公牘を資料として清代の取引法を研究したものである。

滋賀秀三もまたその著書『中国家族法の原理』（創文社、一九六七年、改訂版：二〇〇〇年）において、『棘聴草』という順治年間の浙江推官の判牘、および『判語録存』という清末道光年間の河南の知府の判牘、『呉平贅言』・『晦闇斎筆語』という同じく清末江西の知県の公牘の利用を試みた。ただし、一九六〇年代の研究では、公牘はなお部分的に利用されるに止まっていた。

公牘の中の判牘が判決集として活用される頻度が多くなったのは一九七〇年代以降である。その中心研究者である滋賀秀三は「清代の司法における判決の性格―判決の確定という観念の不存在」（『法学協会雑誌』九一巻八号、一九七四年、同九二巻一号、一九七五年）、「清代訴訟制度における民事的法源の概括的検討」（『東洋史研究』四〇巻一号、一九八一年）に加えて新稿の「法源としての経義と礼、および慣習」を収めた前掲『清代中国の法と裁判』においては、時代の古いものでは十八世紀初の『雅公心政録』、『徐雨峰中丞勘語』、『誠求録』、新しいものでは前述の各書に加え清末道光以降の『府判録存』、『槐卿政蹟』、『問心一偶』、『呉中判牘』など、仁井田同様に大木文庫所蔵の公牘を縦横に用いて各テーマを分析した。

滋賀の関心は「法の適用」や「裁判の仕組み」といった法制にあり、それゆえに公牘の中でも判牘が利用の中心となっているのは当然であった。しかし、滋賀の研究は伝統中国のあり方に大きな時代変化を求めなかったためか、公牘の利用に当たっては、たとえばそれが清初のことであるか、それとも清末のことであるかといった時代的な差異や、たとえばそれが江南のことであるか、華北・華南のことであるかといった地域的な相違が特段に意識されていない。

この傾向はひとり滋賀の研究に留まらず、中村茂夫の一連の論文、「清代の判語に見られる法の適用―特に誣告、威逼人致死をめぐって―」（『法政理論』九巻一号、一九七六年）、「伝統中国法＝雛型説に対する一試論」（『法政理論』一二巻一号、一九七九年）、「不応為考―「罪刑法定主義」の存否をも巡って―」（『金沢法学』二六巻一号、一九八三年）や森田成満『清代土地所有権法研究』（勁草出版サービスセンター、一九八四年）など、公牘を中心資料として活用した他の法学研究にも当てはまる。小口彦太「清代地方官の判決録を通して見たる民事的紛争の諸相」（『中国―社会と文化』三号、一九八八年）に至っては、康熙年間浙江の知県の治績を記した『天台治略』と道光年間河南の知府の治績を記した『判語録存』の記事を並行比較しており、そうした研究の典型であるといえる。いずれにせよ、伝統中国の法秩序の具体性を公牘の中に求めた法学研究においては、公牘の示す地域性と時代性には無頓着であり、それを通して地域社会そのものを再構築しようとする意識は希薄だったと思われる。

他方、公牘が法学研究においては早くから利用されたのと対照的に、歴史研究の分野でこれを史料として活用した研究は必ずしも多くなかった。社会経済史研究においては、小山正明「明末清初の大土地所有―特に江南デルタ地帯を中心にして―（二）」（『史学雑誌』六七編一号、一九五八年、のち同『明清社会経済史研究』東京大学出版会、一九九二年所収）、川勝守「明末清初の訟師について―旧中国社会における無頼知識人の一形態―」（『九州大学東洋史論集』九号、一九八一年、同『中国城郭都市社会史研究』汲古書院、二〇〇四年所収）、田中正俊「明・清時代の問屋制前貸生産について―衣料生産を主とする研究史的覚え書―」（『東アジア史における国家と農民』山川出版社、一九八四年、のち同『田中正俊歴史論集』汲古書院、二〇〇四年所収）などは早くから『守禾日紀』などの記事に注目し、引用することで明末清初の江南社会の諸問題を論じる根拠としたことはあった。しかし、これらの論文の表題に象徴されるように清初の公牘は明末からの延長としての清初の事象を検証するための史料として用いられ、しかも引用も部分的なものに止まる傾向にあった。

その中にあって重田徳「清初における湖南米市場の一考察」（『東京大学東洋文化研究所紀要』一〇冊、一九五六年、のち同『清代社会経済史研究』岩波書店、一九七五年所収）では『趙恭毅公自治官書』を清初の湖南に限定した史料として用いて湖南米の市場を分析しており、また岸本美緒「清代前期江南の米価動向」（『史学雑誌』八七編九号、一九七八年）や同「康熙年間の穀賤について―清初経済思想の一側面―」（『東京大学東洋文化研究所紀要』八九冊、一九八二年、ともにのち同『清代中国の物価と経済変動』研文出版、一九九七年所収）では『四此堂稿』を康熙年間の史料として同時代人の経済観を論じており、ともに公牘を地域と時代を意識して用いた数少ない研究として挙げられる。

公牘が歴史研究の分野においても積極的に活用されるようになったのは最近の傾向である。それは地域と時代を踏まえた上で公牘を用いて地域社会の実態を構築していく地域社会史研究に特徴がある。なかでも注目すべきは、三木聰の一連の研究である。三木は前掲『明清福建農村社会の研究』に収めた少なからざる論考において、とりわけ祁彪佳が明末福建興化府推官の任にあった時（一六二四～一六二八）の判牘『莆陽讞牘』を用いて、また『臨汀考言』や『撫閩文告』など清初の公牘の記事を通して福建に即した具体的な農村地域社会の復元を目指した。また、井上徹「明末広州の宗族―顔俊彦『盟水斎存牘』に見る実像―」（井上徹・塚田孝編『東アジア近世都市における社会的結合―諸身分・諸階層の存在形態―』清文堂出版、二〇〇五年所収）は顔俊彦が明末広東広州府推官の任にあった時（一六二八～一六三〇）の公牘『盟水斎存牘』を用いて、明末広東の宗族の実態を分析した。さらに濱島敦俊「明末華北の地方士人像―張肯堂『𦮼辞』に見る―」（大島立子編『宋―清代の法と地域社会』財団法人東洋文庫、二〇〇六年所収）では、張肯堂が明末北直隷大名府濬県知県の任にあった時（一六二九～一六三五）の公牘『𦮼辞』を用いて、明末華北の士人の実態を解明した。(25)

筆者もまたかつて『天台治略』の記事を通して康熙末年の浙江の一県に限った郷村の村役のあり方を考察したことがあるが（山本英史「浙江省天台県における「図頭」について―十八世紀初頭における中国郷村支配の一形態―」『史学』五〇巻、一九八〇年）、近年では広く康熙年間の公牘を用いて浙江の在地勢力の実態を明らかにすることを試みている（山本英史「清代康熙年間の浙江在地勢力」同編『伝統中国の地域像』慶應義塾大学出版会、二〇〇〇年所収、以上、前掲『清代中国の地域支配』慶應義塾大学出版会、二〇〇七年所収）。加えて『守邦近畧』を用いて康熙年間の江西の訴訟社会を理解しようとしたことがある（本書「健訟の認識と実態―清初の江西吉安府の場合―」）。

ちなみに五味知子「『貞節』が問われるとき―『問心一隅』に見る知県の裁判を中心に―」（『中国女性史研究』一七号、二〇〇八年）および同「清中期江西省袁州府における溺女防止事業―『未能信録』をてがかりに―」（公益信託松尾金蔵記念奨学基金編『明日へ翔ぶ―人文社会学の新視点―』一、風間書房、二〇〇八年所収）は、時代と地域に関しては必ずしも限定的ではないものの、従来法学研究が独占してきた判牘を社会史研究に応用し、新たな実証的ジェンダー論を展開する研究として注目される。

近年、公牘が研究に活用されるようになった契機の一つに書誌情報の公開が挙げられる。かつて仁井田陞によって大木文庫が所蔵する公牘が紹介された。(26) また滋賀秀三によって「清代判牘目録」と題する日本国内で閲覧可能な三〇種の判語を中心とする公牘の解題が行われた。(27) さらに森田成満により滋賀が紹介したものを含めた五五種の清代の判牘が紹介された。(28)これらの先人の導きによって我々は公牘に対する知識は飛躍的に増大したといえよう。ただし、その知識は国内の公牘に限定されたこともあって、清末の、さらには判牘に偏ったものであったことは否定できない。

公牘が研究に活用されるようになったいま一つの契機は一九八〇年代以降に明らかになるに至った中国大陸の諸機関における公牘の収蔵情報を我々が共有したことである。濱島敦俊は「北京図書館蔵『按呉親審檄稿』簡紹」（『北海道大学文学部紀要』三〇巻一号、一九八一年）、「北京図書館蔵『莆陽讞牘』簡紹—租佃関係を中心に—」（『北海道大学文学部紀要』三二巻一号、一九八三年）で一九八〇年代初めに知りえた新情報を紹介し、さらに「明代の判牘」（前掲『中国法制史—基本資料の研究』）では改めて明末十六〜十七世紀の治績を記した十数種の判牘の詳しい情報を提供した。また、三木聰は前掲「清代順治・康熙年間の判牘史料四種について」で、近年の調査に基づいて『東興紀略』、『聖湖澮寧集』、『治祝公移』、『同安紀略』という清初の四つの判牘を紹介した。

こうした諸情報を基礎として世界に現存する判牘の収蔵情報を新たに、かつ網羅的にまとめたのが三木聰を首班とした調査報告「伝統中国判牘資料目録稿（明清篇）」（『伝統中国の訴訟・裁判史料に関する調査研究』平成十六年度—平成十八年度科学研究費補助金研究成果報告書、北海道大学大学院文学研究科東洋史学研究室、二〇〇七年所収、のち三木聰・山本英史・高橋芳郎編『伝統中国判牘資料目録』汲古書院、二〇一〇年）である。この調査によって日本のみならず中国大陸、台湾、米国をも含め、新たに一〇〇種を加えた一七一種の判牘の所在が明らかになった。(29)

今後、歴史研究が公牘に対してそれぞれの地域社会に即した情報を提供する「地方文献」としての史料的役割を期待する傾向はますます強まるであろう。課題はこうした情報によって明らかとなった公牘をいかにして活用するかにあり、さらにいえば、それには判牘だけに止まらない、判牘を含めた公牘全体の体系的な活用が求められるのである。

おわりに

本章を締めくくるに当たり、清康熙時代の地域社会研究における公牘の史料的な価値とそれを利用することの意義について若干思うところを記したい。

すでに紹介したごとく、清代の公牘の中には康熙朝の地方官僚が著したものが相当数現存している。三木聰によれば、前掲の「伝統中国判牘資料目録稿（明清篇）」に採録した清代の判牘一一九種中、康熙朝のものは時代の近い光緒朝の四八種に次いで多い三〇種を占めているといい、これは康熙朝とほぼ同じ長さの乾隆朝の判牘がわずか二種に止まることを考えれば、判牘だけに限ってもその多さは群を抜く。さらに判牘を含まない公牘を加えれば、ほぼ倍の数になることが判明する。また、三木は採録した清代の判牘一一九種中に浙江のものが二〇種を占め、二位の山東の一一種以下を大きく上回ることから、「清代では浙江が突出している」と判断している。本章に紹介した康熙朝の公牘もまた浙江に赴任した地方官僚が著したものが目立つ傾向にある。こうした状況の背景にあるものは何か。

筆者はかつて康熙朝という時代を清朝が中国大陸における支配権をほぼ手中に収め、統一の基礎を築かねばならない時代として、また浙江という地域を明代にはすでに移住と開発が完了し、その意味で漢族を中心とした伝統的な社会が堅固に維持される代表的な場所として位置づけたことがあった(30)。清朝は満族による支配王朝であると同時に明朝に替わる新たな中国の伝統王朝として、明末以来混沌状態にあった中国社会に秩序と安定とを取り戻す責任を背負った。それゆえに皇帝の代官として各地に派遣された地方官僚はその使命を担い、地方統治に全力を尽くすことを強く求められた。しかし、浙江は地方官僚にとってある種の緊張を伴って任務を果たさねばならない時代であった。しかし、浙江は地方官僚にとって必ずしも統治しやすい地域とはいえなかった。浙江総督劉兆麒が、「浙江一省においては、嘉興・湖州は水郷にあって支河が錯綜しており、寧波・紹興・台州・温州は半分が海に臨んでおり、金華・衢州・厳州は半分が山間であり、どこでも悪人は隠れることができ、盗賊は行動しやすい。しかして杭州は省都であり、いろいろな人間が雑居して、とりわけ犯罪が生じやすい。そのため地方に責任を負う官僚は力を尽くして防止に努め、防守の責任を負う武官は心を尽くして捜査し、片時も怠ってはならないのである」[31]といみじくも語るように、当時の浙江はいずれもいわゆる〝難治の地〟として名を馳せていた。その結果、浙江に赴任が決まった地方官僚は他の任地に赴く者よりもなお一層任地に関する情報を必要とした。この辺の事情が、康熙年間の浙江の各地方を治めた先輩官僚たちの書き遺した多くの公牘の刊行を促したとも考えられる。『資治新書』、『治安文献』、『政刑大観』、『新輯仕学大乗』、『増定分類臨民治政全書』といった、既刊の各種公牘から有益な文献を収集・編纂した一連の書がともに康熙初年に刊行され、しかも収録公牘には浙江官僚のものが比較的多いのは右の見通しを後押しする[32]。

この推測が的はずれでないとすれば、康熙朝の公牘はとりわけその時代と地域の様相を証言する好個の史料となりうるのではないか。なぜならば、そこには清初の地方統治が抱えていた様々な問題が集約され、それらがそれぞれの地方官僚のどのような尺度によって処理され、解決されたのかを如実に示しており、その情報の具体性・詳細性が当時の読者の需要にも十分応えるものでなければならなかったからである。

康熙朝は清代の他の朝代に比してもとりわけ残存する檔案が少なく、それだけに地域社会に関する情報は公牘に頼る度合いが大きい。その意味では本章で示したような康熙朝の地方官僚が著した公牘の史料的な価値は相対的に高いといえる。それゆえ、さらなる清初の地域社会史研究の深化のためには公牘のいま以上の広範な利用が求められるのである。

註

（1）馮爾康『清史史料学』（初版：台北、台湾商務印書館、一九九三年、再版：瀋陽、瀋陽出版社、二〇〇四年、九四頁）。

（2）仁井田陞「大木文庫私記―とくに官箴・公牘と民衆のかかわり―」（『東京大学東洋文化研究所紀要』一三冊、一九五七年、のち大木幹一編『東京大学東洋文化研究所大木文庫分類目録』東京大学東洋文化研究所、一九五九年所収）一五七頁。

（3）『未信編』巻三、刑名上、章程、問擬、釈看語には、「看語即審単也。亦曰讞語（看語とは審単のことである。また讞語ともいう）」とある。

（4）滋賀秀三『清代中国の法と裁判』（創文社、一九八四年）一四五頁。

（5）滋賀秀三は、独立刊行された判牘について、「個人の詩文が集録印行されるのと同じ意味あいにおいて、或る人間が地方官として在任した機会に書き与えた判決文を、その文章としての作品価値を伝えることを主たる目的として集録印行するもの」という説明を施している（滋賀前掲書九五頁）。

（6）濱島敦俊「明代の判牘」（滋賀秀三編『中国法制史―基本資料の研究』東京大学出版会、一九九三年所収）五三七頁。

（7）『福恵全書』巻五、蒞任部、詳文贅説には、「詳文者、詳言其事而申之上台者也。貴在源委清楚、詞意明切、而陳以可否之義、仰候憲裁（詳文とはその内容を詳らかに上司に申し上げるものである。事の経緯を明らかにし、はっきりとした言葉を用いることが大切で、その是非を述べて上官の判断を仰ぐのである）」とある。

（8）中国で大木文庫の目録が翻訳刊行されている。田濤編訳『日本国大木幹一所蔵中国法学古籍書目』（北京、法律出版社、一九九一年)。

(9) 漢籍分類目録カードによる。ただし、現在は書名目録および著者目録のカードのみが利用可能であり、分類目録カードは一般に公開されていない。

(10) 王重民輯録『美国国会図書館蔵中国善本書目』(台北、文海出版社、一九七二年)には、後述の『封陵五日録』を除いて公牘は収録されていない。

(11) 本書には撰者の名が記されていないが、三木聰はそれを呉興祚とする(三木聰『明清福建農村社会の研究』北海道大学図書刊行会、二〇〇二年、一九六頁)。本章もこれに従う。

(12) 中国社会科学院経済研究所図書館には「李大中丞政畧　残存九巻　清李士禎著　清康熙四十一年?跋建昌刻本　二冊(原九冊改訂)」という目録カードが残されているが、現在は図書本体の存在が確認されていない。内容として「1撫江政略一巻(缺巻二)、2撫粤政略八巻」とあることから、あるいは『撫江撫粤政略』の異本ではないかと思われる。

(13) 本書の解題の詳細は、本書二六四〜二六五頁、参照。

(14) 本書の解題の詳細は、三木聰「清代前期の福建汀州府社会と図頼事件—王廷掄『臨汀考言』の世界—」(『史朋』四〇号、二〇〇七年、のち同『伝統中国と福建社会』汲古書院、二〇一五年所収)、参照。

(15) 本書の解題の詳細は、三木聰「清代順治・康熙年間の判牘史料四種について」(『北大史学』四五号、二〇〇五年)、参照。

(16) 本書の解題の詳細は、山本英史「清康熙の弧本公牘三種について」(『史学』七七巻四号、二〇〇九年)、参照。

(17) 乾隆『沂州府志』巻一九、職官、知県や宣統『山東通志』巻六〇、国朝職官には着任の年代を記していない。陳朝君の故郷の陝西韓城県の地方志である乾隆『韓城県志』巻五、科挙表には壬戌(一六八二年)の進士とあることから、着任はその後と考えられる。

(18) 本書の解題の詳細は、山本前掲「清康熙の弧本公牘三種について」、参照。

(19) 本書の解題の詳細は、三木前掲「清代順治・康熙年間の判牘史料四種について」、参照。
(20) 本書の解題の詳細は、山本前掲「清康熙の弧本公牘三種について」、参照。
(21) 本書の解題の詳細は、三木前掲「清代順治・康熙年間の判牘史料四種について」、参照。
(22) 仁井田前掲論文一五七〜一五八頁。
(23) 馮前掲書九四頁。
(24) 滋賀前掲書九五頁。
(25) なお、近年では公牘を用いた明清社会史研究は台湾においても盛んになりつつある。三木前掲「清代順治・康熙年間の判牘史料四種について」、参照。
(26) 仁井田前掲論文。また、『東京大学東洋文化研究所大木文庫分類目録』(東京大学東洋文化研究所、一九五九年)、参照。
(27) 滋賀前掲書、巻末七〜一〇頁。
(28) 森田前掲「清代の判語」(前掲『中国法制史―基本資料の研究』所収、七四六〜七五一頁)。
(29) 前掲『伝統中国判牘資料目録』ではさらに一八種を増補し、一八九種を収めている。
(30) 山本前掲書一九一頁。
(31) 『総制浙閩文檄』巻三、飭防弭盗賊「浙江一省、嘉湖地処水郷、支河龐雑、寧紹台温半臨辺海、金衢厳処半属山陬、在在可以蔵奸、盗賊易於窃発。而杭州省会、五方劇処、尤易生奸。是在有地方之責者、殫力消弭、有防守之責者、尽心稽察、不可須臾稍怠也」。
(32) 『資治新書』は全三四巻(初集一四巻、二集二〇巻)、清李漁輯、初集：清康熙二年(一六六三)序刊本、二集：清康熙六年(一六六七)序刊本。「文移」「文告」「条議」「判語」の四部からなる。『治安文献』は全一〇巻、清陸寿名・韓訥同輯、清康熙三年(一六六四)序刊本(前掲『官箴書集成』所収)。「銭穀」「徭役」「軍政」「刑名」等の分類の中に「批申」「公檄」「咨移」「告諭」「申詳条議」などを収める。『政刑大観』は全八巻、清劉邦翰輯、清康熙三年刊本。「奏疏」「咨移」「申詳」「批答」「告示」「牌檄」「款約」「審語」からなる。『新輯仕学大乗』は全一二巻、清汪杰（犀照堂主人）輯、清康熙五年（一六六六）刊本。「題疏」「咨移」「文告」「条約」「申詳」「批駁」「讞語」などからなる。『増定分類臨民治政全書』は全一〇巻附巻首巻末、清撷芳堂主人輯、清王一麟参訂、清刊。「奏疏」「告示」「条議」「申詳」「稟札」「批答」「咨移」「牌檄」「審語」からなる。これらはいずれも清初の江南や浙江の政書から転載・編集したもので、とりわけ浙江の事例が多いのが特徴である

跋

筆者は滋賀県草津の生まれである。といっても一〇歳から故郷を離れ、関東の地に身を置いてはや五五年の歳月を経、いまでは関西人を名乗るのもおこがましくなっているが、味覚をも含めて自分には関西人の血が流れていることをいまも自覚することがある。滋賀、なかでも東海道・中山道の本陣であった草津は昔から京文化の影響を色濃く受け、生活様式そのものも〝京風〟を尊重してきた。それゆえ、筆者もまたいわゆる「京のぶぶ漬け」――「お茶漬けでもあがっていっておくれやす」と主人に引き留められたら、それは「そろそろ帰っとくなはれ」を意味する――に象徴される言辞と真情との極端な乖離という、よそ者にはとても厄介な変化球にも何とかバットを合わせられてきた。ただ、その筆者をしてもなかなか理解できないことは多々あったし、現在もなおある。

ある生粋の京都人である先生が若い時、ソフトボールの試合で内野フライを取ったところ、これまた生粋の京都人である先輩からその取り方は京都人らしくないと懇懇と説教されたという。内野フライのどこをどう取れば京都人らしくなく、どこをどう取れば京都人らしいといえるのか。京都人でさえ理解できないことが京都にはなお存在することを改めて知らされる。長い歴史と伝統の中で培われた京都であってみれば、その言辞や所作にも特有の意味あいがあるのだろう。

されど京都はまだ一二〇〇年あまりの歴史でしかない。中国の場合は、その倍以上に及ぶ都市がざらにある。そして、そこで育まれた人々の言辞や所作には、よそ者、とりわけ外国人には到底理解しがたい意味あいのあることが容易に想像できる。京の「宇治茶漬け」もなかなかに手ごわいが、中国の「ジャスミン茶漬け」はさらにその上をいっているといってよい。

伝統中国の人々の中でとりわけわかりにくいのは官僚・知識人の本音であり、彼らが書き著わしたものからその〝真意〟を探るのは実は容易なことではない。中国の官僚・知識人は古来おびただしい書物を後世に遺してきた。正史と称する王朝の歴史しかり、地方志と称する地域の概況しかり、日記と称する個人の記録しかりである。しかし、彼らはそれらを単に書き留めるだけでなく、わざわざ版木に刻んで印刷を施したのである。それはなぜか。そうすることで正式な記録として王朝、地域、個人のそれぞれの正当なあり方を後世に伝え遺すためだったからと思われる。したがって、あった事実をそのままに記録するのではなく、後世に伝えたいと判断したものはそのあるべき姿をさらに強調・誇張する一方で、後世に伝えたくないと判断したものは隠蔽、歪曲、さらには捏造も辞さないということになる。中国史研究が彼らの書き遺した文献を史料として用いなければならないかぎり、そのような史料のカラクリを充分見抜かなければ研究そのものが立ち行かない。

本書で史料として活用した官箴書は、「科挙に合格して任官が決まり、実際に地方政治の現場にデビューしようとする地方官を対象にみずからの官僚体験を踏まえてその職務に対する規範を伝え、かつ実践のための有益な情報を提供する実用書」とされる。しかし、この類の書物もまた著書がみずからの官僚人生を正当化するために著されたものであることを否定できない。その内容は自分が送った官僚生活においていかに周到な配慮のもとに複雑な官界を乗り切ってきたかを示す〝自慢話〟であり、そのためもあってか、そこには建前的言辞が少なくない。「官箴」の原義である官僚道徳規範として、官僚とはかくあるべしというのはその典型である。しかし、官僚道徳規範は基本的に儒教の経典に基づくものであり、読者にとっては子供の時から嫌というほど聞かされてきた訓示であって、いまさらそれらを改めて教わりたいとはよもや思わない。彼らに評判を得た官箴書—実はそんなにたくさんあったわけではないように思われる—とは、そうした官僚道徳規範を極力排除し、官僚の行動様式や人間関係の構築などの実用・実践に役立つ情報を記録するのに徹したものだった。しかし、そんな官箴書をもってしても読者が本当に知りたい〝裏情報〟あるいは〝失敗談〟をそこに期待することはできなかった。人間関係の構築にしても、そこに描かれているのはなお綺麗事の世界であって、読者にとって本当に知りたいドロドロログタグタの世界ではなかった。

本書で史料として活用したもう一つは公牘である。これは官僚がその職務において実際に作成した公文書をのちになってまとめ、一冊の書物として刊行したものであって、その意味では著者が何らかの思惑によって記した他の書物とは性質を異にする。近い将来自身が公文書を作成することになる読者の多くにとって実際に役立つのは官箴書よりもむしろ公牘ではなかったかと思われる。それは学生が卒業論文を書くにあたって、「理想的な卒論の書き方」を説いた書物より、どの程度のものを書けば合格するのかという判断基準を得るためには先輩たちが著わした過去の卒論の方が役立つと思うのと似ている。公牘の刊行はこの需要が支えたといってよい。しかし、この類の書物もまた著書みずからの官僚人生を正当化するために著されたものであることに変わりはない。文書のやり取りによって成り立っていた中国の地方政治にあっては、どんな短い官僚生活を送った地方官でもその作成した公文書はおびただしい数にのぼるが、その公文書すべてが一冊の公牘に網羅されるはずはなく、そこにはある種の意図のもとに取捨選択がなされたといえる。とりわけ自己の判断を上官に示してその裁可を得る讞語や詳文の場合、なかには却下されたものも少なからずあったはずだが、刊行された公牘にはおそらくそうした文書は収録されなかったに違いない。したがって公牘には立派な判断が示された公文書のみが収められ、その結果、そのような判断を示した著者もまたひとえに立派な人物であったことを意味した。

では、官箴書や公牘は史料として一文の価値もないのであろうか。思うに、必ずしもそうとはかぎらない。当時の官僚・知識人はみずからが置かれた政治環境において何を考え、周囲の人間たちとどのような関係を構築したのか、あるいは構築すべきものと考えていたのか、こうしたことを知る史料としてはやはり貴重であり、その特有の記載は余史料をもっては代えがたいものがある。官僚・知識人がどんなに建前論でもって言辞を粉飾しようとも、そこはそれ、時としてその言辞から漏れる本音があり、粉飾そのものの中に本音が内包されている場合もあって、もちろん至難の業ではあるがそれを見つけ出した時の喜びは格別なものがある。それはあたかも滋賀県人が京都の人々の難解な言辞や所作の中に、何が〝建前〟で、何が〝本音〟なのかを見抜いてその真意を察した時の醍醐味にも似ている。本書は官箴書や公牘を通してそのささやかな喜びを得ようとしたものである。

本書のそれぞれの構成と旧稿の典拠について述べておく。

第一章「赴任する知県―官箴書に見る清代県衙の人間関係」は、赴任した知県が最初に遭遇する人間環境を俯瞰したもので、二〇〇三年以来何度かにわたってこれに関連する報告を行ってきた内容をベースにしているが、基本的には書き下ろしである。本章は研究論文というより本書全体を総括する概論として読んでいただければ幸いである。なお、この中には「官箴より見た地方官の民衆認識―明清時代を中心にして―」（『大阪市立大学東洋史論叢』別集特別号「文献資料学の新たな可能性②」二〇〇七年所収）の一部を取りこんでいる。

第二章「待士法の展開―在地有力者とのつきあい方」も基本的には書き下ろしであるが、「明末清初における地方官の赴任環境」（『史潮』新四五号、一九九九年）をベースにし、「伝統中国の官僚道徳規範とその変容」（山本正身編『アジアにおける「知の伝達」の伝統と系譜』慶應義塾大学言語文化研究所、二〇一二年所収）の一部を取りこんでいる。

第三章「「衙蠹」のいみするもの―清初の地方統治と胥役」は、同名の論文（細谷良夫編『清朝史研究の新たなる地平』山川出版社、二〇〇八年所収）をほぼ載せている。

第四章「地方官の民衆認識―公牘の中の〝良き民〟と〝悪しき民〟」は、「公牘の中の〝良き民〟と〝悪しき民〟―清代康熙年間の事例を中心にして―」（山本英史編『アジアの文人が見た民衆とその文化』慶應義塾大学言語文化研究所、二〇一〇年所収）をほぼ載せている。

第五章「清初における浙江沿海地方の秩序形成」は、「清初における浙江沿海地方の秩序形成と地方統治官」（山本英史編『近世の海域世界と地方統治』汲古書院、二〇一〇年所収）をほぼ載せている。

第六章「健訟の認識と実態―清初の江西吉安府の場合」は、同名の論文（大島立子編『宋―清代の法と地域社会』財団法人東洋文庫、二〇〇六年所収）をほぼ載せている。

第七章「離任する知県」は、中国での口頭報告である「従地方官的〝表演〟論明清地方統治的実態」（陳支平・万明主編『明朝在中国史上的位置』天津、天津古籍出版社、二〇一一年所収）をベースにしているが、基本的に書き下ろしである。

最後に、附章とした「清代の公牘とその利用」は、同名の論文（大島立子編『前近代中国の法と社会―成果と課題』財団法人東洋文庫、二〇〇九年所収）をほぼ載せている。

以上の各章での検討を通じて浮かび上がってくるのは、官僚たちの原則的な言辞と実際との間の著しい乖離状況である。「民之父母」を標榜した彼らが地方行政の円滑なる遂行のために心血を注いだ人間対応は、上司への従順、胥役への虚勢、郷紳への迎合に尽きるのであり、「視ること子の如き」民は彼らが「奸民」でないかぎり、すなわち官僚みずからの地域支配に対して安定性を損なわないかぎりその埒外に置かれていたといえよう。清朝の人民支配とは、結局のところ、このような官僚たちの各赴任地における地域支配の集積の上に成り立つものであった。

私事ながら筆者は来年三月をもって二八年間勤めてきた慶應義塾大学を停年退職する。現在、なお原稿執筆に追われる状況が続いており、自分の研究生活を振り返ってどうこうするといった余裕はまったくないが、本書所収の既発表論文は近一〇年のものが主体であり、その意味では筆者の「清朝の地域支配」に関する研究に一応の区切りをつけたといえなくもない。思えば四十二年前、大学院修士課程に入学したばかりの時にゼミのテキストとして読んだのが『福恵全書』であった。以来、この書とは長いつきあいになっている。

本書の刊行にあたっては、昨年東洋文庫での研究成果として編んだ『中国近世の規範と秩序』に加えて、さらにまた研文出版の山本實氏に大変お世話をおかけした。いろいろ注文の多い筆者の要求にも快く応じていただき、厚く深く感謝する次第である。

二〇一五年師走

山本　英史

参考文献

収録に当たっては本書の本文もしくは註で引用したもののみを、邦文文献（著者五十音順）、中文文献（著者ピンイン順）、欧文文献（著者アルファベット順）の順に列挙し、最後に工具書類と史料集（ともに刊行年順）を挙げた。

【邦文文献】

青木敦「健訟の地域的イメージ――一一～一三世紀江西社会の法文化と人口移動をめぐって」（『社会経済史学』六五巻三号、一九九九年）
赤城隆治「南宋朝の訴訟について――「健訟」と地方官」（『史潮』新一六号、一九八五年）
井上陳政『禹域通纂』（初版：一八八八年、復刻版：汲古書院、一九九四年）
井上徹「明末広州の宗族――顔俊彦『盟水斎存牘』に見る実像――」（井上徹・塚田孝編『東アジア近世都市における社会的結合――諸身分・諸階層の存在形態――』清文堂出版、二〇〇五年所収）
今泉牧子「宋代の県令の一側面――南宋の判語を手がかりに――」（『東洋学報』八七巻一号、二〇〇五年）

岩井茂樹『中国近世財政史の研究』（京都大学学術出版会、二〇〇四年）
上田信「明末清初・江南の都市の「無頼」をめぐる社会関係―打行と脚夫―」（『史学雑誌』九〇編一一号、一九八一年）
植松正「元朝支配下の江南地域社会」（『宋元時代の基本問題』汲古書院、一九九六年所収）
浦廉一「清初の遷界令に就いて」（『日本諸学振興委員会研究報告』一七篇、一九四二年）
浦廉一「清初の遷界令の研究」（『広島大学文学部紀要』五号、一九五四年）
大澤正昭『主張する〈愚民〉たち―伝統中国の紛争と解決法』（角川書店、一九九六年）
大澤正昭「『清明集』の世界―定量分析の試み」（『上智史学』四二号、一九九七年）
尾形勇・岸本美緒編『中国史』（山川出版社、一九九八年）
岡元司「南宋期温州の地方行政をめぐる人的結合―永嘉学派との関連を中心に―」（『史学研究』二一二号、一九九六年、のち同『宋代沿海地域社会史研究―ネットワークと地域文化―』汲古書院、二〇一二年所収）
小川快之「宋代信州の鉱業と「健訟」問題」（『史学雑誌』一一〇編一〇号、二〇〇一年）
小川快之「宋代饒州の農業・陶瓷器業と「健訟」問題」（『上智史学』四六号、二〇〇一年）
小川快之「『清明集』と宋代史研究」（『中国―社会と文化』一八号、二〇〇三年）
小川快之「明代江西における開発と法秩序」（大島立子編『宋―清代の法と地域社会』財団法人東洋文庫、二〇〇六年所収）
小口彦太「清代地方官の判決録を通して見たる民事的紛争の諸相」（『中国―社会と文化』三号、一九八八年）
小山正明「明末清初の大土地所有―特に江南デルタ地帯を中心にして―（二）」（『史学雑誌』六七編一号、一九五

八年、のち同『明清社会経済史研究』東京大学出版会、一九九二年所収）
小山正明「賦・役制度の変革」（『岩波講座世界歴史』一二、中世六、岩波書店、一九七一年、のち同『明清社会経済史研究』東京大学出版会、一九九二年所収）。
狩野直喜『清朝の制度と文学』（みすず書房、一九八四年）
川勝守「明末清初の訟師について—旧中国社会における無頼知識人の一形態—」（『九州大学東洋史論集』九号、一九八一年、のち同『中国城郭都市社会史研究』汲古書院、二〇〇四年所収）
岸本美緒「清代前期江南の米価動向」（『史学雑誌』八七編九号、一九七八年、のち同『清代中国の物価と経済変動』研文出版、一九九七年所収）
岸本美緒「康熙年間の穀賤について—清初経済思想の一側面—」（『東京大学東洋文化研究所紀要』八九冊、一九八二年、のち同『清代中国の物価と経済変動』研文出版、一九九七年所収）
岸本美緒「東アジア・東南アジア伝統社会の形成・はしがき」（『岩波講座世界歴史』一三、東アジア・東南アジア伝統社会の形成、岩波書店、一九九八年）
岸本美緒「東アジア・東南アジア伝統社会の形成」（『岩波講座世界歴史』一三、岩波書店、東アジア・東南アジア伝統社会の形成、一九九八年）
岸本美緒『東アジアの「近世」』（山川出版社、一九九八年）
岸本美緒『明清交替と江南社会—17世紀中国の秩序問題』（東京大学出版会、一九九九年）
小林義廣「宋代吉州の欧陽氏一族について」（『東海大学紀要』〔文学部〕六四号、一九九五年、のち同『欧陽脩—その生涯と宗族』創文社、二〇〇〇年所収）

五味知子「『貞節』が問われるとき―『問心一隅』に見る知県の裁判を中心に―」（『中国女性史研究』一七号、二〇〇八年）
五味知子「清中期江西省袁州府における溺女防止事業―『未能信録』をてがかりに―」（公益信託松尾金蔵記念奨学基金編『明日へ翔ぶ―人文社会学の新視点―』一、風間書房、二〇〇八年所収）
近藤秀樹「清代の銓選―外補制の成立―」（『東洋史研究』一七巻二号、一九五八年）
佐伯富「清代における坐省の家人」（『田村博士頌寿東洋史論叢』田村博士退官記念事業会、一九六八年）
佐伯富「宋元官箴総合索引序」（赤城隆治・佐竹靖彦編『宋元官箴総合索引』汲古書院、一九八七年所収）
佐伯有一「明清交替期の胥吏像一班」（『中村治兵衛先生古稀記念東洋史論叢』刀江書房、一九八六年）
佐伯有一「『長随論』攷―長随に関する一史料をめぐって―」（『東アジア史における国家と農民』山川出版社、一九八四年）
佐々木寛「緑営軍と勇軍」（『木村正雄先生退官記念東洋史論集』汲古書院、一九七六年）
佐竹靖彦「『作邑自箴』の研究―その基礎的再構成―」（『東京都立大学人文学部人文学報』二三八号、一九九三年）
佐竹靖彦「作邑自箴―官箴と近世中国の地方行政制度」（滋賀秀三編『中国法制史―基本資料の研究』東京大学出版会、一九九三年所収）。
滋賀秀三『中国家族法の原理』（創文社、一九六七年、改訂版：二〇〇〇年）
滋賀秀三「清代の司法における判決の性格―判決の確定という観念の不存在」（『法学協会雑誌』九一巻八号、一九七四年、同九二巻一号、一九七五年、のち同『清代中国の法と裁判』創文社、一九八四年所収）
滋賀秀三「清代訴訟制度における民事的法源の概括的検討」（『東洋史研究』四〇巻一号、一九八一年、のち同『清代

中国の法と裁判』創文社、一九八四年所収）
滋賀秀三『清代中国の法と裁判』（創文社、一九八四年）
重田徳「清初における湖南米市場の一考察」（『東京大学東洋文化研究所紀要』一〇冊、一九五六年、のち同『清代社会経済史研究』岩波書店、一九七五年所収）
鷹取田一郎「台湾に及ぼしたる遷界移民の影響」（『台湾時報』二二号、一九二一年）
田中克己「清初の支那沿海―遷界を中心として見たる―」（『歴史学研究』六巻一号および六巻三号、一九三六年）
田中克己「遷界令と五大商」（『史苑』二六巻二・三号、一九六六年）
田中正俊「明・清時代の問屋制前貸生産について―衣料生産を主とする研究史的覚え書―」（『東アジア史における国家と農民』山川出版社、一九八四年、のち同『田中正俊歴史論集』汲古書院、二〇〇四年所収）
中島楽章「明末清初の紹興の幕友」（『山根幸夫教授退休記念明代史論叢』下、汲古書院、一九九〇年）
中島楽章「明代後期、徽州郷村社会の紛争処理」（『史学雑誌』一〇七編九号、一九九八年、のち同『明代郷村の紛争と秩序―徽州文書を史料として―』汲古書院、二〇〇二年所収）
中村茂夫「清代の判語に見られる法の適用―特に誣告、威逼人致死をめぐって―」（『法政理論』九巻一号、一九七六年）
中村茂夫「伝統中国法＝雛型説に対する一試論」（『法政理論』一二巻一号、一九七九年）
中村茂夫「不応為考―「罪刑法定主義」の存否をも巡って―」（『金沢法学』二六巻一号、一九八三年）
楢木野宣「清代の緑旗兵―三藩の乱を中心として―」（『群馬大学紀要』〔人文科学編〕二号、一九五二年、のち同『清代重要職官の研究』風間書房、一九七五年所収）。

仁井田陞「大木文庫私記―とくに官箴・公牘と民衆とのかかわり―」(『東京大学東洋文化研究所紀要』一三冊、一九五七年、のち大木幹一編『東京大学東洋文化研究所大木文庫分類目録』東京大学東洋文化研究所、一九五九年所収)
仁井田陞「清代の取引法等十則―「秀山公牘」「汝東判語」「樊山批判」その他のなかから」(同『中国法制史研究―土地法・取引法』東京大学出版会、一九六〇年所収)
服部宇之吉『清国通考』(初版：一九〇五年、復刻版：大安、一九六六年)
服部宇之吉「支那地方官の職務」(『支那研究』上編二、博文館、一九〇八年、復刻版『清国通考』付録五五～九四頁所収)
服部宇之吉「清国官制及選叙」(清国駐屯軍司令部編『北京誌』第一一章、一九一六年、復刻版『清国通考』付録一～三二頁所収)
服部宇之吉「吏卜幕友」(初版：一九〇五年、復刻版『清国通考』大安、一九六六年所収)
濵島敦俊「北京図書館蔵『按呉親審檄稿』簡紹」(『北海道大学文学部紀要』三〇巻一号、一九八一年)
濵島敦俊『明代江南農村社会の研究』(東京大学出版会、一九八二年)
濵島敦俊「北京図書館蔵『莆陽讞牘』簡紹―租佃関係を中心に―」(『北海道大学文学部紀要』三二巻一号、一九八三年)
濵島敦俊「明代の判牘」(滋賀秀三編『中国法制史―基本資料の研究』東京大学出版会、一九九三年所収)
濵島敦俊「明末華北の地方士人像―張肯堂『晉辞』に見る―」(大島立子編『宋―清代の法と地域社会』財団法人東洋文庫、二〇〇六年所収)
坂野正高『近代中国政治外交史』(東京大学出版会、一九七三年)
藤岡次郎「清朝における地方官、幕友、胥吏、及び家人―清朝地方行政研究のためのノオトⅡ」(『北海道学芸大

学紀要』第一部B〔社会科学編〕一二巻一号、一九六一年）
夫馬進「明清時代の訟師と訴訟制度」（梅原郁編『中国近世の法制と社会』京都大学人文科学研究所、一九九三年所収）
古林森廣「南宋の官箴書『州県提綱』について」（『兵庫教育大学研究紀要』一〇巻第二分冊、一九九〇年、のち同『中国宋代の社会と経済』国書刊行会、一九九五年所収）
細井昌治「清初の胥吏―社会史的一考察―」（『社会経済史学』一四巻六号、一九四四年）
三木聰「長関・斗頭から郷保・約地・約練へ―福建山区における清朝郷村支配の確立過程―」（山本英史編『伝統中国の地域像』慶應義塾大学出版会、二〇〇〇年、のち三木聰『明清福建農村社会の研究』北海道大学図書刊行会、二〇〇二年所収）
三木聰『明清福建農村社会の研究』（北海道大学図書刊行会、二〇〇二年）
三木聰「清代順治・康熙年間の判牘史料四種について」（『北大史学』四五号、二〇〇五年）
三木聰「清代前期の福建汀州府社会と図頼事件―王廷掄『臨汀考言』の世界―」（『史朋』四〇号、二〇〇七年、のち同『伝統中国と福建社会』汲古書院、二〇一五年所収）
宮崎市定「官箴目次総合索引序」（京大東洋史研究室編『官箴目次総合索引』京都大学東洋史研究室、一九五〇年）
宮崎市定「宋元時代の法制と裁判機構―元典章成立の時代的・社会的背景―」（『東方学報〔京都〕』二四冊、一九五四年、のち同『宮崎市定全集』一一巻《宋元》、岩波書店、一九九二年所収）
宮崎市定「清代の胥吏と幕友―特に雍正朝を中心として―」（『東洋史研究』一六巻四号、一九五八年、のち同『宮崎市定全集』一四巻《雍正帝》、岩波書店、一九九一年所収）
宮崎市定「雍正時代地方政治の実状―硃批諭旨と鹿州公案―」（『東洋史研究』一八巻三号、一九五九年、のち同『宮

崎市定全集』一四巻《雍正帝》、岩波書店、一九九一年所収）
宮崎市定「鹿州公案　発端―実際にあってもいい話―」（同『鹿州公案―清朝地方裁判官の記録』平凡社、一九六七年、のち同『宮崎市定全集』別巻《政治論集》、岩波書店、一九九三年所収）
宮崎市定『科挙史』（初版：一九四四年、改訂版：平凡社、一九八七年、のち同『宮崎市定全集』一五巻《科挙》、岩波書店、一九九三年所収）
森田成満『清代土地所有権法研究』（勁草出版サービスセンター、一九八四年）
山根幸夫「『福恵全書』解題」（『和刻本福恵全書』汲古書院、一九七三年）
山本英史「浙江省天台県における「図頭」について―十八世紀初頭における中国郷村支配の一形態―」（『史学』五〇巻、一九八〇年、のち同『清代中国の地域支配』慶應義塾大学出版会、二〇〇七年所収）
山本英史「「自封投櫃」考」（『中国―社会と文化』四号、一九八九年、のち同『清代中国の地域支配』慶應義塾大学出版会、二〇〇七年所収）。
山本英史「清代康熙年間の浙江在地勢力」（同編『伝統中国の地域像』慶應義塾大学出版会、二〇〇〇年、のち同『清代中国の地域支配』慶應義塾大学出版会、二〇〇七年所収）
山本英史「健訟の認識と実態―清初の江西吉安府の場合―」（大島立子編『宋―清代の法と地域社会』財団法人東洋文庫、二〇〇六年所収、のち本書所収）
山本英史『清代中国の地域支配』（慶應義塾大学出版会、二〇〇七年）
山本英史「官箴より見た地方官の民衆認識―明清時代を中心として」（『大阪市立大学東洋史論叢』別冊特集「文献資料学の新たな可能性②、二〇〇七年）

山本英史「清康熙の弧本公牘三種について」（『史学』七七巻四号、二〇〇九年）
山本英史「伝統中国の官僚道徳規範とその変容」（山本正身編『アジアにおける「知の伝達」の伝統と系譜』（慶應義塾大学言語文化研究所、二〇一二年）
山本英史「光緒例の成立とその背景―清初における秩序形成の一過程―」（山本英史編『中国近世の規範と秩序』公益財団法人東洋文庫／研文出版、二〇一四年所収）
山本英史「東アジアにおける官箴書の普及について」（『史学』八五巻一―三合併号、二〇一五年）
山本進「明末清初江南の牙行と国家」（『名古屋大学東洋史研究報告』二一号、一九九七年、のち同『明清時代の商人と国家』研文出版、二〇〇二年所収）
臨時台湾旧慣調査会編『清国行政法』（初版：一九〇五年、復刻版：汲古書院、一九七二年）

【中文文献】

柏樺「試論明代州県官吏」（『史学集刊』一九九二年二期）
柏樺「明代知県的関係網」（『史学集刊』一九九三年三期）
柏樺「明代州県衙署的建制与州県政治体制」（『史学集刊』一九九五年四期）
柏樺「従《令梅治状》看康熙年間的県政」（『史学集刊』一九九七年一期）
柏樺「明代州県官的施政及障害」（『東北師大学報』〔哲学社会科学版〕一九九八年一期）
柏樺「明代州県官的施政心理及其特点」（朱誠如・王天有主編『明清論叢』第三輯、北京、紫禁城出版社、二〇〇二年）
柏樺「明代州県官的政治権術和手段」（朱誠如・王天有主編『明清論叢』第四輯、北京、紫禁城出版社、二〇〇三年）

柏樺「明代州県官吏設置与州県政治体制」（『史学集刊』二〇〇二年三期）
柏樺『明代州県政治体制研究』（北京、中国社会科学出版社、二〇〇三年）
柏樺『明清州県官群体』（天津、天津人民出版社、二〇〇三年）
柏樺「清代州県司法与行政—黄六鴻与《福恵全書》」（『北方史学』二〇〇七年三期）
畢建宏「清代州県行政研究」（『中国史研究』一九九一年三期）
陳智超「宋代的書舗与訟師」（『劉子健博士頌寿紀年宋史研究論集』同朋舎出版、一九八九年所収）
程民生『宋代地域文化』（開封、河南大学出版社、一九九七年）
范忠信「瞿同祖先生与中国地方政府伝統研究」（瞿同祖〔范忠信・何鵬・晏鋒訳〕『清代地方政府』北京、法律出版社、
　二〇〇三年、修訂版：二〇一一年所収）
裴伝承「〝箴〟的流変与歴代官箴書創作—兼及官箴書中従政道徳思想」（『理論学刊』一九九九年二期）
馮爾康『清史史料学』（初版：台北、台湾商務印書館、一九九三年、再版：瀋陽、瀋陽出版社、二〇〇四年）
高成元「官箴的研究」（『天津社会科学』一九八五年六期）
葛荃「官箴論略」（『華僑大学学報』一九九八年一期）
龔汝富「江西古代〝尚訟〟習俗浅析」（『南昌大学学報』〔人文社会科学版〕二〇〇二年二期）
龔汝富「略論中国古代官箴的政治智慧」（『中国人民大学学報』二〇〇六年一期）
龔如富・劉江華「従黄六鴻《福恵全書》看清代州県吏治的経験智慧」（『江西財経大学学報』二〇一一年二期）
郭成偉主編『官箴書点評与官箴文化研究』（北京、中国法制出版社、二〇〇〇年）
郭成偉・関志国『清代官箴理念対州県司法的影響』（北京、中国人民大学出版社、二〇〇九年）

郭潤濤「長随行政述論」（『清史研究』一九九二年四期）
郭潤濤『官府、幕友与書生―〝紹興師爺〟研究』（北京、中国科学出版社、一九九六年）、
郭潤濤「清代的〝家人〟」（朱誠如・王天有主編『明清論叢』第一輯、北京、紫禁城出版社、一九九九年所収）
何朝暉「従官箴書看明代知県的為官心理」（朱誠如・王天有主編『明清論叢』第三輯、北京、紫禁城出版社、二〇〇二年）
何朝暉『明代県政研究』（北京、北京大学出版社、二〇〇六年）
李国栄「論雍正帝対官衙書吏的整備」（『社会科学輯刊』一九九五年三期）
李喬『清代官場図記』（北京、中華書局、二〇〇五年）
李林「清代的県官職掌与作用」（『遼寧大学学報』〔哲社版〕一九八六年五期）
李栄忠「清代巴県衙門書吏与差役」（『歴史檔案』一九八九年一期）
林乾『清代衙門図説』（北京、中華書局、二〇〇六年）
劉俊文「開発歴史文化宝蔵―官箴書」（『中国典籍与文化』一九九二年一期）
劉徳鴻「清代官府中的幕客和書吏」（『社会科学戦線』一九八〇年二期）
劉馨珺『明鏡高懸―南宋県衙的獄訟』（台北、五南図書出版、二〇〇五年）
劉敏「清代胥吏与官僚政治」（『厦門大学学報』〔哲学社会科学版〕一九八三年三期）
劉鵬九・王家恒・余諾奇「清代県官制度述論」（『清史研究』一九九五年三期）
劉文瑞「試論明代的州県吏治」（『西北大学学報』〔哲学社会科学版〕二〇〇一年二期）
劉小萌『胥吏』（北京、北京図書館出版社、一九九八年）
劉秀生「清代県級政権機関中的人事管理」（『理論探討』一九九〇年二期）

劉子揚編著『清代地方官制考』（北京、紫禁城出版社、一九八八年）
陸平舟「官僚、幕友、胥吏：清代地方政府的三維体系」（『南開学報』（哲学社会科学版）二〇〇五年五期）
羅爾康『緑営兵志』（北京、商務印書館、一九四五年、再版：北京、中華書局、一九八四年）。
毛健予「清代的吏胥和幕賓」（『殷都学刊』（哲学社会科学版）一九八四年四期）
倪道善「清代書吏考略」（『社会科学研究』一九八八年二期）
秦富平「清朝的県級政権」（『晋陽学刊』一九九四年五期）
孫嘉悦「従黄六鴻《福恵全書》窺見清代州県司法制度」（『蘭台世界』二〇一三年三三期）
蘇位智「清代幕吏心態探析」（『山東社会科学』一九九二年六期）
王日根『明清海疆政策与中国社会発展』（福州、福建人民出版社、二〇〇六年）。
王廷元・魏鑑勲「論清代蠹吏」（『遼寧大学学報』（哲学社会科学版）一九八九年五期）
王雪華「従吏胥制度看清代社会対新政治形態的訴求」（『江漢論壇』二〇〇三年一一期）
魏丕信 Pierre-Étienne Will（李伯重訳）「明清時期的官箴書与中国行政文化」（『清史研究』一九九九年一期）
魏秀梅『清代之廻避制度』（台北、中央研究院近代史研究所、一九九二年）
韋慶遠「清代牙商利弊論」（『清史研究通訊』一九八五年四期、のち同『明清史辨析』北京、中国社会科学出版社、一九八九年所収）
韋慶遠「《明清檔案》与順治朝官場」（『社会科学輯刊』一九九四年六期、のち同『明清史辨析』北京、中国社会科学出版社、一九八九年所収）
呉愛明・夏宏図「清代幕友制度与文書檔案工作」（『歴史檔案』一九九三年四期）

呉愛明・夏宏図「清代地方行政与幕友人事制度的形成」（『清史研究』一九九七年三期）
呉吉遠「試論清代吏・役的作用和地位」（『清史研究』一九九三年三期）
呉仁安「清代的州県官」（『歴史教学』一九八六年四期）
呉智和「明代的県令」（『明史研究専刊』七輯、宜蘭、明史研究会、一九八四年）
謝国楨「清初東南沿海遷界考」（『国学季刊』二巻四号、一九三〇年）
謝剛主（国楨）「清初東南沿海遷界補考」（『中和月刊』一巻一期、一九四〇年）
徐炳憲『清代知県執掌之研究』（台北、東呉大学中国学術著作奨助委員会、一九七四年）
徐梓主編『官箴―做官的門道』（北京、中央民族大学出版社、一九九六年）
許懐林『江西史稿』（南昌、江西高校出版社、一九九三年）
顔広文「明代県制述論」（『華南師範大学学報』（社会科学版）一九九〇年四期）
張忠民『前近代中国社会的商人資本与社会再生産』（上海、上海社会科学院出版社、一九九六年）
張勇「官箴清廉思想評析」（前掲『官箴書点評与官箴文化研究』所収）
趙秀玲「論清代知府制度」（『清史研究』一九九三年二期）
鄭秦「清代県制研究」（『清史研究』一九九六年四期）
鄭天挺「清代的幕府」（『中国社会科学』一九八〇年六期）
鄭天挺「清代幕府制的変遷」（『学術研究』一九八〇年六期）
周保明「清代県衙吏役的内部管理」（『北方論叢』二〇〇六年一期）
周保明「清代州県長随考論」（『華東師範大学学報』（哲学社会科学版）二〇〇八年五期）

周学軍「論明末清初的吏胥専権」（『学術月刊』一九八九年九期）

朱金甫「清代胥吏制度論略」（《清史論叢》編委会編『清史論叢』瀋陽、遼寧古籍出版社、一九九四年）

【欧文文献】

Byron Brenan,"The Office of District Magistrate in China", *Journal of the China Branch of the R.A.S.*1897-98vol.XXXII.

Ch'ü T'ung-tsu, 瞿同祖 *Local Government in China under the* Ch'ing, Harvard University Press, Cambridge, Massachusetts, 1962（瞿同祖〔范忠信・何鵬・晏鋒訳〕『清代地方政治』北京、法律出版社、二〇〇三年、修訂版：二〇一一年）

James H. Cole, *Shaohsing: Competition and Cooperation in Nineteenth-Century China,* The University of Arizona Press, Tucson, Arizona, 1986.

Charles O. Hucker, ed., *Chinese Government in Ming Times: Seven Studies,* Columbia University Press, New York,1969.

Bradly W. Reed, *Talons and Teeth: County Clerks and Runners in the Qing Dynasty,* Stanford University Press, Stanford, California,2000.

John R.Watt, *The District Magistrate in Late Imperial China,* Columbia University Press, New York,1972.

Wakeman F. Jr. and Grant C.,eds., *Conflict and Control in Late Imperial China,* University of California, Berkeley, 1975.

【工具書】

京大東洋史研究室編『官箴目次総合索引』（京都大学東洋史研究室、一九五〇年）

大木幹一編『東京大学東洋文化研究所大木文庫分類目録』（東京大学東洋文化研究所、一九五九年）

東京大学東洋文化研究所編『東京大学東洋文化研究所漢籍分類目録』（東京大学東洋文化研究所、一九七三年）

赤城隆治・佐竹靖彦編『宋元官箴総合索引』（汲古書院、一九八七年）

王重民輯録『美国国会図書館蔵中国善本書目』（台北、文海出版社、一九七二年）

張偉仁主編『中国法制史書目』（台北、中央研究院歴史語言研究所、一九七六年）

銭実甫編『清代職官年表』（北京、中華書局、一九八〇年）

国立国会図書館図書部編『国立国会図書館漢籍目録』（国立国会図書館、一九八七年）

北京図書館編『北京図書館古籍善本書目』（北京、書目出版社、一九八七年）

中国古籍善本書目編輯委員会編『中国古籍善本書目』史部（上海、上海古籍出版社、一九九一年）

田濤編訳『日本国大木幹一所蔵中国法学古籍書目』（北京、法律出版社、一九九一年）

翁連渓編校『中国古籍善本総目』（北京、銭装書局、二〇〇五年）

「伝統中国判牘資料目録稿（明清篇）」（三木聰編『伝統中国の訴訟・裁判史料に関する調査研究』平成十六年度—平成十八年度科学研究費補助金研究成果報告書、北海道大学大学院文学研究科東洋史学研究室、二〇〇七年所収）

三木聰・山本英史・高橋芳郎編『伝統中国判牘資料目録』（汲古書院、二〇一〇年）

Pierre-Étienne Will, *Official Handbooks and Anthologies of Imperial China: A Descriptive and Critical Bibliography*（Work in Progress）

【史料集】

『近代中国史料叢刊』（台北、文海出版社、一九六九年）
『近代中国史料叢刊続編』（台北、文海出版社、一九七五年）
『景印文淵閣四庫全書』（台北、台湾商務印書館、一九八六年）
『続修四庫全書』（上海、上海古籍出版社、一九九五年）
『四庫存目叢書』（済南、斉魯書社、一九九七年）
『四庫全書未収書輯刊』（北京、北京出版社、二〇〇〇年）
『四庫禁燬書叢刊』（北京、北京出版社、二〇〇〇年）
張偉仁編『明清檔案』（台北、国立中央研究院歴史語言研究所、第一期三二冊、一九八六年、第二期三四冊、一九八七年）。
陳生璽輯『政書集成』（鄭州、中州古籍出版社、一九九六年）
官箴書集成編纂委員会編『官箴書集成』（合肥、黄山書社、一九九七年）
『歴代判例判牘』（北京、中国社会科学出版社、二〇〇五年）
『中国古代地方法律文献』乙編（北京、世界図書出版公司、二〇〇六年）
『古代榜文告示彙編』（北京、中国社会科学出版社、二〇〇六年）
郭成偉・田濤整理『明清公牘秘本五種』（北京、北京政法大学出版社、一九九九年）

中文・英文目次

索　引

あ行

た行

な行

は行

わ行

欧文

山本英史（やまもと　えいし）

慶應義塾大学文学部教授、博士（文学）。

1950 年生。東京大学大学院人文科学研究科単位取得退学。山口大学人文学部助教授を経て現職。

明清史、中国近代史専攻。

主要著作として『清代中国の地域支配』（慶應義塾大学出版会、2007 年）、『中国の歴史』（河出書房新社、2010 年）、『現代中国の履歴書』（慶應義塾大学出版会、2003 年）など、また編著として『中国近世の規範と秩序』（研文出版、2014 年）、『近代中国の地域像』（山川出版社、2011 年）などがある。

赴任する知県
清代の地方行政官とその人間環境

二〇一五年一二月二五日第一版第一刷印刷
二〇一六年　一月一五日第一版第一刷発行

定価［本体六〇〇〇円＋税］

著　者　山　本　英　史
発行者　山　本　　　實
発行所　研文出版（山本書店出版部）
〒101-0051
東京都千代田区神田神保町二-七
TEL03（3261）9337
FAX03（3261）6276
印刷　モリモト印刷
製本　塙　製　本

ISBN978-4-87636-405-3